LE DOSSIER VERCINGÉTORIX

DU MÊME AUTEUR AUX ÉDITIONS ERRANCE
ET ACTES SUD

OUVRAGES ARCHÉOLOGIQUES :

De Lascaux au Grand Louvre. Archéologie et histoire de France, sous la direction de C. Goudineau et J. Guilaine, Errance, 1989.
César et la Gaule, Errance, 1990.
Vaison-la-Romaine, Errance, 1991.
Regard sur la Gaule, Errance, 1998 ; Babel n° 836.
Le Dossier Vercingétorix, Actes Sud/Errance, 2001.
Les Empereurs de Rome d'Auguste à la Tétrarchie. Trois siècles de portraits, la collection Claude Jacqueline, Errance, 2004.
En survolant la Gaule, Errance, 2007.
Le Camp de la flotte d'Agrippa à Fréjus, Errance, 2009.

ROMANS HISTORIQUES :

Le Voyage de Marcus, Actes Sud/Errance, 2000 ; Babel n° 695.
L'Enquête de Lucius Valérius Priscus, Actes Sud/Errance, 2004 ; Babel n° 788.

PIÈCE DE THÉÂTRE :

Unité 64, Actes Sud-Papiers, 2007.

ISBN 978-2-7427-8556-8

CHRISTIAN GOUDINEAU
Professeur au Collège de France

LE DOSSIER VERCINGÉTORIX

BABEL

A mes auditeurs du Collège de France
qui m'ont accompagné pendant cinq années
dans cette quête historique et historiographique !

AVANT-PROPOS

Il y a exactement un siècle, au début de l'année 1901, les Editions Hachette publièrent un ouvrage intitulé *Vercingétorix*. Son auteur, Camille Jullian, Professeur à la Faculté des Lettres de Bordeaux, fut élu, quatre ans plus tard, au Collège de France qui créa pour lui une chaire d'"Antiquités nationales", qu'il occupa jusqu'en 1934.

Je suis son lointain successeur au Collège, ayant tenu à reprendre, pour ma chaire, le même intitulé – en partie en raison de l'admiration que je lui voue.

On fait parfois des paris risqués. Je m'étais dit – je ne sais quand exactement, lorsque mon ami Paul Veyne m'avait fait part de son intention de présenter ma candidature : si jamais cela marche, et si les dieux de la Gaule me prêtent vie, début 2001 – un siècle après –, je ferai paraître un *Vercingétorix*. En hommage à la mémoire de Camille Jullian, mais aussi pour montrer que, en un siècle, de nouveaux points de vue – voire de nouvelles connaissances – peuvent nuancer ou enrichir le portrait qu'il a brossé du chef gaulois.

Les années ont passé – trop vite (voilà plus de seize ans que j'occupe cette chaire !). J'ai consacré moins de temps que je n'avais prévu à cette entreprise. Cependant, j'espère offrir un… disons… un essai que mon prédécesseur n'aurait pas jugé indigne. J'ai choisi un parti entièrement différent du sien. Son *Vercingétorix* était un livre éblouissant, quoique méthodiquement organisé, dont le lecteur retirait l'impression qu'il avait été écrit au fil de la plume, dans un enthousiasme maîtrisé mais contagieux, toute l'érudition passant sans effort (et sans références) dans chacune des phrases. Il rencontra d'ailleurs un succès éclatant, couronné du Grand Prix Gobert de l'Académie et aussitôt traduit en… allemand !

On ne saurait rivaliser avec Jullian pour le bonheur de l'écriture. Tous ceux qui s'y sont risqués depuis un siècle, notamment en empruntant le genre romanesque, ont lamentablement échoué. Il possédait l'intime connaissance de tous les textes anciens, il avait fréquenté toutes les périodes de notre histoire, son imagination brûlait à l'instar de celle de Michelet, il était habité de l'amour de la terre, au sens géographique mais aussi en tant que terroir. Il aimait et il savait raconter les événements qui peuvent, sous de telles plumes, se transformer en épopées. La guerre de 1870, il l'avait vécue, à onze ans, en entendant son professeur d'histoire, la *Guerre des Gaules* à la main, assimiler les Romains aux Allemands, César à Bismarck, et se déroulaient d'aussi sinistres tragédies qu'en 52 avant J.-C. Je reviendrai sur le poids de la défaite. Le siège de Paris : Alésia. De quoi vous marquer lorsque l'on a cet âge. La patrie en danger, la patrie vaincue, la patrie qu'il faut reconstruire, la revanche à prendre, justifiée par nos racines. La Gaule. Vercingétorix qui a tenté de la fédérer, qui échoua et qui se sacrifia.

Je sais bien que l'objectivité constitue une quête impossible et que, comme Jullian, mes collègues et moi sommes imprégnés par nos expériences, notre époque, des méthodes qui ne sont pas plus rigoureuses que les siennes (mais pas moins, espérons-le). Cela dit, dans des disciplines comme l'histoire et l'archéologie, en quatre générations, les données se modifient par leur accroissement et par la critique qui en découle. Si les textes restent eux-mêmes, on en sait davantage sur leur transmission. Le développement des fouilles a bouleversé nos idées sur la civilisation "gauloise" à l'époque de Vercingétorix – et donc sur celui-ci.

Ce qui suit n'est pas un *Vercingétorix* à la Jullian, ce sera l'opposé. Je l'ai conçu comme un "Dossier". Dans un premier temps, je tenterai de faire comprendre comment, dans la littérature moderne, est né ce personnage qui a pris un tel poids qu'il a inspiré des livres de toutes sortes, des peintures, des sculptures, et qu'il se retrouve sur nos monuments aux morts – sans parler des manuels scolaires. Ensuite, j'ouvrirai le "dossier" des documents antiques, produisant les textes et en offrant le commentaire qui est le mien, mais appuyé sur bien d'autres recherches. Puis, nous traverserons le champ de l'archéologie et de ses acquis les plus récents. A partir de tous ces éléments, quel portrait surgira du "chef arverne" ? Ce sera à vous de le dresser à partir de cette documentation. Voici les pièces, jugez. Je vous donnerai mon sentiment, bien sûr, mais plus sur le mode négatif ("voici ce que nous ne pouvons plus croire") qu'affirmatif. Demeureront forcément des marges d'interprétation – de liberté ? – que chacun comblera à son gré, selon sa sensibilité ou sa conviction. Plus d'un, je le crois, retrouvera le héros de Camille Jullian, transformé mais non diminué. Plus vrai, moins invraisemblable ? A vous de le dire.

Collège de France,
décembre 2000

REPÈRES CHRONOLOGIQUES

Simplement pour que le lecteur se remémore les principaux événements concernant les Celtes et les Gaulois. Nous y reviendrons plus en détail au fil de l'ouvrage.

VIIIe-VIe siècles av. J.-C. : Epoque dite des "princes celtes" qui s'achève vers 470-450.

600 av. J.-C. : Fondation de Marseille.

IVe siècle av. J.-C. : Incursions des Gaulois en Italie (390 av. J.-C. : prise de Rome) et occupation de l'Italie du Nord (Cisalpine).

Début IIIe siècle av. J.-C. : Incursions celtiques en Macédoine et en Grèce (279 av. J.-C. : sac de Delphes), passage en Asie Mineure où sera fondé un royaume "galate".

IIIe siècle av. J.-C. : Des migrations touchent la Gaule. Constitution progressive des cadres politiques.

En Italie, combats entre Gaulois et Romains.

En Asie Mineure, les rois de Pergame imposent leur tutelle aux Galates.

Début IIe siècle av. J.-C. : Rome remporte des succès décisifs sur les peuples gaulois d'Italie et s'empare de leurs territoires.

Conclusion d'une alliance avec les Eduens de Gaule (date incertaine).

154 av. J.-C. : La première intervention de Rome dans le sud de la Gaule (région de Nice et d'Antibes).

124-120 av. J.-C. : A l'appel de Marseille, les légions interviennent en Provence, battent les Ligures, les Voconces et les Salluviens. Elles écrasent les Allobroges et leurs alliés arvernes. Le Midi passe sous le contrôle de Rome qui crée une province.

118 av. J.-C. : Fondation de Narbonne.

113-101 av. J.-C. : Migrations des Cimbres et des Teutons en Gaule et en Espagne.

76-74 av. J.-C. : Soulèvement d'une partie de la *provincia* à l'occasion de la révolte de Sertorius en Espagne.

Vers 70 av. J.-C. : Arioviste, chef germain, intervient dans l'est de la Gaule.

62-61 av. J.-C. : Soulèvement des Allobroges.

61 av. J.-C. : La migration helvète est décidée.

58 av. J.-C. : Les Helvètes entament une migration qui doit les conduire dans l'actuelle Saintonge. César leur

refusant de traverser la *provincia*, ils se lancent à travers la Franche-Comté et atteignent la Bourgogne. A l'appel de chefs éduens, César les poursuit et leur inflige une cuisante défaite près de Bibracte. A la demande des cités gauloises, César s'en prend au chef germain Arioviste qui s'est implanté chez les Séquanes. Il le vainc dans la région de Mulhouse.

57 av. J.-C. : Expédition en Gaule belgique. César remporte plusieurs victoires, non sans difficultés. L'un de ses légats parcourt la Normandie et l'Armorique, sans avoir à livrer combat.

56 av. J.-C. : Guerre terrestre et maritime contre les Vénètes du Morbihan, qui sont vaincus sur mer. Expédition du légat P. Crassus en Aquitaine. Victoire sur les peuples du Cotentin et leurs voisins. Une ultime expédition contre les Morins et les Ménapes du Pas-de-Calais tourne court en raison du mauvais temps.

55 av. J.-C. : Deux peuplades germaniques, les Usipètes et les Tencthères, traversent le Rhin, et s'emparent du territoire ménape. César les massacre dans des conditions douteuses (rupture de trêve). Construction d'un pont sur le Rhin et brève incursion de l'armée romaine au-delà du fleuve. Première traversée de la Manche, deux combats contre les Bretons, puis retour en Gaule.

54 av. J.-C. : Après avoir réglé un conflit chez les Trévires, César repasse la Manche et s'enfonce au-delà de la Tamise. Après divers combats ou escarmouches, il reçoit la soumission du chef breton Cassivellaunos. Ayant

regagné la Gaule et installé ses troupes dans leurs quartiers d'hiver, il doit faire face à une révolte des Eburons et des Nerviens d'Ambiorix, qui massacrent une légion tombée dans un piège. César sauve de justesse le camp commandé par Q. Cicéron (frère de l'orateur). L'agitation, qui s'est répandue en Gaule, se calme lorsque le légat Labiénus écrase une armée trévire venue assiéger son camp.

53 av. J.-C. : Expédition contre les Nerviens et chasse à l'homme pour capturer Ambiorix, laquelle échoue. Insurrection avortée des Sénons et des Carnutes. Nouvelle traversée du Rhin et brève expédition en Germanie. De retour, César cherche, de nouveau et en vain, à prendre Ambiorix, et extermine les Eburons. Les Germains attaquent le camp où avaient été concentrés les bagages de l'armée romaine, lequel est sauvé de justesse. César inflige un supplice à la romaine au chef sénon Acco, responsable de la révolte du printemps.

52 av. J.-C. : Alors que César passe l'hiver en Italie du Nord, de nombreux chefs gaulois fomentent une insurrection, dont le signal est donné par les Carnutes, qui massacrent à Orléans des négociants romains. Vercingétorix prend le pouvoir chez les Arvernes et s'assure de nombreuses alliances. Il organise plusieurs attaques sur la *provincia* de Transalpine. César, revenu en hâte, met la *provincia* en état de défense, puis, traversant le Vivarais enneigé, pénètre en pays arverne et rejoint ses légions stationnées à Sens.Se lançant à la rencontre de Vercingétorix, il prend *Vellaunodunum* et *Genabum*, puis se dirige vers *Avaricum*. Vercingétorix refusant la bataille rangée

et pratiquant la politique de la terre brûlée pour affamer les légions, César met le siège devant *Avaricum* et finit par prendre la place au prix d'énormes difficultés. Vercingétorix descend alors vers le pays arverne. Après un crochet par le pays éduen, dont il redoute qu'il ne passe à l'ennemi, César rejoint Vercingétorix enfermé dans Gergovie. Après une tentative d'assaut infructueuse, le Romain préfère se replier, craignant que les Eduens, qui ont fait défection, ne l'attaquent par derrière, et regagne le pays sénon, où il attend son lieutenant Labiénus, qui mène dans le Bassin parisien une campagne qui se termine par sa victoire aux environs de Lutèce.L'insurrection de la Gaule est devenue générale, et Vercingétorix a été confirmé à Bibracte dans son commandement en chef. De nouveaux assauts sont organisés contre la *provincia*. César se met en marche avec toutes ses légions, renforcées par une cavalerie de mercenaires germains, et se dirige vers le sud. Vercingétorix lance sa cavalerie contre l'armée romaine en marche, mais il échoue. Il conduit ses troupes dans l'*oppidum* proche d'Alésia. Aussitôt César décide de l'investir et entame des travaux de siège gigantesques que la cavalerie gauloise ne peut empêcher.

Vercingétorix dépêche ses cavaliers dans leurs patries pour appeler à la constitution d'une énorme armée qui prendra César à revers. César double ses lignes. La famine s'installe dans Alésia. Les assauts de l'armée de secours et les sorties des Gaulois assiégés tournent à l'avantage des légions. Reddition des chefs gaulois, soumission des cités.

51-50 av. J.-C. : César consolide sa victoire par des expéditions punitives et des campagnes contre les derniers îlots de résistance, s'en prenant tour à tour aux Bituriges, aux Carnutes, aux Bellovaques et leurs alliés, aux Eburons et aux Trévires, aux troupes armoricaines de Dumnacos, aux "bandes" de Drappès et de Luctérios. Il prend les dispositions politiques et administratives destinées à assurer la paix et l'ordre dans la Gaule devenue tout entière province romaine.

PREMIÈRE PARTIE

NAISSANCE, VIE ET CRÉPUSCULE D'UN MYTHE : VERCINGÉTORIX, LE HÉROS

NAISSANCE D'UN HÉROS

Avant le XIXe siècle, à peu près personne n'a considéré Vercingétorix comme un personnage historique important. Son nom avait été cité, dès le XVIe siècle, dans certaines généalogies qui faisaient remonter au Déluge les ancêtres des Rois de France – pour démontrer que ceux-ci l'emportaient sur tous les autres souverains, qu'ils avaient vocation à régir et à pacifier l'Europe. Mais cette construction – fort arbitraire – s'effondra avec le triomphe de la monarchie absolue, qui se rattachait aux Francs (Clovis, éventuellement son ancêtre mythique, Mérovée), les conquérants. Quels peuples avaient-ils conquis ? Peu importait. Lorsque les rois ou les princes lisaient César, le commentaient ou le traduisaient, c'est envers le général romain qu'ils éprouvaient admiration, voire complicité. Ils en étudiaient la stratégie, militaire et politique. Les Gaulois n'avaient nulle importance, et seuls quelques érudits voyaient en eux des "ancêtres". Vercingétorix n'existait pas. Le Roi de France se sentait proche de César, ou, plus encore, d'Auguste. Les vestiges archéologiques que, peu à peu, l'on apprenait à reconnaître sur notre sol (des monuments comme le Pont du Gard, les Arènes de Nîmes) ou qui surgissaient de ses entrailles (des statues comme la Vénus d'Arles), ces vestiges étaient manifestement romains, et admirables.

A la fin du XVIIIe siècle, deux courants, tout à fait différents, se manifestèrent. Le premier relevait du "politique" : les Francs avaient conquis un pays habité par qui ? Par des Gaulois, eux-mêmes conquis par les Romains – les racines du "peuple", disait l'abbé Sieyès, par opposition à la "noblesse" qui se revendiquait comme franque. Mais d'autres esprits s'interrogeaient sur des monuments qu'on venait, sinon de découvrir, du moins d'analyser en Armorique ou en Angleterre (la Bretagne des Romains). On étudiait, on dessinait allées couvertes, dolmens, menhirs. A quoi correspondaient les alignements de Carnac ou les énormes pierres de Locmariaquer ? Et Stonehenge ? On relit César, Strabon, Diodore. Les Celtes surgissent avec force – et surtout les druides.

Entre 1760 et 1763, James Macpherson publie les *Fragments de poésie ancienne recueillis dans les montagnes d'Ecosse*, puis *Fingal* et *Temora*. Ce sont, dit-il, les chants d'un barde, également guerrier, qui avait vécu en Ecosse au IIIe siècle. Il en avait recueilli les restes transmis par la tradition orale en langue gaélique, et il les publiait avec une traduction anglaise. Succès phénoménal. S'alliaient l'épique, le lyrisme, l'élégie. La guerre, les naufrages, l'amour. Surtout, la mélancolie des terres d'Ecosse et d'Irlande. Merveilleuse réussite du "préromantisme", ces poèmes conquirent l'Europe entière. Macpherson, qui les avait probablement inventés de a jusqu'à z, en tira célébrité, postes officiels et richesse ! Ils donnaient des anciens Celtes (historiques) un portrait parfaitement adapté au "soft primitivism" : prégnance de la nature, violence mais amour, cruauté mais beauté.

En Grande-Bretagne, la postérité d'Ossian fut incroyablement féconde. Foisonnement de recueils de poésies et de musiques "anciennes", traités "savants" attribuant aux druides mille ouvrages. Et surtout, passion pour les cérémonies "rituelles" et naissance d'"ordres druidiques", de "sociétés druidiques" qui, passant par diverses scissions ou recompositions, ont subsisté jusqu'à nos jours, trouvant des imitateurs ou des épigones en France, spécialement en Armorique.

On ne sait qui a lancé la théorie selon laquelle le "bas-breton" représentait la survivance de l'antique langue celtique. Elle fut diffusée par le Citoyen de la Tour d'Auvergne-Corret, capitaine d'Infanterie, qui, en l'an V (1796), publia *Les origines gauloises, celles des plus anciens peuples de L'Europe, puisées dans leur vraie source*. La thèse : l'"idiome" des Bretons et des Gallois "retrace" l'ancienne langue celtique. Dans le même sens, en 1805, Jacques Cambry publie ses *Monuments celtiques ou Recherches sur le culte des pierres* : il a vu Carnac, il y a retrouvé les Druides *"quand, éclairés par la lueur vacillante de la lune, ils dictaient [...] les volontés du ciel"*.

La langue, les monuments celtiques. En 1805, se crée l'*Académie celtique* qui se consacre à des recherches sur ces deux thèmes. Il faudrait en parler longuement, car d'aucuns voient en elle la source de l'ethnologie française. Des questionnaires précis sont adressés à ses membres correspondants. Des réponses arrivent, qu'elle publie. Discussions historiques, traits de "folklore", traditions.

Les poèmes d'Ossian, les cérémonies à Stonehenge ou ailleurs, les "sociétés druidiques", la Bretagne, l'Académie celtique. En ce début du XIXe siècle, manquait une synthèse. Elle naquit, en 1809, de la plume de René de Chateaubriand. Le livre s'intitulait *Les Martyrs*, il faisait partie d'un ensemble, *Le Génie du Christianisme*.

Au IIIe siècle (comme Ossian), vivait un jeune chrétien, Eudore, qui connut nombre d'aventures. Gouvernant au nom de l'Empereur de Rome la province de Bretagne, il apprend par ses soldats qu'une femme étrange sort des bois à la tombée de la nuit, traverse un lac sur une barque, puis disparaît. La suivant, il découvre qu'il s'agit d'une druidesse, Velléda, assiste à une étrange cérémonie qui, sans un "miracle", se serait terminée par un sacrifice humain.

Le portrait de la druidesse mit les lecteurs sous le charme, un charme qui opéra longtemps. A l'agrément du physique, elle ajoutait la science, y compris celle des lettres grecques. Mélange de sauvagerie et de culture. Le tout dans des "paysages druidiques" : *"les pierres battues des vents, des pluies et des flots [...], solitaires entre la mer, la terre et le ciel. Monuments de la science des druides, retracent-elles quelques secrets sur l'astronomie ou quelques mystères de la Divinité ? On l'ignore. Mais les Gaulois n'approchent point de ces pierres sans une profonde terreur"*.

Velléda fut pour beaucoup dans l'incroyable succès des *Martyrs*, dont les éditions se multiplièrent en dépit de nombre de passages "théoriques" que Chateaubriand qualifie lui-même de ratés. Eudore et Velléda, héros malheureux du romantisme naissant, miroirs aussi des troubles de l'époque. Qui condamne la druidesse prête à sacrifier un vieillard lorsque l'on a vu tant de charrettes emportant le corps des guillotinés ? Les landes sauvages, la pleine lune : autant de ressourcements pour retrouver un équilibre. Napoléon (qui détestait Chateaubriand, trop critique à son égard) admira Velléda au même titre que les *Poèmes* d'Ossian. Le sang qui coulait sur les autels druidiques ne devait pas l'impressionner.

Jusqu'à présent, pas de Vercingétorix, mais tout est prêt pour qu'il fasse son apparition. Passons sur le fait que quelques lettrés – notamment clermontois – lui avaient consacré des mémoires confidentiels. La redécouverte de Vercingétorix, c'est aussi celle des Gaulois. Elle se produit au début du XIXe siècle, dans un double contexte : une réflexion politique, l'ambiance romantique. Ses auteurs : les Thierry.

AUGUSTIN ET AMÉDÉE THIERRY

Le plus célèbre, c'est Augustin (en réalité Jacques-Nicolas-Augustin), né à Blois en 1795. Une biographie publiée en 1876 indique qu'il *"sentit s'éveiller son goût pour l'histoire par la lecture des* Martyrs *de Chateaubriand"*. Il entra à l'Ecole Normale en 1811, exerça diverses charges d'enseignement. Il eut alors un "coup de foudre" : il s'enticha des doctrines du Comte de Saint-Simon, alla lui exprimer son enthousiasme, fut engagé par le grand homme comme secrétaire, se considéra comme son "fils adoptif", jusqu'à la rupture, brutale, en 1817. Dès lors, il se consacre à l'histoire et – pour vivre – au journalisme. Il devient collaborateur du *Censeur Européen*, où il publie des études très vivantes, très imagées, qui furent ultérieurement réunies sous le titre *Dix ans d'études historiques*, que l'on trouve encore chez les bouquinistes.

Il faut tenter de comprendre l'ambiance de l'époque. On est vers 1820, cinq ans après la chute du régime napoléonien. Contrairement à l'idée qui court trop facilement aujourd'hui, la Restauration n'avait pas été mal accueillie par les "intellectuels", souvent brimés par l'absolutisme impérial. Des historiens comme Guizot, par exemple, qui avait une trentaine d'années, occupèrent des charges importantes. Mais, en 1820, avec la chute du cabinet de Decazes, les "libéraux" furent écartés de toute responsabilité. Guizot devint un opposant – il fut suspendu de son enseignement en 1822. Augustin Thierry connut de semblables difficultés, se faisant chasser du *Censeur Européen*, passant au *Courrier Français* – ses chroniques constitueront les *Lettres sur l'Histoire de France* –, puis subissant les attaques soit des autorités soit des lecteurs.

Les autorités n'avaient nulle raison de l'épargner : lui-même déclare que, dans l'histoire et les "vieux livres", il cherche *"un arsenal d'armes nouvelles contre le gouvernement"*. S'étant d'abord intéressé à l'histoire de l'Angleterre depuis l'invasion des Normands jusqu'à la mort de Charles Ier, il avait démontré que les vaincus, après avoir perdu leurs droits, les avaient recouvrés et avaient fondé un régime de libertés. Désormais, il s'attache à l'histoire de la France. Il lit les ouvrages qui lui ont été consacrés, et il se trouve scandalisé : à peu près toutes ces histoires commencent avec la conquête des Francs (Clovis ou Mérovée), oubliant les populations qui les ont précédés :

> Il est absurde de donner pour base à une histoire de France la seule histoire du peuple frank. C'est mettre en oubli la mémoire du plus grand nombre de nos ancêtres, de ceux qui mériteraient peut-être à un plus juste titre notre vénération filiale. Le premier mérite d'une histoire nationale écrite pour un grand peuple serait de n'oublier personne, de ne sacrifier personne, de présenter sur chaque portion du territoire les hommes et les faits qui lui appartiennent. L'histoire de la contrée, de la province, de la ville natale, est la seule où notre âme s'attache par

un intérêt patriotique ; les autres peuvent nous sembler curieuses, instructives, dignes d'admiration ; mais elles ne nous touchent point de cette manière. Or, comment veut-on qu'un Languedocien ou qu'un Provençal aime l'histoire des Franks et l'accepte comme histoire de son pays ? Les Franks n'eurent d'établissements fixes qu'au nord de la Loire ; et lorsqu'ils passaient leurs limites et descendaient vers le sud, ce n'était guère que pour piller et rançonner les habitants, auxquels ils donnaient le nom de Romains. Est-ce de l'histoire nationale pour un Breton que la biographie des descendants de Clovis ou de Charlemagne, lui dont les ancêtres, à l'époque de la première et de la seconde race, traitaient avec les Franks de peuple à peuple ? Du VIe au Xe siècle, et même dans les temps postérieurs, les héros du nord de la France furent des fléaux pour le midi [...].

Si l'on veut que les habitants de la France entière, et non pas seulement ceux de l'Île-de-France, retrouvent dans le passé leur histoire domestique, il faut que nos annales perdent leur unité factice et qu'elles embrassent, dans leur variété, les souvenirs de toutes les provinces de ce vaste pays, réuni seulement depuis deux siècles en un tout compact et homogène. Bien avant la conquête germanique, plusieurs populations de races différentes habitaient le territoire des Gaules. Les Romains, quand ils l'envahirent, y trouvèrent trois peuples et trois langues. Quels étaient ces peuples, et dans quelle relation d'origine et de parenté se trouvaient-ils à l'égard des habitants des autres contrées de l'Europe ? Y avait-il une race indigène, et dans quel ordre les autres races, émigrées d'ailleurs, étaient-elles venues se presser contre la première ? Quel a été, dans la succession des temps, le mouvement de dégradation des différences primitives de mœurs, de caractère et de langage ? En retrouve-t-on quelques vestiges dans les habitudes locales qui distinguent nos provinces, malgré la teinte d'uniformité répandue par la civilisation ? Les dialectes et les patois provinciaux, par les divers accidents de leur vocabulaire et de leur prononciation, ne semblent-ils pas révéler une antique diversité d'idiomes ? Enfin, cette inaptitude à prendre l'accent français, si opiniâtre chez nos compatriotes du Midi, ne pourrait-elle pas servir à marquer la limite commune de deux races d'hommes anciennement distinctes ? Voilà des questions dont la portée est immense, et qui, introduites dans notre histoire à ses diverses périodes, en changeraient complètement l'aspect.

(*Lettres sur l'Histoire de France*, "Sur la fausse couleur donnée aux premiers temps de l'histoire de France, et la fausseté de la méthode suivie par les historiens modernes", 1820).

Voilà un texte que l'on peut dire fondateur, écrit par un jeune homme de 25 ans, sous le coup de la colère, un texte dans lequel on trouve des mots – surtout des notions – qui sont voués à une longue postérité : "histoire de France", "nos ancêtres", "histoire nationale", "histoire de la contrée, de la province, de la ville natale", expressions (ou pétitions) que l'on attribue généralement à la IIIe République.

La fin du texte ("voilà des questions dont la portée est immense") constitue un programme de recherche. Augustin Thierry le confia à… son frère ! Amédée avait deux ans de moins que lui, il collaborait lui aussi à diverses revues, vivant de notices historiques ou géographiques (par exemple, un Résumé de l'*Histoire de la Guyane*, paru en 1826). Augustin suggéra à Amédée de s'intéresser à la Gaule. Ce qu'il fit, publiant en 1828 un ouvrage intitulé *L'Histoire des Gaulois depuis les temps les plus reculés jusqu'à l'entière soumission de la Gaule à la domination romaine* (ouf !).

Augustin Thierry considérait que toutes les histoires précédentes péchaient par indignité. Il en existait notamment une (que vous retrouvez peut-être dans les bibliothèques familiales), celle de l'abbé Louis-Pierre Anquetil, parue en 1805 (quatorze volumes !), une compilation assez terne (pour être gentil), mais qui a le mérite de commencer avec les Gaulois. C'est la première *Histoire de France* largement diffusée (plus de 40 000 exemplaires en trente ans) qui prend la Gaule comme origine de la France. Le savant abbé a lu les textes antiques et les reproduit (avec plus ou moins de bonheur). Il suit la *Guerre des Gaules* de César presque mot à mot. Ainsi, pour la reddition de Vercingétorix :

> Ceux de la ville, subordonnés aux événements du dehors, étaient rentrés consternés dans leurs murs. Le lendemain, le conseil est convoqué par Vercingétorix. Aussi grand dans le malheur qu'il l'avait été dans la prospérité, après avoir exposé la vanité de toute espérance ultérieure, et le besoin de céder à la nécessité, il s'offrit généreusement pour le salut d'un peuple dont il avait voulu garantir la liberté, et se proposa lui-même pour être livré au vainqueur. Les chefs, en effet, les armes et des otages, telles furent les conditions auxquelles César reçut les assiégés à composition. Il donna, à titre de butin, un prisonnier à chacun de ses soldats ; mais il excepta de cette rigueur les Eduens et les Arvernes qu'il espéra regagner par cet acte de clémence, et il réserva Vercingétorix pour son triomphe. Vingt jours de supplications furent ordonnés par le sénat pour cette importante campagne, la plus laborieuse, la plus

critique et la plus brillante de toutes celles de César dans la Gaule.

Rien à dire : c,'est exactement le texte de César, à part l'incise sur le triomphe à venir. Mais l'abbé ne se contentait pas de paraphraser, il ajoutait quelques commentaires de son cru, comme celui-ci :

> Si de quelques traits particuliers on peut déduire le caractère général d'une nation, nous dirons que les Gaulois étaient vifs, emportés, audacieux, colères, toujours prêts à frapper, surtout en présence de leurs femmes, qui se mêlaient volontiers de leurs querelles et qui ne redoutaient pas plus le combat que leurs maris. Ils se piquaient de franchise et de générosité, et punissaient le mensonge et la supercherie. Ils étaient fort avides de nouvelles, et attendaient dans les places et sur les chemins les voyageurs pour en demander. L'excessive curiosité les rendait excessivement crédules.

Bref, paraphrase et rapidité : les Thierry ne pouvaient admettre, il fallait faire autre chose. Amédée se lança dans une entreprise qui lui avait – probablement – été inspirée par son frère :

> En partant de la période gallo-franke comme d'une des divisions naturelles de nos annales, et remontant plus haut, à travers le cours des âges, je rencontrais deux autres périodes historiques tout aussi naturellement tracées, et auxquelles se rattachaient deux grands problèmes non résolus.
>
> Quand les Burgondes, les Wisigoths, les Francs vinrent occuper la Gaule, celle-ci était romaine ; elle formait une province de cet empire universel dont les maîtres siégeaient au Capitole. Qu'était-ce qu'être Romain ? Quelle place tenait la province gauloise dans

> l'unité de l'Empire ? Quel rôle joua-t-elle dans ses destinées ? Qu'avons-nous reçu, perdu, conservé malgré les siècles de cette civilisation romaine interrompue par les Germains ? C'était le premier problème qui s'offrait à moi.
>
> Le second appartenait à une époque plus reculée, à l'époque où la Gaule, en possession de son indépendance barbare, n'avait point encore connu la loi de l'étranger. Il consistait à déterminer les éléments ethnologiques de cette grande famille qui remplit l'ancien monde de ses armes et de son nom ; à rechercher de quelles races elle se composa ; quels furent son caractère, ses mœurs, et, sur tous les points du globe où elle mit le pied, ses destinées, avant que la fortune l'eût abaissée partout sous le joug des Romains.
>
> Ce dernier problème, le premier à traiter dans l'ordre des dates, l'*Histoire des Gaulois* en proposait une solution.

Ce n'est pas ici le lieu de rappeler les théories proposées par Amédée Thierry sur l'origine des Gaulois (encore qu'elles ne soient pas dépourvues d'intérêt) ni les analyses qui, pour la première fois, dressèrent une sorte d'"ethnographie" (l'habillement, l'armement, l'économie, l'habitat, la nourriture, les manières de table, etc.), sans omettre la guerre, la religion. En 1828, fut brossé un tableau que l'on retrouvera régulièrement au cours d'un siècle et demi – voire davantage.

Amédée Thierry avait lu tous les auteurs anciens, son œuvre peut susciter aujourd'hui encore un grand sentiment d'admiration. Il a collecté les sources, en a vu les difficultés, a réfléchi, proposé des hypothèses. Le digne prédécesseur de Camille Jullian.

Il lui consacre près de 300 pages. Son récit, évidemment, se fonde sur le texte de César, mais il interrompt la narration des événements pour proposer, de temps en temps, une analyse politique, une synthèse ou une récapitulation. En outre, Thierry utilise un "truc" génial : il transpose en style direct des discours ou des dialogues que César a reproduits en style indirect. Voilà qui donne à son texte de la clarté et de la vie. Surtout, il fait appel à d'autres sources (Plutarque, Dion Cassius), il sait critiquer, manifestant des sentiments anti-césariens qui – ne l'oublions pas – constituent une nouveauté, voire une sorte de scandale.

Voici un exemple d'une "petite synthèse" :

> Le ressentiment de l'indépendance perdue et l'ennui de la domination romaine faisaient dans la Gaule des progrès rapides, et devenaient chaque jour plus vifs, parce que, chaque jour aussi, cette domination devenait plus oppressive et plus tracassière. Sous quelques rapports même, les cités de l'est pouvaient être fondées à regretter la tyrannie d'Arioviste. D'abord les tributs n'étaient pas moins forts, ni les otages moins nombreux ; et la présence des légions ne gênait et n'irritait pas moins que celle des bandes germaines. Mais, non contents d'occuper le pays, de lever des hommes et des subsides, de parler en maîtres insolents, les Romains s'immisçaient dans les plus intimes affaires des cités ; ils déposaient des magistrats légalement élus, sous le prétexte qu'ils étaient suspects au peuple romain ; ils en nommaient d'autres de leur autorité privée, intervenaient dans tous les débats, et bouleversaient à chaque instant les constitutions. C'étaient surtout les gouvernements populaires qu'ils poursuivaient avec acharnement, parce qu'ils en

redoutaient le principe et l'énergie. Tantôt ils favorisaient en sous main ces chefs ambitieux, qui vivaient en conspiration permanente contre la liberté : tantôt ils les imposaient ouvertement, à la pointe de l'épée, prétendant les restaurer dans un pouvoir légitime, attendu que leur père, ou leur aïeul, ou leur oncle, l'avaient jadis possédé. Ainsi ils établirent chez les Carnutes le despotisme de Tasget, chez les Atrébates celui de Comm ; ainsi ils forcèrent la haute assemblée des Senons à reconnaître pour roi Cavarin homme abhorré de tous, dont le frère et le père avaient attenté successivement à l'indépendance publique. Ce n'était pas tout : depuis le commencement de la guerre, César s'était fait livrer tous les jeunes Gaulois distingués par la richesse, la naissance ou le rang de leur famille ; et il les gardait près de lui, moins comme des auxiliaires que comme des otages. Etudiant à loisir leur caractère et leurs penchants, il s'appliquait à les corrompre par l'ambition, à les éblouir par sa gloire, à étouffer en eux tout sentiment patriotique ; de cette pépinière de petits tyrans sortaient ses instruments les plus dévoués et les traîtres les plus redoutables à la Gaule. Le proconsul les jetait ensuite sur le point où il voulait exciter des orages ; il leur prodiguait l'argent, il leur prêtait au besoin ses soldats ; il préparait par leurs intrigues, chez ses alliés les plus fidèles, une conquête facile et en apparence moins odieuse que la conquête à force ouverte. Chaque nation, chaque ville avait donc son parti romain et son parti national qui s'observaient l'un l'autre, et en venaient souvent aux prises, surtout quand il s'agissait de l'élection des principaux magistrats.

Ce texte étonne par sa pénétration, sa lucidité, sa simplicité. Nombre d'auteurs (y compris moi), qui ignorions ces lignes, avons tenté de dire la même chose avec mille fois moins de clarté, et même d'intelligence. Tout juste si nous nuancerions telle phrase.

Et Vercingétorix ? Il arrive. Rappelons que son évocation, sous la plume de Thierry, n'est pas la première, mais avec lui, avec elle, il va se poser comme personnage historique. Historique et… romantique. N'oublions pas la date : 1828. Pour donner quelques repères : les *Martyrs* de Monsieur de Chateaubriand ont vingt ans, la druidesse Velléda fait rêver (ou fantasmer). En 1823, est né un périodique intitulé *La Muse française*, qui publie les poèmes de jeunes auteurs (Hugo, Vigny) et qui porte aux nues Shakespeare, Byron ou Walter Scott. Le Salon de l'Arsenal vient de se créer, sous l'impulsion de Charles Nodier, où se retrouvent écrivains, artistes, historiens et critiques. En 1826, Alfred de Vigny, qui a vingt-neuf ans, publie *Cinq-Mars*, la conjuration ourdie contre le cardinal de Richelieu, y exaltant la noblesse, humiliée, abaissée, mais fidèle à ses traditions de grandeur. En 1827, coup de tonnerre : de la plume du jeune Hugo, paraissent à la fois un drame (*Cromwell*) et une préface retentissante, qui fait figure de manifeste. Proposant la théorie "des trois âges" (les temps primitifs, antiques, modernes), Hugo lance aussi des théories sur le drame : unité d'action, couleur géographique et historique, liberté de l'écrivain.

Voici donc Vercingétorix. Suivant fidèlement César, Thierry raconte le soulèvement des Carnutes, le massacre des commerçants romains à Orléans. La suite mérite d'être lue *in extenso* :

> Telle fut la sanglante déclaration adressée par la Gaule aux légions étrangères. La nouvelle, criée dans les champs, suivant l'usage, passa de bourg en bourg et de ville en ville avec la rapidité du son ; les Arvernes, à la distance d'environ cent soixante milles, la reçurent avant la

seconde de la nuit. Cette nuit ne fut point stérile pour la liberté, et les événements qui s'y préparèrent égalèrent en importance ceux que le jour naissant avait éclairés dans Génabum.

Il y avait alors chez les Arvernes un jeune chef d'antique et puissante famille, nommé Vercingétorix. Il était fils de ce Celtill, dont nous avons parlé plus haut, de ce noble Arverne qui, coupable de conspiration contre la liberté de sa cité, avait expié sur le bûcher son ambition et son crime. Héritier de la vaste clientèle et des biens de son père, Vercingétorix sut de bonne heure effacer, par des vertus et des qualités brillantes, la défiance et la défaveur imprimées sur sa famille ; sa grâce, son courage le rendirent l'idole du peuple. César ne négligea rien pour se l'attacher ; il lui donna le titre d'ami. Il lui fit entrevoir, comme la récompense de ses services, ce haut de puissance où Celtill avait aspiré en vain. Mais il ne trouva point dans le jeune Arverne l'âme d'un Tasget ou d'un Cavarin : Vercingétorix avait trop de patriotisme pour devoir son élévation à l'avilissement de son pays, trop de fierté pour l'accepter des mains de l'étranger. Il s'éloigna donc de César. Retiré dans ses montagnes, il travailla secrètement à réveiller parmi les siens le sentiment de l'indépendance, à susciter des ennemis aux Romains. Quand l'heure favorable fut venue, il se montra au grand jour ; dans les fêtes religieuses, dans les assemblées profanes, dans les réunions politiques, partout, on le voyait employant son éloquence, sa fortune, son crédit, en un mot, tous ses moyens d'action sur les chefs et sur la multitude, pour les amener, comme dit un historien, aux droits de la vieille liberté gauloise. Nul n'attendait avec plus d'anxiété la détermination des Carnutes, nul n'apprit avec plus de joie la nouvelle des événements de Génabum. Quoique la nuit fut déjà avancée, il fit prendre les armes à sa tribu, descendit de la montagne, et dès le point du jour entra dans Gergovie, proclamant l'indépendance de la Gaule.

Les habitants de Gergovie étaient divisés, et le parti national hésitait au moment de franchir le dernier pas. La brusque apparition de Vercingétorix et de sa tribu causa de la surprise aux citoyens, et peut-être de l'effroi aux magistrats. Le parti romain profita de ce trouble ; ayant à sa tête Gobanitio, oncle de Vercingétorix, il força le jeune patriote à sortir de la ville avec ses clients. Il sortit, mais pour revenir bientôt suivi d'une foule de paysans. Gergovie, cette fois, ouvrit ses portes ; Gobanitio et ses partisans furent chassés ; et Vercingétorix, aux acclamations unanimes du peuple de la ville et de celui des campagnes, fut investi du souverain commandement militaire. Revêtu de cette puissance, il envoie aussitôt des députés à toutes les nations conjurées, leur rappelant "que l'heure est arrivée ; que le sang romain a coulé dans Génabum". Les Sénons, les Parises, les Pictons, les Cadurkes, les Turons, les Aulerkes, les Lémovikes, les Andes, et généralement toutes les cités armoricaines, répondent à son appel. On organise d'abord un conseil suprême chargé de délibérer sur le choix d'un chef. Comme le crédit de Vercingétorix n'était pas moindre dans les états-généraux de la Gaule que dans les assemblées particulières du peuple arverne, et que d'ailleurs sa nation tenait le premier rang dans la coalition, le conseil lui remet, d'une commune voix, le commandement de la guerre.

Quoique fidèle dans ses grandes lignes au texte de César, le récit est imprégné de romantisme. La "*sanglante déclaration adressée par la Gaule aux légions étrangères*", la nouvelle qui passe *"de bourg en bourg"*, le secret, Vercingétorix retiré dans les montagnes, son entrée dans Gergovie en pleine nuit, sa brusque apparition, son échec, son retour *"aux acclamations unanimes du peuple de la ville et de celui des campagnes"*, c'est un drame à la Hugo. On a changé de génération : Chateaubriand n'a pas inspiré une seule de ces lignes.

Et puis, il y a le personnage lui-même : un *"jeune chef"*, doté *"de vertus et de qualités brillantes"*, de *"grâce"* et de *"courage"*. Son âme est animée par le patriotisme, il veut retrouver la *"vieille liberté gauloise"* (notons que l'"historien" auquel se réfère Thierry dans la phrase qui donne cette expression n'est autre que… César : il le signale en note !). Eloquence, fortune, crédit, autorité. Un héros que les dieux ont comblé, qui porte en lui des valeurs. Hernani, non ? Il n'est pas encore né de l'imagination de Hugo (ou, en tout cas, pas présenté au public), mais ce proscrit, devenu chef de bande, qui s'est donné comme mission de venger son père, mis à mort par les partisans du roi, Hernani, qui devait déclencher en 1830 la fameuse "bataille", est-il sans ressemblance avec Vercingétorix ?

J'insiste : en 1828, sont mis en place les principaux traits du personnage. Jeunesse, charisme, patriotisme. Le parti "national" qu'il mène contre l'affreux parti "romain". Se déroulent les événements bien connus de l'année 52 av. J.-C., que Thierry raconte à sa manière, c'est-à-dire en suivant le texte de César, mais en l'orientant par petites touches, de manière à valoriser le chef gaulois (lucidité, sens stratégique, fermeté et… idéalisme). Surtout, il brosse d'admirables tableaux, jusqu'à la scène finale, la reddition, qu'il faut lire lentement, à haute voix – un morceau de bravoure (l'a-t-il déclamé, un soir, au sein du "cénacle" où Victor Hugo réunissait ses amis, rue Notre-Dame-des-Champs ? On pourrait le croire) :

> Qu'on se représente, si l'on peut, l'état de la garnison d'Alésia durant la nuit qui suivit cette bataille funeste. Seul, au milieu d'une désolation inexprimable, Vercingétorix montrait un visage calme et résigné ; c'est que toute espérance n'était pas éteinte au fond de ce cœur magnanime ; c'est qu'il avait cru entrevoir encore une ressource, une de ces ressources qui n'apparaissent qu'aux âmes d'élite. Comme les Romains s'obstinaient à voir en lui l'auteur de tout ce qui s'était fait en Gaule depuis un an ; comme ils soutenaient, dans leurs déclarations publiques, que le noble Arverne n'avait suscité cette guerre que pour son propre intérêt, par ambition, par soif de la royauté ; comme César, en toute occasion, faisait éclater contre lui une violente inimitié personnelle, Vercingétorix pensa que sa mort suffirait peut-être aux vengeances publique et privée, et que ses malheureux compagnons pourraient obtenir merci. Il passa la nuit à se repaître de cette idée ; au point du jour, il convoqua ses troupes. Pour la dernière fois, il les supplia de se rappeler quelle cause leur avait mis les armes à la main : "Ce n'est pas la mienne seulement, leur dit-il, c'est la nôtre à tous, c'est la gloire et la liberté de la Gaule. Cependant c'est bien moi qui vous ai poussés à cette guerre, et vous ai attirés ici : puisque le sort a décidé contre moi, ma tête vous appartient. Je satisferai aux Romains par une mort volontaire, ou je me livrerai à eux vivant, selon votre désir. Délibérez." Le conseil envoya des députés à César, pour traiter, avec lui de la reddition. La réponse du proconsul fut qu'ils devaient immédiatement livrer leur chef, leurs armes, et se rendre à discrétion ; en même temps il fit dresser son tribunal hors des portes, en avant du camp, pour y recevoir la

soumission des vaincus et prononcer avec solennité sur leur sort.

Cette réponse était un arrêt irrévocable, auquel rien ne pouvait soustraire les Gaulois. Mais Vercingétorix n'attendit point que les centurions romains le traînassent pieds et poings liés aux genoux de César. Montant sur son cheval enharnaché comme dans un jour de bataille, revêtu lui-même de sa plus riche armure, il sortit de la ville, et traversa au galop l'intervalle des deux camps, jusqu'au lieu où siégeait le proconsul. Soit que la rapidité de sa course l'eût emporté trop loin, soit qu'il ne fit par là qu'accomplir un cérémonial usité, il tourna en cercle autour du tribunal, sauta de cheval, et, prenant son épée, son javelot et son casque, il les jeta aux pieds du Romain, sans prononcer une parole. Ce mouvement de Vercingétorix, sa brusque apparition, sa haute taille, son visage fier et martial, causèrent parmi les spectateurs un saisissement involontaire.

César fut surpris et presque effrayé. Il garda le silence quelques instants ; mais bientôt, éclatant en accusations et en invectives, il reprocha au Gaulois son ancienne amitié, ses bienfaits, dont il l'avait si mal payé ; puis il fit signe à ses licteurs de le garrotter et de l'entraîner dans le camp. Vercingétorix souffrit tout en silence. Les lieutenants, les tribuns, les centurions qui entouraient le proconsul, les soldats mêmes paraissaient vivement émus. Le spectacle d'une si grande et si noble infortune parlait à toutes les âmes, César seul resta froid et cruel. Vercingétorix fut conduit à Rome, et plongé dans un cachot infect, où il attendit pendant six ans que le vainqueur vînt étaler au Capitole l'orgueil de son triomphe ; car ce jour-là seulement, le patriote gaulois devait trouver, sous la hache du bourreau, la fin de son humiliation et de ses souffrances.

Admirable mise en scène. Avec cette amorce : *"Qu'on se représente, si l'on peut..."* La nuit, la désolation, la méditation de Vercingétorix (Charles-Quint à Aix-la-Chapelle), le discours sobre et noble. Puis le panache, la tragédie.

Tout est là. La plupart des romanciers qui ont "commis" un *Vercingétorix* auraient pu s'en dispenser. La "geste" du héros gaulois, elle réside dans l'ouvrage d'Amédée Thierry, à la fois livre d'histoire, roman d'aventures et drame romantique, écrit par un homme auxquels les dieux avaient dispensé certains des dons qu'il prête à son héros : l'éloquence, la force de conviction. Notons, remémorons-nous la dernière phrase : le "patriote gaulois" devait trouver, etc... Le patriote gaulois. 1828.

Je m'en voudrais de ne pas citer la dernière page de son livre, ou plutôt les dernières lignes de sa conclusion :

> Descendants des soldats de Brenn et de Vercingétorix, des citoyens de Carnutum et de Gergovie, des sénats de Durocortorum et de Bibracte, n'avons-nous plus rien de nos pères ? Ce type si fortement empreint sur les premières générations, le temps l'a-t-il effacé des dernières ? Peuple des sociétés modernes, la civilisation, ce costume des races humaines, a-t-elle transformé chez nous en même temps que recouvert le vieil homme ? Et si nous nous examinions bien dans quelqu'une de ces crises où les peuples, brisant toutes les conventions sociales, se remontrent, pour ainsi dire, dans la nudité de leur nature, serait-il impossible de découvrir quelque signe de cette parenté de vertus et de vices ? Je ne sais ; mais, en traçant les récits de ce long ouvrage, plus d'une fois je me suis arrêté d'émotion ; plus d'une fois j'ai cru voir passer devant mes yeux l'image d'hommes sortis d'entre nous ; et j'en ai conclu que nos bonnes et nos

mauvaises dispositions ne sont point nées d'hier sur cette terre où nous les laisserons.

"Descendants des soldats de Brenn" (c'est-à-dire de Brennus, celui qui prit Rome vers 390) *"et de Vercingétorix"*... "Nos pères". "Les premières générations", le "vieil homme". *Nos ancêtres les Gaulois.* Comment ne pas comprendre le succès prodigieux que rencontra le livre de Thierry ? Les rééditions se succédèrent. Un brillant élève du lycée de Marseille, Camille Jullian, reçut comme livre de prix un exemplaire de sa nième édition, et il écrivit plus tard, en 1896 : *"J'ai toujours eu l'ambition d'écrire l'histoire. Cette ambition m'est venue, j'en sais très bien l'année, en 1873, en lisant l'histoire des Gaulois d'Amédée Thierry dans un livre de prix que j'ai encore"*.

Aujourd'hui, qui connaît Amédée Thierry ? L'œuvre que nous venons de survoler a été écrite par un homme de 31 ans, qui a lu tous les textes, s'est instruit de toutes les théories et qui, partant d'une "commande" de son frère Augustin, a débouché sur des résultats, ou – disons – des vues inattendues. Les Gaulois, nos pères. Vercingétorix, le patriote. Qui, surtout, eut le talent improbable de combiner l'étude sérieuse des sources historiques avec la flamme qui brûlait la jeune école romantique. Apprendre, instruire, mais passionner, car c'est la passion qui conduit le monde.

Sachant mes lecteurs curieux, je fais une petite parenthèse. Voici le "devenir" d'Amédée Thierry, tel que le retrace une Encyclopédie des environs de 1870, la notice commençant par rappeler son *Histoire des Gaulois* :

> Cet ouvrage, le plus remarquable qu'il ait publié, lui valut d'être nommé, cette même année, professeur d'histoire à la Faculté de Besançon ; mais ses idées, alors très libérales,

déplurent au successeur de M. de Vatimesnil, et, par ordre du nouveau ministre de l'Instruction publique, son cours fut suspendu. Ce fut avec joie qu'Amédée Thierry accueillit la révolution de 1830 et l'avènement de Louis-Philippe. Nommé peu après préfet de Vesoul, il se montra administrateur aussi habile qu'éclairé et opéra de nombreuses et utiles réformes. Pendant son séjour dans cette ville, il appela auprès de lui Augustin Thierry, à qui il donna, durant quatre ans, les soins d'une touchante hospitalité. En 1838, il retourna à Paris pour remplir les fonctions de maître des requêtes près le conseil d'Etat. Pendant ses loisirs, il continua ses travaux historiques et fut élu, en 1841, membre de l'Académie des sciences morales et politiques, en remplacement de Bignon. Amédée Thierry continua à faire partie du conseil d'Etat sous la République et sous l'Empire. En 1853, il devint conseiller en service ordinaire, et comme il avait complètement oublié qu'il avait été libéral, il fut appelé, en 1860, à occuper un siège au Sénat et reçut, en 1868, la croix de grand officier de la Légion d'honneur.

Admirable, non ? Finir au Sénat impérial… Par Toutatis !… Il mourut en 1873. Son frère Augustin, accablé par la maladie, ayant perdu la vue, avait disparu dix-huit ans auparavant.

Ces lignes peuvent sembler moqueuses (ce qui n'est pas faux, car je n'aime pas trop les historiens qui croulent sous les honneurs). Mais je tiens à faire partager mon admiration pour le véritable fondateur de l'histoire de la Gaule. Il y a dix ans, je n'avais rien lu de lui. Je l'ai découvert en me lançant dans l'historiographie, j'ai abordé ses livres sans enthousiasme. Et puis, l'évidence : c'est à lui que nous devons un courant aux multiples conséquences, des meilleures aux pires. Lui n'est responsable que des meilleures.

La notice de l'Encyclopédie que je viens de citer indiquait : *"Ce fut avec joie qu'Amédée Thierry accueillit la révolution de 1830 et l'avènement de Louis-Philippe"*. Plus que "joie", on devrait dire "jubilation". Il ne fut pas le seul à jubiler.

Essayons de comprendre. Il n'y avait plus un "Roi de France", issu de la conquête franque, représentant le camp des vainqueurs. Régnait un "Roi des Français" – tous les Français, quelle que fût leur origine. Les Gaulois, les Gallo-Romains, les Francs. Aujourd'hui, nous mesurons difficilement les enjeux de l'époque, ou bien ils nous paraissent étonnants. Nous n'avons plus la moindre idée de ce que représentait la noblesse, une cour hiérarchisée, les gens du "château" dont nous dépendrions, ceux qui sont et qui s'affichent comme "légitimes", les autres ne représentant que la descendance des vaincus, voués à obéir. Bien sûr, la Révolution étant passée par là, bien des choses avaient changé, mais la Restauration avait semblé – dans la dernière phase – retrouver les rigidités de jadis, d'autant plus insupportables qu'on les avait crues définitivement supprimées. Les Thierry avaient connu ces avatars, pourchassés par la censure ou l'intolérance, renvoyés par les directeurs de périodiques qui avaient besoin de l'agrément des pouvoirs officiels.

Donc, 1830, les Trois Glorieuses, c'est inouï ! Lisons ce qu'écrit Augustin Thierry, quelques années plus tard (1839), sur un ton assagi (le temps a passé, l'émerveillement s'est atténué, mais quand même !) :

> La révolution de 1830, merveilleuse par sa rapidité et plus encore parce qu'elle n'a pas un seul instant, dépassé son but, a rattaché, sans retour, notre ordre social au grand mouvement de 1789. Aujourd'hui tout dérive de

là, le principe de la constitution, la source du pouvoir, la souveraineté, les couleurs du drapeau national.

Les Trois Glorieuses. Michelet avait alors 32 ans. En 1869 (près de quarante ans plus tard), dans la Préface qu'il rédige pour présenter l'édition définitive de son *Histoire de France*, il écrit ceci :

> Cette œuvre laborieuse d'environ quarante ans fut conçue d'un moment, de l'éclair de Juillet. Dans ces jours mémorables, une grande lumière se fit, et j'aperçus la France.
>
> Elle avait des annales, et non point une histoire. Des hommes éminents l'avaient étudiée surtout au point de vue politique. Nul n'avait pénétré dans l'infini détail des développements divers de son activité (religieuse, économique, artistique, etc.). Nul ne l'avait encore embrassée du regard dans l'unité vivante des éléments naturels et géographiques qui l'ont constituée. Le premier je la vis comme une âme et une personne.

"J'aperçus la France [...]. Le premier, je la vis comme une âme et une personne". On a glosé à l'infini sur ces deux phrases, que ne peuvent comprendre, en toute "sympathie" (au sens étymologique), que ceux qui ont vécu un événement analogue. La Libération au terme de la Seconde Guerre mondiale ? Je ne sais pas. Cette exaltation correspond à une fantastique rupture : l'image de mon pays, ce n'est plus Louis XVIII le boursouflé ou le calamiteux Charles X. Surgit une belle jeune femme – après tout, le succès de Velléda la druidesse n'annonçait-il pas une telle image ? Ce sont des gens d'une trentaine d'années qui façonnent cette image, qui la modèlent à l'aune de l'espoir, de l'enthousiasme. Le contraire des phrases qu'écrivait le Général de Gaulle dans ses *Mémoires*

de Guerre, qui s'ouvraient ainsi : *"Toute ma vie, je me suis fait une certaine idée de la France"*, et qui se terminaient par une invocation : *"Vieille France, accablée d'Histoire, meurtrie de guerres et de révolutions, allant et venant sans relâche de la grandeur au déclin, mais redressée, de siècle en siècle, par le génie du renouveau"*. Michelet avait 71 ans lorsqu'il signa ce texte, le Général 62. Le second vit dans la solitude de celui qui a "rencontré l'Histoire". Le premier revit l'exaltation de celui qui a "aperçu la France", toute neuve, toute jeune. Une France dont on peut désormais écrire l'histoire autrement. Le duc d'Orléans, fils de Philippe-Egalité, n'a-t-il pas embrassé La Fayette devant le peuple de Paris ? Et que tenait-il à la main ? Le drapeau tricolore ! Vive Louis-Philippe Ier, roi des Français !

Bien mieux, voici des historiens au pouvoir ! Louis-Adolphe Thiers. Il a 33 ans, il s'est fait connaître non seulement par des articles vitupérant contre l'absolutisme mais aussi par son *Histoire de la Révolution française*, dix volumes publiés de 1823 à 1827. En deux ans, un cursus éblouissant : conseiller d'Etat, député, sous-secrétaire d'Etat aux Finances, ministre de l'Intérieur. François Guizot est un peu plus âgé (43 ans), et il a derrière lui une carrière déjà longue. Fontanes, ministre de Napoléon Ier, lui avait offert une chaire d'Histoire à la Sorbonne. Durant la Restauration, après avoir exercé quelques charges officielles, il avait été, comme les Thierry, victime de la réaction "ultraroyaliste". En 1822, son cours fut interdit. Il se lança alors dans des travaux historiques : *Essai sur l'histoire de France* (1823), *Histoire de la Révolution d'Angleterre* (1826-27). En 1830, il fut élu député de l'opposition, prenant une part active à la chute de Charles X. Louis-Philippe le nomma d'abord ministre de l'Intérieur, puis de l'Instruction publique. Certains ont dit que, plus tard, de 1840 à 1848, il fut le “véritable souverain du royaume”.

Thiers, Guizot, nous connaissons leurs noms. Celui de François-Abel Villemain, beaucoup moins, sinon pas du tout. Il a quarante ans. L'un des plus brillant orateurs de l'époque, titulaire à la Sorbonne de la chaire d'Eloquence française (1816-1826) mais également auteur d'ouvrages historiques sur Cromwell, sur les Grecs depuis l'époque musulmane. Lui aussi opposant à Charles X, il devint député, pair de France, membre de divers gouvernements – particulièrement avec le portefeuille de l'Instruction publique. Narcisse-Achille de Salvandry, 35 ans en 1830, auteur d'ouvrages sur l'Espagne contemporaine, d'une *Histoire de la Pologne*. Il eut cette formule fameuse, peu avant les Trois Glorieuses, lors d'une réception donnée en l'honneur du roi de Naples : *“C'est une vraie fête napolitaine, nous dansons sur un volcan”*. Il devint député, ministre de l'Instruction publique, ambassadeur, etc. C'est à lui que les Facultés des Lettres d'Aix et de Grenoble doivent leur existence, ainsi que l'Ecole française d'Athènes. J'arrête ici ma liste, car je pourrais encore citer d'autres noms d'intellectuels ayant frayé plus ou moins avec l'histoire et se retrouvant “aux affaires”. Ceux qui proclamèrent que, sous la monarchie de Juillet, “les historiens tenaient le pouvoir” exagéraient évidemment mais on ne saurait nier un fond de vérité. En tout cas, pour reprendre un mot d'Augustin Thierry, l'histoire devint “institution nationale”, avec l'organisation que ce terme implique.

Des créations de chaires dans l'enseignement supérieur. Des Ecoles : celle d'Athènes, on l'a dit, les Langues Orientales, l'Ecole des Chartes (remaniée). De grandes publications savantes, comme les *Documents inédits relatifs à l'histoire de France*, de nombreuses revues. Des commissions : celle des *Arts et Monuments* (pour inventorier ce que nous appellerions aujourd'hui le patrimoine), celle des *Monuments Historiques* qui "classera" et restaurera des monuments. En octobre 1830, Guizot créa un poste d'inspecteur général des monuments historiques pour un certain Louis Vitet, qui avait 28 ans, et dont (plus tard) son successeur à l'Académie française (un illustre inconnu) déclara que *"comme archéologue, il possédait une rare érudition"*, lui attribuant le mérite d'avoir révélé les arts du Moyen Age et d'avoir démêlé les origines et les phases de notre architecture nationale. Dans ce même poste, s'illustra Prosper Mérimée à partir de 1834 (il avait 31 ans, et était déjà passé aux ministères du Commerce et de la Marine !). On connaît ses voyages archéologiques, les rapports qu'il produisit, son influence.

Cette période voit aussi toutes sortes d'associations régionales ou locales se créer ou se fortifier, des académies aux titres parfois surréalistes, créant des publications, suscitant et récompensant des "mémoires" ou "dissertations". Des "confédérations" surgissent, soit sous forme de congrès soit sous celle de sociétés. Arcisse de Caumont (qui avait fondé la *Société des antiquaires de Normandie*) créa la *Société française d'Archéologie* en 1830 (il avait 28 ans). Cinq ans plus tard, naquit la *Société de l'Histoire de France*.

Et la Gaule ? Et Vercingétorix ? Si nous n'avions pas pris conscience de tous ces phénomènes, si nous n'avions pas saisi leur caractère exceptionnel (on pourrait dire : inouï), nous aurions du mal à comprendre la suite.

Michelet (Jules) a l'âge des Thierry : il est né en 1798. Etudes brillantissimes. Pour des raisons économiques, il renonce à se présenter à l'Ecole Normale, il va enseigner l'histoire au Collège Sainte-Barbe. Paraissent ses premiers travaux, dont les *Principes de la philosophie de l'histoire*. Cet ouvrage traduit et adapte partiellement *La scienza nuova* (La Science nouvelle) du philosophe italien Giambattista Vico, son œuvre majeure, le livre de sa vie, sans cesse réécrit, remanié, dont l'ultime édition était parue en 1734, cinq mois après la mort de l'auteur. Une œuvre étonnante, bouillonnante, géniale, bouleversant toutes les notions habituelles en matière d'histoire, mais aussi de philologie et de philosophie : *"le dix-neuvième siècle en germe"*, a dit le grand Benedetto Croce. Michelet le découvre, en est émerveillé, transpose les pages qui l'ont le plus impressionné.

Sa renommée ne cesse de grandir. En 1830, il partage l'exaltation de ses congénères, mais, lui, très vite, s'avoue déçu par le nouveau régime. Sa carrière demeure circonscrite au domaine de la science historique – pas de responsabilité politique. 1831 : chef de la section historique aux Archives nationales. 1834 : il supplée Guizot à la Faculté des Lettres. 1838 : il est élu au Collège de France et à l'Institut.

Après avoir publié, en 1831, une *Histoire romaine*, une sorte d'*Abrégé*, où les Gaulois n'apparaissent pratiquement pas, Michelet fait paraître en 1833 les quatre premiers livres de son *Histoire de France*, des origines à la mort de saint Louis (1270). Le premier de ces livres s'intitule "Celtes, Ibères, Romains". Tout ce qui concerne les Celtes est directement inspiré d'Amédée Thierry, ou, plus exactement, Michelet reprend les théories de

Thierry sur les diverses migrations de peuples qui ont constitué la Gaule, ainsi que l'essentiel du tableau ethnographique tiré des auteurs anciens.

Profitons du don de la synthèse qui habitait Michelet pour lire sous sa plume les thèses diffusées par Thierry. Voici comment il résume les nombreuses pages qu'Amédée consacrait au peuplement de la Gaule, formé de strates superposées. Traduisons quelques termes. "Kymrys" : les Cimbres des auteurs grecs et latins. "Bolg" : les Belges de César.

> La base originaire, celle qui a tout reçu, tout accepté, c'est cette jeune, molle et mobile race des Gaëls, bruyante, sensuelle et légère, prompte à apprendre, prompte à dédaigner, avide de choses nouvelles. Voilà l'élément primitif, l'élément perfectible. Il faut à de tels enfants des précepteurs sévères. Ils en recevront et du Midi et du Nord. La mobilité sera fixée, la mollesse durcie et fortifiée ; il faut que la raison s'ajoute à l'instinct, à l'élan la réflexion.
>
> Au Midi apparaissent les Ibères de Ligurie et des Pyrénées, avec la dureté et la ruse de l'esprit montagnard, puis les colonies phéniciennes ; longtemps après viendront les Sarrasins. [...]
>
> Du Nord, descendent de bonne heure les opiniâtres Kymrys, ancêtres de nos Bretons et des Gallois d'Angleterre. Ceux-ci ne veulent point passer en vain sur la terre, il leur faut des monuments ; ils dressent les aiguilles de Lok-Maria-Ker, et les alignements de Carnac ; rudes et muettes pierres, impuissants essais de tradition que la postérité n'entendra pas. Leur druidisme parle de l'immortalité : mais il ne peut pas même fonder l'ordre dans la vie présente ; il aura seulement décelé le germe moral qui est en l'homme barbare, comme le gui,

> perçant la neige, témoigne pendant l'hiver de la vie qui sommeille. Le génie guerrier l'emporte encore. Les Bolg descendent du Nord, l'ouragan traverse la Gaule, l'Allemagne, la Grèce, l'Asie Mineure ; les Galls suivent, la Gaule déborde par le monde. C'est une vie, une sève exubérante, qui coule et se répand. Les Gallo-Belges ont l'emportement guerrier et la puissance prolifique des Bolg modernes de Belgique et d'Irlande. Mais l'impuissance sociale de l'Irlande et de la Belgique est déjà visible dans l'histoire des Gallo-Belges de l'antiquité. Leurs conquêtes sont sans résultat. La Gaule est convaincue d'impuissance pour l'acquisition comme pour l'organisation.

Peu importe pour Michelet (comme pour nous) de rechercher les fondements théoriques de cette "stratification" : il avance à grandes enjambées, tenant à rejoindre au plus vite une France plus proche de "sa" France. La conclusion qu'il donne du tableau qu'il a dressé de l'antiquité celtique, romaine, germanique, exprime l'intérêt réduit qu'il porte à ces époques anciennes.

> Telle a été l'accumulation des races dans notre Gaule. Races sur races, peuples sur peuples ; Galls, Kymrys, Bolg, d'autre part Ibères, d'autres encore, Grecs, Romains ; les Germains viennent les derniers. Cela dit, a-t-on dit la France ? Presque tout est à dire encore. La France s'est faite elle-même de ces éléments dont tout autre mélange pouvait résulter. Les mêmes principes chimiques composent l'huile et le sucre. Les principes donnés, tout n'est pas donné ; reste le mystère de l'existence propre et spéciale. Combien plus doit-on en tenir compte, quand il s'agit d'un mélange vivant et actif, comme d'une nation ; d'un mélange susceptible de se travailler, de se modifier ? Ce travail, ces modifications

> successives, par lesquels notre patrie va se transformant, c'est le sujet de l'histoire de France.
>
> Ne nous exagérons donc ni l'élément primitif du génie celtique, ni les additions étrangères. Les Celtes y ont fait sans doute, Rome aussi, la Grèce aussi, les Germains encore. Mais qui a uni, fondu, dénaturé ces éléments, qui les a transmués, transfigurés, qui en a fait un corps, qui en a tiré notre France ? La France elle-même, par ce travail intérieur, par ce mystérieux enfantement mêlé de nécessité et de liberté, dont l'histoire doit rendre compte. Le gland primitif est peu de chose en comparaison du chêne gigantesque qui en est sorti. Qu'il s'enorgueillisse, le chêne vivant qui s'est cultivé, qui s'est fait et se fait lui-même !

Tel lecteur pourrait s'étonner de lire sous la plume de Michelet le mot "races". Il l'utilise en effet – reprenant Thierry – dans ce premier volume, alors que, par la suite, il le bannira. Les "races", elles sont à l'origine, c'est une manière de désigner de très anciennes peuplades, indéterminées – sans aucun relent de ce que l'on appellerait ultérieurement "racisme".

Et la guerre des Gaules ? Michelet lui consacre… sept pages, vouées à la célébration *"de ce prodigieux César"*, dont il écrit, en quelques lignes étonnantes :

> J'aurais voulu voir cette blanche et pâle figure, fanée avant l'âge par les débauches de Rome, cet homme délicat et épileptique, marchant sous les pluies de la Gaule, à la tête des légions, traversant nos fleuves à la nage ; ou bien à cheval entre les litières où ses secrétaires étaient portés, dictant quatre, six lettres à la fois, remuant Rome du fond de la Belgique, exterminant sur son chemin deux millions d'hommes, et domptant en dix années la Gaule, le Rhin et l'Océan du Nord.

Vercingétorix n'existe pas en tant que personne : Michelet dit "le vercingétorix" ("général en chef"), formule à laquelle Thierry avait renoncé pour rendre son récit plus vivant. L'an 52 av. J.-C. : une page et demie, dont voici la fin, avec les travaux de César autour d'Alésia :

> La Gaule entière vint s'y briser. Les efforts désespérés des assiégés réduits à une horrible famine, ceux de deux cent cinquante mille Gaulois, qui attaquaient les Romains du côté de la campagne, échouèrent également. Les assiégés virent avec désespoir leurs alliés, tournés par la cavalerie de César, s'enfuir et se disperser. Le vercingétorix, conservant seul une âme ferme au milieu du désespoir des siens, se désigna et se livra comme l'auteur de toute la guerre. Il monta sur son cheval de bataille, revêtit sa plus riche armure, et après avoir tourné en cercle autour du tribunal de César, il jeta son épée, son javelot et son casque aux pieds du Romain, sans dire un seul mot.

"Son épée, son javelot et son casque" : Michelet reproduit avec sécheresse et sans compassion la description d'Amédée Thierry (sans être allé vérifier le texte de César ou de tout autre auteur antique). Pour lui, la défaite d'Alésia constitue un bien, la Gaule va entrer dans le monde de la civilisation, il ne voit rien de tragique ni même d'épique dans les événements de 52. Loin de vibrer pour "le vercingétorix", il admire César et se félicite que tant d'auxiliaires gaulois l'aient ultérieurement aidé à sortir victorieux de la guerre civile contre Pompée. Quant aux "ancêtres", relisons sa phrase : *"Ne nous exagérons donc ni l'élément primitif du génie celtique, ni les additions étrangères"*. L'idée d'un quelconque "patriotisme" gaulois devait lui paraître absurde. Déjà, nous voyons s'opposer deux conceptions, deux interprétations de la guerre des Gaules et de la figure de

Vercingétorix. La première, née du travail mais aussi de l'imagination d'un historien "amateur", prenant sa tâche au sérieux mais écrivant vite et imprégné de l'air du temps : Amédée Thierry. La seconde, celle d'un "pro" (l'un des tout premiers), étudiant les textes et les archives, même s'il faut reconnaître qu'il n'a pas trop travaillé ce chapitre de son *Histoire* : Michelet. Transparaît également la différence entre une démarche recherchant une continuité "nationale" (Thierry) et celle qui pense l'antiquité comme un monde "classique" (Michelet). L'antagonisme était voué à se perpétuer (il subsiste aujourd'hui). Un homme a beaucoup fait pour l'amplifier.

> C'est parce qu'il est un vrai Français de la vraie France qu'il est allé tout droit au cœur du peuple et que dans les bibliothèques populaires sont histoire compte dix et vingt fois plus de lecteurs que celle de Michelet [...]. C'est lui, plus que tout autre, qui a contribué à rendre la France populaire chez la France [...]. Son nom a été le symbole de la religion et de la patrie.

Ainsi s'exprime Joseph Reinach, dans un article qu'il écrit en 1889. La célébration du 14 juillet, nous la devons à un rapport que présenta celui que Reinach glorifie. Lorsque le bruit courut, en juin 1882, que Jules Grévy, président de la République, était atteint d'une maladie incurable (bruit sans fondement), son nom fut prononcé (y compris par Gambetta) pour la succession. Quel nom ? Celui de Bon-Louis-Henri Martin. Ajoutons une anecdote, encore tirée de l'article de Reinach : Henri Martin, peu avant sa mort, en 1883, assiste à un banquet offert aux gymnastes de la Seine, et il prononce un discours :

> Il dit qu'il faut avoir l'idolâtrie de la grandeur française, qu'on ne peut jamais faire assez pour la patrie, qu'on lui

> doit tout son temps, ses ambitions, son or, son sang, ses enfants ; que la France est la plus grande personne morale qui soit au monde ; qu'à la force qui prime le droit, il faut opposer la force qui sert le droit ; que l'heure de la justice finirait bien par sonner. "Ah, jeunes gens, vous verrez de belles choses, vous en ferez. Moi, je suis trop vieux".

De fait, il mourut peu après. La patrie, l'histoire rendue populaire, une célébrité qu'on n'imagine plus. La vie de Martin, l'influence de son œuvre : il faut (aujourd'hui) se frotter les yeux pour y croire.

Il naît en 1810 (une quinzaine ou une douzaine d'années après les Thierry et Michelet) à Saint-Quentin. Une famille picarde, haute bourgeoisie, commerce et professions juridiques, ultra-catholique – à l'exception d'un oncle notaire se déclarant "voltairien" (il en faut un pour racheter les autres, et celui-là ne manifestait guère de virulence). Bon-Louis-Henri étouffe et, pour respirer, dévore les ouvrages – surtout d'histoire – réunis dans la bibliothèque familiale, et ceux – plus divers – que collectionnait son oncle. Au collège, il se lie avec un camarade un peu plus âgé, Félix Davin, lui aussi désireux de fuir son milieu. Tous deux se lancent dans l'écriture d'un roman. A vingt ans, refusant les destinées qu'on leur a prévues (commerce et notariat), ils "montent" à Paris. On est en janvier 1830. Les Trois Glorieuses surviennent. Martin fait alors la connaissance d'un homme extraordinaire, Paul Lacroix – qu'on devait connaître ultérieurement sous le pseudonyme de Jacob, le grand bibliophile. Sensible aux dons que manifestait le jeune homme, il l'introduit dans divers périodiques, et voici Bon-Louis-Henri rédigeant pour le *Mercure*, le *Musée des Familles*, voire le *Gastronome*.

Qu'écrit-il ? De drôles de choses, mi-chansons, mi-poèmes. Puis, il publie des romans historico-épiques : *La Vieille Fronde*, le *Libelliste*. Un jour, l'idée vient à Lacroix et à Martin de… réécrire l'histoire de France (comme à Michelet !). Non pas une histoire de leur plume, mais la réunion d'extraits d'historiens et de chroniqueurs, qu'ils assembleraient, expliqueraient, commenteraient avec l'aide de quelques collègues. Le premier tome parut chez Mame en 1833 sous le titre *Histoire de France par les principaux historiens*, sans noms d'auteurs. Lacroix laissa tomber, les collaborateurs pressentis firent de même. Henri Martin refusa de renoncer, se lançant seul dans la suite de l'aventure, écrivant désormais lui-même, au fil de la plume. Quinze volumes (de tout petit format) parurent en quatre ans, Martin ne signant qu'à partir du dixième, manifestant ainsi que les précédents ne le satisfaisaient pas. De fait, sitôt la première édition achevée, il reprit l'ensemble avec un nouveau plan. De 1837 à 1854, se succédèrent dix-neuf volumes *in quarto*. Succès incroyable, récompenses. Nouvelle refonte, édition "définitive", seize volumes *in octavo*, de 1855 à 1860, couronnée du Grand Prix biennal de l'Institut (20 000 francs or). En 1867, Henri Martin commença de publier une *Histoire de France populaire*, qui fut achevée après la guerre de 1870 (six volumes *in quarto*). Abondamment illustrée de gravures – dont beaucoup passèrent dans les manuels scolaires –, résumant la "grande" histoire en seize volumes, elle a contribué à faire passer des messages "simples" et catégoriques.

La gloire d'Henri Martin fut exceptionnelle. Non seulement en raison de son œuvre, mais aussi parce qu'il afficha toujours des idées "libérales". Celui qu'on a appelé, entre autres, "notre grand historien", "l'historien national de la France" (mais aussi "le Druide"), a connu une aventure personnelle sans rapport avec l'itinéraire "classique" de Michelet et très différente aussi de celle des Thierry. La fugue, la liberté, le roman, les chansons : trop jeune pour exercer des responsabilités sous Louis-Philippe, mais sûrement saisi par l'exaltation et le sérieux de l'époque (et du romantisme). Infiniment plus proche de Hugo que de Michelet. Ayant pris sa vie en main en s'opposant au "conservatisme" familial. Lançant sa "grande" histoire à… 27 ans (les premiers volumes, de 1833, il les renie). Michelet avait sorti ses quatre premiers tomes en 1833.

Dans la Préface de 1837, un immense coup de chapeau à Amédée Thierry pour son *Histoire des Gaulois*, *"si hardiment et si heureusement novatrice"*, à quelques autres pour l'histoire moderne (Sismondi, Guizot, Augustin Thierry). Pas un mot sur Michelet (il en sera de même dans toutes les rééditions). Trois cents pages sur la Gaule indépendante, inspirées de Thierry mais s'en séparant parfois grâce à la relecture des textes anciens, et surtout par la connaissance des ouvrages ou des articles publiés par l'Académie celtique, par ses sympathisants ou ses épigones. Tout en reprenant les thèses ethniques de Thierry, Henri Martin les tire peu à peu vers une conclusion unique : un "vieux fonds celtique" a existé, qui a modelé à jamais notre histoire. *"La France nouvelle, l'ancienne France, la Gaule sont une seule et même personne morale"*. A la fois l'antithèse de Michelet, mais une conception analogue de la France comme "personne".

Sa vision des Gaulois, la voici (en abrégé) :

> La langue des Gaulois, qu'on nomme celtique parce que les Gaulois étaient aussi appelés Celtes, a subsisté chez les Bas-Bretons, et le caractère des Gaulois a subsisté

chez nous tous, comme leur sang a passé de génération en génération jusque dans nos veines. Il y avait en eux beaucoup de choses diverses et contraires. Ils étaient enthousiastes et moqueurs, mobiles en apparence, obstinés au fond, sociables et querelleurs, faciles à vivre et intraitables sur le point d'honneur, généreux et envahissants, cruels à la guerre et sensibles aux plaintes des malheureux, et toujours prêts à secourir le faible contre le fort ; éloquents dans les assemblées, ils aimaient les combats de la parole comme les combats de l'épée, et ils n'avaient aucune peur de la mort. [...]

Les premiers Gaulois étaient de grands hommes blonds, aux yeux bleus ; mais ils amenèrent avec eux d'Asie d'autres tribus de la famille aryenne qui se firent gauloises, et ils se mêlèrent aussi plus tard avec les restes des populations plus anciennes qu'eux en Occident, surtout avec les Espagnols dans le Midi ; et c'est apparemment à cause de cela que nous sommes aujourd'hui, pour la plupart, moins grands qu'eux, et châtains, et non plus blonds. [...]

Ils vivaient dans des maisons rondes ou ovales en terre, aux grands toits de bois et de chaume. [...] Ils avaient, sur les hauteurs ou dans les marais, des places fortes où ils se retiraient, en temps de guerre, avec leurs familles et leurs troupeaux ; il s'en rencontre encore quelques restes. [...]

Les Gaulois des anciens temps portaient des épées et des lances de bronze et de cuivre, des haches de pierre et de bronze, des flèches de silex : leurs casques ronds étaient surmontés de cornes et de hautes crêtes et avaient de larges jugulaires qui leur couvraient les joues. Les chefs se paraient de colliers et de bracelets de bronze, ou même simplement d'os ou de bois. Ils combattaient, leurs cheveux flottant au vent, et nus jusqu'à la ceinture, pour montrer leur mépris des blessures et de la mort. Les druides, qui étaient leurs savants, leurs juges, leurs professeurs et leurs prêtres, portaient des colliers de jaspe, de turquoises et d'autres pierres fines, et des couronnes de chêne.

Son *Histoire de France* diffuse l'idée que l'histoire peut être expliquée, illustrée par de "grands hommes" qui symbolisent une époque, une lutte, un idéal. Le romantisme imprègne nombre de plumes, sinon toutes les âmes. Comment s'étonner que Martin exprime son souhait d'inspirer *"une généreuse sympathie pour les vaincus, pour les proscrits, pour les opprimés"* ? Lamartine vient de publier *Jocelyn*. *Hernani* et *Notre-Dame de Paris* marquent encore les esprits, *Ruy Blas* naîtra dans un an (1838). Chatterton, le héros de Vigny, meurt tous les soirs (sur la scène) en buvant la coupe de poison, et celle qu'il aime ne lui survit pas. *Lorenzaccio*, de Musset, n'est poignardé que par écrit, mais l'œuvre connaît un grand retentissement. Bref, tout nous fait attendre, sous la plume de Martin, un portrait flamboyant de Vercingétorix. Le voici.

Il y avait alors en Arvernie un jeune homme qui attirait tous les regards par ses qualités personnelles bien plus encore que par l'illustration de sa famille. Sa haute stature, sa beauté, sa vigueur et son adresse sous les armes, le belliqueux génie qui brillait dans ses regards, tout produisait en lui ce mélange d'admiration et de crainte qui était l'idéal du Gaulois. *"Son nom même,* dit un historien latin, *était fait pour inspirer la terreur."* Il s'appelait VERCINGÉTORIX, c'est-à-dire le grand-chef-des-cent-têtes. C'était le fils de ce Celtill, un moment généralissime de la confédération gaëlique, puis condamné à mort pour avoir tenté d'usurper la royauté sur l'Arvernie. César

Henri Martin.

avait tâché de le séduire, comme tous les fils ou neveux de princes : il l'avait attiré près de lui, dans *"cette pépinière de petits tyrans"* qu'il lançait sur la Gaule comme les limiers de l'étranger : il lui avait donné le titre d'ami ; mais le fils de Celtill était bientôt revenu dans ses montagnes, plus préoccupé des exemples d'Ambiorix et d'Indutiomar que de ceux de Tasgit ou de Cavarin. Là dans les fêtes religieuses, dans les assemblées politiques, dans les réunions secrètes tenues entre les mystiques "cercles de pierres" ou au fond des cratères des volcans éteints, il n'avait cessé d'exhorter ses compatriotes à reconquérir "le droit ancien de la liberté gauloise". Après avoir relevé l'âme de l'Arvernie, il avait travaillé avec ardeur à conjurer la Gaule entière.

Pas mal, mais on attendait mieux. Le récit de l'année 52 occupe une vingtaine de pages, reprises de Thierry. Alésia inspire davantage Henri Martin, qui utilise des métaphores vocales pour en recréer l'ambiance : *"ce cri de détresse, cette grande voix de la patrie expirante"*, *"un grand cri monte de la plaine vers la ville : c'est l'armée de secours qui attaque"*, etc. Puis, survient la fin :

> Qui pourrait dire les douleurs de cette horrible nuit, pour toute cette foule infortunée ! Qui pourrait dire surtout ce qui se passa au fond du cœur de l'homme qui était devenu en quelque sorte la Gaule incarnée, et qui sentait défaillir en lui l'âme de toute une race humaine ! Ce grand peuple, cette grande religion, ces hautes traditions des premiers âges, tout ce monde glorieux prêt à s'abîmer devant un monde de matière et de corruption ! Les génies de la liberté, de l'infini et de l'immortalité remontant dans les sphères étoilées et laissant la terre aux "dieux d'en bas", aux puissances fatales ! C'étaient là, sans doute, les signes précurseurs d'une de ces

destructions périodiques du monde annoncées par les voyants ! “Le Trépas, père de la Fatalité”, allait replonger dans la nuit de l’abîme notre globe condamné !

Le héros, le patriote n’avait plus rien à faire ici-bas : la patrie était perdue. L’homme pouvait encore quelque chose pour ses frères. Il pouvait peut-être encore les sauver de la mort et de la servitude personnelle. Cette pensée fut la dernière consolation de cette grande âme. Le lendemain, Vercingétorix convoqua ses compagnons, et “s’offrit à eux pour qu’ils satisfissent aux Romains par sa mort, ou qu’ils le livrassent vivant.” Il poussait le dévouement jusqu’à renoncer à mourir. On envoya savoir les volontés de César. Le proconsul ordonna qu’on livrât les chefs et les armes, et vint siéger sur un tribunal élevé entre les retranchements.

Tout à coup, un cavalier de haute taille, couvert d’armes splendides, monté sur un cheval magnifiquement caparaçonné, arrive au galop droit au siège de César. Vercingétorix s’était paré comme la victime pour le sacrifice. Sa brusque apparition, son imposant aspect, excite un mouvement de surprise et presque d’effroi. Il fait tourner son cheval en cercle autour du tribunal de César, saute à terre, jette ses armes aux pieds du vainqueur, “et se fait”.

Devant la majesté d’une telle infortune, les durs soldats de Rome se sentaient émus : César se montra au-dessous de sa prospérité ; il fut implacable envers l’homme qui lui avait fait perdre, un seul jour, le nom d’invincible. Il éclata en reproches “sur son amitié trahie, sur ses bienfaits méprisés,” et livra le héros de la Gaule aux liens des licteurs. Vercingétorix, réservé aux pompes outrageantes du triomphe, dut attendre six années entières que la hache du bourreau vînt enfin affranchir son âme et l’envoyer rejoindre ses pères dans “le cercle céleste”.

Rappelons l'observation de Reinach : cinquante ans plus tard, Henri Martin comptait dix à vingt fois plus de lecteurs que Michelet ! Pour l'époque gauloise, son *Histoire de France* a popularisé les thèses de Thierry, l'un et l'autre contribuant à leur succès mutuel, plaçant les Gaulois sur le devant de la scène avec, à leur tête, un jeune chef éblouissant au destin tragique.

VERS 1850 : FAISONS LE POINT

Lorsque l'on écrit un siècle et demi plus tard, il est facile d'insister sur les œuvres qui ont survécu : nous savons qu'une brillante destinée leur était promise. Mais pour prendre la mesure réelle d'un phénomène, quelques arbres ne suffisent pas : existait-il un bosquet, un bois, une forêt ? Autrement dit : d'autres auteurs écrivaient-ils sur les Gaulois et sur Vercingétorix ? La réponse est positive : une recherche à la Bibliothèque Nationale m'en a fait retrouver une quarantaine, de 1815 à 1850, particulièrement après 1828 – date de la première édition de Thierry. Il y en eut sans doute beaucoup d'autres, que l'on ne peut déceler en raison de leur titre qui ne comporte pas les "mots-clés" (Gaulois, Celtes, druides, Vercingétorix, etc.). Dans cette production, il y a de tout, du pire à… l'acceptable. Tentons de classer.

D'abord, quelques histoires générales, qui se contentent de mettre bout à bout des extraits d'historiens antiques et d'en offrir une interprétation plus ou moins… sérieuse. Telle l'*Histoire de la Gaule*, de M. Serpette de Marincourt, Avocat à la Cour Royale de Paris, 3 volumes, 1822. Juste un bref extrait : *"Les Gaulois vivaient dans la superstition et l'ignorance ; l'aspect sévère de leur climat, l'immensité de leurs forêts, la renommée de leurs exploits devaient détourner les peuples les plus riches en population, de l'idée de former parmi eux, les armes à la main, des établissements qui eussent été sans doute bientôt renversés ; c'est pourquoi, tandis que l'Espagne, l'Italie, la Grèce s'enrichissaient des colonies des Phéniciens, des Egyptiens, des Troyens, qui portaient avec elles les bienfaits de la civilisation, la Gaule restait dans la barbarie"*. 250 pages sur la guerre des Gaules, pur démarquage de César. L'ouvrage connut une seconde édition en 1825.

1830 : Madame la Comtesse Legroing publie une *Histoire des Gaules et de la France depuis les temps les plus reculés jusqu'à la fin du règne de Hugues Capet* : c'est un auteur fécond qui a écrit *Zénobie*, *Essai sur le genre d'instruction le plus analogue à la destination des femmes* (superbe titre !), des contes, un livre de conseils pour la retraite précédant la première communion, etc. Extrait : *"La nation gauloise est presque entièrement composée de prêtres du soleil, dont un grand nombre habite les forêts et les bois sacrés, chantant sur la lyre les bienfaits du Dieu qu'ils adorent, et cherchant à l'aide de longues méditations les principes de la véritable sagesse. Dans leurs paisibles retraites, où la discorde ne pénètre jamais, ils ne connaissent point les maladies et, après avoir vécu plus heureux et beaucoup plus longtemps que le reste des mortels, comblés de jours et rassasiés de la vie, ils abandonnent sans regret leurs dépouilles terrestres pour aller jouir d'une nouvelle existence dans un séjour plein de délices."*

1832 : Hachette fait paraître le livre d'un ancien Elève de l'Ecole Normale, Antony Béraud, *Introduction à toutes les Histoires de France ou Histoire des Peuples qui ont habité la Gaule depuis les temps les plus reculés jusqu'à Clovis*. Un bon petit livre qui commence par une bibliographie des auteurs anciens et modernes (il ne cite pas Amédée Thierry), puis trace à très grands traits les principaux épisodes : les invasions gauloises, la guerre des Gaules, l'Empire romain. Portrait rapide mais flatteur de Vercingétorix ("prodigieuse activité, prudence, courage"), avec l'évocation de sa fin : *"Les assiégés se voyant désormais sans ressource, prirent le parti de livrer Vercingétorix pour obtenir le pardon de César. On ignore quel fut le sort du héros gaulois. Son courage, son génie, sa constance au milieu des revers, devaient lui mériter l'estime de César. Quelques historiens disent que le conquérant de la Gaule le fit mourir, après qu'il eut figuré à son triomphe. Ce serait une tache à la gloire d'un grand homme"* .

Et il y en eut d'autres, de ces Histoires de la Gaule ou des Gaulois, parfois très brèves (cinquante pages) ou au contraire abominables pavés se rattachant parfois à de très anciennes théories, ce qui signifie que leur auteur pillait consciencieusement un écrivain du XVIe siècle. Pour finir, une sublime loufoquerie, un *Précis de l'Histoire des Gaulois mis en vers français pour servir à l'instruction élémentaire des deux sexes*, par Eugène Roche (de l'Allier, précise-t-il). C'est Henri Martin qui l'a inspiré.

Voici ce que donne Alésia, mise en vers :

Ah, dans Alésia, nuit d'horreur et de deuil
Des Galls l'indépendance est couchée au cercueil
Mais Vercingétorigh, patriote sublime
Du courroux des Romains s'offre aux siens en victime :
Pour cette expiation, qu'ils le mettent à mort,
Ou, vivant, que César dispose de son sort !
Le lendemain, vêtu de sa plus belle armure,
Suivi de ses soldats tristes et sans murmure,
Devant le proconsul, qui l'avait ordonné,

Sur son vaillant coursier bien carapaçonné,
Il tourne plusieurs fois, puis tout à coup s'élance,
Jette à terre et son casque et son sabre et sa lance
Au pied du tribunal où César méditait,
S'arrête en sa présence, immobile… et se tait.

In fine, l'ouvrage proposait des questionnaires à faire remplir par les enfants (des deux sexes), du genre : "*Par quel exemple sublime de patriotisme et d'abnégation se signala Vercingétorix après la déroute de la grande armée ?*"

Le deuxième thème abordé par plusieurs ouvrages, c'est celui des druides – dans le droit fil des études consacrées à la religion gauloise depuis le XVIe siècle. Aucune originalité, de l'approximatif, voire du n'importe quoi, mais le sens général est laudatif : l'époque de l'innocence, le règne des bonnes mœurs. L'un de ces auteurs se propose de présenter à la "*sympathique admiration*" de ses lecteurs ce bel exemple digne d'être suivi "*dans la voie du progrès moral et matériel que l'avenir ouvre largement à tous*". Bien sûr, à peu près toujours, Carnac : "*L'entrée de ce lieu d'une nuit éternelle était gardée par un loup. De sa gueule armée d'une triple rangée de dents aiguës, s'échappait une écume verdâtre qui, répandue en abondance, formait un lac croupissant au milieu duquel nageaient tous les vices*". Les monuments érigés par les druides représentaient "*une planisphère céleste, première carte dressée par les hommes pour asseoir et perpétuer un culte basé sur la vaste science des observations astronomiques, dont l'influence religieuse s'est ensuite fait sentir sur toute la terre*". Ce livre, de J.-B. Bouché, de Cluny, est représentatif de la production de l'époque.

Il est un troisième courant, celui des "celtisants" s'intéressant à la langue, dans la lignée du citoyen de La Tour d'Auvergne et de Cambry. En 1817, M. Jn Le Deist de Botidoux, Ex-Constituant, Ex-Commissaire-ordonnateur en Chef des Guerres, Messager d'Etat près de la Chambre des Pairs, cet illustre personnage publie un ouvrage intitulé *"Des Celtes antérieurement aux temps historiques, Essai dans lequel on a tracé la marche de leurs Colonies en Europe, au moyen des noms qu'ils prirent et de ceux qu'ils appliquèrent ; noms qui s'expliquent naturellement par le Bas-Breton et le Gallois, et dont la géographie et la fable, ou l'histoire, justifient l'étymologie celtique"*. Du "pan-celtisme" échevelé : même la Grèce antique parlait le celte (un peu dégénéré cependant). Les mémoires se succèdent sur ce thème, le breton se faisant torturer, triturer pour rendre compte de toutes les langues possibles, depuis l'hébreu. Parallèlement, la Bretagne entre à son tour dans le mythe embrumé et mystérieux qui mêle indistinctement de vieux bardes celtiques et les chevaliers de la Table Ronde. Coup de tonnerre : en 1839, paraît le *Barzaz Breiz, Chants populaires de la Bretagne*, "recueillis, traduits et annotés" par Théodore Hersart de la Villemarqué. Comme on le sut plus tard, à l'instar du "coup" de Macpherson et des poèmes d'Ossian, il s'agissait d'un faux admirable. Vercingétorix n'y figurant pas, je renvoie à l'analyse fulgurante qu'en a présentée Jean-Yves Guiomar dans *Les lieux de Mémoire*, replaçant l'œuvre dans son contexte et montrant son influence, notamment sur le romancier-feuilletoniste Eugène Sue (*Les Mystères du peuple*), dont les lecteurs ont dû, en nombre, dépasser ceux de tous les livres que nous venons de citer ! La Gaule n'est pas morte, elle a une héritière, la Bretagne, qui a conservé sa langue et qui protège son patrimoine moral et culturel.

On le voit : Amédée Thierry, Henri Martin ne sont pas des génies excentriques abordant des sujets originaux. Toute une production concerne les Celtes, la Gaule, les druides, plus abondante en une vingtaine d'années que si l'on cumulait les travaux des XVIIe et XVIIIe siècles. La médiocrité affligeante de certaines de ces œuvres atteste une demande, sinon pourquoi prendre la plume ? Un petit livre de 1825 peut nous éclairer sur cette demande. Une dame, Madame de Renneville, auteur de plusieurs ouvrages destinés à l'éducation, fait paraître *Coutumes gauloises ou Origines curieuses et peu connues de la plupart de nos usages*. La mise en scène : au sein d'une famille, les enfants demandent à leur père de leur parler des Gaulois et de leurs usages. Mille sujets sont abordés, des faits d'histoire, la bière et le cidre, les œufs de Pâques, la religion, la découverte du verre, etc. C'est vivant, pas mal fait du tout. Surtout, on doit supposer que l'auteur jugeait possible de telles conversations familiales (nul, aujourd'hui, n'imaginerait un tel scénario), même si la famille en question ne semble guère représentative des classes laborieuses.

De la littérature "romanesque", je ne citerai qu'un ouvrage publié en 1839, car à lui seul, il réunit les principales caractéristiques de la production. Ecrite par un certain Jean-Louis Vincent, avocat et catholique convaincu, l'œuvre s'intitule les *Veillées gauloises ou Derniers efforts des Gaulois devant Alise contre l'invasion romaine*. Pourquoi ce titre ? Parce que, dans un petit village du Morvan, un prêtre a pris l'habitude, pendant les soirées d'été, de réunir les jeunes gens pour les enseigner : *"C'était une belle chose que la Bible expliquée à pareille heure, en un tel lieu, au bruit des cascades environnantes, à la lueur du crépuscule, à l'éclat resplendissant des étoiles, et surtout par un tel homme"*. Or, un soir, *"la dernière page du livre merveilleux arriva. Tous se demandaient avec anxiété : quel livre remplacera celui qui s'achève ?"* Eh bien, ce sera un manuscrit, ou plutôt l'ébauche d'un manuscrit que prépare le saint homme sur… les Gaulois. Se succèdent ainsi douze veillées, dont voici le sommaire, instructif en lui-même.

Première veillée
Proposition du sujet. – Puissance de l'Histoire. – Invocation à l'Histoire. – Exposition. – César dans les Gaules. – Ses succès et leurs causes. – Vercingétorix. – Il oppose aux Romains une politique nouvelle. – Ses exploits antérieurs et ses revers. – Gergovie. – Retraite des Gaulois dans Alise. – Alise. – Vercingétorix renvoie sa cavalerie. – Mission dont il charge les chefs. – Accueil fait par eux à cette proposition. – Promesse d'un prompt retour.

Deuxième veillée
Départ des cavaliers. – Les Romains paraissent sur les hauteurs. – Précautions prises par Vercingétorix. – Travaux militaires des Gaulois. – Les Romains environnent Alise. – Leurs travaux stratégiques. – Les deux armées en présence. – Causes supérieures des événements.

Troisième veillée
Religion primitive des Gaulois. – Altérations. – Culte idolâtrique. – Vercingétorix va consulter les Druides. – Bois, grotte et lac sacrés. – Trésor. – Diorix, roi des Druides. – Costume et attributs druidiques. – Diorix fait sentir sa supériorité à Vercingétorix. – Trois victimes en réserve pour être immolées. – Leur histoire. – Sacrifices humains sous trois formes principales. – Musique des Druides. – Augures. – Retour de Vercingétorix à Alise avant le jour.

Quatrième veillée

Alise apprend que les augures sont favorables. – Joie publique. – Vercingétorix invite les chefs à un repas. – Repas gaulois. – Table. – Mets. – Manière de manger. – Boisson. – Toast. – Coupe commune. – Usage du vin. – Un vieux guerrier conseille la tempérance en rappelant que l'ennemi est à quelques pas. – Respect pour les vieillards. – Serment des Gaulois. – Vin mêlé du sang des victimes. – On introduit le barde à la fin du festin. – Fonctions des bardes.

Cinquième veillée

Le barde chante la cosmogonie et la théogonie gauloise. – Il rappelle en abrégé les exploits des anciens Gaulois. – Sigovèse et Bellovèse. – Brennus. – Siége de Clusium. – Intervention des Romains. – Fière réponse de Brennus. – Les ambassadeurs romains ont recours à l'intrigue. – Sortie des Clunisiens, sous la conduite des ambassadeurs romains. – Ambustus. – Il tue un Gaulois. – Brennus atteste les dieux que les Romains ont violé le droit des gens. – Il lève le siége de Clusium. – Il marche sur Rome. – Son arrivée en présence des Romains. – Générosité de Brennus. – Bataille d'Allia. – Faute de Brennus. – Il arrive tardivement devant Rome. – Il la trouve déserte et la prend. – Le barde profite de ce succès des anciens Gaulois pour ranimer l'ardeur de leurs descendants. – Il en était là, quand une alerte est donnée. – Les Romains attaquent Alise.

Sixième veillée

César avait compté surprendre les Gaulois ; il s'est trompé. – Les Gaulois sont à leurs postes. – Prudence et courage de Vercingétorix. – Les Romains sont cernés. – Le carnage est grand. – César ordonne la retraite. – Il est quelque temps prisonnier. – Funérailles du Vergobret.

– Coutumes des Gaulois au sujet des morts et des tombeaux.

Septième veillée
Les cavaliers gaulois sont arrivés dans leurs diverses contrées. – Division de la Gaule. – Edua est le rendez-vous assigné aux confédérés. – Arrivée à Edua du contingent de chaque cité. – Détails sur les peuples divers et sur leurs chefs. – Episode de Vinciomare. – Episode de Dumnorix. – Armes de différents corps. – Armes offensives. – Armes défensives. – Les confédérés se mettent en route, après une revue passée à Edua. – Envoi d'un courrier à Vercingétorix.

Huitième veillée
Etat d'Alise. – Manque de vivres. – Vercingétorix fait part aux chefs de l'état des choses. – Avis divers. – Discours de Critognat. – On se décide à rester dans Alise. – Singulière coutume pour punir les perturbateurs dans les assemblées. – Renvoi des bouches inutiles. – Scènes de désolation. – Dureté des Romains et de César.

Neuvième veillée
On amène à Vercingétorix un étranger qui se dit porteur de nouvelles importantes. – C'est l'envoyé des confédérés. – Il apprend au roi et toute l'armée gauloise sait bientôt que les confédérés approchent. – Il indique un plan d'attaque qui devra être mis en œuvre dès l'arrivée des alliés, et qui doit opérer un ravitaillement. – Les signaux convenus annoncent l'approche des Gaulois. – Attaque des deux côtés contre les Romains. – Un convoi entre dans Alise. – Les Gaulois se retirent dans la ville, les Romains dans leurs retranchements.

Dixième veillée

Préparatifs d'une bataille générale. – Les deux armées sont en présence. – Un Gaulois s'avance hors des rangs et défie le plus brave des Romains. – Les deux armées restent en suspens. – Combat singulier. – Défaite et mort du Gaulois. – Le Romain le dépouille. – Les Gaulois voient dans cette défaite un mauvais présage. – Ils remettent la bataille au lendemain.

Onzième veillée

Les deux armées se livrent au repos. – Vercingétorix est le dernier, dans le camp Gaulois, à se livrer au sommeil. – Il s'endort enfin et a un songe. – Quatre grands aigles partis du sommet des Alpes se dirigent vers les quatre extrémités de la Gaule, portant la foudre dans leurs serres. – La tempête éclate sur leur passage. – Les vastes forêts de la Gaule sont en proie à un incendie général, dont les lueurs se reflètent sur Alise et la menacent. – L'ombre de Celtillus, père de Vercingétorix, lui apparaît. – Elle lui apprend les destinées futures de la Gaule, sous l'influence de cette même croix, symbole inintelligible pour les Gaulois, qui faisait partie des ornements et des symboles druidiques. – Trouble de Vercingétorix. – Le chef des Druides lui apparaît et le rassure.

Douzième veillée

Ordre de bataille des Gaulois. – Infanterie et cavalerie. – Echelles et machines pour l'attaque des retranchements romains. – Vergasillaunus. – Le fort de l'action se porte de son côté. – Les Gaulois ont un moment l'avantage. – Les Romains les tournent. – Carnage. – Mort des principaux chefs. – Inaction suspecte de Comius pendant toute la bataille. – Déroute des Gaulois. – Vercingétorix se retire en bon ordre dans Alise. – Délibération sur les moyens de sauver les débris de l'armée. – Vercingétorix se dévoue pour être livré aux Romains. – Son offre est acceptée. – Les autres chefs l'imitent.

Il suffit de parcourir cette table des matières pour apprécier les nombreuses libertés que l'auteur s'autorise par rapport à l'histoire, en tout cas par rapport au récit césarien. Mais il s'agit d'une sorte d'épopée, les douze veillées reproduisant la division en douze livres de l'*Enéide* de Virgile, une épopée placée sous le patronage de l'Histoire : *"Magicienne puissante ! c'est à toi seule que j'ai recours dans le projet que je médite ; c'est toi seule que je veux invoquer [...]. C'est la nation des Gaulois, nos pères, que je désire, d'accord avec toi, rappeler aujourd'hui à la vie"*. Le récit commence avec Vercingétorix, incarnation de cette nation, que César, pendant sept ans, a humiliée, abaissée, opprimée :

> Mais l'adversité devait instruire nos pères. Lassés de se voir ainsi vaincus en détail, indignés de ce que l'avidité romaine, comme un chancre hideux, dévorait peu à peu le sol sacré de la patrie, ils comprirent enfin la nécessité de s'unir pour être forts. La voix d'un grand homme les appela aux armes. Du levant au couchant, du nord au midi, cette voix puissante fut entendue.
>
> C'était la voix de Vercingétorix.
>
> Vercingétorix était Arverne de naissance. Son père, Celtillus, avait été autrefois le plus puissant prince de toutes les Gaules. Le fils ne démentait point une si illustre origine. Par ses talents, par son courage, Vercingétorix était le premier d'entre ses concitoyens. Il n'y avait pas jusqu'à son teint d'une blancheur remarquable, sa belle et majestueuse prestance qui ne le rendissent propre à se faire aimer du peuple. De beaux cheveux blonds, comme l'étaient ordinairement ceux des Gaulois, flottaient sur ses larges épaules. Un œil vif et bleu

donnait à sa physionomie, tout ensemble, de l'énergie et de la douceur.

Abandonnant l'Auvergne, Vercingétorix décide *"de porter la défense dans d'autres contrées. Ses regards se tourneront vers Alise"*, dont la position était *"naturellement imprenable"*. Les Gaulois s'y établissent, tandis que les cavaliers partent dans leur cité appeler à la constitution d'une grande armée.

Vont alors se dérouler des rites religieux :

> Vercingétorix était dépositaire de trop grands intérêts pour ne pas songer à s'acquitter de ce que la religion lui prescrivait dans un moment aussi décisif ; car il s'agissait ici du salut et de la liberté de toute la Gaule.
>
> Non loin d'Alise était un bois sacré, planté tout entier de chênes épais, dont le feuillage répandait une obscurité si profonde, que jamais un seul rayon du soleil ou de la lune n'y pénétrait. Là était non pas un temple, car les Gaulois n'en bâtissaient jamais, mais un de ces lieux consacrés où ils déposaient en l'honneur de Camulus, cruel dieu des combats, les dépouilles enlevées aux ennemis. On voyait çà et là, appendues aux arbres, les horribles offrandes auxquelles le dieu se complaisait : c'étaient des crânes humains attachés par la chevelure, des ossements blanchis de vétusté et complétement dépouillés de chair, des armures en lambeaux et des étendards à demi détruits par la pluie et les vents.

A proximité, une grotte profonde servait de retraite aux Druides de la forêt. Vercingétorix va à leur rencontre.

> Le prince sentit redoubler son émotion religieuse, lorsqu'il vit ces trente vieillards venir au-devant de lui, précédés de leur vénérable chef. Ils étaient vêtus de longues robes blanches, dont les plis ondoyants descendaient

> jusqu'à la cheville de leurs pieds. Tous, ils tenaient dans leur main droite une branche de gui et un croissant d'or, en l'honneur de la lune. La robe blanche qui couvrait leur dos portait l'empreinte d'une large croix, symbole mystérieux de la vie future, connu aussi des Egyptiens, mais dont le sens s'était perdu. Leurs chaussures étaient des sandales de bois, de forme octogone ; une barbe épaisse descendait sur leur poitrine. Une couronne de chêne vert, entrelacée de gui et de verveine, couvrait leur front. Une attitude sérieuse et fière, jointe à toutes ces autres particularités, achevait de donner à tout l'ensemble de leurs personnes une expression indéfinissable de majesté.
>
> A leur tête, Diorix s'avançait vêtu à peu près de la même manière que les autres ; seulement un long manteau, qui descendait de son cou, traînait jusqu'à terre, puis venait se rattacher par un nœud à son épaule gauche. Ce jour-là, comme aux grandes cérémonies du gui sacré, il portait son sceptre à la main. Un diadème d'or et de pourpre ceignait sa tête ; au lieu d'une simple couronne de chêne, son cou était orné d'un collier enrichi de pierres précieuses, et à son bras droit brillait un large bracelet d'or. Une longue robe tissue d'or, quoique de la même forme que celle des autres, achevait de le distinguer.

Pour attirer la faveur des dieux et prendre les augures, trois victimes – trois soldats de César – sont sacrifiées. La première est brûlée vive, la deuxième percée de flèches. Quant au troisième :

> Ce dernier, par les ordres de Diorix, est attaché fortement au tronc d'un autre chêne. Puis, vêtu de ses habits de druide, Diorix, le diadème au front, arme sa main d'un long coutelas fait d'une pierre dure, aiguisée pour

> cet usage ; et au lieu de marcher à la victime dans le sens ordinaire, il s'avance à reculons, et en murmurant je ne sais quelles paroles mystérieuses, ainsi que le lui prescrivaient les rites sacrés. Arrivé auprès du jeune Romain, il le frappe sans se retourner, lui fait au diaphragme une large ouverture, puis se retourne avec précipitation, pour observer les convulsions, les mouvements divers du malheureux, l'abondance et la couleur de son sang, les regards de ses yeux, la forme de la plaie, et jusqu'à l'attitude dans laquelle tomberait le corps expirant, quand tous les principes de la vie seraient épuisés ; il eut soin surtout de recueillir dans un vase destiné à cet usage une assez grande quantité de sang, qu'il remit à Vercingétorix.

S'élève alors un sinistre concert : le chœur des Druides entamant un *"chant barbare et homicide"*. A la fin de la cérémonie…

> Diorix, qui croyait avoir lu dans les dernières convulsions de la victime les secrets de l'avenir, s'écria :
>
> "Roi ! les dieux sont satisfaits. Camulus a vu d'un œil avide expirer en son honneur les trois victimes que nous venons de lui offrir. Tout nous présage la victoire. Va l'annoncer au peuple d'Alise, et qu'un saint enthousiasme anime tous les vrais enfants de la Gaule ; que tous les guerriers jurent de la défendre, et que, pour rendre leurs serments plus inviolables, ils boivent le sang renfermé dans ce vase, après que tu leur en auras donné l'exemple."

Le lecteur (qui connaît l'issue du siège d'Alésia) doit, comme moi, s'indigner de l'incompétence de ce druide, voire suspecter quelque traîtrise. Il aura aussi été sensible à l'espèce de jouissance dont l'auteur imprègne la description de ces “actes horribles”. Tout au long de l’ouvrage, se succèdent ces “traits barbares”, auxquels Vincent confère une vertu didactique, voire apologétique :

> Ces traits-là doivent nous faire comprendre une chose ; c’est ce que deviennent nécessairement les peuples lorsqu’ils sont assis, comme il est dit, dans l’ombre de la mort. Les peuples anciens sont pour nous comme des esclaves que la Providence a laissés s’enivrer, afin que nous comprenions l’importance de ne pas les imiter. Tâchons de comprendre une si haute leçon.

Les scènes militaires se succèdent, avec un certain brio. La levée de l’armée de secours suggère une description de la Gaule et l’énumération de ses peuples (de la bonne pédagogie). Non sans hardiesse, l’auteur jongle avec les textes antiques. Ainsi, le chef des cités de l’Armorique s’appelle Dumnorix (qui est éduen aux dires de César) et lui est attribué le mariage légendaire que les auteurs grecs rapportaient à la fondation de Marseille (Gyptis et Protis) :

> Tout récemment, dans un grand festin, une jeune princesse, fille du chef de toute la contrée, d’une beauté que rien ne saurait peindre, mais d’une vertu plus rare encore, l’avait choisi pour époux, entre un grand nombre de rivaux ; car, dans les mœurs de nos pères, ce droit appartenait aux jeunes filles. La belle Vellia était venue lui offrir une coupe remplie d’eau et de vin : c’était là un gage d’amour que rien ne pouvait plus rompre.

L’armée arrive, les combats s’engagent. Les Gaulois y déploient une infinie bravoure, Vercingétorix démontre ses qualités de chef et de stratège. La nuit précédant la bataille décisive, il rêve que toute la Gaule est en flammes, mais voici que son père lui apparaît, prédisant à la Gaule (et au monde) un avenir meilleur, celui que procurera la diffusion d'une religion nouvelle :

> Je ne puis t'expliquer au juste en quoi consistera la nouvelle religion qui doit préparer la régénération des Gaules et placer nos descendants à la tête de toute civilisation ; je n'y reconnais qu'une seule chose qui, dans notre culte aussi, était, je ne sais pourquoi, un symbole d'immortalité. Ce signe, c'est la croix ; ce signe mystérieux, que nos Druides, dit-on, avaient emprunté de l'Egypte, et dont jamais, pas plus que nous, ils n'ont sans doute pénétré le sens ; cette croix, je la vois, radieuse et pure, dominer tous les temples de nos neveux ; je vois les peuples à genoux devant elle ; je vois la Gaule, ranimée, régénérée par elle ; mais il ne sera donné qu'à nos descendants d'en connaître l'efficacité.
>
> Par elle, l'esclavage disparaîtra du monde. Celui des Gaulois, tempéré déjà par l'humanité qui semble nous être naturelle, cessera tout à fait. Tous les Gaulois alors seront frères ; tous n'auront qu'un cœur et qu'une âme ; cet heureux état se maintiendra pendant plusieurs siècles. Pourquoi faut-il qu'il ne dure pas toujours ?
>
> Après un petit nombre de siècles, il viendra, d'au-delà du Rhin, une nation de Germanie composée d'hommes qui sont nos frères, qui, avec un chef belliqueux, viendront chercher asile dans ce pays et y fixer leur demeure ; mais les vaincus ne tarderont pas à subjuguer leurs vainqueurs. Le chef illustre, après quelques hésitations, dompté enfin par la lumière de la vérité, tombera lui-même avec ses guerriers au pied de cette croix mystérieuse ; il brûlera ce qu'il avait adoré et adorera ce qu'il avait brûlé.

> A partir de ce moment, les deux peuples Germains et Gaulois, resserrés par les liens les plus étroits, n'en formeront plus qu'un seul, et jamais peuple n'aura porté plus haut son nom, ni exécuté dans le monde de si grandes choses.

Mais le lendemain, que se passerait-il ? Son père ne l'a pas précisé. Les druides prédisent une éclatante victoire gauloise (quels imposteurs !). Il en va hélas tout autrement, et certains chefs gaulois se signalent par leur *"inaction suspecte"*. C'est la reddition. L'épilogue nous réserve une surprise : il nous apprend que Vercingétorix était marié et père de famille ! L'épouse et le fils réussirent à s'échapper et à regagner le pays des Bituriges. Ouf ! Quant à la Gaule, comme l'avait prédit le père de Vercingétorix, elle fut plongée, pendant un siècle, *"dans un état d'affaissement déplorable"*, mais l'Evangile fut prêché, et…

> A la voix si douce et pourtant si puissante du Fils de Dieu, la Gaule se ranima. Une vie nouvelle s'insinua peu à peu dans tous les membres de ce grand cadavre. Bientôt on le vit secouer ses linceuls et sortir de son tombeau ; bientôt, comme le Christ lui-même, il reparut à la lumière, et la gloire de la Gaule chrétienne éclipsa bien vite celle de la Gaule des Druides.

Les *Veillées* mettent donc, en quelque sorte, la Gaule et Vercingétorix au service de la foi chrétienne. Mais, sous couvert de condamner le druidisme et ses rituels horribles, c'est un tableau valorisant qui est dressé de "nos pères". La défaite était inéluctable pour que triomphât le christianisme, mais la Gaule chrétienne puis la France ressusciteraient certaines des anciennes valeurs. Henri Martin ne dit pas autre chose.

Précisément, revenons à Martin et à Thierry. Pourquoi connurent-ils le succès refusé à tant d'autres ? Sans aucun doute, à cause de leurs qualités intellectuelles et scientifiques. Mais il est aussi, je crois, une autre raison.

Vivons avec Henri Martin les événements de 1848. La République triomphe, un gouvernement provisoire est constitué, au sein duquel l'un de ses vieux amis, Hippolyte Carnot (un fils du grand Carnot), occupe la délégation à l'Instruction publique (il est ministre, en d'autres termes). Il nomme Martin dans la chaire d'Histoire moderne à la Sorbonne, précédemment occupée par Guizot. Il l'associe à un vaste programme de rénovation de l'enseignement universitaire. Le coup d'Etat du 2 décembre 1851 réduisit à néant le programme et… la nomination. Adhérant à un comité de résistance, Martin fut pourchassé par la police, se "planqua", puis, le temps passant, on le laissa tranquille : se déclarant "exilé de l'intérieur", il se consacre à l'écriture.

Nous saisissons combien comptait, à cette époque, l'engagement personnel. Les Thierry, Martin, d'autres, faisaient l'histoire de leur temps tout en écrivant l'histoire du passé. Leur vie à eux, à quoi il faut ajouter le bouillonnement politique, intellectuel, littéraire de ces années-là, l'expérience leur insufflaient des interprétations, des sensations, des "sympathies" (au sens étymologique) ou l'inverse, qu'ont souvent condamnées, au nom de l'objectivité, d'austères savants enfermés dans des bibliothèques sans fenêtre sur le monde. Dans les "grands hommes" d'Henri Martin, il y a forcément un peu de lui-même.

Au milieu du XIXe siècle, l'histoire est, en quelque sorte, au pinacle. Pour mille raisons, au premier rang desquelles la nécessité de fonder ou refonder des identités (qu'on appelle souvent "nations"), le désir d'ancrer dans le passé des régimes qui sont en rupture avec les anciennes dynasties, et toutes sortes de phénomènes tenant de la curiosité scientifique ("d'où venons-nous ?"), de réflexions sur la région (son passé, ses limites), d'une nouvelle conception de l'espace (les chemins de fer, ces bolides), et d'une "homogénéisation linguistique" (comme disent les spécialistes) dont la IIIe République achèvera l'accomplissement avec les instituteurs et la conscription (qui a déjà fait son apparition en dépit du tirage au sort et du droit de remplacement).

L'histoire se constitue donc à la fois comme enjeu et comme science. Chacun sait le rôle prééminent qu'elle a joué dans les événements qui, peu à peu, ont conduit aux "réunifications" en Allemagne et en Italie, pour ne parler que d'elles. Mommsen était reçu avec respect par Bismarck, qui l'interrogeait, et qui devait lui parler à la fois d'Arminius et de l'organisation romaine des provinces des Germanies… Passons, on n'en finirait pas.

Napoléon III poursuivit l'œuvre de Louis-Philippe, sur les conseils (éclairés) de Victor Duruy. Il encouragea la publication de grandes séries épigraphiques, créa des chaires d'Antiquité à l'Ecole des Chartes, au Collège de France, à l'Ecole Normale. Des noms : Gaidoz, Chéruel, Bréal, Desjardins, bien d'autres. Surtout, il s'engagea lui-même dans une entreprise qui, pour l'histoire et l'archéologie de la Gaule, allait tout changer. Un jour, il lui vint à l'esprit l'idée d'écrire une *Histoire de Jules César*.

Quels motifs inspirèrent l'Empereur ? Il s'en expliqua plus tard, dans la Préface qui ouvrait le premier volume de son ouvrage (seul un Empereur préface son propre travail, faute de disposer de plus illustre que lui-même). Après avoir rappelé les noms des souverains qui s'étaient jadis intéressés à César et à ses *Commentaires* (de Charles VIII à Napoléon Ier, en passant par Charles Quint, Louis XIV, et d'autres), Napoléon III concluait ainsi :

> Ce qui précède montre assez le but que je me propose en écrivant cette histoire. Ce but est de prouver que, lorsque la Providence suscite des hommes tels que César, Charlemagne, Napoléon, c'est pour tracer aux peuples la voie qu'ils doivent suivre, marquer du sceau de leur génie une ère nouvelle, et accomplir en quelques années le travail de plusieurs siècles. Heureux les peuples qui les comprennent et les suivent ! malheur à ceux qui les méconnaissent et les combattent ! Ils font comme les Juifs, ils crucifient leur Messie ; ils sont aveugles et coupables : aveugles, car ils ne voient pas l'impuissance de leurs efforts à suspendre le triomphe définitif du bien ; coupables, car ils ne font que retarder le progrès, en entravant sa prompte et féconde application.
>
> En effet, ni le meurtre de César, ni la captivité de Sainte-Hélène, n'ont pu détruire sans retour deux causes populaires renversées par une ligue se couvrant du masque de la liberté. Brutus, en tuant César, a plongé Rome dans les horreurs de la guerre civile ; il n'a pas empêché le règne d'Auguste, mais il a rendu possibles ceux de Néron et de Caligula. L'ostracisme de Napoléon par l'Europe conjurée n'a pas non plus empêché l'Empire de ressusciter, et, cependant, que nous sommes loin des grandes questions résolues, des passions apaisées, des satisfactions légitimes données aux peuples par le premier Empire !

Aussi se vérifie-t-elle tous les jours, depuis 1815, cette prophétie du captif de Sainte-Hélène :

Combien de luttes, de sang, d'années ne faudra-t-il pas encore pour que le bien que je voulais faire à l'humanité puisse se réaliser* !

Palais des Tuileries, le 20 mars 1862.

NAPOLÉON

Toujours est-il que, si le propos relève de l'idéologie (montrer que le césarisme fait le bonheur des peuples), l'entreprise fut organisée avec le plus grand sérieux : on allait suivre Jules César de sa naissance à sa mort. Pour ce faire, l'Empereur constitua toute une équipe d'historiens, d'archéologues, d'officiers, d'ingénieurs, français pour la plupart mais parfois étrangers.

A sa tête – ou en tout cas doté d'une influence éminente –, Victor Duruy. Il avait, à un an près, l'âge d'Henri Martin, donc la quarantaine lors du coup d'état de 1851. Un fils d'ouvriers, qui réussit à "faire" l'Ecole Normale (supérieure), devient professeur d'histoire à Reims, d'abord, puis à Paris, à Henri IV. Il avait engagé une "grande" *Histoire romaine*, qu'il interrompit lorsque l'Empereur l'appela à ses côtés, lui assurant des promotions inimaginables (inspecteur de l'Académie de Paris, maître de conférences à l'Ecole Normale, inspecteur général de l'Enseignement secondaire en 1861 – puis ministre de l'Instruction publique de 1863 à 1869).

Fin 2000 - début 2001, la ville de Compiègne a présenté une exposition "Napoléon III et l'archéologie", accompagnée d'un remarquable catalogue. Plutôt que de

* En effet, que d'agitations, de guerres civiles et de révolutions en Europe depuis 1815 ! en France, en Espagne, en Italie, en Pologne, en Belgique, en Hongrie, en Grèce, en Allemagne !

démarquer le texte rédigé par Françoise Maison, Conservateur au musée national de Compiègne, je préfère en reproduire des extraits, ceux qui nous informent sur l'"équipe" de Napoléon III. Ecoutons-la.

> Pour orienter les recherches archéologiques et recenser les antiquités du territoire national l'Empereur fit créer, par décret du 17 juillet 1858, la commission de la Topographie des Gaules qui fut rattachée au ministère de l'Instruction publique. Félicien, dit Félix de Saulcy (1807-1880), éminent numismate et spécialiste de l'épigraphie orientale, en fut nommé président. En tant que mari d'une dame du Palais de l'Impératrice, il était devenu un familier de la Cour. Dans l'intention de faire établir la carte nationale dont la commission topographique serait chargée, Napoléon III avait fait envoyer aux rectorats d'Académies et aux sociétés savantes de province une circulaire destinée à colliger les connaissances locales sur la situation du pays avant l'arrivée de César et c'est à Saulcy qu'il avait confié l'examen des informations et mémoires reçus. La présidence de la commission qui comptait neuf membres lui revenait donc naturellement. Mais les résultats des travaux de celle-ci furent décevants et l'Empereur renonça à s'appuyer sur elle. Saulcy n'en continua pas moins à jouer un rôle personnel important en tant que numismate et à être chargé de diverses missions archéologiques, principalement en Palestine. En 1860, il publia un ouvrage sur les Expéditions de César en Grande-Bretagne. En 1861, il mena une campagne de fouilles dans la région de Contrexéville, dans le but de préciser l'emplacement controversé du site d'Alésia. C'est cependant à Alise-Sainte-Reine, en Bourgogne, que se déroulèrent, de 1861 à 1865, les fouilles les plus importantes ordonnées par Napoléon III pour localiser la bataille d'Alésia. La

première campagne de recherches, du 20 avril 1861 au 15 septembre 1862, fut assurée par la commission de la Topographie des Gaules et les monnaies découvertes furent identifiées par Félix de Saulcy.

Un autre proche de l'Empereur, qui s'était lui-même intéressé à Jules César, Prosper Mérimée (1803-1870), fut étroitement associé à ses travaux, [...], comme plusieurs lettres en témoignent, notamment celle qu'il envoyait le 21 juin 1860 à Mme de la Rochejaquelein dans laquelle il disait : "La carte des Gaules qu'il [Napoléon III] fait faire lui a donné le goût des études archéologiques et de l'histoire romaine. Comme je suis coupable de deux gros volumes sur les derniers temps de la République, je suis assez fort sur ce sujet, pas assez pourtant, parce qu'il voudrait savoir ce qu'on ne saura jamais". Le 27 novembre de la même année, il écrivait de Cannes à la comtesse de Montijo, mère de l'Impératrice : "Je m'occupe ici beaucoup de Jules César et de ses contemporains pour moins penser aux nôtres".

[...]

La commission de la Topographie des Gaules avait comme secrétaire un érudit que Chennevières qualifia de "dictionnaire vivant de l'Empereur pour sa Vie de César". C'était Alfred Maury (1817-1892), entré à l'Académie des Inscriptions et Belles-Lettres en 1857, que Napoléon III commença par nommer bibliothécaire du palais des Tuileries en novembre 1860 avant de lui faire attribuer la chaire d'histoire et de morale au Collège de France en 1862, puis de lui confier, en avril 1868, la direction générale des Archives. Chennevières dit aussi qu'il avait une mémoire prodigieuse, égale à celle de son "ami et compère" Adrien de Longpérier (1816-1882), le très savant conservateur des antiquités du musée du Louvre. Parmi les publications de Maury qui touchaient des domaines variés, certaines, qui portaient sur l'histoire des forêts, justifiaient sa place dans la Commission topographique et son Histoire des religions de la Grèce antique, parue entre 1857 et 1860, l'avait fait remarquer. Il devint, en quelque sorte, le collaborateur permanent du souverain. [...]

Un jeune badois, Wilhelm Frœhner (1835-1925), introduit en 1862 au département des Antiquités du Louvre par le maréchal Vaillant, ministre de la Maison de l'Empereur, devint le lecteur d'allemand de Napoléon III qui, dans les notes de son livre, cite beaucoup d'ouvrages publiés en Allemagne. Frœhner qui a d'abord été chargé de faire un recueil des lois de César, joua sûrement un rôle important [...]. Les lettres que l'Empereur adressa à madame Cornu nous font savoir que celle-ci lui apportait régulièrement des documents et des notes lorsque le soir, après dix heures, il se retirait dans son cabinet de travail des Tuileries pour rédiger. Un témoignage du sérieux avec lequel l'historien impérial étudiait sa documentation est apporté par une délicate aquarelle de Fortuné de Fournier qui représente ce cabinet en 1862 (musée national du Château de Compiègne) : on y voit, adossé au mur, un imposant meuble de rangement près duquel se trouve le bureau, placé perpendiculairement ; les casiers étiquetés sont remplis de papiers. Les mentions portées sur les étiquettes : Tite-Live, Dion Cassius, Suétone, Cicéron, Végèce, notes archéologiques, chronologie, Mérimée etc... indiquent clairement que les matériaux ainsi désignés concernent la Vie de Jules César.

Les renseignements qu'utilisait l'Empereur étaient d'origines très diverses. Non seulement il mettait à contribution ses anciennes relations, demandant notamment au colonel Dufour, sous les ordres de qui il avait été à l'école d'Artillerie de Thoune, une "Etude sur les Helvètes et l'Helvétie", mais il faisait appel à la bonne volonté de souverains étrangers tels que le Khédive d'Egypte pour faire faire des fouilles à Alexandrie et la reine d'Espagne pour faire lever des cartes par les officiers de son armée. La connaissance archéologique des pays méditerranéens était ressentie comme une nécessité et faisait l'objet de missions. [...]

> Peu de gens savent qu'Ernest Renan (1823-1892), éminent philologue et historien, spécialiste des langues sémitiques, fut envoyé en 1860 en Syrie pour conduire une fouille sur le territoire de l'ancienne Phénicie, en partie financée sur la Liste civile. En 1862, il obtenait à son tour une chaire au Collège de France [...]. En 1861, c'est à deux anciens élèves de l'Ecole d'Athènes que furent confiées des missions en Méditerranée orientale : Léon Heuzey (1831-1922), recommandé lui aussi par Hortense Cornu, partit pour dix mois, en compagnie de l'architecte Honoré Daumet (1826-1911), étudier en Macédoine les opérations militaires de Domitius, lieutenant de César, et explorer la Thessalie où s'était déroulée la bataille de Pharsale ; Daumet était chargé de faire des relevés et dessinait les sites à l'aquarelle. Il rapporta plus de deux cents dessins. Heuzey a publié sa Mission archéologique de Macédoine entre 1864 et 1867.

Voilà qui décrit bien l'activité vibrionnaire de ces savants placés sous l'auguste patronage, mobilisant toutes sortes de ressources, pouvant susciter des circulaires adressées aux recteurs des Académies ou aux présidents des Sociétés Savantes, réclamant des informations d'un ton aimable et... pressant.

On connaît un peu les mouvements de troupes et les campagnes de fouilles auxquels fit procéder Napoléon III, puisque lui-même en fait état dans son ouvrage, la plupart du temps avec une grande (trop grande) sobriété. Le rôle joué par le colonel Stoffel, qui devint officier d'ordonnance puis baron de l'Empire, fut considérable. Il reprit les fouilles d'Alésia, d'abord confiées à la Commission de Topographie, se rendit à Autun où il rencontra Bulliot (qui allait fouiller Bibracte sur les fonds de l'Empereur), organisa bien d'autres recherches avant d'être dépêché en Espagne pour repérer les sites des batailles de la guerre civile qui ne servirent pas à son commanditaire mais dont lui-même fit deux ouvrages une dizaine d'années après la mort de l'Empereur.

Et puis, imagine-t-on que, parallèlement aux recherches sur les textes et sur le terrain, étaient conduites des démarches extraordinairement modernes ? En modèles réduits, d'après les indications des auteurs anciens ou celles de l'iconographie, furent reconstituées les armes antiques, les pièces d'artillerie, les engins de siège. Plaisanterie ? Pas du tout. A la tête de cette entreprise, établie à Meudon en 1860 (dans les haras !), fut nommé un polytechnicien, Auguste Verchère de Reffye, auquel l'humanité est redevable d'une admirable trouvaille : la mitrailleuse. C'est lui qui fit construire des maquettes de balistes, de catapultes et autres joyeuses machines. L'archéologie expérimentale était née : "*Dans le parc de Saint-Cloud,* écrit Emile Ollivier qui en fut témoin, *on faisait des expériences de tir de javelot avec des catapultes que l'Empereur montrait au maréchal Vaillant*".

Le premier volume de l'*Histoire de Jules César* parut en mars 1865. Il rencontra un succès prodigieux et fut traduit en huit langues. Un an plus tard, le second (qui narrait la guerre des Gaules) fut, selon le mot cruel de Ludovic Halévy, "un auguste fiasco" – il est vrai que la politique extérieure inspirait les pires inquiétudes et que, même parmi ses proches, nombreux étaient ceux qui pensaient en leur for intérieur que l'Empereur avait peut-être mieux à faire que de l'histoire ancienne. L'avenir devait leur donner raison : Napoléon III n'acheva pas son *Histoire*. Comment l'eût-il pu ? Sa propre destinée ruinait la thèse qu'il avait voulu illustrer dans cette œuvre.

LA GUERRE DES GAULES ET L'ARCHÉOLOGIE

L'Empereur écrivait l'histoire de Jules César, non pas celle de la Gaule. Sa démonstration : la conquête avait fait le bonheur des Gaulois. Nous ne pouvons aujourd'hui que saluer avec admiration le travail accompli. Car Napoléon III eût pu se contenter de passer vite sur les campagnes césariennes qui importaient peu pour son message. Pourquoi les décrire l'une après l'autre, pourquoi tenter de reconstituer les mouvements de troupes, localiser avec précision chaque événement, non seulement une grande bataille ou un siège fameux, mais tel passage à gué ou une embuscade ? Pourquoi engager des fouilles et faire dresser des cartes et des plans d'une précision (et d'une beauté) remarquables ? Pourquoi, sinon par souci de la vérité historique, un souci qui animait évidemment "toute l'équipe" mais aussi celui auquel elle fournissait les matériaux.

Il faut tenter de concevoir quel retentissement eut l'entreprise. Loin de se cantonner à un cénacle parisien, elle rayonne dans les provinces. J'ai fait allusion précédemment aux questionnaires adressés à toutes les institutions, notamment aux Sociétés savantes, dont le nombre et l'influence ne cessaient de croître. Imagine-t-on la lecture, en séance, d'une lettre adressée par Victor Duruy,

Félix de Saulcy ou Prosper Mérimée “au nom de Sa Majesté Impériale” ? Des centaines de notables se lancèrent dans des recherches, en archives ou sur le terrain, rédigèrent des mémoires, proposèrent des hypothèses, rêvant au bonheur improbable de voir leur opinion ou leur trouvaille retenue. On suggérait des emplacements pour telle ville, tel pont, on envoyait des dessins d'objets de métal ou en céramique. Le patriotisme local se déchaînait : beaucoup se battaient pour acquérir l'honneur d'habiter une localité nommée par César, fût-ce au prix d'une défaite. En réalité, l'enquête suscita des milliers de “mini-enquêtes” qui placèrent sous les feux de la rampe, non pas César et ses armées, mais la Gaule et les Gaulois au moment de la conquête.

Un exemple, celui de Bibracte, la capitale des Eduens, les alliés de Rome. Depuis longtemps, la tradition voulait que son emplacement se trouvât à Autun, sous les vestiges de la ville romaine. Un jeune négociant en vins, Jacques-Gabriel Bulliot, l'un de ces “érudits locaux” pétris d'humanisme, membre de la Société Eduenne des Lettres, Sciences et Arts, était persuadé qu'il fallait la localiser sur le Mont-Beuvray (autrefois dit Bevrect, forme proche de Bibracte). Les études qu'il publia furent accueillies par des haussements d'épaules.

Là encore, l'affaire prit une autre dimension lorsque l'on apprit que Napoléon III faisait étudier avec minutie les identifications de tous les noms de lieux cités dans la *Guerre des Gaules*. Bibracte, la grande cité du plus grand peuple de Gaule, où Vercingétorix avait été consacré chef de l'armée coalisée, Bibracte était au premier rang des interrogations. Bulliot raconte :

> Je dois convenir que les savants les plus accrédités m'étaient opposés. Il me fallut donc entrer en lutte avec

des érudits dont l'autorité m'aurait effrayé si mon opinion ne m'eût semblé solidement fondée. Sur les lieux même si des polémiques violentes s'élevèrent, il serait superflu de les rappeler aujourd'hui. On était très perplexe, m'a-t-on dit, dans l'entourage de l'Empereur, sur la décision à prendre, et la feuille qui fixait tel ou tel emplacement à Bibracte aurait été nombre de fois envoyée au pilon par suite de ces incertitudes. M. Victor Duruy, ministre de l'instruction publique, J. Quicherat, depuis directeur de l'Ecole des chartes, et qui, l'un et l'autre, ont visité les lieux, tenaient pour le Beuvray ; les membres de la Commission de la Carte des Gaules étaient presque tous contre.

Sur ces entrefaites je reçus la visite du colonel Stoffel, alors commandant, chargé d'explorations diverses par Napoléon III. M. Stoffel venait de reconnaître le murus établi par César du Lac Léman au Jura, pour barrer le passage aux Helvètes ; il avait reconstitué en entier ce grand obstacle et cherchait, pour le moment, l'emplacement du champ de bataille où ils avaient été anéantis. "J'ai beau promener, me dit-il, mon compas sur la carte, à la distance indiquée par César, en prenant Autun pour pivot, je ne rencontre aucun terrain répondant aux indications des Commentaires". "Ce résultat est inévitable, répondis-je, vous ne trouverez l'emplacement qu'en partant du Beuvray, c'est-à-dire de Bibracte". A son sourire d'incrédulité et aux objections qu'il me fit, avec courtoisie d'ailleurs, "je n'ai pas la prétention, ajoutai-je, de peser sur vos appréciations, mais venu pour un but déterminé, vous ne vous engagez guère en acceptant mon offre de vous conduire au Beuvray". Il refusa, alléguant que, pressé, il reviendrait me trouver en juillet. Evidemment il ne prenait pas alors notre conversation au sérieux. Je ne l'ai jamais revu.

Le courant n'avait pas passé entre les deux hommes. Pourtant, Stoffel avait dû être ébranlé par les arguments de Bulliot puisque, peu après, il chargea un autre membre de la Société Eduenne, Xavier Garenne, d'ouvrir des sondages sur le Beuvray. Garenne, muni de 200 francs, engagea une équipe d'ouvriers, fit de nombreux "trous" durant... trois jours (!), qui rencontrèrent partout des murs. On était en 1865. Garenne écrivit un livre intitulé *Bibracte,* sur lequel Bulliot n'émet pas un mot de commentaire. A la fois parce que l'ouvrage était nul et parce que Bulliot, comme on dit, "l'avait mauvaise". Mais il y a parfois une morale, qui, en l'occurrence, prit comme agent l'archevêque de Reims. Après la brève campagne de Garenne, le vicomte d'Aboville, qui possédait la presque totalité du plateau du Beuvray, fit lui-même des fouilles et découvrit nombre de vestiges. C'est ici qu'intervient l'archevêque :

> Membre de la Société éduenne dès sa jeunesse, auteur, avec l'abbé Rochet, de la remarquable édition des Panégyriques d'Eumène, publiée par la Société, et dont les notes concluaient vigoureusement à l'adoption d'Autun comme siège de Bibracte, Mgr Landriot partageait très sincèrement cette opinion. Il ne manquait jamais de me taquiner sur ce qu'il appelait "ma Bibracte". La vue des fouilles de M. d'Aboville fut pour lui matière à réflexion. "Je ne sais, me dit-il, si c'est Bibracte, mais en tout cas c'est sérieux". On se sépara.
>
> L'Empereur, l'année suivante, étant au camp de Châlons, invita l'archevêque de Reims à venir y célébrer les saints offices, un dimanche. La question du Beuvray était alors à l'ordre du jour. L'archevêque fit part à Napoléon III de ce qu'il avait vu, exprimant la pensée que la reprise des recherches devait donner des résultats.

> “Je le ferais volontiers, reprit l’Empereur, mais je n’ai personne sous la main pour suivre un pareil travail”. Mgr Landriot lui dit alors qu’un de ses amis, familiarisé depuis dix ans avec la question de Bibracte, accepterait volontiers cette tâche, et me nomma ; il m’avisa ensuite de cet entretien. Je reçus peu après une lettre de M. de Reffye, officier d’ordonnance de l’Empereur, m’indiquant une audience aux Tuileries, où Sa Majesté me donna directement ses premières instructions, en m’annonçant le chiffre de la première somme qu’elle affectait aux travaux.
>
> Ce chiffre était de 4 000 francs, et fut répété durant deux autres années ; total 12 000 francs, pris sur la cassette de Sa Majesté, ainsi qu’on l’a constaté dans les papiers saisis aux Tuileries après le 4 septembre 1870.

Bulliot devait fouiller le Beuvray de 1867 à 1895, date à laquelle il confia la direction des opérations à son neveu, Joseph Déchelette, alors âgé de 33 ans, qui, à son tour, conduisit onze campagnes, de 1897 à 1907. Les fouilles du Beuvray sont à l’origine d’un mouvement européen qui a fait connaître le stade ultime de la civilisation celtique à la veille de la conquête.

Une deuxième histoire, celle d’un homme plus improbable que Bulliot. Lui s’appelait Jacques Boucher de Crèvecœur de Perthes. Il était né en 1788 à Rethel, d’un père directeur des douanes de Somme et de Seine Inférieure. Le petit – vu l’absence de dons qu’il manifestait pour les études – servit de commis à son géniteur, qui lui confia diverses missions, notamment à l’étranger, et qu’il finit par remplacer. Il “s’éclata” alors, publiant des poésies, des nouvelles, une comédie. Puis, en 1846, il fait paraître un ouvrage intitulé *Antiquités celtiques et antédiluviennes*. Dans les alluvions d’Abbeville, il prétend avoir trouvé des silex taillés, qui prouveraient que l'homme a été le contemporain d'animaux antédiluviens. Aujourd'hui, on observe avec fascination ce mélange de divagations et de... vérités ! Boucher de Perthes expose les bases de la méthode stratigraphique : les couches se superposent, et, dans les tourbières ou d'autres gisements, il est loisible de constater, de bas en haut, la succession des âges. Boucher de Perthes avait le don d'exaspérer par son exaltation et son opiniâtreté, bombardant ses correspondants de courriers comminatoires : vous ne me croyez pas, venez donc voir !

Et Vercingétorix ? Patience. Portons-nous en 1859. Cette année-là, une commission internationale vient expertiser les travaux du douanier insupportable, et conclut qu'il a raison : des hommes ont forgé des outils, alors que vivaient sur terre des mammifères dont beaucoup ont disparu ! Un dénommé Darwin publie *De l'origine des espèces par voie de sélection naturelle*. La même année, Maury, de Saulcy et Renan (tous collaborateurs de l'Empereur) font entrer au sein de la Commission de Topographie de la Gaule un certain Alexandre Bertrand. Il a 39 ans. Ancien membre de l'Ecole Française d'Athènes, il a fouillé dans le Péloponnèse. On le met à la tête de la *Revue Archéologique* (qui a une quinzaine d'années), dont il va faire la tribune qui exposera toutes les jeunes données et théories de la préhistoire et de l'archéologie, faisant connaître, entre autre, les fouilles de Hallstatt et de La Tène, fondatrices de la chronologie des époques celtiques.

Napoléon III prend la décision de créer un "musée des antiquités nationales" dans le château de Saint-Germain-en-Laye. Bertrand joue le rôle essentiel, s'inspirant de l'expérience de musées européens qu'il a visités. Il inspire une présentation chronologique ("stratigraphique"), fondée sur des principes “scientifiques” et non sur les hasards d’une collection. Les objets respectent le fil du temps. Boucher de Perthes dépose au nouveau musée toutes ses trouvailles. L’Empereur fait de même avec les matériels provenant des fouilles qu’il a ordonnées. Les Gaulois prennent place au sein d’une évolution. Tout change. Les bases de la recherche sont constituées.

LE DÉBUT DES… BATAILLES

Ce qui précède démontre le sérieux – allons jusqu’à dire : la volonté de rigueur scientifique – qui inspira nombre de travaux. Cependant, il fallait trier entre les milliers de “mémoires” qui remontaient, par exemple, vers la Commission de Topographie des Gaules, la multiplication des intervenants accroissant forcément le nombre de relations fantaisistes ou d’hypothèses… hardies. La passion était d’autant plus forte que l’ouvrage signé par l’Empereur allait établir la “vérité officielle”. Arrêtons-nous un instant, car l’*Histoire de Jules César* marque l’origine d’un phénomène étrange, propre à notre beau pays : nombre de nos concitoyens, niant l’évidence, s’acharnent à refuser l’identification de Gergovie, Alésia, *Uxellodunum* aux sites que Napoléon III a fait rechercher, fouiller, et alors même que les recherches ultérieures ont confirmé la justesse de ses conclusions.

Pourquoi ? Pourquoi, à la fin de telle de mes conférences sur la Gaule, me pose-t-on des questions sur la localisation d’Alésia, et pourquoi mes interlocuteurs manifestent-ils tant d’agressivité si je me conforme à la thèse traditionnelle ? A Gergovie, l’an dernier, la foire d’empoigne a été évitée de justesse. Il m’est sidéralement indifférent qu'une bataille ou un siège se soient produits à tel endroit plutôt qu'un autre, je préfère en connaître les raisons et les conséquences. En réalité, derrière ces passions, rôde le spectre de Napoléon III, de la vérité "officielle" (forcément truquée – par qui et pour quoi faire ?), de tous ces "savants" suspects parce qu'ils travaillaient à la Cour et sont devenus des gens importants – voire ministres, comme Duruy. Portées par des générations, ces querelles manifestent l'aigreur – que nous pouvons comprendre – de tous ceux dont les travaux furent éliminés avant de rejoindre le cabinet du Palais des Tuileries. Passions d'un autre âge, mais toujours répercutées par des libelles enflammés ou par des journalistes eux-mêmes en butte à la "ligne officielle" qu'ils reportent aux années 1860, sans imaginer un seul instant combien les discussions manifestaient de liberté, de vivacité, et les conclusions… d'unanimité (non provoquée) !

Prenons l'exemple d'Alésia. Olivier Buchsenschutz et Alain Schnapp ont récapitulé, dans les *Lieux de Mémoire*, l'historique et les arrière-plans de la… bataille – non pas celle de César contre Vercingétorix, mais celle qui oppose les partisans de tel ou tel site. Après avoir rappelé que, depuis toujours, Alise-Sainte-Reine (le Mont Auxois) avait été considérée comme le lieu du siège, ils ajoutent ceci :

> Ce sont les relevés des premières cartes d'état-major avec une représentation détaillée du relief, pour les besoins de l'artillerie et bientôt du tracé des voies de chemin de fer, qui fournissent un outil nouveau permettant de comparer à distance plusieurs sites susceptibles de correspondre au texte de César.
>
> Le lieutenant Charles de Bris, qui se rend à Alise pour travailler au levé de la carte, dresse en 1838 un

mémoire dans lequel il identifie, conformément à la tradition, le mont Auxois à l'Alésia de César, en s'appuyant sur la description topographique. Mais, en 1855, Alphonse Delacroix, un architecte, propose le site d'Alaise, à proximité de Besançon. Jules Quicherat, un célèbre historien spécialiste de Jeanne d'Arc, et Ernest Desjardins, qui était déjà à cette date le meilleur connaisseur de la géographie de l'Antiquité, adhèrent très vite à cette thèse et lui donnent un grand retentissement.

Le duc d'Aumale, alors en exil, publie anonymement en 1858 dans La Revue des Deux Mondes un article strictement fondé sur l'analyse de la carte d'état-major, en faveur d'Alise. C'est dans ce contexte de dispute scientifique que s'ouvrent les fouilles de la commission réunie par Napoléon III en 1861 à Alise-Sainte-Reine.

D'autres Alésia s'étaient déjà mises sur les rangs. Pour être candidat, le site devait présenter une topographie conforme à la description de César, être situé entre Sens et Lyon pour correspondre avec les mouvements des deux troupes décrits par César dans les jours qui avaient précédé le siège (la retraite vers la Narbonnaise et le combat de cavalerie) et si possible disposer d'un toponyme dérivé d'Alésia. Plusieurs sites répondent à ces critères, parce que la description des mouvements de troupe comme celle du théâtre de la bataille ne sont pas suffisamment précises pour choisir entre plusieurs solutions. Seule la découverte de traces matérielles de la bataille et des travaux de siège semble pouvoir trancher le problème.

Ces traces, les fouilles les ont identifiées dès 1861 à Alise, dans les premiers mois des travaux de la commission. Beaucoup de batailles, dans l'histoire antique et médiévale, sont situées avec une certaine approximation.

Les corps comme les dépouilles sont moins nombreux que dans les guerres modernes, et surtout ils sont enlevés, les corps pour être ensevelis selon les rites en vigueur, les armes pour être récupérées ou consacrées dans les sanctuaires.

Aucun autre site césarien n'a livré comme Alise des traces directes du combat ni même, bien souvent, des niveaux d'occupation qui puissent être datés de l'époque de la conquête. Ici, les fossés de l'assiégeant ont matérialisé sa présence et en même temps piégé les objets perdus dans les combats qui, en général, restent en surface et peuvent être facilement récupérés.

Mais ni les défenseurs d'Alise ni les partisans d'Alaise ne situent leurs discussions sur ce plan. S'il y a bien quelques fouilles à Alaise, le lieutenant-colonel Sarrette s'appuie en fait essentiellement sur des arguments topographiques pour défendre son hypothèse. Desjardins, dès 1878, abandonne l'hypothèse franc-comtoise, mais elle est vigoureusement reprise à la fin du siècle par Georges Colomb, professeur d'histoire naturelle, connu surtout comme l'auteur du Sapeur Camember, qui publie ses idées seulement en 1922. S'il invoque la proximité des tertres funéraires de la forêt des Moidons, pour ajouter un argument archéologique à son dossier, c'est encore la topographie qui fonde ses convictions. [...]

Michel Rambaud a souligné que la description topographique de César, qui ne retient du paysage que les éléments pertinents pour un général – les défenses de la place et les possibilités d'appuyer les travaux d'investissement –, peut s'appliquer à de nombreux sites : "Ce site, on le trouverait partout, et inventer des Alésia serait plus plaisant que difficile". C'est pourtant en constituant un portrait-robot à partir des cartes d'état-major qu'André Berthier a découvert la dernière prétendante franc-comtoise, l'Alésia des Chaux-de-Crotenay au-dessus de la plaine de Syam. On retrouve ici la méthode du duc d'Aumale, et l'absence de données archéologiques solides n'a pas suffi pour écarter cette nouvelle hypothèse.

Nous reparlerons, plus loin, des fouilles de Napoléon III et des recherches récentes qui les ont confortées. Je cite cependant la conclusion de mes collègues :

> Il ne s'agit pas, comme on l'a dit souvent, d'une opposition politique, car le clivage entre les partisans de l'une ou l'autre thèse traverse les partis. Nous avons vu que le duc d'Aumale avait, avant son adversaire Napoléon III, pris parti pour Alise. Ce phénomène n'est pas lié non plus à une critique des méthodes de fouille des collaborateurs de l'empereur puisque les minutes de ces travaux n'ont été dépouillées que récemment. Les résultats étaient largement publiés, le mobilier visible au musée de Saint-Germain, et le public ne s'est jamais montré aussi sceptique pour de nombreux sites célèbres fouillés au XIXe siècle avec des méthodes beaucoup plus sommaires.
>
> Cette constante remise en question montre plutôt l'incapacité des Français à admettre la validité des résultats de l'archéologie.

Pour ma part, la question que je renvoie aux contestataires, c'est celle-ci : admettons que vous ayez raison, qu'Alésia se trouve là où vous voulez. Mais alors, comment expliquez-vous qu'on ait trouvé, autour d'Alise-Sainte-Reine, des vestiges de travaux militaires impressionnants, des armes, des monnaies (y compris à la légende VERCINÉTORIX), des céramiques qui datent du milieu du Ier siècle av. J.-C. ? Nous en faisons quoi ?

Si les fouilles d'Alise avaient été entreprises sous Louis-Philippe ou sous la troisième République, les choses seraient-elles différentes ? J'ai tendance à le croire. En dépit des tentatives (récentes) de réhabilitation, Napoléon III continue à susciter des sentiments de mépris et de détestation, notamment en province. J'ignore leur ressort : le lointain écho de l'enseignement diffusé par les instituteurs de la République ?

VERCINGÉTORIX ET LES GAULOIS : UN PHÉNOMÈNE DE MODE

L'intérêt de l'Empereur venait renforcer le courant lancé par Amédée Thierry, Henri Martin et d'autres, leurs pâles imitateurs. Les Gaulois sont à la mode, Vercingétorix en tête. J'ai déjà évoqué Eugène Sue et ses *Mystères du peuple*, dont voici un extrait – la reddition de Vercingétorix, "le chef des cent vallées", chantée par les bardes :

> Et ce guerrier à cheval, qui sort seul d'une des portes de la ville d'Alais ? Quel est-il ? – Sa longue épée pend à son côté ; d'une main il tient un javelot ; – fière et martiale est sa grande taille sous sa cuirasse d'acier, qui étincelle aux premiers feux du jour : – fière et triste est sa mâle figure sous la visière de son casque d'argent, surmonté du coq doré aux ailes demi-ouvertes, emblème de la Gaule ; – flottante au vent est la housse rouge brodée qui cache à demi son cheval noir… son ardent cheval noir… tout écumant et hennissant. – Oui, ce fier guerrier, quel est-il ? – Ce fier guerrier, c'est le chef des cent vallées.
>
> Où va-t-il ainsi ? – Que va-t-il faire ? – Le voilà qui presse son noir coursier de l'éperon, son noir coursier

> qui bondit jusqu'au pied du tribunal où est assis le chauve et pâle César – alors le chef des cent vallées lui dit ceci : – César, ma mort n'assouvirait pas ta haine, tu veux me posséder vivant… me voilà. César, tu as juré à mon envoyé d'épargner les habitants de la ville d'Alais si je me rendais prisonnier… je suis ton prisonnier. – Et le chef des cent vallées a sauté à bas de son cheval ; – son casque brillant, son lourd javelot, sa forte épée, il les a jetés au loin ; – et tête nue, il a tendu ses mains… – ses mains vaillantes, – aux chaînes des licteurs de César, – du pâle César, qui, du haut de son siège, accable d'injures son ennemi désarmé, vaincu – et il l'envoie à Rome.

C'est le début d'une floraison littéraire inimaginable, dont l'Académie française est en partie responsable, elle qui fit de Vercingétorix le thème de son Prix de Poésie en 1864, provoquant l'envoi de dizaines et de dizaines de poèmes. Au sein des nombreux auteurs qui honorent le "héros gaulois" (dont nombre… d'Auvergnats !), aucun nom, aucune œuvre ne sont passés à la postérité. Sauf… Henri Martin ! En 1865, il publie *Vercingétorix*, "drame héroïque en cinq actes et en vers", qu'il fait précéder d'un "Avis au Lecteur" que voici :

> Nous avons exposé ailleurs, dans nos récits historiques, ce que les anciens nous ont appris du héros et du martyr de cette première France qui se nomma la Gaule.
>
> Nous avons ensuite, dans une composition plus libre, dont la forme permettait de mêler l'invention à l'histoire, essayé de mettre en scène le contraste des deux mondes celtique et romain au moment de leur lutte suprême. La littérature bardique, qui a conservé si tard l'esprit et les formes des traditions gauloises, nous a fourni les couleurs que les auteurs grecs et latins ne

nous donnaient pas suffisamment pour peindre nos aïeux. De cette tentative est sorti l'essai dramatique, écrit il y a quelques années, que nous nous décidons à présenter en ce moment au public.

La France attache aujourd'hui un intérêt croissant à ces origines gauloises, qui sont les sources principales de sa vie. Les questions relatives à nos monuments primitifs, les incidents des dernières luttes de la Gaule indépendante contre Rome, excitent des débats dont l'animation féconde profite à la fois au patriotisme et à la science. Vercingétorix tend à devenir aussi populaire que Jeanne Darc elle-même ; son nom est proposé cette année, par notre premier corps littéraire, comme le plus noble des sujets, à l'inspiration de nos poètes, et la statue colossale que lui érige une décision unanimement applaudie, va commencer à payer enfin la dette de la France envers sa mémoire. En présence de ce réveil des plus anciens et des plus profonds souvenirs de la patrie, nous avons voulu apporter aussi notre pierre à ce monument aux mille formes, qu'élèvent tant de mains dans ce concours vraiment national.

Cette fois, il ne s'agit plus d'histoire : Martin peut exprimer ses intuitions, ses convictions, sa sensibilité. Hélas, sa pièce est mauvaise à en mourir : scénario faiblard, versification affligeante. Parcourons-la rapidement, en tant que témoignage de l'époque.

Hiver 53-52. César est en Gaule cisalpine. Début de la scène I : il s'adresse à ses lieutenants :

Vous m'avez entendu ; préparez-vous ! – Demain
Nous repartons ; il faut nous rouvrir un chemin
Par les déserts glacés des Alpes, sans attendre
Qu'en Gaule un ciel plus doux nous invite à descendre ;
Nous quittons la province en plein hiver. – Amis,

Six ans déjà passés, quand vous m'avez promis
D'unir votre fortune à la mienne et de suivre
Mes pas outre les monts, pour mourir ou pour vivre
Et régner avec moi, vous ai-je trompés ?... Non !
D'autres chefs vous offraient un facile renom,
Des trésors à ravir chez quelque roi d'Asie !
– Les rhéteurs, à bas prix, décernent l'ambroisie
Aux vainqueurs sans péril de ces faibles rivaux !
– Moi, je vous annonçai de longs et durs travaux,
Des peuples invaincus à dompter, la nature
Et l'homme conjurés, refusant ouverture
Dans leurs âpres climats aux armes des Romains ;
Tout obstacle a cédé sous vos vaillantes mains.
Le continent à nous, un effort va suffire,
Un dernier, et demain les bornes de l'Empire
Franchiront la grande île où finit l'univers !
DECIMUS
C'est dit ! nous te suivrons, César, jusqu'aux enfers !

Dieu merci, Victor Hugo s'était exilé à Guernesey : la lecture de ces premiers vers lui eût probablement causé une crise cardiaque ! Continuons courageusement, mais à bride abattue (comme César) !

Or donc, César, apprend qu'un coup d'Etat vient de se produire chez les Arvernes : l'infâme Dunoric a pris le pouvoir, éliminant son frère, le druide Divitiac, vieil allié de Rome. Pour rétablir la situation, César met ses espoirs dans un “jeune aigle”... Vercingétorix. Pourquoi ? Parce que celui-ci, après la mort de son père Celtill, a été élevé par... Divitiac, parce qu'il est amoureux de sa fille, “la belle Ganiéda”, et surtout :

Nourri parmi nos camps, témoin de nos victoires,
Il a vu le foyer d'où jaillissent nos gloires ;
Rome a devant ses yeux étalé sa splendeur

Et fasciné cette âme éprise de grandeur.
Il vient de Rome ; il va revoir son second père,
Divitiac, jusqu'ici fuyant les coups d'un frère.

Passons sur le fait que Martin donne aux chefs arvernes des noms qui sont éduens. Ce qui est sidérant : un argument qui, bien sûr, ne figurait pas dans son *Histoire de France*. Vercingétorix non seulement allié de Rome mais *"nourri parmi nos camps"*, connaissant Rome (la ville) et… en revenant au moment où commence la pièce !

Vercingétorix – ici appelé du nom de son père, Celtill – débarque en effet et s'entretient avec César. Celui-ci lui rappelle qu'ils ont combattu ensemble :

Tu joignis ton épée, encor vierge, à la nôtre
Et, contre Arioviste, à César triomphant
Donna, pour frère d'arme, un héros presque enfant.

César lui propose un "deal". Divitiac a été chassé, mais, lui, César, lui rendra tous ses pouvoirs et au-delà, il sera le Grand Druide.

Vercingétorix-Celtill deviendra le roi des Arvernes, épousera l'éblouissante "vierge celte". Le jeune homme est troublé (on le serait à moins) :

Que te dire, César ?… Le trouble de mon cœur
Rend ma langue incertaine !… Un tourbillon vainqueur
M'emporte haletant !… Par ses magiques charmes,
Ta parole fait luire autour de moi les armes,
Le renom, la puissance, et mon père vengé,
Un trône par mes mains offert… et partagé,
Le bonheur couronné des rayons de la gloire !
A des philtres de feu ma lèvre vient de boire…
Permets que je respire et retrouve mes sens,
Pour démêler en moi tout ce que je ressens !

Se pourrait-il que Vercingétorix cède à l'infâme tentation ? Rassurons-nous. Se succèdent des scènes baroques : Divitiac arrive au quartier général de César. Voici un passage extraordinaire :

CELTILL
Je viens de Rome.
DIVITIAC
Toi ?
CELTILL
J'ai quitté ces quartiers
Où César, cet hiver, passe trois mois entiers ;
J'ai voulu visiter les campagnes latines,
Berceau des légions, et voir les Sept Collines.
– Je croyais rencontrer partout sur mon chemin
Les laboureurs soldats, l'aiguillon à la main,
Le sol romain partout ouvert à la charrue,
Et sous les blés naissants la terre disparue.
Je n'ai vu que jardins immenses, que forêts,
Récente œuvre de l'homme, envahir les guérets ;
Au lieu des laboureurs sans nombre, des esclaves,
De loin en loin, gardaient les troupeaux sans entraves,
Errant dans le désert des prés silencieux.
J'atteignis Rome enfin ; d'un esprit anxieux,
Je plongeai dans les flots de cette mer humaine,
Et je touchai le fond de la grandeur romaine.
DIVITIAC
Tout un peuple de marbre, en ces splendides lieux.
Semble un sénat muet des héros et des dieux,
Nous montrant ici-bas ce ciel de nos druides,
Dont l'image est proscrite en nos temples rigides.

Passage extraordinaire parce que Henri Martin livre le fond de sa pensée : Vercingétorix était un jeune homme familier de César et des réalités romaines, ayant voyagé, parlant le latin (en vers français). Je ne pense pas autre chose, mais n'avais pas imaginé, avant de découvrir ce drame, qu'un auteur ait pu proposer une thèse aussi incongrue pour l'époque – aussi sulfureuse ! Un peu comme s'il avait mis en scène Jeanne d'Arc élevée à Londres, pratiquant l'anglois avec aisance et envisageant d'épouser un gentleman-farmer, avant d'entendre les voix qui la ramèneraient au devoir.

Peu importent les motifs qui incitent Vercingétorix à se détacher de César. Retenons, en filigrane, quelques notations. La "théorie" que développe Divitiac : s'il s'est allié à Rome, ce fut pour éviter à la Gaule de passer sous le joug germain.

L'une des scènes oppose Divitiac au druide breton Cadwallon :

> – Et toi, Breton, écoute-moi ! Vingt ans
> Nous avons combattu dans les conseils des clans,
> Toi, repoussant partout l'alliance romaine,
> Dût la Gaule être en proie à la horde germaine !
> Et moi, contre le Nord et ses sauvages fils,
> Aux Pays du soleil nous cherchant des amis.
> – Tu m'as vaincu ! – Trop tard j'échappe à mes entraves !
> Quand j'offrais des amis, Rome veut des esclaves !
> Mon erreur fut un crime ! – Eh bien ! soit accepté
> Mon arrêt, du grand Dieu si c'est la volonté !
> Prenez-moi ! Je me livre aux rites de justice ;
> Mais ce jeune homme est pur ; il n'est pas mon complice !
> Peut-on l'offrir en proie aux expiations
> Pour son père et pour moi ? – La loi des nations
> Dans le fils sans péché frappe un père coupable ;
> Mais notre loi de Gaule, au mal inexorable,

Sur un front innocent n'abaisse point sa main,
Et chacun parmi nous fait son libre destin.
– Si je suis le passé coupable, ce jeune homme
Doit être l'avenir qui nous sauve de Rome !
Mon crime est racheté ; je vous lègue un héros !

PREMIER HOMME DU PEUPLE
Qui faut-il croire ?

SECOND HOMME DU PEUPLE
Puisse un sauveur être éclos !

UN GUERRIER
O Vercingétorix, que le ciel te protége !

Evidemment, des scènes "druidiques". Ganiéda, l'amour de Vercingétorix, invinciblement attirée par le mystère et la cause sacrée :

GANIEDA
Horreur sainte ! – Il le faut ! – Un bras puissant m'attire !

CADWALLON
Esus, oh ! viens à nous, non tel que notre lyre
T'apaise dans l'ombre des bois ;
Non tel que tu descends, radieux, à la voix
Du barde plein d'un saint délire ;
Mais tel que de terreurs tu remplis ton chemin,
Quand tu viens présider, avec Coré la pâle,
Aux mystères sanglants du sacrifice humain !

GANIEDA
Il le faut ! – Oui, je viens, ô déesse fatale !

CADWALLON
Je nomme les maudits ! étends sur eux ta main,
Sur… –

GANIEDA, *se jetant au milieu des huit vierges.*
Arrête ! La voix qui suppliait, ordonne !

Tumulte.

CADWALLON

Téméraire !

CELTILL

Ah !

DIVITIAC

Ma fille !

GANIEDA

Arrête !

CADWALLON

Qui te donne

Cette audace ?

GANIEDA

Je suis enfant du bois sacré,
Prêtresse désignée au temple de Coré ;
Je réclame mon droit, par les Trois Vertes Branches ;
Je me voue à Coré parmi les vierges blanches !…

CELTILL

Ciel ! Ganiéda ! non ! non !

Il s'élance vers elle ; les druides et les druidesses l'arrêtent.

GANIEDA

Il le faut ! – Dans vos rangs,
Prêtresses, une place est vide ! – Je la prends !

CELTILL

Ah !

GANIEDA

Des chefs de mon clan j'éteins en moi la race ;
J'attire dans mes mains la foudre qui menace
La tête de mon père et de Celtill ; mes mains
La lancent sur César, sur Rome et les Romains !

Vercingétorix n'apprécie pas d'être abandonné, fût-ce pour Esus et autres dieux redoutables. Les druides tiennent le devant de la scène, Martin ne parle que d'eux, offrant même un superbe sacrifice humain, évidemment sur un dolmen (ce que Chateaubriand avait évité – de justesse), et Ganiéda se plongeant l'épée dans le sein pour inciter Vercingétorix-Celtill à combattre César. Ses dernières paroles, lorsqu'elle expire :

> O peuple, il tient le fer… le fer que je bénis,
> Que vient de consacrer mon sang après l'eau sainte !…
> Qu'il le garde ! – Je veux que la lame soit teinte
> Bientôt d'un autre sang. – Du fer j'arme son bras !
> – C'est mon droit ! – Je l'élis chef des justes combats !
> – Peuple ! Celtil n'est plus ! Celtil en moi s'immole !
> *Etendant la main vers lui.*
> C'est Vercingétorix, le glaive de la Gaule !…
> Lui seul t'affranchira, – si l'on peut t'affranchir…
> – J'entends, guide des morts, ton appel retentir…
> Je viens ! – Pâle Coré, j'échappe à ton empire !
> Dans le monde sublime où ton pouvoir expire,
> Je précède les miens et je les attendrai !
> – Vis et combats, Celtill ! – Adieu !
> *Elle meurt.*
> CELTILL, *se relevant et élevant l'épée vers le ciel.*
> J'obéirai !

Le courant "celtisant" atteint ici ses formes les plus échevelées. Bien au-delà du romantisme (ou plutôt ailleurs !) auquel, à ses débuts, il avait pu être assimilé. En 1865, voilà bien longtemps que les "romantiques" n'ont plus donné de drames. Musset et Vigny sont morts, Lamartine est un vieil homme. Depuis Guernesey, Hugo (63 ans) vient de faire paraître, après les *Châtiments* et la *Légende des siècles* (Vercingétorix n'y apparaît pas), son grand roman, les *Misérables*, où l'on ne saurait trouver la moindre allusion aux Gaulois ou au druidisme (rien à voir avec les *Mystères du peuple* d'Eugène Sue). Les romanciers, à part Hugo ? Balzac : mort depuis quinze ans, Stendhal depuis treize. Sand et Dumas n'écrivent plus. La relève, c'est Flaubert : il a 44 ans, le scandale provoqué par *Madame Bovary* est oublié, *Salammbô* a plu, il prépare l'*Education sentimentale*. Zola, 25 ans, vient à peine de se lancer dans le journalisme.

Donc, Hernani, Ruy Blas, Lorenzaccio et autres sont bien loin, la littérature donne dans le sage. La poésie, c'est l'école parnassienne. Les *Poèmes barbares* de Leconte de Lisle, quoique perdus dans les brumes nordiques, ne font pas ruisseler le sang ou hurler des prêtresses. Baudelaire n'a (vaguement) retenu l'attention que par le procès en correctionnelle que lui a valu la publication des *Fleurs du mal*. Offenbach, l'année précédente, a fait rire tout Paris en se moquant des dieux et des héros de la mythologie grecque : la *Belle Hélène* !

Comment donc est-il possible que Henri Martin et tous ceux qui ont répondu à l'appel de l'Académie française (ils sont près de cent cinquante) produisent des drames ou des poèmes d'une faiblesse aussi insigne, des "mélos" si affligeants ? Une seule réponse : *Vercingétorix existe*. Toute une sous-littérature s'est déchaînée, célébrant le héros, le patriote, le martyr. L'esprit critique n'est pas de mise, il est impossible, interdit : de même que, s'adressant au Christ crucifié, la plus modeste poésie reçoit une part de l'*aura* de son destinataire, Vercingétorix efface les imperfections des œuvres qui lui sont "consacrées".

D'autant que le "mouvement celtique" ne manquait pas parfois d'aspects un peu inquiétants. Un seul exemple, parce qu'il est piquant. En 1864, un certain Charles de

Gaulle (eh oui !) lança un *Appel* (pas un 18 juin, encore que je n'en sache rien). Il publia un livre intitulé : *Les Celtes au dix-neuvième siècle, Appel aux représentants de la race celtique*, publié par la Revue de Bretagne et de Vendée. Son message : que les Celtes actuels, se rappelant la gloire de leurs aïeux (dont Vercingétorix), sortent de leur misère, de leur "mélancolie", qu'ils s'associent, fassent revivre une langue commune aux Irlandais, Gallois, Ecossais et Bretons, qu'ils organisent des réunions fraternelles ! *In fine*, l'auteur ouvrait une souscription. Nous sourions, mais n'ignorons pas les dérives que peuvent connaître de tels appels à la "mobilisation".

N'exagérons pas les excès. Compte davantage le début de popularité que le second Empire accorde aux Gaulois, à la Gaule et à Vercingétorix au sein du public que nous dirions "cultivé", et qu'attestent – outre les œuvres "littéraires" – certains tableaux et sculptures.

A vrai dire, ce n'est pas une entière nouveauté. Les *Martyrs* de Chateaubriand avaient engendré une série de représentations, particulièrement de la druidesse Velléda. Il en est une que le lecteur parisien peut aller contempler à loisir dans les jardins du Luxembourg (près de la petite entrée du boulevard Saint-Michel, du côté de l'Ecole des Mines). Cette statue fut présentée au Salon de 1839. Son auteur était Etienne-Hippolyte Maindron, un disciple du fameux David d'Angers. L'œuvre le rendit célèbre, car elle constituait un manifeste, rattachant Maindron – dit un critique – *"au petit groupe de sculpteurs romantiques cherchant à échapper à l'idéal antique et à substituer à l'éternel type grec un type plus moderne"*.

Mais Vercingétorix pourrait réclamer l'antériorité, car c'est de 1829 que date la première représentation que l'on connaisse de lui : une lithographie qui ornait un ouvrage

La druidesse Velléda. Statue d'Étienne-Hippolyte Maindron (1839).
Jardins du Luxembourg, Paris.

Vercingétorix : lithographie de 1829.

intitulé *Voyages pittoresques et romantiques dans l'ancienne France : Auvergne*. Bien sûr, son vêtement, son armement, sa couronne (celle d'un empereur romain du Bas-Empire), tout est anachronique ou plutôt fantaisiste (comment pourrait-il en aller autrement ?). Notons, sur son bouclier, des fleurs de lys : un reflet des vieilles théories du XVIe siècle insérant Vercingétorix dans la longue lignée des rois depuis le Déluge jusqu'à François Ier ? Quoi qu'il en soit, le "héros" n'a rien du jeune homme romantique décrit par Amédée Thierry l'année précédente !

De 1847, un tableau, une huile sur toile de 2,36 x 1,75 m : *Soldat gaulois et sa fille prisonniers des Romains à Rome*. Son auteur Félix Barrias, Prix de Rome, a peint nombre de compositions historiques (on peut en voir à l'Opéra et à l'Hôtel de Ville de Paris). Un Gaulois inconnu ? La présence de la petite, destinée à renforcer l'émotion et la pitié du spectateur, exclut qu'il puisse s'agir de Vercingétorix, mais beaucoup auront pensé à lui !

A l'occasion du colloque "*Nos ancêtres les Gaulois*", qui s'est tenu à Clermont-Ferrand en juin 1980, Anne Pingeot a fait le décompte des sculptures "gauloises" présentées aux Salons annuels entre 1852 et 1869, ainsi qu'à l'Exposition universelle de 1867. Le chiffre est de trente, un petit minimum car tout ne va pas aux Salons.

Quelques exemples.

D'abord, uniquement pour comprendre l'"air du temps", voici la manière dont Baudelaire commente un plâtre intitulé "La Gaule", œuvre d'un certain Jean-Baptiste Baugault, exposée au Salon de 1859 (j'ignore ce qu'elle est devenue) :

> Il y a un *Saint Sébastien* d'un élève de Rude, M. Just Becquet, qui est une patiente et vigoureuse sculpture. Elle fait à la fois penser à la peinture de Ribéra et à l'âpre statuaire espagnole. Mais si l'enseignement de M. Rude, qui eut une si grande action sur l'école de notre temps, a profité à quelques-uns, à ceux sans doute qui savaient commenter cet enseignement par leur esprit naturel, il a précipité les autres, trop dociles, dans les plus étonnantes erreurs. Voyez, par exemple, cette Gaule ! La première forme que la Gaule revêt dans votre esprit est celle d'une personne de grande allure, libre, puissante, de forme robuste et dégagée, la fille bien découplée des forêts, la femme sauvage et guerrière, dont la voix était écoutée dans les conseils de la patrie. Or, dans la malheureuse figure dont je parle, tout ce qui constitue la force et la beauté est absent. Poitrine, hanches, cuisses, jambes, tout ce qui doit faire relief est creux. J'ai vu sur les tables de dissection de ces cadavres ravagés par la maladie et par une misère continue de quarante ans. L'auteur a-t-il voulu représenter l'affaiblissement, l'épuisement d'une femme qui n'a pas connu d'autre nourriture que le gland

Soldat gaulois et sa fille prisonniers des Romains à Rome.
Tableau de Félix Barrias (1847).
Musée Rolin, Autun.

> des chênes, et a-t-il pris l'antique et forte Gaule pour la femelle décrépite d'un Papou ? Cherchons une explication moins ambitieuse, et croyons simplement qu'ayant entendu répéter fréquemment qu'il fallait copier fidèlement le modèle, et n'étant pas doué de la clairvoyance nécessaire pour en choisir un beau, il a copié le plus laid de tous avec une parfaite dévotion. Cette statue a trouvé des éloges, sans doute pour son œil de Velléda d'album lancé à l'horizon. Cela ne m'étonne pas.

Outre le plaisir que suscite un style pétri d'humour et d'élégance, ce texte nous offre une vision de la Gaule en tant que *personne* (Michelet, Martin...). L'influence de Velléda est encore manifeste. Pour Baudelaire et ses lecteurs, la Gaule n'a rien d'une malheureuse vaincue, alors que, peut-être, Baugault la voyait ainsi, ce qui lui vaut cette volée de bois vert !

Vercingétorix est présent aux Salons de 1852 (Louis-Adolphe Eude : *Vercingétorix, chef des Arvernes, va reconnaître le camp de César*), 1857 (Jean-Justin Mathieu : *Vercingétorix, chef des Arvernes*) et 1865 (Louis-Marie Moris : *Vercingétorix*, statue équestre). Mais on connaît également le plâtre de Max Claudet, *Vercingétorix*, une maquette pour un projet de monument à... Alaise, la concurrente jurassienne d'Alise-Sainte-Reine. Et puis, évidemment, la statue colossale commandée par Napoléon III à Aimé Millet (qu'il paya sur sa cassette personnelle). Elle devait couronner le Mont-Auxois à Alise.

Joël Le Gall a raconté l'histoire de l'œuvre dans son livre *Alésia*. Après avoir évoqué les recherches de terrain menées entre 1861 et 1865, il poursuit :

> Les sondages comblés, le paysage d'Alise reprit la sérénité que les recherches avaient troublée pendant de si longs mois. Seuls demeurèrent pour rappeler sur place

tant d'efforts le musée que l'empereur avait fait élever à Alise et la statue de Vercingétorix qu'il avait fait ériger à la pointe occidentale du Mont-Auxois. Pauvre petit musée, dont nul ne s'est jamais beaucoup occupé, pas même son fondateur ; la plupart des visiteurs d'Alésia ne songent pas à s'y rendre ; ils ont tort, car il contient beaucoup de pièces importantes pour l'époque gallo-romaine.

Par contre tous montent à la statue et il n'y a sans doute pas beaucoup de monuments de ce genre qui soient plus populaires. N'est-ce pas le portrait même de nos bons ancêtres les Gaulois ? Eh bien non ! C'est plutôt… une synthèse de nos antiquités nationales – épée de l'âge du bronze, chevelure à la mérovingienne, etc. Déjà, lors de son érection, quelques protestations discrètes s'étaient fait entendre, en particulier de la part de Saulcy, qui eût préféré que l'on s'inspirât de la tête qui figure au droit des monnaies de Vercingétorix, mais on n'y regardait pas de si près et l'empereur avait approuvé la maquette du sculpteur Aimé Millet – un Bourguignon qui avait fort bien réussi dans la capitale, où il est bien oublié aujourd'hui, car son "Apollon" plane si haut au sommet de l'Opéra qu'aucun Parisien ne songe à le regarder. Le socle fut dessiné par le célèbre architecte Viollet-le-Duc.

L'œuvre avait beaucoup attiré l'attention des Parisiens, car les recherches de l'empereur, la polémique Alaise-Alise, la prochaine parution de l'Histoire de Jules César avaient mis Vercingétorix et son adversaire à la mode. A Compiègne, la cour jouait "Les Commentaires de César", où la statue paraissait en scène, et les dames lançaient une coiffure "à la Vercingétorix" qui, paraît-il, ne ressemblait cependant nullement à la coiffure gauloise.

La statue de Vercingétorix
par Aimé Millet.
Son arrivée aux Laumes, son
érection sur le Mont Auxois
et une carte postale
ancienne.

Une fois terminée, l'œuvre de Millet fut exposée au Palais de l'Industrie puis elle quitta Paris en direction de Melun, Sens et Montbard. Elle n'était pas très lourde mais elle mesurait 7 mètres de hauteur ; il s'agissait donc, comme nous dirions aujourd'hui, d'un convoi exceptionnel. Elle avançait debout sur un fardier, par un itinéraire préparé avec soin, mais, malgré tout, il y eut quelques difficultés, surtout avec les fils télégraphiques qui longeaient maintenant les voies ferrées et qui constituaient une gêne sérieuse aux passages à niveau ; l'un d'eux frotta si malencontreusement contre la figure du grand chef qu'il lui tordit le nez, mais un ouvrier se glissa à l'intérieur de la statue et le redressa à coups de marteau. De partout les populations accouraient sur son passage et posaient aux trois charpentiers convoyeurs de singulières questions. Certaines bonnes femmes se mettaient à genoux et se signaient, ayant cru qu'il s'agissait d'un saint Gétorix ; c'est du moins l'Echo de l'Auxois du 10 septembre 1865 qui le raconte.

Après avoir passé la nuit aux Laumes, la statue fut hissée sur le Mont-Auxois, dans la matinée du dimanche 27 août, traînée d'abord par six chevaux auxquels on adjoignit ensuite quelques paires de bœufs du Morvan ; une photographie de l'époque la montre arrivant à Alise par la rue de l'Eglise.

La statue en place, il fallait l'inaugurer. Certains y avaient déjà pensé ; dès le mois de juin, le musicien Léo Delibes et le poète Philippe Gille avaient proposé leurs services pour écrire une cantate ; ils n'avaient pas encore composé Lakmé mais ils étaient déjà très connus. Cependant lorsque Viollet-le-Duc voulut prendre les ordres de l'empereur, celui-ci répondit qu'il n'avait point l'intention de faire inaugurer le monument quant à présent, qu'on devait terminer les ouvrages et laisser les choses en bonne situation.

Napoléon III n'eut jamais le loisir de visiter à nouveau le site auquel il s'était tant intéressé, si bien que la statue est probablement le seul monument commémoratif de France qui n'ait jamais été inauguré.

Quelle inspiration il eût donnée à la cérémonie, nous pouvons le deviner par les inscriptions que porte le bandeau de bronze dont il a fait ceinturer le socle :

La Gaule unie
Formant une seule nation
Animée d'un même esprit
Peut défier l'univers.
Vercingétorix aux Gaulois assemblés

(César, De bello gallico, VII, 29.*)*
Napoléon III, Empereur des Français,
à la mémoire de Vercingétorix.

Nous connaissons ces paroles – que Napoléon III a légèrement modernisées – par César. Elles ont le ton de l'authenticité, mais ce n'est pas pendant le siège d'Alésia que Vercingétorix les a prononcées, c'est beaucoup plus tôt, après la prise d'Avaricum pour relever le courage de ses soldats. Petit coup de pouce révélateur des soucis du souverain qui, sans rejeter le patronage de César, se plaçait ainsi discrètement sous celui de notre premier héros national. La politique de 1865 rejoignait la politique de 52 av. J.-C.

Au musée municipal de Semur-en-Auxois (tout près d'Alise), l'Empereur fit don, en 1867, d'un plâtre : l'esquisse de l'œuvre. On distingue mieux les détails, notamment l'expression du visage. Un air farouche, mais le "héros" semble accablé, on dirait qu'il envisage un destin… funeste, bien différent de celui que la dédicace laissait supposer. En réalité, à bien la lire, l'inscription ne suggère aucun optimisme. Son message : "si *la Gaule s'unit, rien ne lui est impossible"* , mais la Gaule ne s'est pas unie, et Vercingétorix a perdu. Je ne m'étonne pas du peu d'enthousiasme manifesté par l'Empereur pour procéder à l'inauguration officielle.

Anne Pingeot rapporte une anecdote superbe. Plusieurs artistes, en 1865, contemplent l'œuvre de Millet, lorsque le sculpteur Auguste Préault (qui a, lui aussi, donné dans le "gaulois" (on lui doit notamment le "guerrier gaulois" du Pont d'Iéna), donc lorsque Préault s'exclame :

> Si l'Empereur m'avait donné à faire ce Vercingétorix, je lui aurais dit : "Sire, je pars pour l'Auvergne. Vous me concédez un pic de montagne. Je vais choisir ce puy volcanique dominant le cœur de la France pour le transformer en Acropole de la civilisation gauloise. Je ferai circuler de la base jusqu'au sommet une voie en spirale assez large pour laisser passage à une armée, ou à des flots de peuple. De distance en distance seront espacées comme des sentinelles du sanctuaire des statues de guerriers gaulois de 10 mètres de haut. Sur le faîte de la montagne, un piédestal composé avec les armures, ustensiles et objets symboliques de la vie de nos aïeux, flanqué de quatre statues allégoriques : le Druide, le Brenn, le Barde et Velleda, autrement : l'inspiration, la poésie, la force, la philosophie : dix mètres de haut. Et sur le piédestal la statue équestre de Vercingétorix, figure de 20 mètres sur un cheval en proportion, les bras étendus criant l'appel aux armes. Tout en airain, bronze, fer, granit en matière sombre et qui se rouille, image du passé !"

La scène, si drôle qu'elle soit, se réfère à un contexte précis. Nul n'ignorait que les Allemands étaient en train de préparer un monument extraordinaire à leur "héros" antique Arminius, le vainqueur des légions de Varus en 6 apr. J.-C. Arminius que les poètes ou historiens nommaient aussi Hermann. Voici quelques extraits d'un article publié en 1843 par le *Magasin Pittoresque* :

> La statue d'Arminius, ou Hermann, en Westphalie.
>
> Les Allemands élèvent aujourd'hui, dans la forêt de Teutoburg, témoin de la défaite de Varus, une statue colossale à Arminius, qu'ils nomment Hermann. Ce n'est pas le premier hommage de cette espèce qu'ils adressent au vainqueur des Romains.
>
> [...]
>
> Ils entendent qu'elle représente l'hostilité de leur race contre les races qui ont hérité en Europe de la puissance ou du génie de Rome ; et il est à craindre que ce soit principalement à la France qu'ils adressent cette sorte de défi. Mais cette invention s'appuie sur un contre-sens historique qu'il n'est pas inutile peut-être de signaler.
>
> Hermann appartenait à cette confédération des Chérusques dont les tribus, après s'être séparées au premier siècle de l'ère chrétienne, reformèrent au second une nouvelle ligue qui prit le nom des Francs. En sorte que les Français ont plus de droits à revendiquer Hermann comme un des leurs, que n'en peuvent avoir les Allemands, descendus pour la plupart de peuples qui, au premier siècle et au second, ne couvraient pas encore le sol germanique. Mieux que ces peuplades récentes de l'Allemagne, nous pouvons nous vanter d'avoir pour notre père ce Teut dont on invoque sans cesse le nom contre nous au-delà du Rhin. Si nous avons préféré l'héritage de l'esprit romain à celui de l'esprit teutonique, nous ne pouvons cependant nous laisser dépouiller de nos ancêtres au point de souffrir patiemment que l'ennemi se serve de leurs noms contre nous.
>
> Il y aurait ainsi toute une manière nouvelle pour nous de considérer l'histoire de la Germanie et les noms

Vercingétorix : plâtre d'Aimé Millet qui servit d'esquisse pour la statue de bronze.
Musée municipal de Semur-en-Auxois.

Gravure représentant le projet de monument dédié à Arminius dans la forêt de Teutoburg en Westphalie.

> héroïques invoqués comme un patrimoine exclusif par la littérature allemande. Il n'y a pas jusqu'au poème épique des Niebelungen qui ne soit faussement revendiqué par les Allemands, et qui ne puisse tout aussi bien être regardé comme la véritable épopée nationale des Francs.
>
> Un comité s'est formé, en février 1838, à Detmold, par les soins et sous les auspices de M. Ernest de Bandel, sculpteur d'Ansbach, en Bavière, pour ériger une statue à la mémoire d'Arminius sur une montagne haute de 390 mètres, dans la forêt de Teutoburg. Voici les dimensions que ce monument doit avoir : hauteur de la statue, des pieds jusqu'au cimier du casque, 13^{m},642 ; distance des pieds à la pointe de l'épée, que le héros tient nue et droite, 14^{m},617 ; longueur de l'épée, 7^{m},146 ; hauteur du socle, qui est en pierres de taille, 29^{m},234. La quantité de bronze qui entre dans la statue est de 13 500 à 14 000 kilogrammes. La dépense totale est évaluée à environ 200 000 francs, et doit être couverte par une souscription nationale faite dans tous les Etats de la confédération Germanique. Les travaux ont commencé le 9 juillet 1838, et la dernière pierre du socle a été posée en grande cérémonie le 8 septembre 1841. Il manque près de 70 000 francs pour couvrir tous les frais d'érection de la statue, à laquelle M. de Bandel travaille sans relâche.

Les deux gravures qui accompagnaient le texte étaient propres à impressionner. La première montrait l'atelier du sculpteur, avec des morceaux de la future "kolossale" statue, la seconde le projet, effectivement hallucinant. Pourquoi donc ne pas ériger un monument analogue à Gergovie ? Préault n'était pas le seul à y penser. Henri Martin avait déjà pris position en ce sens. Et un jeune sculpteur de trente ans, Auguste Bartholdi, déjà célèbre

Vue de l'atelier du sculpteur.

(il venait d'immortaliser le général Rapp dont la statue colossale ornait une place de Colmar, et quelques autres personnages), décoré de la Légion d'honneur en 1865, ce jeune artiste – qui médite l'idée d'une statue de la Liberté pour les Etats-Unis d'Amérique – songe également… à Gergovie. En 1866, il réalisa une ébauche en plâtre, celle d'une statue équestre de Vercingétorix, qu'il adressa à l'Académie des Sciences, Belles-Lettres et Arts de Clermont, qui ne la retint pas. Il faudra attendre trente-sept ans (!) pour que cette statue, enfin réalisée, se dresse sur la place de Jaude. Mais rien à voir avec le rêve qu'avait sans doute caressé Bartholdi (comme Préault) : un monument sublime, sur le rebord du plateau de Gergovie, dominant les plaines, visible de Clermont (*Augustonemetum*, le nom romain !), se détachant sur fond de ciel et de volcans éteints. Gergovie aura son monument, mais… bien modeste.

Et les peintures ? Moins nombreuses que les sculptures, semble-t-il, et d'une qualité qui en a peu sauvé de l'oubli. Nous nous contenterons d'un nom, celui de Théodore Chassériau, un élève d'Ingres, admirateur de Delacroix, portraitiste, peintre d'histoire aux sujets variés,

La Défense des Gaules par Vercingétorix.
Tableau de Théodore Chassériau (1855).
Musée des Beaux-Arts de Clermont-Ferrand.

Vercingétorix appelle les Gaulois à la défense d'Alaise.
Tableau de François Ehrmann (1869).
Musée des Beaux-Arts de Clermont-Ferrand.

également muraliste. La toile qui nous intéresse ici s'intitule *La Défense des Gaules*. Voici des extraits de la notice que lui a consacrée Antoinette Erhard dans le catalogue de l'exposition *Vercingétorix et Alésia* :

> C'est un artiste reconnu et en pleine possession de son talent qui entreprend, pour l'Exposition universelle de 1855, la grande peinture à l'huile sur toile (5,20 m x 3,10 m), *La Défense des Gaules*, acquise par l'Etat le 9 juin 1857 pour la somme de 8 000 francs et accordée au musée de Clermont-Ferrand par arrêté du 24 août 1858. Le livret de l'Exposition universelle (n° 2690) cite le texte de Jules César : "Commandés par Vercingétorix les Gaulois repoussent de Gergovie les légions de César. Leurs femmes échevelées les implorent, leur montrant du haut des remparts leurs enfants et les excitant au combat." [...]
>
> Théophile Gautier, dans *Le Moniteur*, et Pierre Petroz dans *La Presse*, malgré quelques réserves, sont très élogieux. Le premier est fasciné par ces "races barbares [...], ces types sauvages et purs d'une bizarrerie si pénétrante, d'un caractère si étrangement pittoresque". Le second applaudit : "De précieuses qualités d'exécution, [...] l'élaboration de la pensée, la signification morale de ce magnifique tableau. L'histoire, ainsi comprise, est vivante et pleine d'enseignement." Ce tableau "vaut une page de M. Michelet", estime Edmond About (*Voyage à travers l'Exposition des Beaux-Arts*, 1855), ce qui n'est pas un mince éloge... [...]
>
> Distribution par registres superposés : en bas, dans l'ombre, renversés, les soldats romains vaincus, au-dessus d'eux, debout, s'avançant vers le spectateur comme les insurgés de *La Liberté guidant le peuple* (Delacroix, 1831), le groupe soudé des guerriers gaulois, nus, en

> armes ; dans la moitié supérieure de la composition, de chaque côté, les femmes gauloises encourageant les guerriers du haut des murailles, tendant les mains, montrant un enfant. Au milieu, à cheval, Vercingétorix. Celui-ci est placé au sommet d'une pyramide qui unit les différents registres et conduit le regard, en un mouvement ascendant, selon une rhétorique éprouvée, de la mort vers la vie et vers l'espoir, vers la figure du chef gaulois.

La vie, l'espoir… Regardons aussi l'œuvre de François Ehrmann : "Vercingétorix appelle les Gaulois à la défense d'Alaise", présenté au Salon de 1869. Debout, les bras levés, jeune homme beau comme un dieu, Vercingétorix se détache sur un ciel d'orage. L'image même du patriotisme.

MAIS… LES HISTORIENS ?

Que Vercingétorix et les Gaulois occupent désormais une place qu'ils n'ont jamais connue, soit. Encore faut-il en comprendre le sens. S'agit-il de déplorer la défaite d'Alésia, d'y voir une catastrophe "nationale" enrayant un cours de l'histoire qui eût été, autrement, chargé de bienfaits ? Pas du tout.

Revenons à l'auguste écrivain. Voici comment Napoléon III commente Alésia :

> Ce siége, si mémorable sous le point de vue militaire, l'est bien plus encore sous le point de vue historique. Auprès du coteau, si aride aujourd'hui, du mont Auxois, se sont décidées les destinées du monde. Dans ces plaines fertiles, sur ces collines maintenant silencieuses, près de 400 000 hommes se sont entre-choqués, les uns

par esprit de conquête, les autres par esprit d'indépendance ; mais aucun d'eux n'avait la conscience de l'œuvre que le destin lui faisait accomplir. La cause de la civilisation tout entière était en jeu.

La défaite de César eût arrêté pour longtemps la marche de la domination romaine, de cette domination qui, à travers des flots de sang, il est vrai, conduisait les peuples à un meilleur avenir. Les Gaulois, ivres de leur succès, auraient appelé à leur aide tous ces peuples nomades qui cherchaient le soleil pour se créer une patrie, et tous ensemble se seraient précipités sur l'Italie ; ce foyer des lumières, destiné à éclairer les peuples, aurait alors été détruit avant d'avoir pu développer sa force d'expansion. Rome, de son côté, eût perdu le seul chef capable d'arrêter sa décadence, de reconstituer la République, et de lui léguer, en mourant, trois siècles d'existence.

Aussi, tout en honorant la mémoire de Vercingétorix, il ne nous est pas permis de déplorer sa défaite. Admirons l'ardent et sincère amour de ce chef gaulois pour l'indépendance de son pays, mais n'oublions pas que c'est au triomphe des armées romaines qu'est due notre civilisation ; institutions, mœurs, langage, tout nous vient de la conquête. Aussi sommes-nous bien plus les fils des vainqueurs que ceux des vaincus, car, pendant de longues années, les premiers ont été nos maîtres pour tout ce qui élève l'âme et embellit la vie, et, lorsque enfin l'invasion des barbares vint renverser l'ancien édifice romain, elle ne put pas en détruire les bases. Ces hordes sauvages ne firent que ravager le territoire, sans pouvoir anéantir les principes de droit, de justice, de liberté, qui, profondément enracinés, survécurent par leur propre vitalité, comme ces moissons qui, courbées momentanément sous les pas des soldats, se relèvent

> bientôt d'elles-mêmes et reprennent une nouvelle vie. Sur ce terrain ainsi préparé par la civilisation romaine, l'idée chrétienne put facilement s'implanter et régénérer le monde.
>
> La victoire remportée à Alesia fut donc un de ces événements suprêmes qui décident de la destinée des peuples.

"La cause de la civilisation tout entière était en jeu". Si les Gaulois avaient remporté la victoire, ils eussent détruit l'Italie, *"ce foyer des lumières, destiné à éclairer les peuples"*. *"C'est au triomphe des armées romaines qu'est due notre civilisation"*. Cependant, *"admirons l'ardent et sincère amour de ce chef gaulois pour l'indépendance de son pays"*.

Les expressions sont éloquentes : heureusement que Vercingétorix a perdu ! Nous pourrions penser que l'Empereur, désireux de vanter le césarisme, prêche à contre-courant, en tout cas par rapport aux historiens "des Gaulois". Il n'en est rien. Amédée Thierry comme Henri Martin, tout en arrachant des larmes à leurs lecteurs en décrivant la fin tragique de la guerre des Gaules et de Vercingétorix, se déclaraient convaincus des bienfaits de la *pax romana*, durant laquelle la Gaule devait conserver (voire enrichir) sa personnalité. Ils reconnaissaient à César le mérite d'avoir respecté *"l'organisation intérieure, les mœurs, les habitudes, la religion"*. Henri Martin utilise à plusieurs reprises le mot "progrès" : progrès matériel, progrès intellectuel. Et puis, l'empire de Rome a longtemps préservé la Gaule… des périls germaniques. Si l'un et l'autre attribuent à Vercingétorix la création ou l'incarnation d'un patriotisme qui devait, après lui, couver sous la cendre pour rejaillir plus tard, ils ne fustigent pas César, loin de là, encore moins les Empereurs de Rome.

Evidemment, les historiens “professionnels”, les universitaires, manifestent des thèses “pro-romaines”. Michelet montre la Gaule se précipitant avidement vers la “civilisation”, tout en conservant, au fond d’elle-même, une aspiration spiritualiste qui allait la jeter dans les bras du christianisme (elle y retrouverait le vieux fonds druidique). Victor Duruy, le collaborateur puis le ministre de Napoléon III, publie en 1853 un ouvrage intitulé *Etat du monde romain vers le temps de la fondation de l’Empire*. On y trouve ces lignes :

> César s’était aussi servi contre eux d’une arme que n’employaient guère les proconsuls. Après la victoire il se montra clément et doux. Point de confiscations qui livrassent des terres à ses soldats, car il ne les avaient pas achetés par dix ans de victoires et de butin pour en faire, à la veille de Pharsale, de pacifiques laboureurs. Point de lourd tribut, seulement celui que la province avait consenti elle-même à payer durant la guerre. Encore les exemptions étaient-elles nombreuses pour les alliés et les villes qui avaient su mériter ce privilége, surtout pour les nobles Gaulois, qui devaient former dans chaque cité une faction dévouée et comme tout un peuple de clients. Bibracte prit même son nom. A ces faveurs il ajoutait ce que les sujets de Rome connaissaient moins encore, le respect pour les vaincus, pour leur gloire, pour les trophées, même élevés à ses dépens. Il avait perdu son épée dans une bataille ; ses soldats la trouvèrent un jour suspendue dans un temple gaulois et voulurent l’arracher. “Qu’elle leur reste, dit-il, elle est sacrée”. Il leur laissait bien autre chose, leurs prêtres, leur religion, leurs lois, et il semblait n’être venu que pour leur

> apporter la paix, les associer à la grandeur romaine et ouvrir à leurs nobles les portes du Sénat. Aussi la Gaule Chevelue lui donnait ses plus braves enfants, ses archers ruthènes, ses fantassins légers de l'Aquitaine et de l'Arvernie, son infanterie pesante de la Belgique et ces hardis cavaliers, dont trente suffisaient pour mettre en fuite deux mille Numides, dont quatre cents paraissaient à Cléopâtre et à Hérode valoir une armée. Et pendant qu'ils combattaient pour le dictateur en Grèce, en Afrique, en Espagne, leurs pères, leurs frères labouraient, trafiquaient, avec cette ardeur pour les travaux de la paix qui éclate toujours au sortir des longues guerres. "Cette Gaule, disait Marc-Antoine, qui nous envoyait les Ambrons et les Cimbres, elle est soumise maintenant et aussi bien cultivée, dans toutes ses parties, que l'Italie même. Ses fleuves se couvrent de navires, non-seulement le Rhône ou la Saône, mais la Meuse, mais la Loire, mais le Rhin lui-même et l'Océan." Antoine en dit trop sans doute ; il est certain, cependant, que la transformation qui allait faire de la Gaule la plus riche province du nouvel empire, commençait déjà.

Une belle unanimité, donc. Les événements de 1870 vont la faire voler en éclats, démontrant qu'elle n'était que de façade.

LA GUERRE DE 1870 ET LA GUERRE DES GAULES

Nul n'imagine plus aujourd'hui la stupéfaction engendrée par la succession foudroyante des événements. La France déclare la guerre à la Prusse le 19 juillet. Le 2 septembre, tout est fini : la plus grande armée du monde a subi revers sur revers, Napoléon III est fait prisonnier à

Sedan avec 100 000 de ses soldats. Tout est fini ? Certains ne s'y résignent pas. Les Parisiens proclament la République, les députés de Paris constituent un "gouvernement de la défense nationale". Léon Gambetta incarne la résistance, levant en province plus de 600 000 hommes, mais la capitulation de Bazaine à Metz rend l'entreprise désespérée, les troupes allemandes se trouvant disponibles pour d'autres combats. Survient le siège de Paris. Bismarck accorde un armistice de trois semaines afin de permettre l'élection d'une Assemblée nationale qui décidera de faire ou non la paix. Sitôt réunie (à Bordeaux), l'Assemblée opte pour la paix : le 1er mars 1871, elle ratifie les préliminaires. Le traité de Francfort est signé le 10 mai. On connaît les clauses : perte du nord de la Lorraine (avec Metz) et de toute l'Alsace (sauf Belfort) ; versement en trois ans d'une indemnité de 5 milliards. 19 juillet 1870 - 10 mai 1871 : dix mois. Comme en 52 av. J.-C.

Quel sens trouver à l'assimilation de ces deux "années terribles" – pour reprendre le titre l'ouvrage publié par Hugo en 1872 ? Il en est plusieurs. D'abord, une vague "ressemblance" : de même que les légions ont "envahi" le sol gaulois, les troupes allemandes ont pénétré sur *notre* territoire (le fait que la guerre ait été déclarée par Napoléon III semble être sorti des mémoires). Il est aussi des analogies factuelles, variables selon les auteurs, Alésia évoquant Sedan, Metz ou Paris. La "résistance" entamée par Gambetta, c'est celle de Vercingétorix : Gambetta n'a que trente-deux ans. Vercingétorix, le martyr rédempteur, c'est le Christ au cœur duquel va être élevée une basilique (le Sacré-Cœur) – non sur les fonds publics, mais par souscription. Vercingétorix, c'est aussi le héros-patriote qui a été trahi, victime des divisions, de l'indiscipline et de ses homologues, les chevaliers ("les colliers d'or"), ou encore trahi par les druides. La Gaule a été victime d'un Empire (celui de Rome), la France de deux : l'Empire prussien, évidemment, mais aussi... celui de Napoléon III, peuplé de traîtres ou d'incapables. Ressourçons-nous, retrouvons les valeurs originelles. Après les Temps de malheur, si nous sommes fidèles à nous-mêmes, la France renaîtra, plus belle, plus forte, plus vraie que jamais. Et elle prendra sa Revanche.

La diffusion de telles idées tient à un phénomène qui me semble d'une extrême importance : la rupture entre les historiens "de métier" et un nombre important d'auteurs, tous dépourvus de formation, publiant ouvrage sur ouvrage et scandant des thèses de toutes sortes qui se rejoignent au moins sur un point : la haine de César et de Rome.

Un exemple significatif. En 1882, la librairie Firmin-Didot (qui ajoute à sa raison sociale la mention "Imprimeur de l'Institut") publie un ouvrage intitulé *Histoire nationale des Gaulois sous Vercingétorix*. Ses auteurs : Ernest Bosc et Lionel Bonnemère. Le premier est un ingénieur spécialiste du chauffage, de l'aération, de l'assainissement, mais, se piquant d'archéologie, il a composé deux *dictionnaires* généraux d'architecture, d'art et d'antiquités "chez les divers peuples". Bonnemère, lui, a composé un *Voyage à travers les Gaules en 56 av. J.-C.* et une *Histoire de Vercingétorix racontée au village*. Donc, ils unissent leurs efforts pour cette *Histoire nationale*. Elle s'ouvre par une introduction qui ne dissimule rien de leurs intentions. Nous nous y attarderons un peu, car ces pages présentent en raccourci la plupart des thèses qui se diffusent dans les milieux "cultivés" qui commencent à former un assez "grand public".

> Dans nos lycées, dans nos collèges, dans tous nos établissements d'instruction, les professeurs semblent prendre à

tâche d'exalter et de glorifier César, le grand perturbateur romain, le destructeur de l'indépendance nationale de nos pères.

D'après ces maîtres, les Gaulois n'étaient que des sauvages, ne possédant aucun art, aucune littérature, en un mot, des barbares indignes de tout intérêt.

Entraînés par leur enthousiasme au delà de toutes limites, beaucoup seraient tentés d'appliquer au terrible proconsul ce vers un peu modifié de notre bon la Fontaine :

"Vous leur fîtes, César,
En les battant beaucoup d'honneur."

D'après ces mêmes maîtres, imbus d'un classicisme outré, nos pères n'auraient possédé les éléments de la civilisation qu'après et grâce à la conquête des Gaules par les Romains. Et si d'un côté nos professeurs sont si durs pour les Gaulois, d'un autre côté ils ne tarissent pas en fait d'éloges sur la civilisation romaine. Elle était considérable en effet cette civilisation, elle avait atteint, il est vrai, un, haut degré d'intensité, surtout au moment de l'entrée en scène de César. Mais était-elle donc si remarquable, si enviable cette civilisation romaine ?

Nous ne le pensons pas et nous espérons bien le démontrer dans le cours de cette étude historique. Nous reconnaissons volontiers que les Romains, sous la République, avaient accompli de grandes choses, qu'ils étaient arrivés en quelques siècles à fonder une grande nation au milieu de laquelle fleurissaient les sciences, les arts et les lettres. Mais à partir de César, cette même nation renfermait dans son sein les germes d'une décadence profonde ; c'est là un fait incontestable, et qui justifie cette pensée de Montesquieu, à savoir : que tout ce qui a atteint le faîte de la grandeur est voisin de la décadence.

En effet, si les arts étaient florissants et prospères, si sous Auguste ils atteignirent (l'architecture surtout) leur apogée, nous pouvons bien dire avec quelque apparence de raison que, dès l'époque de César, le peuple romain reniant tout son passé, ses austères et antiques croyances, ne vivant que pour satisfaire ses passions et ses plaisirs, le grand peuple romain était bien dégénéré. Sa civilisation à cette époque a été une des plaies du monde, c'est là encore un fait évident, incontestable, aujourd'hui surtout que les études historiques ont progressé et que nous connaissons beaucoup mieux le monde romain.

Aussi l'heure de la revanche a sonné, on commence à rendre à César ce qui appartient à César, rendons aussi à nos pères, à ces nobles Gaulois, ce qui leur appartient.

A l'actif du proconsul figurent des cruautés inouïes, des manques de foi révoltants, des pillages monstrueux et innombrables !

Les troupes placées sous ses ordres étaient en partie formées de gens sans aveu ; César était donc obligé de tolérer leur brigandage et leurs crimes, afin de leur faire oublier les misères qu'elles enduraient.

Souvent un jour d'orgie rachetait tout un mois de souffrances et de privations !

Aujourd'hui, on commence aussi à accorder aux Gaulois qu'ils ont eu le bon droit et la justice de leur côté, on admet qu'ils avaient une civilisation qui leur était propre et qui, pour être plus austère et moins brillante que celle des Romains, n'en était pas moins remarquable. On sait encore aujourd'hui que les Gaulois possédaient eux aussi un art original et que beaucoup de produits des Gaules, comme nous le verrons dans le cours de cette histoire, faisaient le plus bel ornement des riches demeures de Rome et des splendides villas des environs de cette orgueilleuse cité. […]

Aussi, après les malheurs inouïs des derniers temps de notre histoire, nous reportons-nous volontiers vers les Gaules. Elles sont devenues pour la nation française l'objet d'une sorte de culte, le palladium même de l'honneur national. [...]

L'avènement de la démocratie a amené de grands changements dans notre république, aussi devons-nous former le cœur de nos enfants et leur insuffler un ardent patriotisme. C'est pour cela que nous avons voulu tourner les regards de tous, mais principalement ceux de la jeunesse, vers ces guerriers qui soutenaient qu'une nation est toujours au-dessus d'un homme, quand bien même cet homme se nommerait Vercingétorix, c'est-à-dire le premier Français. [...]

Et cependant bien des historiens vantent encore de nos jours les bienfaits de la conquête romaine. Suivant eux, les Gaulois n'auraient jamais pu fonder une nation véritable : une patrie.

C'est là une assertion bien hasardée ! D'autant qu'un grand mouvement de transformation se produisait dans les Gaules au moment où César y apparut avec ses légions maudites. Si ce mouvement avait pu se développer d'une façon normale, sans nul doute il aurait été couronné de succès. Le résultat eût été l'UNITÉ, non pas peut-être une unité absolue comme celle que nous possédons en France, mais une unité fédérative, qui fait des cantons suisses, des Républiques des Etats-Unis, des nations aussi importantes et certainement plus prospères et plus florissantes que des royaumes dans lesquels le pouvoir est centralisé à l'excès. [...]

Nous sommes pour Keltil Vercingétorix vaincu contre César vainqueur, pour Keltil Vercingétorix, qui fut l'incarnation de la patrie, et qui l'aurait créée, grande, forte et puissante sans la trahison des druides et des colliers d'or qui, craignant de perdre leur suprématie et leur influence, préférèrent livrer les Gaules aux armées étrangères, espérant rester ainsi les premiers dans leur pays en obéissant au proconsul et en se soumettant à ses ordres. Aussi dirons-nous toujours : Gloria victis ! oui répétons sans cesse, GLOIRE AUX VAINCUS !

Vercingétorix, au contraire, n'avait aucune ambition personnelle ; il le dit fort bien dans la circonstance de sa vie la plus grave, la plus terrible : "Je n'ai pas entrepris cette guerre pour mes intérêts personnels, mais bien pour la liberté commune."

Le héros ne possédait qu'un ardent amour de la patrie et une haine profonde pour les armées étrangères. Voilà pourquoi nous nous sommes faits les défenseurs du noble et grand Keltil Vercingétorix. [...]

Puisse ce livre, écrit surtout pour la jeunesse française, élever les sentiments de nos jeunes compatriotes et leur faire comprendre que rien n'est plus beau, ni plus digne, ni plus noble, que l'amour de la patrie, et que grâce à cet amour, on peut surmonter les plus grandes difficultés, vaincre les plus terribles obstacles, et que surtout on ne doit jamais désespérer du salut d'un peuple qui, après avoir subi les défaites les plus considérables, s'est toujours relevé, grâce à la noblesse de ses sentiments humanitaires, grâce à son ardent amour du travail et de la liberté.

Les thèmes sont clairement posés, qui vont être développés par la suite. La première partie, intitulée *La patrie gauloise*, sorte de description "ethnographique" d'une nullité affligeante, est tout entière fondée sur l'idée de continuité : beaucoup des réalités d'aujourd'hui remontent à cette époque. Le druidisme "précédait" le christianisme et a favorisé son expansion. Et d'ailleurs, le sacrifice du Christ n'évoque-t-il pas celui de la Gaule ? "*Ce gibet d'infamie sur lequel le Christ avait été attaché, ne rappelait-il pas à la Gaule que, elle aussi, avait été mise en croix. De son large sein percé par la lance romaine son sang ne s'était-il pas échappé et avec abondance ?*" Donc, nous devons beaucoup à la religion gauloise, dont les fêtes ont subsisté jusqu'à ce jour. L'organisation politique se fondait sur l'égalité, et même sur un principe : "*Nous voyons apparaître dans la formation de la patrie gauloise le principe de la souveraineté populaire, c'est-à-dire le gouvernement du peuple par le peuple. Hélas, tout changea : les druides confisquèrent la religion et le pouvoir, s'entourant de chefs despotiques, de rois. Le sang humain coule sur de sombres autels.*" Passons sur le reste.

Survient donc la guerre des Gaules – la seconde partie de l'ouvrage. Elle oppose des traîtres (druides et chefs alliés à l'étranger romain) au peuple gaulois, qui "voulait l'indépendance de la patrie" et que Vercingétorix réussit à fédérer.

> Vercingétorix était fort pieux, il avait foi dans le maître invisible de l'univers avec lequel il était cessé conférer seul à seul, quand il errait sous la voûte épaisse des bois, ou par l'intermédiaire des âmes des guerriers morts pour la patrie ; car telle était la croyance gauloise.
> Jeanne d'Arc écoutait bien ses voix, nous pouvons donc bien admettre que Vercingétorix avait, lui aussi, des visions, sachant surtout, nous venons de le dire, que les Gaulois croyaient à l'intervention constante des morts dans les choses de ce monde.
>
> Quiconque haïssait Rome, quiconque avait souffert à cause d'elle, était bien reçu en Arvernie. La province d'ailleurs n'était pas si éloignée que les plaintes de ses

> malheureux habitants pressurés par les fonctionnaires venus de la Métropole ne fussent entendues.
>
> Quelle profonde indignation devait s'emparer du cœur de notre jeune héros, quand on lui faisait le récit des vexations et des tortures de tous genres que supportaient les malheureuses tribus englobées dans les possessions romaines !

Pendant huit ans, Vercingétorix se recueille, étudie, médite. En 52, le voici enfin à la tête des troupes. Passons sur les événements, décrits avec partialité et imagination. Les auteurs accordent évidemment une place de choix au triomphe de Gergovie, concluant ainsi :

> On a donc grandement raison de vouloir qu'une statue de Vercingétorix se dresse sur le haut plateau de Gergovie. Il faut que cette montagne devienne sacrée pour tous les Français. Il faut qu'elle soit un lieu de pèlerinage national ; car ce héros de vingt ans qui se nomme Vercingétorix est le grand saint de la Gaule.

Alésia (que les auteurs situent à Izernore, dans l'Ain, près d'Oyonnax) s'explique par la traîtrise des druides qui donnèrent à Vercingétorix des auspices défavorables qui le découragèrent, et par celle de trois chefs, les Eduens Viridomaros et Eporédorix, l'Atrébate Commios. Vercingétorix se rend (selon la scène devenue traditionnelle). Survient la fin :

> Ces héros trahis par la fortune allaient, pour les Romains qui les achèteraient, devenir tout au plus une seconde espèce humaine, ou même moins que des hommes. La législation ne faisait aucune différence entre eux et les bêtes. Il y avait en effet une loi qui édictait la même peine contre celui qui avait tué l'esclave d'autrui, et celui qui avait tué sa bête de somme, le

condamnant, dans l'un et l'autre cas, à en payer simplement le prix, et élevant ou abaissant ce prix suivant que l'esclave était valide ou infirme.

Et c'est ce peuple infâme qui fut le bourreau implacable de toutes les nations qu'il vainquit, que jusqu'à présent dans nos collèges et dans nos lycées on a toujours exalté. Il est temps, plus que temps, qu'on change de méthode à l'égard de la jeunesse française. Nous qui voulons être libres, nous devons apprendre à nos fils à n'avoir que des sentiments de haine pour les anciens Romains, pour ces faux civilisateurs du monde.

Quelle belle civilisation que la civilisation romaine !

Ces pages expriment, en une sorte de résumé saisissant, les thèses que propagent non seulement bien d'autres livres, mais des articles dans les journaux et les revues, ainsi que nombre de… discours officiels !

VERCINGÉTORIX SOUS LA TROISIÈME RÉPUBLIQUE : 1870-1914

Un sujet gigantesque, tant la documentation est fournie et les messages différents et parfois… brouillés ! Par bonheur, issu d'une thèse universitaire, un livre excellent est paru en 1989 sous la plume d'André Simon. Son titre : *Vercingétorix et l'idéologie française*. J'y renvoie mon lecteur, me contentant de dégager quelques grandes lignes et d'ajouter mon grain de sel. Le premier thème développé par Bosc et Bonnemère, c'était la pérennité de la "race gauloise". En dépit de protestations émises par des intellectuels comme Anatole France, la théorie se répandit largement, trouvant même des compléments inattendus, certains attribuant une origine gauloise…

aux Francs ! André Simon cite des textes provenant de tous les bords politiques, y compris des milieux royalistes ! Ce “gallicisme” (si j’ose dire), différent des tendances “celtisantes” précédemment observées chez Martin et d’autres, ne peut se comprendre que si on l’inscrit dans un “modèle” plus ample : la France est née de la Gaule, en dépit d’Alésia qui ne constitua qu’un épisode douloureux. Eh bien, de la même façon, Sedan sera effacé, la Revanche viendra.

En deuxième lieu, nous avons été frappés par la virulence des attaques contre César et contre Rome. Là encore, le thème se développe, lié à des sentiments à la fois hostiles aux Italiens (la Triple-Alliance date de 1881, elle associe l’Allemagne, l’Autriche-Hongrie et… l’Italie) et, bien sûr, hostiles à la papauté. Bosc et Bonnemère, dans un passage savoureux, avaient déjà comparé Divitiac, l’horrible druide éduen traître à la patrie, à… un pape :

> Nous ne pouvons ne pas mentionner les rapports qui existent entre la nomination du chef des druides avec celle des successeurs de saint Pierre. Les uns et les autres tenaient leur pouvoir d’une élection. César, dans ses Commentaires, nous apprend que les assemblées du clergé druidique, en vue du choix d’un chef, étaient souvent fort tumultueuses. Le sang même y coulait quelquefois. Certaines élections ponificales ne furent guère plus calmes.
>
> Dans la seule église de Sainte-Marie-Majeure à Rome, la nomination du pape Damase coûta la vie à soixante personnes. Enfin les druides se traitaient entre eux de frères, les chrétiens font de même, mais, on le sait, il y a aussi des frères ennemis.
>
> Divitiac, le chef des druides de la confédération éduenne, s’en allait en guerre, foulant ainsi aux pieds

> toutes les lois religieuses de son temps ; il ferraillait par unique plaisir, comme plus tard Jules II, un fougueux pontife qui, casqué et armé de toutes pièces, entrait par la brèche dans les bonnes villes. La houlette de ce pasteur d'hommes était une épée. Que conclure de ce qui précède, si ce n'est que pour les grands druides de même que pour les papes, le fruit défendu a tout autant d'attraits que pour les simples mortels.

Ressurgit aussi, avec une force inimaginable, une analyse d'Amédée Thierry : dans chaque peuple, s'opposaient un "parti romain" et un "parti national". Comment ne pas assimiler ce dernier à ceux qui suivirent Gambetta, combattirent pour l'indépendance et pour le rétablissement de la République ? En revanche, ces aristocrates amis de César, ces druides suspects, tous avides de pouvoir et d'argent, à qui font-ils penser ? Aux élites du second Empire, évidemment. Vercingétorix, avec le peuple, vibrant pour l'unité nationale, se sacrifiant *in fine* pour sauver ce qui pouvait l'être encore : les vies de ses soldats. Henri Martin avait déjà comparé la veillée de Vercingétorix, avant sa reddition, à celle du Christ au mont des Oliviers. *"Père, je remets ma vie entre vos mains"* – *"Vercingétorix s'offre à eux : ils peuvent apaiser les Romains par sa mort ou le livrer vivant"*. Le dévouement absolu (la *devotio*, la consécration de soi-même) à une cause qui vous dépasse.

Donc, la patrie, la nôtre, elle prend bien ses racines dans la Gaule de Vercingétorix ? Henri Martin avait raison ? Bien sûr. Et ce ne sont pas seulement des auteurs de seconde zone qui le proclament. Un futur professeur au Collège de France, Albert Réville, écrivit des articles sur ce thème qui ne manquèrent pas de retentissement. Historien des religions, il n'est pas spécialiste de la

Gaule, mais il lance des phrases enflammées qui font commencer notre histoire – laquelle aboutira à la république – à l'entreprise de Vercingétorix. André Simon cite la lettre qu'un membre de l'Institut, Maximin Deloche, adressa à la *Revue des Deux Mondes* de 1877 pour remercier et féliciter Réville :

> Toute âme française vous saura gré des termes [...] consacrés à exalter la mémoire du vaillant champion de la liberté et de l'unité gauloise ; de cet adolescent de génie, dont le patriotisme ardent, l'activité, l'audace, les talents militaires et la fin héroïque font songer à la vierge guerrière de Domrémy, à la glorieuse libératrice du sol français au XVᵉ siècle, à la noble, j'allais dire à la sainte martyre de Rouen ! [...] Il y a incontestablement un air de famille qui rapproche à travers les siècles nos grands libérateurs, ceux en qui s'est incarnée la grande idée de la patrie. Vercingétorix, Du Guesclin, la sainte martyre de Rouen, nos héros les plus purs de la Révolution, Adolphe Thiers [...] sont de même sang, de même race, de même foi nationale. Vercingétorix, de ses montagnes d'Auvergne, à la veille de voir mourir la vieille Gaule, eut la vision prophétique de la France. [...] C'est leur esprit qui doit nous inspirer dans nos réalisations aux jours critiques.

Nous verrons sous peu que les prises de position de Réville ne furent guère partagées par ses collègues. Il n'empêche ; il accordait son patronage à des thèses dont les tenants ne souhaitaient qu'une chose : des cautions intellectuelles, qu'ils tentaient d'obtenir avec insistance.

Ici, il faut faire une place à un phénomène qui a joué un rôle important. Sous le règne de Louis-Philippe, avaient été créés des sortes de magazines hebdomadaires bon marché (huit pages, deux sous) qui informaient sur toutes sortes de sujets, gravures à la clé. On y lisait aussi bien des articles d'histoire que de zoologie, de techniques, etc., ils publiaient des reportages, et l'ensemble faisait l'objet, chaque année, d'une édition reliée. Ils s'appelaient, par exemple, le *Magasin Pittoresque* ou le *Magazine des Familles*. C'est probablement leur succès et celui rencontré par leurs gravures qui donna à Henri Martin l'idée de lancer, entre 1867 et 1869 une *Histoire de France populaire depuis les temps les plus reculés jusqu'à nos jours*, six volumes qui s'arrêtaient avant la fin du second Empire, mais dont la grande diffusion se fit sous la troisième République. L'ouvrage fut aussitôt imité : à l'Imprimerie générale parut, peu après la guerre de 1870, une *Histoire populaire de la France* (sans nom d'auteur). Concernant la Gaule, les descriptions étaient celles que nous avons évoquées sous le second Empire, dépourvues des nouveautés "enflammées" qui viennent de nous intéresser. *Mais* ces deux ouvrages, grâce à l'effort des éditeurs, comportaient pour la première fois des centaines de "vignettes", de gravures représentant les paysages, les sites, les grands événements, les héros. Elles s'inspiraient parfois d'œuvres d'art (celles exposées dans les Salons), mais le plus souvent, nées de l'esprit et du talent (ou de leur absence) d'un artiste anonyme, elles ont forgé des images mentales et servi de modèle – conscient ou non – à des tableaux ou à des sculptures. Surtout, elles ont permis à des milliers de gens de *visualiser* leur histoire. Leur succès ne s'est jamais démenti. Les éditions que j'ai achetées, ce sont des livres de prix offerts à des élèves méritants de la République !

C'est cette galerie de portraits et ces grandes scènes de genre, d'une exécution remarquable, qui, je crois, ont changé la conception de l'histoire. On *voit*, on se sent ou non en sympathie, instinctivement – ce qui confère aux dessinateurs une responsabilité qu'ils n'ont peut-être qu'entrevue.

Je laisse l'ouvrage d'Henri Martin de côté : c'est le mieux connu. L'*Histoire populaire* (la concurrente) propose un texte médiocre, une compilation. L'auteur indique *in fine* : *"Ce livre était écrit depuis plusieurs années, lorsque les graves événements que nous raconterons peut-être un jour sont venus, hélas ! modifier la conclusion que nous lui avions donnée"*. Suit un appel à l'unité nationale : réveillons en nous *"l'antique et indispensable vertu de la discipline"*. L'intérêt et la force de l'ouvrage, ce sont les gravures, remarquables de qualité, dont voici cinq exemples.

– Sacrifices humains chez les Gaulois. Décor de chênes, le gui, dolmens, menhirs, une source sacrée.

– En 52 av. J.-C., le serment des chefs "conjurés" sur les enseignes. Encore la forêt, le gui, le dolmen.

– La reddition de Vercingétorix : *"il jeta à terre son épée, son javelot et son casque"*. Superbe mise en scène.

Et, pour ne pas être accusé de sectarisme, deux autres images qui débordent notre sujet :

– Jeanne d'Arc et l'archange saint Michel.

– La mort de Jeanne.

Certains d'entre nous (les moins jeunes !) conservons à l'esprit des images indélébiles qui remontent à cette diffusion des gravures, auxquelles les manuels scolaires allaient tant emprunter. Comprenons à quel point elles représentent le complément d'ouvrages de qualité… diverse. Oui, Vercingétorix, c'est bien le jeune héros, trahi mais "plein de grâces" : je l'ai vu, je le vois, seul, devant César. Oui, il *est* la Gaule, il est la France. Une

Ci-dessus, page précédente et page suivante :
gravures illustrant l'*Histoire populaire de la France*.

telle image (ou son équivalent, d'aussi bonne facture) surpasse de cent fois par sa force n'importe quel roman ou quelle pièce de théâtre. Son immobilité fixe quelque chose d'éternel qui se grave dans l'imagination. Le reste (ce qui s'est passé avant ou après) est finalement dépourvu d'importance.

Les années 1870-1914 ne manquèrent pourtant pas d'œuvres "littéraires" consacrées au sublime patriote. On recense une quinzaine de drames ou de tragédies, parfois lyriques avec des accomapgnements musicaux (Saint-Saëns en signa un). Une nouvelle fois, d'horribles mélos, pleins de pathos, mais dont, semble-t-il, nulle critique n'osa se moquer. Et ne parlons pas des poèmes, des romans, des "récits" de tout acabit dont les courageux auteurs se heurtaient aux difficultés bien connues : faire parler un héros, lui donner une épaisseur, une vie personnelle (si possible amoureuse), recréer une ambiance, montrer les enjeux. C'est impossible, sauf miracle absolu. Les héros sont faits pour être peints, sculptés, gravés, on ne saurait leur recréer une vie qui, par définition, s'est déroulée dans une sphère que ne fréquentent pas les simples mortels.

De fait, le héros "immobile" fut souvent représenté de 1870 à 1914. Les gravures se multiplièrent, relayées par les manuels scolaires dont nous reparlerons. Pour les sculptures, l'inventaire d'Anne Pingeot recense 126 monuments consacrés aux Gaulois en général, dont 14 à Vercingétorix, en réalité davantage, car, nous l'avons dit, les Salons ne recevaient qu'une sélection. En outre, certaines pièces se réfèrent à l'année 52, voire à Alésia. Quelques exemples.

Revenons sur le *Vercingétorix* de Bartholdi. Nous avons laissé l'ébauche en plan, refusée en 1868 par l'Académie de Clermont. S'engage un long feuilleton, que je résume. Le plâtre est exposé au Salon de 1870. L'Etat l'achète et l'attribue au musée de Clermont où il arrive en 1874. Rien ne se passe. Des personnalités s'émeuvent, on crée, à Clermont et à Paris des sociétés ou des commissions pour qu'enfin le monument soit mis en… fabrication. D'autant que la gloire de Bartholdi est à son apogée. Au terme de diverses péripéties, le 14 mars 1886, dans le théâtre de Clermont, un comité "national" ouvre une souscription (également nationale). Bartholdi est présent. Le président, Emmanuel des Essarts, professeur à la Faculté des Lettres prononce un discours vibrant. Vous pourriez l'écrire à sa place : Du Guesclin, Jeanne d'Arc, la patrie, le martyre. Reste la question fondamentale : s'il obtient son financement, en quel endroit le monument s'élèvera-t-il ? A Gergovie ? D'autres proposent le sommet du Puy-de-Dôme. Le comité décide : ce sera… à Clermont. Bartholdi se met au travail. En 1901, le plâtre est confié au fondeur Jabeuf à Paris, le bronze est réalisé, il est présenté au Salon de l'Automobile-Club en octobre. Nettement plus important que les automobiles de l'époque : 5 tonnes ! Se pose un nouveau problème : il lui faut un piédestal, un socle ! Le Conseil municipal de Clermont vote une subvention, Bartholdi dessine un projet, rapidement réalisé. Les 10 et 11 octobre 1903, se tient l'inauguration solennelle d'un monument que d'aucuns qualifièrent aussitôt de "pendulette second Empire". Il est vrai que la statue n'est guère mise en valeur par ce support néoclassique qui monopolise le regard. Pourtant, elle ne manque pas de qualité : elle vibre, cheval et personnage sont saisis en pleine action, le héros exprime énergie et puissance. Vercingétorix victorieux, à l'opposé du malheureux personnage de Millet, luttant avec difficulté contre

Le monument de la Place de Jaude à Clermont-Ferrand, inauguré en 1903, et la maquette en plâtre de la statue de Vercingétorix, réalisée en 1868 par Auguste Bartholdi. Musée des Beaux-Arts de Clermont-Ferrand.

la dépression. L'inscription se détachait sur une plaque de porphyre rouge :

AU HEROS DE GERGOVIE
J'AI PRIS LES ARMES POUR LA LIBERTE
DE TOUS
A VERCINGETORIX
ELEVE PAR SOUSCRIPTION PUBLIQUE
INAUGURE LE 11 OCTOBRE 1903
M. RENON ETANT MAIRE.

D'autres statues furent élevées dans diverses villes de France. A Bordeaux, un bronze de 4 m de haut, œuvre de Francisque Mouly, placé sur un socle de 4,40 m. En 1942, il fut envoyé à la fonte. Mouly en réalisa une seconde pour la ville de Gien (elle s'y trouve toujours, à la sortie de la ville). On en connaît à Saint-Denis, œuvre de Bertin, à Rodez, par Segoffin. Quant à Gergovie, elle eut bien son monument, mais sans la représentation de son héros : un casque gaulois juché tout en haut d'un monument à colonnes de nature… indéterminée !

L'une des œuvres qui illustrent le mieux les sentiments de l'époque est née de la main du sculpteur Emile Chatrousse, un élève de Rude, dont vous pouvez encore (entre autre) contempler la statue de Jeanne d'Arc boulevard Saint-Marcel. C'est un plâtre représentant, un peu plus petits que nature, Vercingétorix et Jeanne d'Arc se serrant la main et foulant aux pieds des chaînes et des entraves. Un socle (aujourd'hui disparu) portait, sur le devant, l'inscription :

AUX
MARTYRS
DE
L'INDEPENDANCE NATIONALE

Aux martyrs de l'indépendance nationale.
Plâtre d'Émile Chatrousse (1870).
Musée des Beaux-Arts de Clermont-Ferrand.

Sur le côté droit, on lisait :

VERCINGETORIX
GERGOVIE
ALESIA 52 AV. J.-C.
ROME 46 AV. J.-C.

Sur le côté gauche :

JEANNE D'ARC
ORLEANS 1429
COMPIEGNE 1430
ROUEN 1435 *(au lieu de 1431)*

Le plâtre constituait le projet d'un monument plus ambitieux, et Henri Martin fit campagne pour sa réalisation. Il eut gain de cause. Au Salon de 1884, prit place un haut-relief en plâtre bronzé, haut de 3,40 m. L'Etat l'acquit et en fit don à la ville de Ham, dans la Somme, célèbre par son Fort dans lequel avait été enfermé, sous Louis-Philippe, le futur Napoléon III ! Il devait orner le nouvel escalier de l'Hôtel de Ville.

Dans le haut-relief définitif, Vercingétorix et Jeanne d'Arc ne sont plus seuls : ils occupent le niveau inférieur, et divers ajouts ont été apportés. Au-dessus d'eux, inspiré de l'œuvre de Rude, le *Départ des volontaires de 1792* (celle qui orne l'Arc de Triomphe de l'Etoile), une figure ailée de la République encadrée d'inscriptions portant le nom des victoires de 1792, de Valmy à Fleurus. Le patriotisme, l'indépendance nationale : la République a repris le flambeau des mains du chef gaulois et de l'héroïque bergère.

L'œuvre de Chatrousse fut détruite en même temps que l'Hôtel de Ville de Ham par les bombardements de la Première Guerre mondiale. Ne subsiste qu'une photographie et le plâtre original (ici représenté) que l'Etat avait mis en dépôt au musée des Beaux-Arts de Clermont.

Même si le nom des peintres nous échappe, nous avons tous dans la tête les célèbres tableaux représentant la reddition de Vercingétorix. Combien y en eut-il ? Vous répondriez : beaucoup, et vous auriez tort, car l'on n'en connaît que deux. C'est la profusion des gravures qui introduit cette confusion. De fait, si nous comparons celle reproduite p. 149 et le tableau (p. 158) peint par Lionel Royer en 1899 (aujourd'hui au musée Crozatier, Le Puy), les analogies sautent aux yeux. Mise en scène comparable : Vercingétorix à gauche, César à droite, les remparts d'Alésia se profilant au fond à gauche, les enseignes romaines à droite. Le proconsul sur son "tribunal", le chef gaulois sur son cheval. Les armes à terre. Les deux hommes se fixant. L'autre toile (également au Puy), du peintre Henri-Paul Motte, achetée par l'Etat en 1886, montre Vercingétorix entrant dans le camp romain. Œuvre médiocre. Ce sont les seules représentations de Vercingétorix (à ma connaissance) dans la "grande peinture", encore que soit signalée, dans un Salon de 1909, une toile représentant Vercingétorix au sein d'une colonne de prisonniers emmenés vers Rome, mais l'œuvre a disparu.

C'est bien peu, mais il faut comprendre que le héros n'offrait guère aux peintres d'histoire que le spectacle de sa défaite, une image peu valorisante, peu exaltante lorsque la République en fait le symbole de la résistance et du patriotisme. Le spectacle de la reddition, quand bien même le Gaulois est campé avec fierté, dominant César physiquement et "moralement", une telle scène se comprend mal comme un appel à la Revanche. La sculpture est beaucoup plus apte à immortaliser le personnage et la symbolique qu'il incarne : il suffit à lui seul, nul besoin d'un décor, d'un cadre événementiel.

Les Gaulois, eux, remportent davantage de succès. Sur les toiles, mais aussi sur les murs. Evariste Luminais,

Vercingétorix jette ses armes aux pieds de César.
Tableau de Lionel Royer (1899).
Musée Crozatier, Le Puy.

Les Gardes-côtes gaulois.
Tableau de Jules Lecomte du Noüy (1888).
Musée d'Orsay.

par exemple, s'est "spécialisé", depuis la fin du second Empire, dans le genre "gaulois" (et mérovingien) au point qu'un critique le surnomma "l'Augustin Thierry de la peinture", mais il ne nous a rien légué… d'impérissable. Le tableau de Lecomte du Noüy, les *Gardes-côtes gaulois*, renvoie à l'imaginaire romantique : un décor naturel nimbé de mystère, des êtres "primitifs" dont on ignore qui ils sont, ce qu'ils font. Son sens ? La relation entre les Gaulois et les secrets de l'Univers ? Je ne sais.

Voici maintenant des Gaulois sur la voûte d'une des galeries du Petit Palais, également au Muséum d'histoire naturelle, mais aussi… – écoutons Pierre Vaisse, professeur d'Histoire de l'Art :

> Le monde gaulois comme image métaphorique de la France moderne revient fréquemment, vers 1878-1880, dans les mairies des arrondissements parisiens et des communes de la Seine, dont la décoration dépendait, non de l'administration des Beaux-Arts de l'Etat, mais de la Ville de Paris. A Pantin, dans la salle du Conseil municipal, un Gaulois casqué fait pendant, au plafond, à une Alsacienne en costume, et pour qu'aucun doute ne subsiste, Schommer a peint à ses pieds le coq gaulois infligeant à l'aigle impérial une correction sévère. Dans la salle des mariages du IIe arrondissement, des guerriers qui ne sauraient être que gaulois, en dépit d'un armement d'une exactitude archéologique douteuse, quittent leur foyer pour aller au combat ; dans celle du XIIIe, l'allusion à la dernière guerre est précisée par la neige qui couvre la campagne, souvenir du siège de Paris. […]
>
> En 1886, Ferdinand Humbert présentait au Salon la première de ses toiles pour le Panthéon, après qu'un groupe de parlementaires républicains l'eut fait renoncer aux sujets jurés trop religieux qui lui avaient d'abord été

confiés. C'était, comme à la mairie du XIIIe arrondissement, sous le titre de *Patriotisme*, des soldats quittant leur foyer, dans la neige, pour défendre la patrie. Grand admirateur de Puvis de Chavannes, Humbert a reporté la scène dans une époque aussi indéterminée que lointaine, mais en dépit de ce dédain pour le costume, de ce refus de toute quincaillerie archéologique, ses guerriers ne sauraient être que des Gaulois, ou plutôt incarnent sous la forme de Gaulois cette constante du caractère national dont les défenseurs de Paris avaient donné quinze ans plus tôt l'exemple le plus récent.

L'humanité d'Humbert s'inspire directement de celle de Puvis de Chavannes sur un des murs voisins du même édifice, dans la *Rencontre de saint Germain d'Auxerre et de sainte Geneviève*. Ici, sans doute, l'absence de tout détail archéologique n'empêche pas que l'épisode ne soit précisément daté de 432, d'une époque tardive, donc, où les Germains avaient largement pénétré dans les Gaules. La simplicité des costumes, toutefois, tend à donner l'impression d'un état de civilisation plus ancien. Ces Gaulois du Ve siècle restent en dépit d'une longue romanisation les Gaulois des origines, les mêmes que l'on retrouve dans l'escalier du musée d'Amiens, dans *Ave Picardia nutrix* et *Pro Patria ludus*. Gaulois des origines, mais aussi Gaulois de toujours, ancêtres et image des Français d'aujourd'hui : du *Pro Patria ludus* au stand de tir d'Arcueil-Cachan, peint par un élève de Puvis, la différence ne tient qu'au costume.

Les Gaulois mis à "toutes les sauces", Vercingétorix tiraillé, infiniment plus que sous Louis-Philippe ou sous Napoléon III, invoqué à l'appui des causes les plus contradictoires. Héros de la République, on comprend. Identifié aux procédures de la République, on comprend moins. Les druides précurseurs d'un Etat laïc, prônant la Fraternité des hommes ? Mais aussi appelés à la rescousse des thèses anticléricales ? Au gré des courants – y compris le boulangisme –, chacun se référa aux Gaulois et à leur chef.

Antoinette Ehrard, d'après les journaux de l'époque, a relaté les cérémonies qui entourèrent l'inauguration de la statue de Vercingétorix à Clermont en octobre 1903. Rappelons le contexte. Emile Loubet a été élu à la présidence de la République en 1899, l'année où éclata l'affaire Dreyfus. En 1900, à Paris, l'Exposition universelle a rencontré un succès éblouissant. En 1901, le tsar et la tsarine ont accompli un voyage officiel, pour sceller l'alliance entre la France et la Russie. En 1902, Emile Combes devient président du Conseil des ministres. Et donc, s'inaugure le monument de Bartholdi "au héros de Gergovie". Se succèdent, scandant tel ou tel moment des festivités, les discours officiels.

Emile Combes :

> En ce temps de déclamations chauvines et le plus souvent charlatanesques, où le nationalisme accuse la République d'altérer le patriotisme, parce qu'elle refuse de le confondre avec les fanfaronnades guerrières, il n'est pas intempestif d'affirmer, à la lumière des événements lointains que ce jour fait revivre, que la République réalise plus que tout autre gouvernement l'idée essentielle de la patrie.

Le général André, ministre de la Guerre :

> Il se trouve que les nobles et les prêtres avaient été réduits par les intrigues de César, et c'est chez le peuple qu'il [Vercingétorix] peut faire éclore et surgir ce sentiment de patriotisme qu'il éprouvait lui-même.

Le préfet du Puy-de-Dôme porte un toast au président de la République :

> Aujourd'hui vous me permettrez seulement d'évoquer en passant le souvenir du premier chef *élu* des Gaulois, pour assurer de ma gratitude profonde et des respectueux hommages des fils des anciens arvernes, compagnons de lutte du vainqueur de Gergovie, le Président de la République Française, ce chef de l'Etat, *élu* lui aussi pour assurer une œuvre grande et difficile.

Antoinette Erhard poursuit son récit.

> Il est incontestable que l'inauguration du *Vercingétorix* de Bartholdi sur la place de Jaude, fut une grande fête républicaine ; c'est bien ainsi qu'elle fut comprise, par les Républicains et par les autres, ainsi qu'en témoigne en particulier la presse locale. Le *Moniteur du Puy-de-Dôme*, qui consacre neuf numéros à annoncer et décrire avec enthousiasme les festivités et publie *in extenso* le texte de tous les discours, précise même le 13 octobre : "une grandiose manifestation républicaine et anti-cléricale". Guyot-Dessaigne, président du Conseil général du Puy-de-Dôme, n'avait-il pas dit malicieusement à Emile Combes que Vercingétorix avait lutté "contre la domination romaine", de même que le président du Conseil luttait contre l'influence étrangère – allusion transparente à l'Eglise romaine – pour le triomphe de la raison ? "Je ne m'attendais pas à être comparé à Vercingétorix" répondit Combes. L'*Avenir*, en revanche, quotidien nationaliste et catholique, violent critique du "combisme", et dont le général André est la bête noire, l'*Avenir* s'était inquiété avant la fête : "En cette circonstance, quelle sera l'attitude des libéraux ?" Déconseillant d'organiser "des manifestations libérales pour répondre

> aux provocations révolutionnaires", il recommande toutefois aux "libéraux" de ne pas prendre part aux fêtes : "laissons passer le cortège révolutionnaire". Dans les jours qui suivent l'inauguration, l'*Avenir* consacre ses colonnes à évoquer la gigantesque pagaille du "banquet démocratique" qui suivit les cérémonies, sans rendre compte de celles-ci.

Edifiant. Voilà ce que proclament les hommes politiques, voilà ce que les journaux écrivent. S'ajoutant aux sculptures, peintures, et surtout à tous les ouvrages consacrés au chef gaulois, mélos, poèmes ou pseudo-livres d'histoire, ces messages offrent de Vercingétorix et des Gaulois un ensemble de traits pas vraiment clairs, mais avec une dominante : l'unité, le patriotisme, la nation, les valeurs de la république, avec, en toile de fond, assez discrète, l'idée d'une époque idéale !

L'HISTOIRE DES HISTORIENS

Contrairement à ce qui s'était passé en 1830, les historiens ne jouèrent guère de rôle lors des événements de 1870, à part Henri Martin et... Louis Adolphe Thiers. Le premier avait soixante ans, le second 73. Martin, qui s'était déclaré "exilé de l'intérieur" sous le second Empire, devint maire du XVIe arrondissement au lendemain de Sedan, adhéra au gouvernement de "défense nationale", fut élu député, exerça la présidence de la Gauche républicaine, appuya Thiers et Gambetta. Il devint sénateur, entra à l'Académie française. Une popularité immense. On parlait de lui pour la succession de Grévy, mais il mourut auparavant, en 1883. Il n'avait plus rien écrit depuis longtemps.

Monsieur Thiers restait, lui, sur son *Histoire du Consulat et de l'Empire* parue entre 1845 et 1862. Tête de l'opposition libérale à Napoléon III, désigné chef du pouvoir exécutif de la République le 17 février 1871, il forma le gouvernement d'union nationale, signa le traité de Francfort. On sait son rôle dans la répression de la Commune. Puis, président de la République, renversé en 1873, remplacé par Mac-Mahon, il mourut en 1877.

Pourquoi ces rappels ? Pour signaler la disparition de la génération d'historiens qui, en même temps qu'ils écrivaient, exerçaient les plus hautes responsabilités politiques. L'histoire, définitivement, est devenue un métier, et si tel historien doit s'approcher des cercles du pouvoir, ce ne sera que marginalement, sans être revêtu des hautes charges de la République. Et cela va compter, notamment parce que les "discours" des politiques et des historiens vont diverger. Henri Martin s'adressait à tous, Thiers reprenait ses thèses dans les harangues qu'il prononçait en tout lieu. Ce temps est fini, l'histoire "sérieuse" va se confiner à une sphère réduite, celle des spécialistes, laissant la part belle aux fantaisistes ou aux idéologues. Le tournant se précise aux alentours des années 1880.

Aussi étonnant qu'il puisse paraître aujourd'hui, jusqu'alors, les Facultés de Droit et de Médecine se cantonnaient à des tâches professionnelles. Celles de Lettres et de Sciences avaient pour mission de fournir des jurys de baccalauréat et d'abriter des conférences mondaines. La vraie science, la "recherche", s'effectuaient ailleurs : au Muséum, à Polytechnique, au Collège de France. En 1868, avait été créée l'Ecole Pratique des Hautes Etudes, mais elle n'avait pas de siège : elle agréait des "maîtres" et leur offrait des subventions pour leur laboratoire ou leur bibliothèque.

A quoi doivent servir les Facultés, notamment celles des Lettres ? Non seulement la question se pose, mais elle engendre des polémiques inimaginables. Première théorie : il s'agit de former des enseignants de haut niveau. En 1877, sont créées 300 bourses de licence, et, en 1880, 200 d'agrégation. Pour préparer ces boursiers, des "maîtres de conférences" feront des cours qui leur seront réservés. Mais certains journaux fulminent : les universités doivent rester ouvertes. Voici un article de presse (10 décembre 1884) relatant l'ouverture du cours en Sorbonne d'un philosophe (bien oublié) :

> Le cours commence à dix heures et demie du matin. Et, certes, à cet instant du jour, la Sorbonne, avec ses murs tristes et froids a, s'il est possible, encore moins d'attraits.
>
> Cependant la place est animée, des groupes se dirigent d'un pas pressé vers le vieil amphithéâtre Gerson ; devant la porte stationnent plusieurs coupés.
>
> M. Caro fait sa réouverture. Et comme chaque année, c'est un événement dans la société parisienne.
>
> Chose curieuse. Le public étudiant était largement représenté à cette intéressante réouverture. Et cela, j'en suis sûr, a dû être bien agréable à l'éminent maître. N'est-ce pas lui qui me disait récemment encore : "Les jeunes gens, voyez-vous, c'est la page blanche sur laquelle doit écrire le professeur et, quand il a réussi à tracer sur cette page-là quelques pensées généreuses et fécondes, c'est la meilleure partie de sa gloire."
>
> M. Caro s'est d'abord élevé contre cette théorie qui a de nombreux partisans, même dans l'Université, que les cours fermés doivent remplacer les autres cours. En termes éloquents, il maintient l'obligation pour l'enseignement supérieur de rester en contact avec le grand

public. Cette idée des cours fermés, elle nous est venue d'Allemagne. Prendre à l'Allemagne ce qu'elle a de bon, c'est bien ! Mais combien encore il vaut mieux lui laisser ses qualités bien siennes ; celles-là, si contraires à notre esprit national, à cette sensibilité de l'esprit français, jaloux de se communiquer à tous, à ce goût des idées générales qu'il ne faut pas confondre avec les lieux communs et qui sont, elles, le résumé et la lumière des faits.

Je crois qu'après cette belle défense du cours public, la cause est entendue.

M. Caro examinera cette année les théories de l'idéalisme et du panthéisme contemporains, depuis Diderot jusqu'à nos jours.

Non, la cause n'était pas entendue : les "cours fermés" allaient l'emporter, réservés à un nombre d'étudiants qui nous sidère aujourd'hui. En 1882, pour toute la France, on en comptait... un millier. La politique de bourses provoqua une augmentation rapide : en 1886, une statistique (enfin précise) les dénombre : 2358. N'oublions pas que ces années-là voient la construction de la nouvelle Sorbonne (1885-89), des Facultés de Lyon, Bordeaux, Lille, Grenoble, etc.

Revenons à nos moutons gaulois. Où était enseignée, dans ces hautes sphères, l'histoire de la Gaule ? Nulle part. Au Collège de France, ont été créées une chaire d'*Epigraphie romaine* (occupée par Cagnat) et une autre de *Géographie historique* (Desjardins) ; Arbois de Jubainville enseigne les *Langues et littératures celtiques*. L'archéologie celtique, celle de la Gaule n'ont aucune place. Le 1er décembre 1882, Alexandre Bertrand (dont nous avons déjà parlé à propos du musée de Saint-Germain) inaugurait un cours à la toute jeune Ecole du Louvre, qu'il intitula "La Gaule d'avant les Gaulois d'après les documents et les textes". Il déclara ceci :

> Le cours dont la bienveillance de M. le ministre de l'Instruction publique et des Beaux-Arts a bien voulu nous charger près l'Ecole du Louvre, sur la proposition de notre excellent directeur M. Louis de Ronchaud, est une innovation. Aucun établissement d'instruction publique, en France du moins, n'avait été doté jusqu'ici, d'un cours d'archéologie nationale. Le cours d'archéologie près le Cabinet des médailles et antiques, créé pour Millin en 1806, était et est resté un cours d'archéologie grecque et romaine. Le cours du Collège de France, créé pour Champollion en 1831, était un cours d'archéologie égyptienne, caractère qu'il a perdu un moment seulement et qu'il a repris avec de Rougé et M. Maspéro. Le cours de Sorbonne, si bien placé entre les mains de mon confrère et ami, M. Georges Perrot, est un cours d'archéologie générale. On y étudie l'histoire de l'art. Le cours d'archéologie professé depuis 1847 à l'Ecole des Chartes, avec tant d'éclat, par le regretté Jules Quicherat, était, avant tout, et est resté un cours d'archéologie monumentale.

C'est un paradoxe. La République a réorganisé l'Ecole française d'Athènes, créé celle de Rome en 1874, celle du Caire en 1880. Les recherches et les chantiers de fouilles se multiplient à l'étranger ; en Egypte, au Proche-Orient, en Grèce, en Afrique du Nord, en Italie, même en Espagne. En France, au moment où se déchaînent les passions sur Vercingétorix et les Gaulois, quasiment rien.

Le cas de Fustel de Coulanges est exemplaire. Il est né en 1830. Une carrière on ne peut plus "classique" : l'Ecole Normale, celle d'Athènes. Doctorat à 28 ans. En

1864, il publie la *Cité antique*, un ouvrage qui fait date, montrant que la religion constitue la source de toute vie sociale. Fustel se lance ensuite dans une œuvre considérable, l'*Histoire des Institutions politiques de l'ancienne France*. Un détail non sans importance : nommé maître de conférences à l'Ecole normale en 1870, il servit comme garde national pendant le siège de Paris. Une violente polémique l'opposa à Mommsen sur la question alsacienne (il avait lui-même enseigné à Strasbourg) : la patrie n'avait rien de géographique ni de linguistique, c'était *"une communauté d'idées, d'intérêts, d'affections, de souvenirs et d'espérances"*. Il fut ensuite nommé professeur à la Sorbonne.

Son *Histoire des Institutions* partait de la Gaule pour finir en 1789 (Taine prenait alors le relais). Il y en eut plusieurs éditions, modifiées, enrichies, la dernière – définitive – publiée par son disciple Camille Jullian en 1891 se nourrissant de "notes" et de "références" que Fustel, jusqu'alors, avait évitées et auxquelles il se résigna en soupirant :

> L'érudition a changé ses formes et ses procédures ; elle n'est pas plus profonde [...], mais l'érudition veut se montrer davantage. On veut avant tout paraître érudit [...]. Je me conforme au goût d'aujourd'hui comme ces vieillards qui ne poussent pas le mauvais goût jusqu'à s'obstiner dans les habitudes du passé.

Fustel est considéré comme l'un des tout grands, lorsque paraît l'*Histoire des Institutions*. Sa thèse, pour simplifier, est "anti-germanique", "anti-franque" : tout remonte à l'Empire romain, les invasions de la fin de l'Antiquité n'ont constitué qu'un épiphénomène. C'est le régime municipal romain qui est à l'origine de toutes nos institutions, donc de notre histoire. Thèse hardie, qui contredisait, par exemple, les vues exprimées par Guizot, voire par Renan.

Comment donc conçoit-il la Gaule indépendante ? D'abord, il met au crédit de César d'avoir refoulé les "bandes germaines" d'Arioviste : la Gaule gagna cinq siècles de tranquillité et furent jetées (par Rome) les racines qui allaient décider de son destin. Quant au tableau de la Gaule elle-même, il n'offre aucune… complaisance. Quelques extraits.

1. Qu'il n'existait pas d'unité nationale chez les Gaulois :

> Les peuples de la Gaule se faisaient la guerre ou concluaient des alliances, entre eux et même avec l'étranger, comme font les Etats souverains. Il n'y a pas d'exemple que, dans leurs entreprises, ils aient dû consulter une assemblée centrale ou recevoir d'elle des instructions. Aucun pouvoir supérieur ne s'occupait de régler leurs querelles ou de mettre la paix entre eux. Quelquefois le clergé druidique se posait en médiateur, ainsi que fit plus tard l'Eglise chrétienne à l'égard des souverains du moyen âge. Mais il paraît bien que son action était peu efficace, car les guerres étaient continuelles. Le résultat le plus fréquent de ces luttes qui ensanglantaient chaque année le pays était que les peuples faibles étaient assujettis par les peuples forts. Il pouvait arriver quelquefois qu'une série de guerres heureuses plaçât un de ces peuples au-dessus de tous les autres ; mais cette sorte de suprématie instable, qui n'était qu'un effet de la fortune des armes et qui se déplaçait avec elle, ne constituait jamais une unité nationale.

2. La division des Gaulois :

> Les Gaulois n'étaient pas non plus une nation ; ils n'avaient pas plus l'unité politique que l'unité de race.

> Ils ne possédaient pas un système d'institutions et de mœurs publiques qui fût de nature à former d'eux un seul corps. Ils étaient environ soixante peuples que n'unissait ni un lien fédéral, ni une autorité supérieure, ni même l'idée nettement conçue d'une commune patrie. La seule espèce de patriotisme qu'ils pussent connaître était l'amour du petit Etat dont chacun d'eux faisait partie. Or ce patriotisme local, qui était en même temps la haine du voisin, pouvait quelquefois conseiller l'alliance avec l'étranger. Depuis près d'un siècle, les Eduens étaient les alliés de Rome, tandis que les Arvernes et les Séquanes appelaient les Germains.
>
> Dans l'intérieur même de chaque peuple, les esprits étaient divisés. D'un côté était un parti composé des classes élevées, qui avait une prédilection pour les institutions républicaines et s'efforçait de les conserver. De l'autre, un parti populaire faisait ordinairement cause commune avec les puissants chefs de clientèle et joignait ses efforts aux leurs pour établir une sorte de monarchie. Ces discordes tenaient une grande place dans toutes les existences ; les intérêts, les convoitises, les ambitions, les dévouements s'attachaient au parti plus qu'à la patrie. Il n'est pas douteux que chaque homme n'envisageât l'intervention de l'étranger suivant le bien ou le mal qu'elle devait faire à sa faction. Il en fut toujours ainsi dans toute société divisée en elle-même.

3. Et Vercingétorix ?

Fustel lui reconnaît le mérite d'avoir su fédérer les volontés, mais pour quelle raison ? Parce que nul ne pouvait plus supporter la domination de César :

> Il n'est rien de plus efficace pour terminer les luttes intestines que l'assujettissement. Dès que les Gaulois se sentirent conquis, leurs rivalités se turent, leurs volontés

se rapprochèrent. Au contact des étrangers qui mettaient garnison dans les villes, qui imposaient des tributs, qui commençaient à exploiter le pays suivant l'usage romain et s'emparaient déjà de tout le commerce, le regret, le remords, la honte, la haine, prirent possession des âmes. On avait été divisé dans la résistance, on fut à peu près uni dans la révolte.

César remarqua alors avec quelque surprise "le merveilleux accord des volontés pour ressaisir l'indépendance". Vercingétorix, déjà roi des Arvernes, se fit accepter comme dictateur suprême par presque tous les peuples de la Gaule. L'important était de donner l'unité au pays. La Gaule devint une grande monarchie pour lutter contre l'étranger. Comme un monarque absolu, Vercingétorix fixait les contingents militaires des cités et leurs contributions de guerre.

Son entreprise n'en était pas moins condamnée :

La monarchie démocratique de Vercingétorix soulevait des scrupules et des haines dans beaucoup d'âmes gauloises. Cet homme comptait si peu sur une obéissance volontaire, qu'il exigeait que tous les Etats gaulois lui livrassent des otages. Il ne régnait qu'à force de se faire craindre. Il prodiguait les supplices. La désobéissance à ses ordres était punie de mort ; la tiédeur et l'hésitation étaient des crimes capitaux ; partout se dressaient des bûchers et des instruments de torture ; un régime de terreur planait sur la Gaule. [...]

Il manquait à Vercingétorix ce qui est la condition du succès dans les grandes guerres : il lui manquait de commander à une nation sans partis. Les divisions qui existent dans une société se reproduisent toujours de quelque façon dans les armées. Elles se traduisent dans l'âme de chaque soldat par l'indécision, l'indiscipline, le

> doute, la défiance, tout ce qui paralyse le courage ou le rend inutile. Vercingétorix put bien rassembler une armée nombreuse ; mais quelles que fussent son énergie, son habileté, sa valeur personnelle, il ne paraît pas qu'il ait réussi à donner à cette armée l'organisation et la cohésion qui eussent été nécessaires en face des légions romaines [...].
>
> Avec lui, la Gaule perdit le peu d'unité qu'il avait pu lui donner ; les résistances partielles se prolongèrent sans succès pendant une campagne encore ; puis tout se soumit.

Replaçons ces lignes, écrites par l'un des plus grands universitaires français de l'époque – qui plus est, clairement "antigermanique" –, dans le contexte "culturel" que nous visitions précédemment – par exemple, l'ouvrage de Bosc et de Bonnemère. Un autre monde ! Surtout si on ajoute ce passage :

> Les Gaulois passèrent ainsi, sans beaucoup de peine, de la condition de sujets de Rome à celle de membres de l'Empire. A mesure qu'ils entraient dans le vaste corps de la cité romaine, ils prenaient tous les droits, toute la fierté, toutes les ambitions du citoyen. Ils figuraient, suivant leur richesse ou la faveur du prince, au rang des chevaliers ou parmi les sénateurs. Les plus hautes classes de la société romaine leur étaient ouvertes, tous les honneurs et tous les pouvoirs leur étaient accessibles. Ils devenaient volontiers agents du prince, procurateurs, fonctionnaires de l'administration. Ils occupaient les hauts rangs dans les armées. Ils gouvernaient les provinces. Un Romain pouvait sans exagération dire à un Gaulois : "Vous partagez l'Empire avec nous : c'est souvent vous qui commandez nos légions, vous qui administrez nos provinces ; entre vous et nous il n'y a aucune distance, aucune barrière."

> A partir de ce moment, les habitants de la Gaule cessèrent de s'appeler Gaulois et s'appelèrent Romains. Le nom de Gaule resta dans la langue comme expression géographique ; celui de Gaulois fut encore employé quand il s'agit de distinguer cette population de celle des autres parties de l'Empire, de la même façon que nous employons les noms de Normands, Bourguignons, ou Provençaux ; mais le vrai nom national fut pour tous celui de Romains.

De quoi faire s'étrangler tous les tenants de la Gaule indépendante, résistante, l'âme de la nation, de la République ! Rien ne saurait mieux donner la mesure de la coupure entre le monde de l'enseignement supérieur et le "public". Au moins – me direz-vous – voici un professeur qui, en Sorbonne, même si ce n'est qu'à ses étudiants, parle de la Gaule, de son histoire, peut-être de son archéologie ? Absolument pas. Fustel était professeur d'histoire médiévale. Il quitta sa chaire en 1880 pour prendre la direction de l'Ecole Normale. Il mourut en 1889, à 59 ans. Dans les cinq années suivantes, disparurent à leur tour Renan, Taine et Duruy. Une nouvelle génération leur succède.

Nombre de ces "nouveaux" historiens se rattachent à une Ecole (au sens où l'on parle d'"Ecole des Annales", par exemple) qui est fréquemment appelée l'"Ecole positiviste" – un terme erroné qui lui attribue le patronage d'Auguste Comte, alors qu'elle ne le revendique nullement. Disons plutôt : l'"Ecole méthodique". Ses fondateurs furent, au lendemain de la guerre de 1870, de tout jeunes gens qui étaient allés étudier dans les universités et "séminaires" allemands. Y étudier mais aussi *les* étudier, afin de discerner ce qui manquait à l'enseignement historique français.

Parmi eux, des noms qui vont devenir célèbres : Monod, Lavisse, Jullian. Dans leur remarquable ouvrage sur *Les écoles historiques*, Guy Bourdé et Hervé Martin ont décrit la constitution de la nouvelle "Ecole". Je résume à grands traits.

De leur séjour outre-Rhin, nos "jeunes historiens" retirèrent des principes, voire une méthode, que nous dirions "scientistes", inspirés des thèses qu'avait développées, au milieu du siècle, von Raruke, fustigeant les histoires "spéculatives", "subjectives", "moralisatrices", et appelant à des histoires "scientifiques", "objectives" (voire "positives"). Revenu en France, Gabriel Monod, en 1876, lança un Manifeste qui constituait la présentation d'un nouveau périodique intitulé… *La Revue historique*.

En voici quelques phrases :

> Malgré tous les progrès accomplis, nous sommes encore dans une période de préparation, d'élaboration des matériaux qui serviront plus tard à construire des édifices plus vastes […]. Sans être un recueil de pure érudition, notre revue n'admettra que des *travaux originaux et de première main* qui enrichissent la science, soit par les recherches qui en seront la base, soit par les résultats qui en seront la conclusion, mais, tout en réclamant de nos collabotateurs des procédés d'exposition strictement scientifiques, où chaque affirmation soit accompagnée de preuves, de renvois aux sources et de citations, tout en excluant les généralités vagues et les développements oratoires, nous conserverons à *La Revue historique* un caractère littéraire. […] Tous ceux qui se livrent à l'investigation scientifique sont solidaires les uns des autres ; ils travaillent à la même œuvre, exécutent des parties diverses d'un même plan, tendent au même but. Il est

> utile, il est indispensable qu'ils se sentent unis tous ensemble et que leurs efforts soient coordonnés pour être plus puissants.

Vingt ans plus tard, les collaborateurs de *La Revue historique* ont, selon l'expression de Bourdé et Martin, *"investi les chaires d'histoire dans les universités récemment créées ou réformées"*. En 1898, deux d'entre eux, Charles-Victor Langlois (un médiéviste) et Charles Seignobos (un moderniste) – tous deux professeurs à la Sorbonne et membres de l'Institut – publient chez Hachette une *Introduction aux études historiques*. En trois cents pages, ils définissent les règles que doit observer la discipline afin d'accéder au statut d'une *science*. C'est un bréviaire ! Difficile, en quelques lignes, d'en donner plus que l'esprit. *"L'histoire n'est que la mise en œuvre de documents [...]. Chercher, recueillir les documents est une des parties principales, logiquement la première du métier d'historien"* – documents qu'il faut aussi préserver, enregistrer, classer. La seconde démarche de l'historien : la "critique interne" du document, c'est-à-dire *"1) l'analyse de contenu de l'acte et la critique positive d'interprétation pour s'assurer de ce que l'auteur a voulu dire ; 2) l'analyse des conditions dans lesquelles l'acte est produit et la critique négative nécessaire pour contrôler les dires de l'auteur"*.

Après quoi, l'on passera aux "opérations synthétiques". Comparer, confronter le document à d'autres. Le replacer dans des cadres généraux (conditions naturelles, productions matérielles, groupes sociaux, institutions). Raisonner pour lier les faits entre eux, éventuellement opérer des choix. Enfin, tenter une interprétation. En dépit de l'éclosion, au XXe siècle, d'autres "Ecoles" (celle des Annales, celles qui s'inspirèrent du marxisme et du structuralisme), l'Ecole “méthodique” compte toujours aujourd'hui beaucoup d'adeptes.

Quel rapport avec Vercingétorix ? Nous y venons. Donc, les anciens “jeunes loups” occupent la plupart des postes, dans les universités, les bibliothèques ou aux Archives. Quelques noms. Gabriel Monod, le créateur de *La Revue historique*, qui défila, lors des obsèques de Gambetta, avec une bannière : “L'Histoire est une science maîtresse”. Gustave Bloch. Ernest Havet. Et, sutout, Ernest Lavisse.

Pour le présenter, voici un article de presse consacré à la réception de Lavisse à l'Académie française, en 1893 – il résume le discours de réception prononcé par Gaston Boissier, le célèbre latiniste.

> M. Ernest Lavisse est, de tous les professeurs de la Sorbonne – sans même en excepter M. Larroumet – celui dont le nom est le plus souvent parvenu au grand public, à la faveur d'incidents ou d'événements qui devaient nécessairement avoir leur écho hors des murs de la Faculté. C'est que M. Ernest Lavisse ne s'est pas contenté d'être un professeur de premier ordre et un historien de rare mérite ; il a voulu être un éducateur, presque un apôtre. [...]
>
> Ceux qui furent les camarades de M. Ernest Lavisse à l'Ecole normale supérieure, il y aura bientôt trente ans, s'émerveillent encore de la puissance de travail que déployait, dès lors, cet écolier d'élite. Il avait choisi l'histoire ; et c'est comme professeur d'histoire qu'il a débuté dans l'enseignement, au lycée Henri IV. Docteur ès-lettres en 1875, il rentra à l'Ecole normale comme maître de conférences. Auparavant – je veux dire quelque temps avant la guerre – on l'avait désigné pour être

l'un des précepteurs du prince impérial, fils de Napoléon III ; et c'est sans doute dans ce rôle éphémère d'éducateur d'un prince promis au trône que M. Ernest Lavisse, hanté par les souvenirs classiques d'un Bossuet ou d'un Fénelon, a mûri quelques-uns des principes dont il nourrit maintenant la jeunesse des Ecoles, – elle aussi future souveraine, en somme, dans un pays de gouvernement par l'opinion et le suffrage universel.

Dans son enseignement historique à la Faculté des lettres, et dans ses travaux publiés en volumes, M. Ernest Lavisse s'est attaché particulièrement à nous faire connaître les origines de l'Allemagne contemporaine. Il a montré, par là un rare esprit d'à-propos. En effet, au lendemain de nos désastres, aucune nourriture intellectuelle ne pouvait être plus saine aux générations grandissantes qu'une analyse intelligemment faite des conditions dans lesquelles s'est développé, en un siècle environ, ce petit état prussien qui a absorbé l'Allemagne et a cimenté son hégémonie germanique avec le sang de nos soldats. De cette étude, à la condition qu'elle fût impartiale et profonde, il ne pouvait rien résulter que d'excellent pour la science et pour notre pays. Telle est la tâche que M. Ernest Lavisse a voulu remplir, et qu'il remplit avec éclat. Il a, pour ainsi dire, "démonté" la Prusse devant nos yeux. Il a établi authentiquement l'acte de naissance de cette nation militaire qui s'est précipitée sur nous, il y a plus de vingt ans, et qui fait l'effet, aux observateurs superficiels, d'être sortie, armée de pied en cap, du cerveau de Jupiter. M. Ernest Lavisse nous a fait parcourir, dans ses *Etudes sur l'une des origines de la monarchie prussienne*, dans la *Jeunesse de Frédéric II*, dans l'*Essai sur l'Allemagne impériale*, les diverses étapes de la formation prussienne. De beaux livres viendront encore après les beaux livres que je viens de citer.

Ernest Lavisse.

A méditer les causes de la puissance de nos ennemis, M. Ernest Lavisse concevait le noble désir d'apporter sa contribution à notre relèvement national. Il a vu que la Prusse avait dû sa grandeur à ceci que les Hohenzollern ont su dégager et façonner une âme prussienne. Dans la débâcle de l'année terrible, le désastre le moins réparable eût été l'affaissement moral de la France. On refait des armées, on refait des trésors de guerre, on ne refait pas une conscience nationale, si on a le malheur de laisser s'éteindre le poétique flambeau qui passe de générations à générations, perpétuant le feu sacré du vrai patriotisme. Après Sedan, la France n'était pas plus bas que ne l'était la Prusse après Iéna. Or, au lendemain d'Iéna, des voix se sont élevées en Prusse pour prédire et affirmer le relèvement. De même, après Sedan, ces voix devaient s'élever en France. C'est l'honneur de M. Ernest Lavisse d'avoir été le bon prophète. Quand l'Association générale des Etudiants de Paris s'est fondée, il trouva là son premier cercle de disciples. Il vint se mêler aux réunions des Etudiants, et leur donna ses encouragements et ses conseils sous une forme toujours amicale et familière, qui faisait accepter à la jeunesse ce qu'une expérience étrangère a toujours d'un peu rébarbatif et d'un peu amer.

Les étudiants s'habituèrent à considérer M. Ernest Lavisse, avec le plus cordial respect, comme une sorte d'aîné qu'il convenait d'écouter, parce qu'il ne s'imposait pas et parce qu'il était intéressant et convaincu toujours, ému quelquefois et émouvant par là même. Il enseignait que les grandes réparations de l'histoire sont réservées sûrement aux peuples qui se montrent les plus dignes ; et il enseignait comment on acquiert ce droit à la "justice immanente" dont un grand patriote a parlé.

Les principes de l'Ecole "méthodique" sont bien loin ! La patrie, le redressement. Tout le contraire de l'histoire "objective". L'historien Jules Isaac, qui était tout jeune à l'époque, évoque certains souvenirs :

> Partout il en imposait par une certaine majesté naturelle, olympienne, qui l'apparentait à un Mounet-Sully ou à un Victor Hugo… Conférencier, il subjuguait l'auditoire par une merveilleuse diction qui donnait vie et relief à ses moindres remarques. Combien de fois, quittant la salle où je venais de l'entendre, me suis-je dit : le grand orateur, le grand acteur qu'eût fait cet homme ! […] Aux abords de la soixantaine, il régnait sur tout, présidait à tout : rue des Ecoles, en Sorbonne, aux Etudes historiques… ; boulevards Saint-Germain et Saint-Michel, chez Hachette et chez Armand Colin, grandes puissances de la librairie, aux publications spécialisées, voire scolaires… ; rue de Grenelle, au Conseil supérieur de l'Instruction publique ; sans compter je ne sais combien de commissions et de cérémonies.

Mais il travaillait aussi ! D'abord, aux réformes indispensables de l'enseignement supérieur (la loi Poincaré de 1896, sur laquelle nous avons en grande partie vécu jusqu'en 1968, lui est en partie due). Ensuite, il lance une entreprise vouée à un destin prodigieux : les *Lieux de mémoire* de Nora n'ont-ils pas consacré "le" Lavisse ? Son projet ? Une vaste *Histoire de France* reconstituant le passé national. Neuf tomes, dix-sept volumes, une quinzaine de collaborateurs (lui-même écrivant quatre volumes).

Et voici ce qui nous intéresse prodigieusement : l'organisation d'ensemble. Le tome I (qui parut en 1903) s'intitule *Tableau de la géographie de la France*. Il est l'œuvre de Paul Vidal de la Blache, l'un des fondateurs de l'école moderne de géographie française. Vidal a une cinquantaine d'années lorsque Lavisse lui "commande" ce premier volume. Il vient de fonder la revue des *Annales de géographie*, il a tout juste commencé la publication de son fameux *Atlas général*, qui tente de déterminer et d'illustrer la relation entre l'environnement et l'histoire. Le *Tableau* marqua son temps et la postérité (lui aussi est analysé dans les *Lieux de mémoire*). La Gaule y tient un rôle important.

Mais, après ce *Tableau* introductif, quel titre porte le premier volume consacré à l'*Histoire de France* ? "*Le Christianisme, les Barbares, les Mérovingiens et les Carolingiens*", par C. Bayet, C. Pfister et A. Kleinclausz (lui aussi paru en 1903). Autrement dit : pas de Gaulois ! On en revient à l'organisation de l'histoire avant les Thierry et même avant l'abbé Anquetil !

Pourquoi ? Parce que, dans les universités, et surtout à Paris, nul n'enseigne l'archéologie ni l'histoire de la Gaule. Or, l'*Histoire* de Lavisse, c'est celle des grands universitaires, que les Gaulois n'intéressent nullement. Même Fustel en eût été scandalisé ! Probablement, des protestations s'élevèrent. L'élection de Camille Jullian au Collège de France, en 1905, amena peut-être Lavisse à réfléchir. Toujours est-il qu'il demanda à son collègue Gustave Bloch, professeur d'histoire *romaine* à la Sorbonne, de rédiger un volume (numéroté I, 2, donc prenant la suite du *Tableau* de Vidal de la Blache) intitulé "Les origines. La Gaule indépendante et la Gaule romaine", qui parut en 1911 (en même temps que le tome IX – le dernier !). Une œuvre besogneuse (on sent la "commande"), pour l'essentiel consacrée à l'époque romaine. Notons que Lavisse ne s'est pas adressé à Camille Jullian.

La Sorbonne ne s'intéresse pas à la Gaule. Nul universitaire ne songerait à diriger un chantier sur le territoire national : seules, les grandes Ecoles à l'étranger retiennent l'intérêt des "archéologues". Fouiller en France ? Vous n'y pensez pas. Tout juste bon pour des "amateurs". Qu'ils y dépensent leur énergie et leur argent. Le vrai fondateur de l'archéologie de la Gaule, Joseph Déchelette, appartenait à une famille de négociants en textile établie à Roanne. Au moment où Lavisse engage sa "grande" *Histoire*, vers 1895, Déchelette a 33 ans. Son oncle, Bulliot, qui approche des quatre-vingts, vient de lui confier la poursuite des fouilles de Bibracte. Le jeune homme a déjà voyagé, tissé un réseau de correspondants dans toute l'Europe. Il s'est déjà lancé, lui aussi, dans une grande entreprise : la rédaction d'un *Manuel d'Archéologie Préhistorique* (du Paléolithique à la fin de l'époque gauloise) qu'il réussira à achever avant sa mort, sur le Front, en 1914. Un autre monde que celui de Lavisse.

LES MANUELS

Aucun rapport, donc, entre un enseignement supérieur qui ignore les Gaulois et le "public cultivé" qui lit des livres consacrés à Vercingétorix, assiste à des représentations théâtrales, voit une floraison de sculptures, entend les discours de ses politiques et s'est habitué aux références – contradictoires – que lui offrent les gazettes sur les Gaulois et leur héros.

En réalité, il nous faut tenter de saisir un phénomène étrange. L'enseignement supérieur, la recherche, c'est un monde. A part. L'aristocratie de la pensée. On est entre soi. Amédée Thierry, Henri Martin : on hausse les épaules de commisération.

Mais la IIIe République a engagé son œuvre de scolarisation. L'école "méthodique" a activement participé à l'élaboration des lois présentées par Jules Ferry. Et, lorsqu'il s'agit de proposer des Manuels, elle se trouve naturellement au premier rang. Au milieu d'une production multiforme, se détache rapidement le manuel qui devait être dénommé "le petit Lavisse". Paru en 1884, il fit l'objet de dizaines et dizaines de rééditions, sans cesse remanié par son auteur. Comme les *Histoires populaires*, il associait texte et images. Mais le message, destiné à former les jeunes enfants de la République, se devait d'être autrement simple.

Le petit livre (qui comporte cependant 240 pages) s'ouvre par une adresse "Aux Ecoliers" :

> L'histoire de la France raconte les événements accomplis sur la terre de France depuis les temps les plus reculés jusqu'à celui où nous vivons.
>
> Pour bien apprendre cette histoire, il faut d'abord savoir que la France n'était pas du tout autrefois comme elle est aujourd'hui.
>
> Il y a cent ans, la France n'avait pas de *chemins de fer* ; elle n'avait pas autant de *routes* qu'aujourd'hui. Beaucoup de ces chemins, grands et petits, qui passent dans nos villages, n'existaient pas. Quand nos grands-pères allaient à la ville ou dans quelque village voisin pour visiter un ami, ils s'embourbaient jusqu'aux genoux dans de mauvais sentiers.
>
> Il y a cent ans, on ne connaissait pas les *machines à vapeur*. Il n'y avait pas de ces *grandes usines* où travaillent des milliers d'ouvriers. On ne savait pas cultiver la terre *aussi bien* qu'aujourd'hui.
>
> Il y a cent ans, la France était gouvernée par un *empereur* ; aujourd'hui, elle est une *république*, et les Français *se gouvernent eux-mêmes*.
>
> *En cent ans*, la France a donc bien changé. Or l'histoire que vous allez apprendre a commencé il y a deux

La couverture du "Lavisse".

mille ans ; en deux mille ans, la France a changé bien davantage, puisque deux mille ans, c'est vingt fois cent ans.

Ecoutez donc ce qu'on vous dira des temps passés. Peu à peu, vous vous rapprocherez du temps présent.

Vous verrez que vos pères, qui habitaient avant vous cette belle terre de France, n'ont pas toujours été *heureux et libres* comme vous l'êtes aujourd'hui, et qu'ils ont pendant de longues années travaillé et souffert pour vous donner le *bonheur* et la *liberté*.

Vous verrez aussi qu'ils ont versé leur sang dans de glorieuses batailles pour que la France fût honorée entre toutes les nations.

Vous apprendrez ainsi ce que vous devez à vos pères, et pourquoi votre premier devoir est d'aimer par-dessus tout votre patrie, c'est-à-dire la *terre de vos pères*.

Dans l'histoire de la patrie, les Gaulois auront-ils une place ? Oui. Ils arrivent en tête (aucune allusion à la préhistoire). Reproduisons les trois premières pages. L'auguste universitaire, certes, évoque les Gaulois, mais il reproduit, au fond, le message de Napoléon III, en moins valorisant encore. Ces Gaulois sont des barbares (on insiste bien, on consacre une "définition" au début du chapitre). Ils n'ont aucune unité. *"Le sol était mal cultivé, on n'y voyait presque point de routes et pas de villes"*. Des païens. Les sacrifices humains. Pas de discipline. Le contraire des Romains.

On a l'impression que Lavisse se force pour évoquer *"la vaillante défense du Gaulois Vercingétorix, qui est le premier héros de notre histoire"*. Le premier héros, pourquoi ? Il faut que l'instituteur l'explique, car l'auteur n'en dit pas un mot, alors que, peu après, Jeanne d'Arc a droit à des phrases plus explicites.

Banquet gaulois.

Les Gaulois, comme tous les peuples barbares, aimaient à se réunir dans des banquets, où ils riaient, criaient et souvent finissaient par se battre (p. 6).

LIVRE PREMIER

ABRÉGÉ DE L'HISTOIRE DE NOTRE PAYS JUSQU'EN 1483 (MORT DE LOUIS XI).

Explications préparatoires.

I. **Qu'est-ce qu'un peuple barbare?** — Un *peuple barbare* est un peuple qui ne sait pas bien travailler la terre ni les métaux, qui n'a point d'écoles et qui est très ignorant. Chez un peuple barbare, les hommes ne savent ni bien se nourrir, ni bien se vêtir, ni bien se loger ; ils sont toujours en querelle les uns avec les autres, et le plus fort maltraite le plus faible, car la justice n'est pas bien rendue.

II. **Qu'est-ce qu'un peuple civilisé?** — Un *peuple civilisé* est le contraire d'un peuple barbare.

III. **Qu'est-ce qu'une dynastie?** — Une *dynastie* est une succession de rois de la même famille. Exemples : les rois de la famille de *Mérovée*, qui ont régné en Gaule jusqu'en 752, forment la dynastie *mérovingienne*. Les rois de la famille de *Charlemagne*, qui ont régné en Gaule, de 752 à 987, forment la dynastie *carolingienne*.

CHAPITRE PREMIER

DES ORIGINES A L'AN 987 AP. J.-C.

1. L'ancienne Gaule. — Il y a **deux mille ans**, notre pays s'appelait la *Gaule*.

La Gaule était habitée par plusieurs petits peuples, à qui

on donnait en commun le nom de *Gaulois*, mais qui avaient chacun un nom particulier. Ces peuples ne s'aimaient pas les uns les autres, et se faisaient souvent la guerre.

Le sol de la Gaule était mal cultivé. On n'y voyait presque point de routes et pas de villes.

Les Gaulois étaient *païens*, c'est-à-dire qu'ils adoraient plusieurs dieux. Leurs prêtres, qui s'appelaient *druides*, enseignaient que l'âme est immortelle; mais ils croyaient être agréables à leurs dieux en faisant des sacrifices humains.

FIG. 1. — **Vercingétorix**, chef gaulois qui a défendu la Gaule contre Jules César (50 av. J.-C.). Plusieurs statues lui ont été élevées en France.

Les Gaulois étaient donc des *barbares* **[1] (Voir la gravure p. 5), mais ils étaient *braves*, *intelligents* et *gais*. Ils aimaient à bien parler et à entendre bien parler, et ils étaient toujours curieux d'apprendre des nouvelles.

A la guerre, ils attaquaient l'ennemi avec impétuosité; ils marchaient et combattaient sans discipline *[2], et, quand ils étaient vaincus, *ils se décourageaient facilement*.

2. La Gaule romaine (du 1er au 4e siècle après J.-C.). — Les Gaulois firent souvent la guerre hors de leur pays. Ils conquirent une partie de l'*Italie*.

Mais là, ils rencontrèrent les **Romains**, peuple qui avait conquis l'Italie et les pays voisins de la Méditerranée.

Les Romains, qui avaient une armée puissante et **bien disciplinée**, chassèrent les Gaulois de l'Italie et allèrent les attaquer dans leur pays.

Comme les Gaulois étaient divisés, ils ne surent pas se défendre. La Gaule fut conquise par le Romain **Jules César**, de l'an 58 à l'an 50 av. J.-C., malgré la vaillante défense

---

1. Les mots marqués de deux astérisques (**) sont expliqués en tête du chapitre.
2. Les mots marqués d'un seul astérisque (*) sont expliqués dans le lexique placé à la fin de cet ouvrage.

du Gaulois **Vercingétorix** (fig. 1), qui est le premier héros de notre histoire.

Les Romains possédèrent la Gaule pendant environ 400 ans. Comme ils étaient très civilisés**, ils civilisèrent les Gaulois.

Avant les Romains, les Gaulois habitaient de pauvres villages, composés de huttes en terre; ils vivaient grossièrement. Au temps des Romains de belles villes furent bâties, avec des monuments, dont plusieurs existent encore. Les riches Gaulois habitèrent de belles maisons élégantes. Ils étaient très instruits.

C'est au temps des Romains que la Gaule se convertit au **christianisme***.

3. **Arrivée des Francs** (4e siècle). — L'empire romain s'affaiblit au 4e siècle après Jésus-Christ. Les Romains furent obligés alors de laisser entrer dans l'empire des peuples venus de *Germanie* (aujourd'hui Allemagne).

Les principaux de ces peuples furent les **Francs**, qui s'établirent dans le nord de la Gaule, et les **Wisigoths** qui s'établirent dans le midi.

Les Francs étaient païens*, comme étaient les Gaulois avant l'arrivée des Romains. Ils n'habitèrent pas les villes romaines et se logèrent à la campagne, dans des *villas* ou fermes. Ils étaient si barbares qu'ils ne savaient pas rendre la justice. Quand deux hommes avaient un procès, ils se battaient devant des témoins, et l'on donnait raison à celui qui avait été le plus fort. C'est ce qu'on appelle le *duel judiciaire*.

Vers l'an 450, la Gaule fut horriblement ravagée par des barbares, les Huns, venus d'Asie sous le commandement d'*Attila*. Un général romain, *Aétius*, les battit près de Châlons-sur-Marne et délivra la Gaule.

Les **Francs** avaient vaillamment combattu à Châlons-sur-Marne contre Attila. Bientôt ils voulurent devenir les maîtres de la Gaule.

4. **La dynastie mérovingienne** (de 481 à 752). — En 481, **Clovis** devenait roi chez les Francs. Il épousa *Clotilde*, princesse chrétienne, et se fit baptiser par saint Remi, évêque de Reims, en 496.

Alors Clovis fut aimé de tous les évêques de la Gaule, qui avaient beaucoup d'autorité sur les populations. Il fut

Le manuel scande un certain nombre d'idées-forces : la France éternelle, l'apologie de la République, l'exaltation de la Mère-Patrie, les héros qui l'ont faite ou préservée. D'autres pétitions idéologiques s'y ajoutent, comme l'ont montré tant d'études, notamment la justification de la colonisation – qui amène les sauvages à la civilisation, comme les Romains ont fait pour les Gaulois. Bref, tout en daignant évoquer les Gaulois, le manuel ne leur confère pas le beau rôle !

Il existait cependant quelques contrepoints. L'un des livres qui connut le plus de succès sous la IIIe République parut en 1877. Il s'intitulait *Le Tour de France par deux enfants*. L'auteur, qui se déclare G. Bruno (en réalité le pseudonyme de Mme Alfred Fouillée), met en scène deux petits orphelins de Lorraine qui partent de Phalsbourg, leur baluchon sur le dos, pour visiter toutes les provinces françaises. Tout en survivant grâce à divers petits travaux, ils enrichissent leurs connaissances. Surtout, ils acquièrent une formation morale et civique. Le livre est destiné à l'instituteur et à l'écolier : instruire en distrayant, mais aussi "Devoir et Patrie" ! Succès phénoménal : trois millions d'exemplaires en dix ans. En 1913, il avait dépassé les sept millions.

Dans un village d'Auvergne, l'un des deux jeunes héros rencontre un petit garçon (Jean-Joseph) occupé à tresser des paniers d'osier. Julien lui propose de regarder un livre d'histoire, mais le petit n'a pas le temps : *"J'en fais le plus possible pour contenter mes maîtres"*. Alors, Julien lui propose de lui lire des pages de son livre :

> — Oui, oui, lisez, Julien. Quel bonheur ! Vous êtes bien aimable de partager avec moi votre récréation.
>
> Julien tout heureux ouvrit son livre.

LE TOUR DE LA FRANCE

PAR DEUX ENFANTS

G. BRUNO

— Ces histoires-là, dit-il, ce ne sont pas des contes du tout, c'est arrivé pour tout de bon, Jean-Joseph. Ce sont les histoires des hommes illustres de la France ; il y en a eu dans toutes les provinces, car la France est une grande nation ; mais nous lirons l'histoire des hommes célèbres d'Auvergne, puisque vous êtes né en Auvergne, Jean-Joseph.

— C'est cela, dit Jean-Joseph ; voyons les grands hommes de l'Auvergne.

Julien commença à voix basse, mais distinctement.

La France, notre patrie, était, il y a bien longtemps de cela, presque entièrement couverte de grandes forêts. Il y avait peu de villes, et la moindre ferme de votre village, enfants, eût semblé un palais. La France s'appelait alors la Gaule, et les hommes à demi sauvages qui l'habitaient étaient les Gaulois.

Nos ancêtres les Gaulois étaient grands et robustes, avec une peau blanche comme le lait, des yeux bleus et de longs cheveux blonds ou roux qu'ils laissaient flotter sur leurs épaules.

Ils estimaient avant toutes choses le courage et la liberté. Ils se riaient de la mort, ils se paraient pour le combat comme pour une fête.

Leurs femmes, les Gauloises, nos mères dans le passé, ne leur cédaient en rien pour le courage. Elles suivaient leurs époux à la guerre ; des chariots traînaient les enfants et les bagages ; d'énormes chiens féroces escortaient les chars.

— Regardez un peu, Jean-Joseph, l'image des chariots de guerre.

Jean-Joseph jeta un coup d'œil rapide et Julien reprit :

L'histoire de ce qui s'est passé en ce temps-là dans la Gaule, notre patrie, est émouvante.

Il y a bientôt deux mille ans, un grand général romain, Jules César, qui aurait voulu avoir le monde entier sous sa domination, résolut de conquérir la Gaule.

Nos pères se défendirent vaillamment, si vaillamment que les armées de César, composées des meilleurs soldats du monde, furent sept ans avant de soumettre notre patrie.

Mais enfin la Gaule, couverte du sang de ses enfants, épuisée par la misère, se rendit.

Un jeune Gaulois, né dans l'Auvergne, résolut alors de chasser les Romains du sol de la patrie.

Il parla si éloquemment de son projet à ses compagnons que tous jurèrent de mourir plutôt que de subir le joug romain. En même temps, ils mirent à leur tête le jeune guerrier et lui donnèrent le titre de *Vercingétorix*, qui veut dire *chef*.

Bientôt Vercingétorix envoya en secret dans toutes les parties de la Gaule des hommes chargés d'exciter les Gaulois à se soulever. On se réunissait la nuit sous l'ombre impénétrable des grandes forêts, auprès des énormes pierres qui servaient d'autels ; on parlait de la liberté, on parlait de la patrie, et l'on promettait de donner sa vie pour elle.

Julien s'interrompit encore pour montrer à Jean-Joseph un autel des anciens Gaulois, puis il reprit sa lecture :

Au jour désigné d'avance, la Gaule entière se souleva d'un seul coup, et ce fut un réveil si terrible que, sur plusieurs points, les légions romaines furent exterminées.

César, qui se préparait alors à quitter la Gaule, fut forcé de revenir en toute hâte pour combattre Vercingétorix et les Gaulois révoltés. Mais Vercingétorix vainquit César à Gergovie.

– Gergovie, dit Jean-Joseph, c'est un endroit à côté de Clermont, j'en ai entendu parler plus d'une fois. Continuez, Julien ; j'aime ce Vercingétorix.

Six mois durant, Vercingétorix tint tête à César, tantôt vainqueur, tantôt vaincu.

Enfin César réussit à enfermer Vercingétorix dans la ville d'Alésia, où celui-ci s'était retiré avec soixante mille hommes.

Alésia, assiégée et cernée par les Romains, comme notre grand Paris l'a été de nos jours par les Prussiens, ne tarda pas à ressentir les horreurs de la famine.

— Oh ! dit Julien, un siége, je sais ce que c'est : c'est comme à Phalsbourg, où je suis né et où j'étais quand les Allemands l'ont investi. J'ai vu les boulets mettre le feu aux maisons, Jean-Joseph ; papa, qui était charpentier et pompier, a été blessé à la jambe en éteignant un incendie et en sauvant un enfant qui serait mort dans le feu sans lui.

— Il était brave, votre père, dit Jean-Joseph avec admiration.

— Oui, dit Julien, et nous tâcherons de lui ressembler, André et moi. Mais voyons la fin de l'histoire :

La ville, où les habitants mouraient de faim, songeait à la nécessité de se rendre, lorsqu'une armée de secours venue de tous les autres points de la Gaule, se présenta sous les murs d'Alésia.

Une grande bataille eut lieu ; les Gaulois furent d'abord vainqueurs, et César, pour exciter ses troupes, dut combattre en personne. On le reconnaissait à travers la mêlée à la pourpre de son vêtement. Les Romains reprirent l'avantage : ils enveloppèrent l'armée gauloise. Ce fut un désastre épouvantable.

Dans la nuit qui suivit cette funeste journée, Vercingétorix, voyant la cause de la patrie perdue, prit une résolution sublime. Pour sauver la vie de ses frères d'armes, il songea à donner la sienne. Il savait combien César le haïssait ; il savait que plus d'une fois, dès le commencement de la guerre, César avait cherché à se faire livrer Vercingétorix par ses compagnons d'armes, promettant à ce prix de pardonner aux révoltés. Le noble cœur de Vercingétorix n'hésita point : il résolut de se livrer lui-même.

Au matin, il rassembla le conseil de la ville et y annonça ce qu'il avait résolu. On envoya des parlementaires porter ses propositions à César. Alors, se parant pour son sacrifice héroïque comme pour une fête, Vercingétorix, revêtu de sa plus riche armure, monta sur son cheval de bataille. Il fit ouvrir les portes de la ville, puis s'élança au galop jusqu'à la tente de César.

Arrivé en face de son ennemi, il arrête tout d'un coup son cheval, d'un bond saute à terre, jette aux pieds du vainqueur ses armes étincelantes d'or, et fièrement, sans un seul mot, il attend immobile qu'on le charge de chaînes.

Vercingétorix avait un beau et noble visage ; sa taille superbe, son attitude altière, sa jeunesse produisirent un moment d'émotion dans le camp de César. Mais celui-ci, insensible au dévouement du jeune chef, le fit enchaîner, le traîna derrière son char de triomphe en rentrant à Rome, et enfin le jeta dans un cachot. Six ans Vercingétorix languit à Rome dans ce cachot noir et infect. Puis César, comme s'il redoutait encore son rival vaincu, le fit étrangler.

— Hélas ! dit Jean-Joseph avec amertume, il était bien cruel ce César.

— Ce n'est pas tout, Jean-Joseph, écoutez :

Enfants, réfléchissez en votre cœur, et demandez-vous lequel de ces deux hommes, dans cette lutte, fut le plus grand.

> Laquelle voudriez-vous avoir en vous, de l'âme héroïque du jeune Gaulois, défenseur de vos ancêtres, ou de l'âme ambitieuse et insensible du conquérant romain ?
>
> — Oh ! s'écria Julien tout ému de sa lecture, je n'hésiterais pas, moi, et j'aimerais encore mieux souffrir tout ce qu'a souffert Vercingétorix que d'être cruel comme César.
>
> — Et moi aussi, dit Jean-Joseph. Ah ! je suis content d'être né en Auvergne comme Vercingétorix.

Le passage que vous venez de lire ne diffuse pas un autre message que celui du "petit Lavisse". La Gaule était habitée de "demi-sauvages" (est-ce mieux que de "sauvages" tout court ? Où se trouve la bonne moitié ?). Des forêts. Récit… fantaisiste de la guerre des Gaules. Le siège d'Alésia : celui de Paris. Le héros éblouissant : Vercingétorix. Là, réside la différence avec le manuel : Lavisse, au fond, ne croit guère au héros gaulois. Il faut un (plutôt : une) non-universitaire pour établir un pont entre l'enseignement et les images dont se nourrissait le grand public.

Mais si des ouvrages comme celui-ci "valorisent" Vercingétorix, se répète toujours la même leçon : la Gaule a reçu sa civilisation de Rome. Elle se renforce dans le secondaire, où règnent les études "classiques" (les "humanités"), où l'on étudie Homère, Platon, Cicéron et… César ! Les Gaulois redeviennent les barbares qui pillent Delphes, font couler le sang humain, retardent (en vain) le progrès que Rome va apporter à tout l'univers.

Pour résumer, l'enseignement supérieur ne s'occupe pas des Gaulois – qu'il méprise, ou qui lui indiffèrent, comme la préhistoire : la civilisation commence avec Rome. Le secondaire exalte les notions d'Etat, d'ordre, de rationalité : la République en a besoin. Le primaire, tout en faisant de Vercingétorix un héros ("notre premier patriote"), décrit les Gaulois comme des barbares, des "demi-sauvages".

Voilà qui peut sembler confus, voire contradictoire. Mais les choses s'ordonnent si nous les replaçons dans le temps. La génération des "manuels", celle que forment les premiers instituteurs de la IIIe République, celle des "lois Ferry", elle est née à partir de 1870-1890 (voire un peu après), durant lesquelles le "patriotisme" gaulois et les vitupérations "anti-romaines" atteignirent leur point culminant. Quoique élevée dans le culte de la patrie, elle peut adopter une certaine distance par rapport aux discours des "vieux" politiciens, quinquagénaires ou sexagénaires encore habités par la Défaite. Les excès ne sont plus de mise pour elle. La Revanche ? Oui, peut-être, sans doute, il faut voir. Quant aux Gaulois, quant à Vercingétorix – en admettant qu'ils lui importent quelque peu –, leur image ne devait pas briller de mille feux.

Parut alors le *Vercingétorix* de Camille Jullian, au début de l'année 1901.

CAMILLE JULLIAN

Né le 15 mars 1859, à Marseille, d'une famille d'origine cévenole. Pour donner quelques repères : cette année-là, Amédée Thierry a soixante-deux ans, Michelet un an de moins, Henri Martin quarante-neuf, Fustel de Coulanges vingt-neuf, Ernest Lavisse... déjà dix-neuf.

Je ne vais pas narrer ici sa jeunesse ni sa vie professionnelle, me contentant de renvoyer au livre que lui consacra son disciple et successeur Albert Grenier : *Camille Jullian, un demi-siècle de science historique et de progrès français*, Paris, Albin Michel, 1944, et à la

Présentation que j'ai faite en 1993 pour la réédition de son *Histoire de la Gaule* chez Hachette.

Simplement, à grands traits, avec quelques "arrêts sur image". Etudes au lycée de Marseille. Entrée à l'Ecole normale supérieure en 1877 (à dix-huit ans). Ses professeurs : des gens dont nous avons parlé, Lavisse, Monod, Vidal de la Blache, Desjardins, Boissier et… Fustel de Coulanges. 1880 : reçu premier à l'agrégation d'histoire, il devient membre de l'Ecole française de Rome. Outre des articles et un mémoire sur "Les divisions provinciales de l'Empire romain", il rédige les premiers linéaments de sa future thèse. En décembre 1881, il écrit à Fustel :

> Vous l'avouerai-je avec la naïveté d'une ardeur orgueilleuse ? Si j'ai choisi comme sujet de mon premier grand travail, l'Italie sous les empereurs, c'est parce que j'avais en face de moi des adversaires très sérieux et très allemands… Je me suis très nettement donné pour tâche de revoir tout ce que l'épigraphie et l'historiographie berlinoises ont fait depuis vingt ans. Ma thèse sur l'Italie sera le contre-pied de celle de Mommsen, que les empereurs ont tout fait pour abaisser, niveler, opprimer les libertés municipales. Je cherche à montrer que leur politique, au moins pour l'Italie, a été au contraire très libérale et j'ai déjà beaucoup, beaucoup de faits.

Un certain anti-germanisme (le souvenir des angoisses éprouvées, à douze ans, lors de la guerre), le mot "liberté"… En 1882, un séjour à Berlin, pour y travailler mais aussi pour examiner les méthodes de la science allemande. Il étudie près de Mommsen et d'autres. Retour en France, soutenance de thèse en 1884 (à vingt-cinq ans) : le jury salue sa "compétence précoce". Nomination à Bordeaux : divers postes avant que l'on ne crée pour lui une chaire intitulée : *Histoire de Bordeaux*. Il publie à tour de bras, des articles, des livres scientifiques, également certains “petits ouvrages” destinés “aux étudiants des lycées et des Facultés”, voire à un public un peu plus large, comme les *Extraits des Historiens français du XIXe siècle* (où il évoque Amédée Thierry et Henri Martin) et – ce qui nous intéresse davantage – *Gallia, Tableau sommaire de la Gaule sous la domination romaine* (Hachette, 1892), dans lequel la Gaule indépendante n'occupe qu'une part minime, et où Vercingétorix apparaît à peine, et de façon conventionnelle. Sauf que…, sauf que prend place un paragraphe intitulé : *Le patriotisme gaulois.*

> *Le patriotisme gaulois.* – De toutes les contrées qui ont formé l'empire romain, aucune n'a été plus vite réduite que la Gaule. Ce sont les Romains eux-mêmes qui l'ont remarqué et répété. Est-ce à dire que le patriotisme lui a manqué ? Certains partis politiques et certaines villes ont été favorables aux Romains ; mais la même désertion s'est produite en Grèce aux temps de l'invasion des Perses et des guerres contre la Macédoine et contre Rome ; on la retrouve encore en Italie lors des luttes pour l'indépendance ; elle se rencontre sans cesse dans les Etats du monde ancien, où les passions politiques ont toujours tenu en échec les intérêts nationaux.
>
> La résistance de la Gaule a été plus courte que celle de l'Espagne ; mais elle a été plus générale, elle s'est vite centralisée, elle a pris rapidement ce caractère d'unité que nécessitait la structure du pays et que provoquaient les instincts de la race. Devenue compacte, elle a pu être brisée d'un seul coup. Pour être courte, elle n'en fut pas moins intense. Songeons que la Gaule a eu affaire au plus grand capitaine des temps anciens, que ses légions ne l'ont pas quittée pendant huit ans, qu'il l'a parcourue,

> pillée, piétinée, sans une minute de répit. [...] A l'étendue des souffrances, on devine l'énergie de la lutte : on peut affirmer que les Gaulois n'ont pas montré dans Alésia moins d'union et de patriotisme que les Espagnols à Numance ou les Grecs à Salamine.

Union, patriotisme. Deux mots qui comptent. Ils comptent d'autant plus que Jullian vient d'achever – œuvre pie, à la mémoire de son maître – l'édition "définitive" des *Institutions de l'Ancienne France*, de Fustel. Or, celui-ci, on se le rappelle, avait insisté sur l'absence d'unité des Gaulois, sur leurs divisions et sur l'échec prévisible de la "monarchie" de Vercingétorix. D'ailleurs, Jullian, dans sa Préface, avait précisé : *"sur plus d'un point, je ne puis partager l'opinion de l'auteur"* ! Reste que, dans *Gallia*, se déploie l'œuvre de Rome, admirable, admirée, qui a su conserver la spécificité de ceux qu'elle a conquis et qui l'ont donc aimée :

> [Tous les Gaulois] ont aimé Rome sans oublier la Gaule ; ils sont devenus Romains et ils sont demeurés fidèles à leur caractère national. Le Génie des Gaulois a su vivre dans la patrie romaine.

Quatre ans plus tard, en 1896, Jullian (qui a trente-sept ans) écrit à Henri d'Arbois de Jubainville, titulaire au Collège de France de la chaire de Langues et littératures celtiques :

> J'ai toujours eu l'ambition d'écrire l'histoire de la Gaule. Cette ambition m'est venue, j'en sais très bien l'année, en 1873, en lisant l'histoire des Gaulois d'Amédée Thierry dans un livre de prix que j'ai encore. Et je me suis dit que je voulais refaire cette histoire à ma manière. Et voilà que ce lointain désir de mon enfance sera peut-être réalisé. Hachette me demande une Histoire de la Gaule

> sous les Romains. Dois-je la faire ? D'autres me conseillent d'écrire une Histoire romaine. Que pensez-vous que je doive faire ?

Il a déjà décidé : ce sera l'Histoire de la Gaule, mais pas seulement romaine. Il le précise dans une autre lettre au même destinataire, qu'il relance pour l'aider à réaliser son ambition suprême (il a déjà échoué deux fois) :

> Ce que je veux faire, ce qui est mon rêve, très net, très franchement avoué, suivi depuis quinze ans, entrevu un instant, c'est d'entrer au Collège de France. C'est d'y entrer pour y enseigner l'histoire et les antiquités nationales : la Gaule et la Gaule romaine.

Jullian se lance dans des lectures multiples, accumulant des milliers de petites fiches portant des idées et des références. Il voyage, visite des sites et des musées. Il reprend, la plume à la main, les textes latins et grecs. Mais il faudra attendre 1907 pour voir paraître le premier volume (et… 1926 pour le huitième et dernier). Jullian ne chôme pourtant pas, rédigeant des chroniques, fondant la *Revue des Etudes anciennes*. On a du mal à croire qu'il prit le temps de se marier !

Voici donc que, début 1901, sort chez Hachette un *in octavo* de plus de 400 pages intitulé *Vercingétorix*. Pourquoi ? La nécessité de faire patienter l'éditeur qui réclame l'*Histoire de la Gaule* ? Un galop d'essai en prévision de celle-ci ? Le désir de se faire connaître davantage (entre autre, dans l'optique d'une candidature au Collège) ? Un "coup de foudre" pour le chef gaulois ? Peut-être un peu de tout cela.

Le succès fut triomphal. Critiques dithyrambiques dans la grande presse. L'Académie couronne l'ouvrage de son Grand Prix Gobert. A l'insu de Jullian, une traduction allemande est rapidement publiée. Le "public cultivé" est conquis, les enseignants du secondaire écrivent leur approbation et leur joie. Les rééditions vont se succéder sans faiblir, une tous les trois ans en moyenne !

Pourquoi ce succès étonnant ? D'abord, parce que le talent littéraire de Jullian se déploie sous toutes ses facettes : don du récit, art du tableau, variété du style dissimulent la richesse de la documentation. Celle-ci, il est vrai, est essentiellement textuelle : César avant tout, suivi ligne à ligne sans que jamais le lecteur ne s'en lasse et souvent ne s'en doute, Strabon, Plutarque, Dion Cassius, etc. L'archéologie n'est guère présente, sinon par quelques lignes sur les monnaies, les bijoux ou les armes. Dans *Vercingétorix*, les Gaulois n'ont ni demeure, ni économie, ni vie quotidienne. Mais ils ont gagné bien davantage : une civilisation et une patrie.

Civilisation : Jullian fait justice du cliché des demi-sauvages ne rêvant que d'en découdre. Il insiste sur leur organisation, leurs institutions, leur vie publique, qu'il compare à celles des cités grecques d'avant l'âge classique, les rapports de clientèle qui lui évoquent les "clans" des anciens patriciens romains, la force et l'élévation du druidisme. L'imagerie "romantique" n'en disparaît pas pour autant, elle se transforme, gagnant en éclat ce qu'elle perd en barbarie. Ainsi le portrait de Bituit, le roi arverne de la fin du IIe siècle :

> Plus éclatante encore était la vision du roi des Arvernes quand il paraissait en appareil de guerre. Qu'on se le figure s'avançant dans les auréoles de son collier et de ses bracelets d'or, sur son char plaqué d'argent, dont les timons étincelants semblaient la foudre forgée en métal ; derrière lui, se dressaient les sangliers de bronze des tribus,

> insignes mystérieux des cités en marche ; non loin de là, la meute formidable de ses chiens de chasse, qui le faisait ressembler autant à un meneur de bêtes qu'à un chef de peuples ; et près de lui enfin, le poète qui, la lyre à la main, chantait les glorieux faits d'armes du roi et de sa nation. Bituit passait ainsi, dans une apothéose de lumière, de bruit et de chants ; et les hommes, imprégnés par tous les sens de la grandeur du roi, les yeux frappés par l'or, les oreilles par les clameurs, la pensée par les vers, s'imaginaient peut-être qu'ils venaient de voir un dieu.

Des composantes analogues se retrouvent dans le portrait de Vercingétorix lui-même. En le brossant, Jullian nous donne une des clés, sinon de son œuvre, du moins de la sensibilité qu'il s'est forgée au fil des ans et qui le conduit à instaurer des relations entre des personnages et des époques différentes de l'histoire. Pour écrire l'*Histoire de Bordeaux*, il s'était appuyé sur Froissart et en était devenu familier. Lorsqu'il veut faire comprendre ce qu'étaient les grands aristocrates gaulois, l'image qui lui vient à l'esprit, c'est le portrait que donne Froissart de Gaston III, comte de Foix au XIVe siècle, surnommé Phœbus en raison de sa chevelure blonde :

> En cherchant à comprendre Vercingétorix et ses congénères de l'aristocratie gauloise, j'ai toujours pensé malgré moi à Gaston Phœbus, superbe d'or, d'argent et de brocart, tantôt lancé dans d'infernales chevauchées où des meutes haletantes se mêlaient aux chevaux d'escorte, et tantôt trônant au milieu de ses convives, en face de la cheminée rayonnante de la grande salle de son château, entouré d'hommes d'armes, de chanteurs et de poètes, curieux lui-même de vers harmonieux et de récits imagés, beau conteur et beau diseur à son tour, intelligent, éloquent, rieur, têtu, cruel et dévot.

A plusieurs reprises, le terme "féodal" revient sous la plume de Jullian pour qualifier la société gauloise ou encore l'armée que commande Vercingétorix, *"où la troupe des chevaliers déborde sans cesse sur le conseil des chefs, et où la marche régulière du commandement est tour à tour entravée par les intrigues des barons jaloux, ou accélérée par la brusque poussée d'une émeute soldatesque"*.

Albert Grenier, disciple de Jullian et qui devait lui succéder au Collège de France, a écrit cette phrase lumineuse : *"Cherchant Vercingétorix, Jullian a trouvé la Gaule"*. La Gaule, ce n'est plus seulement la terre sur laquelle vivent les Gaulois et qu'ils se disputent, c'est une communauté de langue, de culture, de religion – en un mot, une patrie. C'est pour elle que Vercingétorix donna sa vie :

> La patrie gauloise, telle que l'Arverne se la représentait, c'était, je crois, la mise en pratique de cette communauté de sang, de cette identité d'origine que les druides enseignaient : avoir les mêmes chefs, les mêmes intérêts, les mêmes ennemis, une "liberté commune". Que cette union aboutît, dans la pensée, à un royaume ou à un empire limité, compact, allant du Rhin aux Pyrénées, pourvu d'institutions fédérales, ou qu'elle dût demeurer une fraternité de guerre pour courir et ravager le monde, nous ne le savons pas, et il est possible que Vercingétorix ait rêvé et dit tour à tour l'un et l'autre. Mais, et ceci est certain, il eut la vision d'une patrie celtique supérieure aux clans, aux tribus, aux cités et aux ligues, les unissant toutes et commandant à toutes.
>
> Vercingétorix identifia si bien sa vie avec celle de la patrie gauloise, que, le jour où les dieux eurent condamné son rêve, il ne songea plus qu'à disparaître.

A vrai dire, pris au pied de la lettre, les textes n'autorisaient pas sans extrapolation une vision de ce style. Aussi Jullian prend-il quelques précautions de forme ("je crois", "il est possible"...), mais qui sont emportées par le souffle du discours. La conviction qui s'est ancrée en lui le pousse à interpréter dans le sens de l'unité gauloise des passages brefs et peu explicites des auteurs anciens. Sur une phrase de Strabon, il construit un chapitre démontrant l'existence, au IIe siècle av. J.-C., d'un "empire arverne". Cinq mots de César lui suffisent pour attribuer au père de Vercingétorix la reconstitution, vers 80, d'"un nouvel empire de la Gaule". Et c'est ce même empire qu'il voit en germe en 52 :

> L'union des peuples gaulois pouvait devenir autre chose qu'une conjuration militaire. Elle était le résultat d'un sentiment universel, du désir "de la liberté de tous", d'un accord par amour de la Gaule, et une entente de ce genre ne va pas sans la mise en commun des traditions et des espérances. Un esprit collectif se dégagea d'aspirations semblables, il se forma des ferments d'une civilisation d'empire.

Enfin, le livre était admirablement composé, sur le mode dramatique, mais sans que le lecteur s'en rendît compte. Le décor se dressait avec la description du pays arverne : la région la plus ancienne de notre patrie, sa citadelle, le centre de la France, sol nourricier de divinités. Le cœur de la France ! Les dieux sont présents, Teutatès va affronter Mars. Et les oppositions sont peu à peu dévoilées, culminant dans les portraits opposés de César et de Vercingétorix. Non que le premier soit dévalorisé, loin de là, mais il ne se bat pas pour des motifs nobles. Le combat va opposer les "purs", ceux qui luttent pour des idéaux, à des personnages qui ne sont mus que par la basse politique ou le désir de l'enrichissement. Donc, s'affrontent deux mondes (différents mais de même niveau) et deux héros (également différents mais de même niveau). La pièce (ou le western) peut commencer : tous les ingrédients sont là. De fait, la progression de l'argument tient le lecteur sous son emprise jusqu'à la scène finale, elle aussi superbe mise en scène :

> Devant le camp, à l'intérieur des lignes de défense, avait été dressée l'estrade du proconsul, isolée et précédée de marches, semblable à un sanctuaire. Au-devant, sur le siège impérial, César se tenait assis, revêtu du manteau de pourpre. Autour de lui, les aigles des légions et les enseignes des cohortes, signes visibles des divinités protectrices de l'armée romaine. En face de lui, la montagne que couronnaient les remparts d'Alésia, avec ses flancs couverts de cadavres. En arrière et sur les côtés, les longues barrières des retranchements, où les deux brèches faites par l'ennemi semblaient de ces blessures qui rendent plus glorieux les corps des vainqueurs. Comme spectateurs, quarante mille légionnaires debout sur les terrasses et les tours, entourant César d'une couronne armée. A l'horizon enfin, l'immense encadrement des collines, derrière lesquelles les Gaulois fuyaient au loin.
>
> Dans Alésia, les chefs et les convois d'armes se préparaient : César allait recevoir, aux yeux de tous, la preuve palpable de la défaite et de la soumission de la Gaule.
>
> Vercingétorix sortit le premier des portes de la ville, seul et à cheval. Aucun héraut ne précéda et n'annonça sa venue. Il descendit les sentiers de la montagne, et il apparut à l'improviste devant César.
>
> Il montait un cheval de bataille, harnaché comme pour une fête. Il portait ses plus belles armes ; les phalères d'or brillaient sur sa poitrine. Il redressait sa haute

taille, et il s'approchait avec la fière attitude d'un vainqueur qui va vers le triomphe.

Les Romains qui entouraient César eurent un moment de stupeur et presque de crainte, quand ils virent chevaucher vers eux l'homme qui les avait si souvent forcés à trembler pour leur vie. L'air farouche, la stature superbe, le corps étincelant d'or, d'argent et d'émail, il dut paraître plus grand qu'un être humain, auguste comme un héros : tel que se montra Décius, lorsque, se dévouant aux dieux pour sauver ses légions, il s'était précipité à cheval au travers des rangs ennemis.

C'était bien, en effet, un acte de dévotion religieuse, de dévoûment sacré, qu'accomplissait Vercingétorix. Il s'offrit à César et aux dieux suivant le rite mystérieux des expiations volontaires.

Il arrivait, paré comme une hostie. Il fit à cheval le tour du tribunal, traçant rapidement autour de César un cercle continu, ainsi qu'une victime qu'on promène et présente le long d'une enceinte sacrée. Puis il s'arrêta devant le proconsul, sauta à bas de son cheval, arracha ses armes et ses phalères, les jeta aux pieds du vainqueur : venu dans l'appareil du soldat, il se dépouillait d'un geste symbolique, pour se transformer en vaincu et se montrer en captif. Enfin il s'avança, s'agenouilla, et, sans prononcer une parole, tendit les deux mains en avant vers César, dans le mouvement de l'homme qui supplie une divinité.

Les spectateurs de cette étrange scène demeuraient silencieux. L'étonnement faisait place à la pitié. Le roi de la Gaule s'était désarmé lui-même, avouant et déclarant sa défaite aux hommes et aux dieux. Les Romains se sentirent émus, et le dernier instant que Vercingétorix demeura libre sous le ciel de son pays lui valut une victoire morale d'une rare grandeur.

> Elle s'accrut encore par l'attitude de César : le proconsul montra trop qu'il était le maître, et qu'il l'était par la force. Il ne put toujours, dans sa vie, supporter la bonne fortune avec la même fermeté que la mauvaise. Vercingétorix se taisait : son rival eut le tort de parler, et de le faire, non pas avec la dignité d'un vainqueur, mais avec la colère d'un ennemi. Il reprocha à l'adversaire désarmé et immobile d'avoir trahi l'ancien pacte d'alliance, et il se laissa aller à la faiblesse des rancunes banales.
>
> Puis il agréa sa victime, et donna ordre aux soldats de l'enfermer, en attendant l'heure du sacrifice.

N'hésitons pas à le dire. Ici, Jullian en "rajoute", même par rapport à Thierry et à Martin : la description de l'estrade du proconsul, le décor (la montagne dont les flancs sont couverts de cadavres), les commentaires sur la gestuelle. Aucun texte n'autorise de tels aperçus, et Jullian le sait mieux que quiconque.

Le coup de génie de ce *Vercingétorix*, c'est qu'il opère une réconciliation entre des milieux différents et entre des messages contradictoires. Non la Gaule n'était pas barbare, oui, c'était une patrie (ou, en tout cas, elle était prête à le devenir). Oui, nous pouvons admirer Vercingétorix qui a ressenti, pressenti cette possible patrie, et qui, de plus, se montra un chef compétent, mais dont les troupes souffraient de trop de handicaps face aux légions, sans parler du génie de César. Oui, Vercingétorix a pris la tête d'un "parti national", auquel se sont opposés de malheureux chefs, complices ou dupes du proconsul. Il a perdu, la tête haute, mais les germes de son entreprise démontreraient plus tard leur fécondité. Le premier "résistant".

Et ce livre fulgurant, magique, infiniment meilleur que tout ce qui a paru sur ce thème de la plume d'historiens plus ou moins amateurs, voire de romanciers ou de théâtreux, à qui est-il dû ? A Monsieur Camille Jullian, Professeur à la Faculté des Lettres de Bordeaux. A un savant, auteur de publications renommées, à un Professeur d'Université ! Aujourd'hui (nous sommes nombreux à le regretter !), l'*aura* de ce titre a considérablement faibli. Mais, si vous vous rappelez le prestige accordé jadis à un instituteur de la République, que dire d'un Professeur ? Enfin, l'Université a donné son sentiment, à la fois différent et proche, et sous une forme non seulement accessible mais passionnante ! Si l'Université a parlé, on peut lui faire confiance.

Inutile de préciser que les collègues de Camille Jullian ne partagèrent guère cet enthousiasme. Arbois de Jubainville grinça : c'était la "mauvaise manière d'écrire l'histoire". Attaqué de toutes parts, Jullian se défendit dans divers articles "savants". Quatre ans plus tard, élu au Collège de France qui créa pour lui la chaire d'Antiquités nationales, soulagé d'échapper au poids de ses collègues "classicisants" ou par trop "spécialistes", mettant la dernière main aux premiers volumes de l'*Histoire de la Gaule*, il exprima le fond de sa pensée (récente ou plus ancienne ?). Le volume III – qui décrit la guerre des Gaules –, déjà bien avancé en 1905, est donné à l'impression en 1908 et paraît en 1910.

Cette fois, l'image flatteuse de César qui se dégageait dans *Vercingétorix* est sérieusement mise à mal. C'est un ambitieux comme jamais l'histoire n'en a vu, ladite ambition l'aveuglait, le rendant "*trop plein de lui-même*". Bon militaire, certes, mais sans génie, seulement audacieux. Quant à son âme, elle ne mérite "*ni admiration profonde ni affectueuse sympathie […]. César était un mélange de dons séduisants et de vices insupportables […]. Placé par son proconsulat en face d'ennemis à combattre, il devint le plus meurtrier des conquérants qu'ait produits le peuple romain.*" Bigre ! …

Le récit de la guerre des Gaules – particulièrement de l'année 52 – est évidemment beaucoup plus "sage" que dans *Vercingétorix*, et accompagné de notes nombreuses. Mais le lyrisme peine à être contenu. Ainsi, lors de l'élection de Vercingétorix à Bibracte comme chef de la coalition (après la victoire de Gergovie) :

> Vercingétorix fut autre chose qu'un habile conducteur d'hommes. Il n'ignora aucune des nobles passions qui agitaient les Gaulois. Si différent qu'il parût de tous ses concitoyens, il leur ressembla parfois étrangement. On retrouve chez lui leur imagination ardente et impétueuse, leur amour de la parole et de la gloire, leurs songes d'ambitions et de conquêtes. Mais, si du moins la lecture de César ne nous égare pas, il mit tous ses dons et toutes ses fantaisies au service de l'idéal supérieur d'une grande patrie gauloise. Il aima vraiment cette patrie ; il la revit en pensée, libre, unie et puissante, comme au temps d'Ambigat le héros biturige, de Luern et de Bituit les rois arvernes, et de son père Celtill. Et même, qu'il ait été inspiré par les leçons des druides ou par les hymnes des bardes, il rêva parfois pour cette patrie ce que les poètes racontaient, de victorieuses chevauchées vers les horizons lointains. Sa naissance, son œuvre, ses rêves, tout faisait de lui le champion providentiel de la Gaule ressuscitée.
>
> Lorsque les Gaulois furent réunis sur le mont Beuvray, les suffrages de tous allèrent à lui. On avait laissé à la multitude entière le droit de choisir le chef suprême : le nom de Vercingétorix sortit d'une acclamation unanime.
>
> A la faveur de la lutte contre Rome, la Gaule avait reconquis l'unité sous les auspices du roi des Arvernes.

> Peut-être n'eut-elle jamais un chef plus digne de la commander. C'était un homme superbe, de taille élevée, au regard audacieux et brave. Quand il se montrait, à l'improviste, au galop de son cheval, resplendissant sous la lueur des armes, la merveilleuse apparition frappait de surprise et de terreur. Au prestige du pouvoir, à l'éclat de sa gloire, il unissait le mérite de son âme et le charme de la jeunesse. Ce serait pécher contre eux-mêmes si les dieux refusaient à cet homme la victoire et la vie.

Les dieux péchèrent contre eux-mêmes. La reddition de Vercingétorix est décrite sobrement, et voici la conclusion du chapitre :

> De cet acte simple et solennel, nul n'a jamais contesté l'émouvante grandeur. Les historiens de tous les pays et de toutes les tendances, ceux qui n'ont eu que colère et dédain pour les faiblesses des Celtes, ceux à qui le mirage des idées fait oublier la vie des hommes et qui refusent à chercher des héros, Allemands acharnés à flageller la France sous le nom de Gaule, Français qui redoutent de céder à leur patriotisme, tous se sont inclinés de respect devant le sacrifice de Vercingétorix. Il mourut en homme de cœur, a dit l'un ; et ce fut, a dit un autre, un parfait chevalier. – Ces deux expressions pourtant, si justes qu'elles paraissent, ne donnent pas le sens exact de son sacrifice. Certes, il y eut dans cette marche à la mort la bravoure du guerrier, et il y eut aussi l'héroïsme chevaleresque : elle fut soutenue par ces mêmes sentiments de courage et d'abnégation qui ont inspiré le chevalier du Moyen Age et qui animent le soldat d'une armée nationale. Mais ne mesurons pas le dernier acte de Vercingétorix à un idéal de siècles voisins de nous ; jugeons-le d'après la manière dont un homme de son temps et de son pays concevait la vie, les devoirs et les

dieux. Le chef gaulois s'est donné comme une victime destinée à sauver d'autres hommes ; il a livré sa vie à ses dieux ou aux dieux de Rome en échange de la vie de ses soldats. – Après tout, pour être imprégné d'esprit religieux, cet abandon ne perd pas de sa beauté, et il n'en émane pas moins de vertus éternelles, l'oubli de soi-même et l'amour des hommes.

C'était un bonheur pour la Gaule qu'elle finît sur un tel chef. Après Vercingétorix, personne plus que des proconsuls de Rome ne lui commandera en souverain. Avant lui, elle avait eu d'autres maîtres, Celtill, Bituit, Luern, Ambigat. Mais leurs figures se perdaient dans le vague de l'oubli ou de la légende. Vercingétorix avait été un homme d'une nature supérieure, épris de gloire et noblesse, aux dons variés, d'une vie intense, puissante et originale. Le dernier des chefs de la Gaule fut le plus grand, à la fois par ce qu'il valait et par ce qu'il a réussi à faire. Il a soulevé toutes les nations, il leur a rendu une conscience commune, il a refait d'elles une patrie. Cette patrie, il l'a dotée aussitôt des institutions militaires et de la discipline sociale qui auraient pu la sauver ; et s'il a échoué dans sa tâche, ce fut surtout la faute d'autres hommes. Pour l'accomplir, il a lutté sans repos sur les champs de bataille les plus divers. Il a livré six combats, soutenu trois sièges, et jusqu'au dernier soir d'Alésia, il a fait redouter la défaite à César.

Toute cette œuvre, qui nous semble si longue et si pleine, a duré trois saisons à peine. Vercingétorix, pour l'histoire, a vécu moins d'une année. Il apparaît à la fin de l'hiver, il disparaît aux approches de l'automne. La brièveté de cette existence ajoute à sa beauté. Il ne lui a pas été donné toute une vie d'homme, comme à Hannibal et à Mithridate, pour lutter contre le peuple romain. Je ne dis pas qu'il soit plus grand qu'eux : mais il ne leur

> est pas inférieur, et il a un charme qui leur fait défaut. Et entre César et lui, je n'hésite pas : il était le véritable héros, l'homme digne de commander à des hommes et de plaire aux dieux. – Mais les dieux de ce temps, comme dira le poète, n'aimaient pas les nations vaincues.

Albert Grenier, que nous avons déjà cité comme le disciple par excellence de Jullian, a écrit des pages émouvantes sur la guerre de 1914-1918 telle que la vécut son maître :

> La guerre n'a que faiblement ralenti son travail. Et cependant il s'était trouvé profondément bouleversé par le cataclysme : il en suivit toutes les heures avec angoisse et passion. Il n'était pas homme à se tenir "au-dessus de la mêlée" et à détourner son regard des siens au moment du combat. De toute son âme, de toutes ses forces, il voulut servir. Il n'avait comme arme que sa science et sa parole ; il les mit au service de son patriotisme.
>
> Il a réuni ses discours qui voulaient être des actes, c'est-à-dire les conférences prononcées à diverses occasions de 1914 à 1918, en un petit volume intitulé Aimons la France. "Je les réimprime", écrit-il dans la Préface en 1919, "sans changement d'aucune sorte. Au surplus, ni mes sentiments ni mes pensées ne se sont modifiés et, à l'heure présente, je ne les exprimerais pas autrement."

Outre ces conférences, les leçons "d'ouverture" prononcées par Jullian au début de son cycle annuel de cours au Collège se réfèrent à la guerre. Leurs titres sont les suivants : "Les éléments du passé dans la guerre actuelle", "La place de la guerre dans notre Histoire nationale", "La place de la guerre dans l'Histoire générale : Empire et Patrie", "Les leçons de notre Histoire et la paix de demain", "La victoire de la Patrie". Par le ton passionné qui les enflamme, ces leçons amplifient des thèmes chers à Jullian, mais d'autres, qu'il avait jusqu'alors à peine effleurés, prennent une importance nouvelle.

Une importance que certains ont jugée… excessive, trop proche d'un certain "nationalisme". La notion de la France éternelle devient une sorte de slogan, de leitmotiv : la France "fixée" depuis toujours sur un territoire, dont les coutumes n'ont pas changé, ni l'humeur ou les sentiments de ses habitants ? Revient Amédée Thierry, dont Jullian s'était soigneusement démarqué sur certains points : les Français d'aujourd'hui ressemblent étrangement aux Gaulois d'autrefois. Revient Michelet : la France est une personne, qui, dans son enfance, s'appelait Gaule.

La France, la patrie. Une patrie dont Jullian a reconnu l'existence chez les Celtes, sinon plus tôt encore, il lui confère valeur sacrée en l'opposant aux empires, ces monstres qui vivent aux dépens de leurs voisins, qui n'ont ni terre aimée, ni âme collective, ni vraie liberté, tenus qu'ils sont par des despotes. La Gaule, la France sont des patries ; Rome, l'Allemagne, des empires. Les empires s'écroulent, les patries revivent toujours, comme le montrent la Gaule et la France :

> Deux mille ans, soixante générations d'hommes vivant dans le même horizon, y contemplant sans cesse, pour lui porter leurs hommages, une figure supérieure de beauté morale, voyez ce qu'un tel passé donne à une patrie de souveraine et vénérable grandeur.

Comme l'Allemagne, l'Empire romain a conquis, massacré, détruit, se transformant en "cimetière d'anciennes patries", et cela avec la complicité des Gaulois eux-mêmes – n'ont-ils pas appelé d'abord Arioviste, puis César ?

> Vaincue, mutilée, asservie par l'Empire romain, la Gaule pouvait cependant ne point mourir comme patrie. Elle n'avait qu'à attendre et préparer dans le silence et l'espoir le temps où la chute de Rome lui permettrait de reparaître avec ses traditions et sous les héritiers de ses chefs. [...] Cette foi en l'avenir, cette religion du passé, cet entretien de sa personnalité morale, firent défaut à la Gaule. Une fois soumise à Rome, elle confirma elle-même sa défaite et sa servitude par l'abandon de tout ce qui avait fait sa grandeur aux heures de la liberté ; et elle se condamna volontairement à une mort sans remède, à une de ces morts dont on ne peut plus en appeler même à Dieu. [...] Alors, ayant perdu sa foi, qui l'aurait maintenue dans l'espérance, perdu sa langue, qui l'unissait à ses ancêtres, et perdu, avec le souvenir d'elle-même, la conscience de son identité morale, sans plus un regard vers l'avenir, sans plus un lien avec le passé, elle accepta de descendre dans l'abîme des êtres disparus. Et, pour que le sol de France devînt une seconde fois le domaine d'une nation, il fallut attendre de nombreux siècles d'actions mystérieuses, pendant lesquels la vertu de la terre et le sang des hommes façonnèrent lentement la figure d'une patrie nouvelle.

Durant ces années de guerre, Jullian écrit les livres V et VI de l'*Histoire*, consacrés à la civilisation gallo-romaine, et qui paraissent en 1920. L'année suivante, il publie un nouvel ouvrage, *De la Gaule à la France*, sorte de poème symphonique organisant les thèmes de l'unité, de la patrie, de la terre et des hommes, mais aussi développant puissamment ceux de la prédestination et de la continuité, en dépit de la rupture constituée par la domination romaine et du coup de grâce donné par les invasions germaniques. Le livre s'achève avec la *Chanson de Roland*, et Jullian conclut ainsi :

> La *Chanson de Roland* est une chanson de notre terre. Nous voyons cette terre en ses frontières sacrées : cette rive du Rhin… ce rivage de l'Océan…, ce sommet des Pyrénées. Nous voyons cette terre en ses sanctuaires fameux… ce cimetière de Saint-Seurin à Bordeaux… Et nous la voyons dans ses routes, sur ce chemin d'Aix-la-Chapelle à Roncevaux où ont passé tant de rois en vainqueurs et où passent tant de pèlerins cherchant à réaliser le rêve de leur foi.
>
> C'est la chanson de notre histoire en son plus beau jour d'autrefois… C'est la chanson de notre caractère et de notre humeur. Roland, le héros, est, comme Vercingétorix le Gaulois, un chef de guerre et un beau parleur. Il ressemble à chacun de nous : il est colère, imprudent, mobile, sincère. Il a horreur de la trahison, de la lâcheté, du mensonge. L'idéal du poète qui chante sa gloire est un idéal de justice et de droit.
>
> Elle est bien, enfin, cette Chanson de Roland, la chanson de la France, notre poème national. Le nom de la France la domine tout entière, la France, patrie "douce" entre toutes, la "grand terre", mère des guerriers, inviolable et forte, sûre d'elle-même mais servante de Dieu et éducatrice des hommes.
>
> La France a achevé le long travail de sa croissance et trouvé la loi de sa destinée… Les heures les plus difficiles se sont écoulées, elle est sortie saine et sauve des crises impériales qui ont menacé sa vie. Elle peut aller à l'avenir en toute confiance si ses chefs savent la comprendre et écouter parfois les poètes qui chantent ses rêves et les historiens qui racontent son passé.

Camille Jullian à la fin de sa vie.
Musée des Antiquités nationales, Saint-Germain-en-Laye.

Nous voilà bien loin des principes de l'école méthodiste et des règles que Jullian lui-même rappelait en 1896 :

> Le premier devoir de l'historien est de se mettre au travail sans préjugé, sans colère, sans idée et sans passion préconçue. Il s'abstiendra de tous les sentiments de l'époque présente [...]. Que l'on se garde de supposer aux anciens ses propres pensées ou celles de son temps.

Certes. Mais la guerre a éclaté, huit millions de Français partent sous les drapeaux. Des centaines de milliers de morts chaque année, un million quatre cent cinquante mille au total. Jullian ne s'est-il pas, à nouveau, senti tenaillé par les angoisses qu'avait connues, en 1870-71, le petit garçon de 11-12 ans ? Que le patriotisme prenne des accents exacerbés, que l'historien mette sa plume et sa culture au service de la cause "nationale", qui peut en toute conscience lui en faire le reproche ? Jullian a éprouvé dans sa chair et dans son cœur des inquiétudes, des peurs, des exaltations qui l'ont conduit à certains engagements. Seuls, peuvent les condamner ceux qui ont vécu des expériences analogues. Décrivons, observons, mais ne jugeons pas, c'est si facile. C'est vrai, j'aurais préféré ne pas apprendre que Jullian jouissait de l'admiration de Maurice Barrès, son confrère à l'Académie, qui l'appelait "l'Homme des Gaules". J'aurais préféré que Jullian ne connût pas la guerre qui l'a entraîné vers des thèses qu'il n'eût sans doute pas embrassées. Mais il en est allé ainsi. Reste que l'arbre ne doit pas cacher la forêt. Celle-ci, c'est une œuvre d'érudition et de travaux scientifiques, c'est un élan donné aux "antiquités nationales", à l'étude de la Gaule.

Et Vercingétorix ? Grâce à Jullian, il est devenu un personnage reconnu et recommandable. S'est effacé le barbare moustachu héroïque mais chef de guerre désastreux, enfant des druides sanguinaires ou victime de ces imposteurs, aristocrate monarchiste ou républicain dans l'âme, bonapartiste ou boulangiste, anticlérical acharné ou prônant un dieu unique. Après Jullian, seuls les quelques inévitables illuminés de service écriront encore d'invraisemblables sornettes, mais leur nombre diminuera considérablement. C'est plutôt *le* Vercingétorix de Jullian (avec les garanties qu'il comporte) qui sera pris pour héros de romans. Donc, le personnage a gagné en stature, en épaisseur – celles que pouvait lui conférer un grand érudit utilisant tous les textes mais ne bridant pas son imagination. Jullian a donné à Vercingétorix la logique qui lui manquait : celle d'un "civilisé" habité d'une passion, d'une vision d'avenir, et jetant toutes ses forces (en vain) pour les faire triompher. Il a également suggéré que la conquête romaine – dont il ne nie pas certains "bienfaits" – n'était pas indispensable à la future réussite de la France.

Camille Jullian fut frappé d'une congestion cérébrale en 1930, il mourut trois ans plus tard, à soixante-quatorze ans. Il laissait une Gaule indépendante pleine d'éclat et un héros digne des Grecs et des Romains.

LA GUERRE DE 1914

A Vercingétorix.

Des Flandres à Belfort la bataille fait rage ;
La gueule des canons vomit partout l'orage,
Et le rempart vivant, fait de chair et d'airain,
Pour résister au choc se cramponne au terrain.
Le rythme des combats dans la France meurtrie
Résonne, et l'on entend le cœur de la patrie

Battre sous son armure à grands coups redoublés.
Dans les champs, tout se tait. La brise sur les blés
Fait passer des soupirs, et dans la forêt sombre
Un lourd silence morne envahit toute l'ombre.
[...]
Mais soudain
Un cri d'angoisse, étrange, a jailli du lointain :
"Debout, les morts !" Suprême appel de la vaillance,
A l'heure où les vivants craignaient la défaillance
Sous le poids écrasant du nombre et des obus.
Cri superbe et strident de nos lutteurs fourbus,
Par-dessus le fracas des batailles sanglantes,
Tu vins crisper l'émoi de nos âmes haletantes !
Tu vins, répercuté par les monts, les rochers,
De maisons en maisons, de clochers en clochers,
Dans ton désir fervent d'éveiller tous les êtres,
Jusqu'aux champs de repos où dorment nos ancêtres !
"Debout, les morts !" – "Présents", cria tout d'une voix
Le bataillon sacré des grands morts d'autrefois.
[...]
Sur le front rude et noir, nos soldats éveillés
Se retournent émus, surpris, émerveillés.
Quelle est donc, tout près d'eux, au bord de la tranchée,
Cette haute figure attentive et penchée ?
Que veut-il, ce poilu ? Ses longs cheveux sont roux,
Sa moustache est épaisse et son regard très doux.
Un casque aux ailes d'or est posé sur sa tête.
Un glaive, large et nu, s'effile en double arête
Sous le lourd baudrier qui pend à son côté.
Mais déjà l'inconnu dans le groupe a sauté,
Et sa voix de métal, qui se fait basse et lente,
Dans le silence obscur vibre plus émouvante :
Vous m'avez appelé. Me voici. Je n'ai pas,
Pour vous aider, mes fils, dans vos âpres combats,

Vos armes d'aujourd'hui. Je n'ai que mon épée.
Mais j'apporte avec moi la flamme d'épopée,
Dont les fauves reflets, par mon souffle attisés,
Ont troublé les Romains, un instant maîtrisés.
Je vous apporte, au seuil des batailles austères,
Le farouche salut de mes Gaulois, vos pères.
Montrez-vous dignes d'eux ! Comme eux, soyez sans peur !
Comme eux, élancez-vous, la haine sainte au cœur,
Contre le vil Germain, contre l'horrible race
Du Cimbre sanguinaire et du Teuton rapace.
Car nous avons connu, nous aussi, la douleur
De voir leurs pas sanglants souiller nos champs en fleur ;
Car nous les avons vus, ces bourreaux imbéciles,
Nous voler nos moissons et nous brûler nos villes ;
Car nous les avons vus torturer nos enfants,
Mutiler par plaisir nos arbres tout vivants,
Outrager nos foyers, empoisonner nos sources,
Et ne laisser debout rien, le long de leurs courses !
Je vous apporte, au nom des Celtes, vos aïeux,
Le serment solennel qu'ils ont fait à leurs dieux ;
D'accomplir jusqu'au bout, contre l'atroce engeance,
Le devoir, inflexible et strict, de la vengeance.
Pour les berceaux riants, pour les tombeaux sacrés,
Pour la patrie en sang, hardi !
Vous les aurez !
Ils les ont eus. Et c'est pour toi la récompense
D'avoir dans le passé donné la vie, ô France,
A tant de fils vaillants, d'un cœur sûr et loyal.
Quand naguère il fallut sauver ton idéal,
Ta liberté, tes droits, du fond de ton histoire,
Des jours sombres de deuil et des jours clairs de gloire,
Ces héros sont venus ! A ton appel vibrant,
Ils se sont tous levés, jetant leur linceuil blanc,

Pour défendre le sol aimé qui les vit naître,
Pour chasser le bandit qui s'en croyait le maître,
Pour libérer l'Europe et le monde avec toi
Du brigand, qui voulait à tous dicter sa loi !
Tous debout, tes grands morts : sublimes volontaires,
Ils ont interrompu leurs sommeils séculaires !
Ils sont tous accourus : Charlemagne et ses preux,
Barons vêtus de fer et croisés valeureux,
Saint Louis, le roi chrétien, la Bergère lorraine,
Duguesclin et Bayard, Henri quatre et Turenne,
Les nu-pieds de Valmy, les grognards d'Austerlitz,
Tous ceux des trois couleurs, tous ceux des Fleurs de
Lys !
O Vercingétorix, dans l'ardente mêlée
Tu fus plus grand qu'eux tous ! Ton âme immaculée
A ton cruel vainqueur d'autrefois, sans effort,
Pardonna sa victoire et pardonna ta mort.
Dans la bataille immense, implacable, immortelle,
Rome était avec nous et tu luttais pour elle !

Ce poème, intitulé "Les Morts debout", a été publié au Puy-en-Velay en 1918. Il est l'œuvre de Jules Toutain. Agrégé d'histoire, membre de l'Ecole française de Rome, Toutain enseigne les religions antiques à l'Ecole Pratique des Hautes Etudes. Il a une cinquantaine d'années. Après de nombreuses fouilles en Tunisie, il s'est engagé dans celles… d'Alésia. En 1916, il a écrit *Héros et bandit. Vercingétorix et Arminius*. Arminius-Hermann, celui qui avait exterminé les légions de Varus. Un opposant à Rome comme Vercingétorix ? Pas du tout : le titre est éloquent ! Le Germain est un fourbe, un lâche, et de plus un sadique. Le poème ci-dessus, écrit deux ans plus tard, au moment où la victoire est acquise (et peut-être l'armistice signé), reprend les thèmes chers à Toutain et

Honneur aux héros de 1914-1918, dignes fils des Gaulois.
Sculpture de Revillon à Barbizon.

à tant d'autres : la France meurtrie ; le cœur de la patrie ; le sang gaulois qui, jadis, coula dans les mêmes lieux ; les grands morts d'autrefois ; la *"horde brutale, inhumaine, infernale, dans un débordement de lâches cruautés"*. Puis Vercingétorix, descendu de son socle : *"Montrez-vous dignes des Gaulois, vos pères"*. Etrange retournement : les Gaulois ont combattu, non contre César, mais contre "le vil Germain", "l'atroce engeance". Invocation (de nouveau) à tous les grands morts, de Charlemagne aux grognards d'Austerlitz. Et les deux derniers vers, qui rappellent une ancienne thèse (que Mommsen lui-même avait prônée) : la victoire de César a protégé la Gaule d'une invasion germanique ! Le contenu idéologique, limpide, ne réclame nul commentaire, et je laisse le lecteur juge de la forme (que je ne trouve pas si mauvaise, vu les catastrophes que peut provoquer le genre). Retenons deux vers :

> Que veut-il, ce poilu ? Ses longs cheveux sont roux,
> Sa moustache est épaisse…

L'identification physique s'ajoute au patronage moral. Lors de l'inauguration de la statue de Vercingétorix à Alésia, plus d'un observateur avait, en s'amusant, attiré l'attention sur une certaine ressemblance entre le héros gaulois et… Napoléon III, ne doutant pas que Millet eût voulu rendre hommage au souverain, son commanditaire. Désormais, Vercingétorix est assimilé… au soldat des années 14-18, le Poilu. Voilà qui devait pérenniser son apparence : plus question de lui couper la moustache ! Je ne plaisante pas : l'argument n'est pas dépourvu d'importance, nous y reviendrons.

A part les contributions de Jullian et de Toutain, les références à Vercingétorix et aux Gaulois furent-elles nombreuses durant ces années de guerre ? Je n'ai trouvé aucune étude détaillée sur le sujet, ce qui laisse plutôt pencher pour la négative. De même, j'avais cru que les monuments aux morts élevés à l'issu de la guerre accordaient une place importante aux Gaulois et à leur chef, ainsi – par exemple – qu'à Jeanne d'Arc. Antoine Prost, dans les *Lieux de mémoire*, a démontré que, sur les 38 000 monuments français, la part de la statuaire était très minoritaire : le plus souvent, on a choisi une simple stèle avec les noms, éventuellement gravée de quelques vers *("Ceux qui pieusement sont morts pour la patrie...")*. Faute de dépouillement systématique, nous ignorons combien de Vercingétorix ont été sculptés. Un certain nombre. J'en ai bien vu une vingtaine au hasard de mes pérégrinations – et j'en appelle aux lecteurs pour me signaler ceux qu'il connaît. En revanche, beaucoup plus fréquent est le coq, mais l'attribue-t-on aux Gaulois (à tort) ou à la République qui l'a recruté parmi ses symboles préférés ?

L'ENTRE-DEUX-GUERRES : UN MESSAGE BROUILLÉ

Une génération. Des femmes de tous âges, mais des hommes plutôt vieux ou plutôt jeunes, tous profondément marqués par la guerre qu'ils ont connue ou par les récits qu'ils entendent sur la mort de leur père, leur oncle, du grand frère. Morts pour la patrie – mais, cette fois, la patrie a vaincu. La Gaule est ressuscitée, le sacrifice de Vercingétorix a (enfin) pris tout son sens : après le calvaire, la Résurrection. Nous n'avons pas retrouvé nos "frontières naturelles" (le Rhin), mais il s'en faut de peu. Les Gaulois n'ont pas perdu, puisque nous venons de gagner. Attention, cependant, nous revenons de loin : n'oublions pas les valeurs fondamentales (que les manuels scolaires, à commencer par le Lavisse dans sa quarantième ou soixantième édition, continuent de marteler indéfiniment), méditons l'exemple du grand chef.

Infiniment moins foisonnante que durant la période précédente – en raison du roc impressionnant que représentaient les œuvres de Jullian ? –, la production de l'entre-deux-guerres présente quelques particularités intéressantes.

D'abord, la préhistoire fait (enfin) son apparition dans les ouvrages destinés au grand public. Le fameux *Manuel* de Joseph Déchelette y est pour beaucoup. Mais Cartailhac et Breuil ont publié les peintures de la "caverne" d'Altamira, Rosny Aîné a obtenu un succès inimaginable avec la *Guerre du feu* (1909), les squelettes de chevaux amoncelés au pied de la roche de Solutré enflamment les imaginations, les découvertes se sont multipliées dans les vallées du Célé et de la Vézère, un musée s'est créé aux Eyzies. Paléolithique, néolithique : deux mots qui entrent dans le langage "cultivé", suivis par "Ages des Métaux, Cuivre, Bronze, Fer". C'est une petite révolution : dans sa "grande" *Histoire de la Gaule*, Camille Jullian n'avait pas dit un mot de ces périodes reculées. Par la suite, il est vrai, il avait consacré nombre de ses cours du Collège à la préhistoire.

Nous nous attendrons à une sorte de choc psychologique. Comment, les Gaulois n'étaient pas les premiers habitants de "notre pays" ? On ne doit plus leur attribuer les silex, les dolmens ou telles armes ? Mais alors, ce ne sont pas nos plus lointains ancêtres ? En réalité, aucun auteur ne se pose la question : ces vestiges constituent la trace de sociétés "primitives" auxquelles nul ne saurait s'assimiler. Attendons ceux que nomment les textes : les Ligures d'abord (c'est la thèse de Jullian), qui peuplent la Gaule lorsqu'arrivent (au Ve siècle) Celtes (ou Gaulois), lesquels donnent aux premiers leurs cadres sociaux et politiques. Le message de Jullian est passé : la préhistoire est "à part", notre histoire commence avec les Gaulois. Frantz Funck-Brentano, en 1925, publiant le premier tome d'une *Histoire de France racontée à tous, Les origines*, étudie les diverses formes de gouvernement, les compare à celles de la Grèce et de l'Italie, et conclut que la Gaule avait connu, parallèlement, les mêmes évolutions.

> Ainsi donc, dans cette Gaule, soi-disant barbare, les éléments essentiels des diverses constitutions que le monde a connues se trouvaient en activité, et sans que l'on se fût fait nul emprunt de part ou d'autre.

Mais il ajoute une autre considération, infiniment plus importante – et que Jullian n'a pas exprimée avec une telle vigueur :

> Chacune des diverses tribus de la Gaule en arriva à tirer un caractère particulier des lieux, du pays où elle était fixée ; chaque tribu en arriva à avoir ses traditions propres, par le développement de la race, par les unions naturellement fréquentes et peut-être, à l'origine, obligatoirement contractées entre jeunes gens de la même tribu ; chacune d'elles fut modelée par le pays où elle était établie et qui imposa aux générations successives un labeur déterminé, et par les mœurs, par les coutumes qui en résultèrent. Ainsi, d'âge en âge, chacune de ces tribus gauloises prit une physionomie de plus en plus marquée. Travail séculaire qui donnera au peuple de France, par les vertus du sol, de la race et du labeur traditionnel, son âme multiple, son âme variée. Est-il rien de plus beau ?

Nous aurions pu évoquer précédemment l'exaltation de la "petite patrie", fondée sur l'émerveillement que procure la variété, la diversité de la France, *"une richesse de gammes qu'on ne retrouve pas ailleurs"*, disait Fustel de Coulanges. Dans un livre passionnant, *Ils apprenaient la France, L'exaltation des régions dans le discours patriotique* (1997), Anne-Marie Thiesse a montré comment l'amour de la patrie s'enracinait dans l'amour et, donc, l'étude de la région. Cette conception, qui avait déjà inspiré le *Tour de France par deux enfants* atteignit son point culminant après la guerre de 1914-18. On voit les instituteurs envahir le champ des recherches locales, jusqu'alors tenues par des "notables", on assiste à une floraison de livres, de brochures, de thèses d'histoire et géographie régionales, les Sociétés d'Etudes locales se multiplient. Les enfants étudient leur commune, leur département – puis l'on passe au Pays. Le projet de l'Exposition universelle de 1937 est éloquent : *"[Elle] présentera la France des métiers et des arts, la France des fêtes et des jeux, la France des chansons et des poèmes, la France des paysages. Et ainsi, tout en servant la cause de la province, elle symbolisera l'union de tous les Français"*.

L'union dans la diversité : l'héritage des Gaulois, ou plutôt la perpétuation d'une œuvre commencée par eux ! Voilà un discours très éloigné des vitupérations ou des regrets à l'égard de leurs funestes divisions. Encore Funck-Brentano :

> Ces divisions entre les Etats empêchaient une entente nationale contre une agression étrangère. Elles ont été reprochées à la Gaule. Pourquoi ne s'est-elle pas unie en une fédération nationale ? Elle aurait victorieusement résisté à l'intrusion des Romains, repoussé les invasions germaniques.
>
> Les Gaulois auraient également repoussé les invasions s'ils avaient eu des grenades et des mitrailleuses.

> Les découvertes morales et sociales n'ont pas été moins difficiles à réaliser que les découvertes scientifiques, leur diffusion n'a pas été moins ardue. La formation des idées politiques modernes n'a pu se faire que lentement, progressivement, après bien des luttes, des efforts, des souffrances.

Que pouvait donc faire Vercingétorix ? Il était condamné d'avance, évidemment, il arrivait trop tôt. L'auteur – qui n'est pas n'importe qui : il est membre de l'Institut – se lance dans un incroyable "face-à-face" César-Vercingétorix :

> Il eût été intéressant de voir les deux adversaires aux prises avec des forces numériquement égales, mais égales aussi en qualité, en armement et en matériel de guerre, chacun des deux chefs ayant pleine autorité sur ses troupes : il ne paraît pas certain, loin de là, que César l'eût emporté ; car si César avait peut-être pour lui une supériorité d'intelligence et une plus grande connaissance de la technique et de la tactique militaires, Vercingétorix le dominait par la puissance que lui donnait l'ardeur dont l'animait une cause sacrée, par son désintéressement, par son enthousiasme qui doublaient sa force et ses facultés – opposés à l'ambition banale, au dur orgueil du César chauve, du blême proconsul, dont la face ridée portait la trace des nuits sensuelles, le cœur desséché par la débauche, excité par je ne sais quel pâle dilettantisme pré-néronien qui le faisait se complaire dans cette œuvre hideuse de sang et de rapine, dans la volupté morbide qu'il trouvait à fouler et à flétrir des destinées humaines comme la plèbe romaine, ses chers concitoyens qu'il flattait et dont il quêtait les suffrages, à voir répandre le sang sur le sable des blondes arènes.

Jésus face à Ponce-Pilate ? Après la victoire de Gergovie :

> Que ne donnerait-on pas pour voir luire un instant dans ses grands yeux bleus le rayon de joie bienfaisante et de saint orgueil qui dut ce jour là les illuminer !

Voici enfin Alésia. Vercingétorix envoie ses cavaliers lever la Gaule entière :

> L'appel de Vercingétorix fut entendu ; mais il ne le fut pas comme il aurait dû l'être. Le jeune capitaine avait pensé à une ruée d'un million d'hommes, de toute la Gaule soulevée en masse. Là était le salut. La pensée en fit trembler César. La levée en masse fut refusée. 250 000 hommes, dit-on, marchèrent sur Alise-Sainte-Reine. Le chiffre est admissible ; mais dans cette foule nombreuse – insuffisante pour l'exécution du projet conçu – en cette cohue, que d'hommes mal armés, mal équipés et sans pratique de la guerre ! Et puis, en l'absence du chef suprême, enfermé dans Alise, la direction de l'opération fut confiée, non à un capitaine unique, actif, énergique, résolu, à un Lucter ou à un Ambiorix, mais à un conseil de quatre commandants, dont deux étaient de bon choix, Vercassivellaun l'Arverne, le cousin de Vercingétorix, et cet étonnant Comm l'Atrébate, un des héros de la guerre. Les deux autres étaient des Eduens, des politiciens intrigants et manœuvriers, non de champs de bataille, mais de coulisses parlementaires, Eporédorix et Viridomar. D'où les lenteurs, les hésitations, les tergiversations qu'on imagine. A Alésia on mourait de faim. Les habitants de la ville non combattants furent expulsés. Ils se présentèrent devant les lignes de César en s'offrant comme captifs, comme esclaves. César les repoussa. Il tenait à ce qu'ils crevassent de

> faim sous les yeux de leurs concitoyens qui les avaient expulsés, tendant vers eux leurs mains suppliantes, hurlant leur détresse, l'angoisse de la mort mêlée à l'expression de leurs reproches, de leur colère, de manière à énerver la volonté des défenseurs en leurs cœurs meurtris.
>
> Les Gaulois parurent enfin en vue de la place assiégée. Le moment est solennel, c'est le plus grave de toute notre histoire. Vercingétorix a-t-il vu juste, ses plans ont-ils été fidèlement suivis, son appel a-t-il été entendu, y a-t-on répondu d'un concours unanime ? Les destinées de notre pays étaient à jamais changées : les Gaulois, la France, poursuivaient le cours de leur civilisation à eux, commencée par les Ligures, continuée par les Celtes ; la France n'aurait pas à subir cette empreinte romaine dont il lui a fallu plus de dix siècles, et des malheurs inouïs, des catastrophes effroyables, une anarchie affreuse et des efforts sublimes pour se débarrasser.
>
> Ce qui devait arriver arriva. L'attaque désunie par les discussions au sein du commandement, conduite avec une mollesse voulue par plusieurs des chefs, en vagues successives, où les Gaulois firent des prodiges d'héroïsme et de valeur, où Vercassilaun et Comm se dépensèrent en efforts surhumains, mais où les deux Eduens, Eporédorix et Viridomar témoignèrent d'une nonchalance criminelle, échoua douloureusement ; l'armée des Gaulois, épuisée par son effort même, se disloqua en petits groupes qui rejoignirent chacun isolément le bourg natal.

Dans un tel texte, sérieux, informé, reposant sur de nombreuses lectures, se trouvent en germe tous les éléments qui vont permettre la récupération de Vercingétorix par la droite nationaliste et anti-républicaine. La notion de "race" revient régulièrement. L'appel au chef éclairé, "pur", dégagé des partis. L'anti-parlementarisme. Et enfin, toujours de la même plume (pas vraiment gauchisante), l'opposition entre l'"affaissement" et les "qualités viriles" (un thème destiné à revenir régulièrement) :

> La paix romaine vous a valu cinq siècles de veulerie plate, médiocre, insignifiante, aux sentiments incolores et rétrécis, à l'égoïsme stérile, cinq siècles d'imitation enfantine ou sénile, comme on voudra, d'où rien n'est sorti, d'où rien en pouvait sortir. […]
>
> Nous ne pouvons être d'accord avec notre cher et admirable maître Auguste Longnon qui, en ses pages lumineuses sur nos origines, estime que si la Gaule n'était pas devenue romaine elle aurait été germanisée. En ces luttes, la race se fortifiait, les fiefs s'agrandissaient, l'union se faisait progressivement, virilement. Les vertus militaires étaient maintenues par l'indépendance et les Germains, dans leur effroyable invasion du IIIe siècle, auraient trouvé un peuple fort qui les aurait repoussés ; au lieu d'un peuple *administré*, réduit par une paix brumeuse où les vertus robustes qui font les guerriers ne pouvaient plus se former ni subsister.

Voila donc l'un des avatars à la fois de la guerre et de la réhabilitation des Gaulois et de Vercingétorix : l'exaltation de la "race gauloise", le culte du chef, la dénonciation de l'avilissement auquel condamne la paix résignée. Dans d'autres écrits de même ton, souvent moins doctes et plus virulents, l'anti-germanisme devait le céder peu à peu à la dualité "fascination-émulation".

Des romans continuent de paraître, influencés par le *Vercingétorix* de Jullian. Comme il est difficile de faire mieux, on fait davantage. Les intrigues se multiplient (y compris amoureuses), on en revient à un lyrisme pseudo-romantique, quasiment "ossianique" : du sous-Henri Martin (pas l'historien, l'auteur du drame accablant) sans sa culture et sans les convictions qui avaient conduit sa vie. Un seul exemple, pas le pire, loin de là.

En 1937 et 1938, Marius-Ary Leblond publient une *Vie de Vercingétorix* en deux tomes. Le premier : *La Jeunesse, la Victoire*. Le second : *Vercingétorix martyr*. Réfléchissons un peu : 1937. Voilà quatre ans que Malraux a obtenu le Goncourt pour *La condition humaine*. On connaît Faulkner, Dos Passos, Huxley. Céline, dans son *Voyage au bout de la nuit* a passé au hachoir la guerre, le colonialisme, le capitalisme et… la veulerie humaine, dans un style… hallucinant. Garcia Lorca et ses *Noces de sang* (avec l'engagement politique que l'on sait). Steinbeck. Et *Autant en emporte le vent*, de Margaret Mitchell.

Les Leblond ont publié quelques "livres d'histoire" (très faibles), des récits de voyages et une vingtaine de romans (du genre : *Le Zézère, Amours de Blancs et Noirs*, *Ulysse cafre (la sorcellerie)*, *Les Martyrs de la République* ou *Contes d'Afrique*). Ce sont des auteurs à succès, couronnés de nombreux prix, chantres du colonialisme (*Anthologie coloniale : pour faire aimer nos colonies*, ou encore : *L'Ile enchantée : la Réunion*). S'ils s'en prennent à Vercingétorix, le hasard n'y est pour rien : ils recherchent, une nouvelle fois, le gros tirage et, si possible, un prix littéraire.

L'ambiance, le décor : "*la Gaule n'était que Forêt et c'était une Forêt noire*". Camille Jullian était mort depuis quatre ans, il ne pouvait donc succomber à l'apoplexie en découvrant ces lignes :

> Jullian nous donne mieux qu'un tableau : une vision de la Forêt ! et l'Histoire de France a droit à la Vision de

Jullian autant qu'au Tableau de Michelet. Le minutieux, puissant vigilant historien de nos Origines l'affirme : de leur Forêt les Gaulois n'avaient pas peur. Elle était le réservoir de vie la plus variée. Elle avait, outre ses visiteurs et ses passagers, prêtres, cueilleurs de simples, sorciers sauvages et veneurs, ses habitués : bûcherons, sabotiers, fagoteurs, charbonniers, bergers, résiniers, briquetiers, potiers, forgerons, tourneurs. Imaginez-vous cette immense allégeance de "Compagnons du Bois !" De tout âge, des populations nombreuses y ont élu domicile. […]

Du Paradis même, en vérité, c'est d'après sa forêt, son généreux pays, que Gaël se forme le rêve : "un pays merveilleux où des terres fertiles, *plantées d'arbres*, nourrissent des troupeaux de porcs". Comment expliquer cette intrépidité des Gaulois qui éblouit le Monde Méditerranéen ? Voyons-y la forme ardente et joyeuse d'un inaltérable bonheur : la race a trouvé sa *Terre Promise* car avant tout sa Forêt est le plus frais symbole de sa vie sur terre, son Paradis Terrestre, car cette Forêt épaisse avec l'odeur forte de ses sangliers, de ses loups, de ses renards, avec le musc de ses fraises, de ses fougères, de ses champignons, avec l'arome de ses résines saturant l'âcre senteur de l'humus, cette Forêt profonde, toujours caressée des fumées des charbonniers, bouilleurs de poix, chaudronniers, des fumées de chasseurs et de ceux qui pour abattre un arbre mettent le feu et pour défricher incendient, toute cette forêt voilée, obscurcie, étouffée par la fumée, c'est surtout pour le Gaulois *le Pays* qui depuis mille ans est sien et porte à ses narines comme le fumet même de son indépendance.

Vous croyez rêver ? Moi aussi. La suite nous laisserait aussi désemparés ; et je vous l'épargne, me contentant de vous donner le début de la Table des Matières et… la fin :

Début du tome I

Livre I : La Conjuration
Janvier 52 – L'Assemblée Nationale – Le Saint Serment – Le Massacre des Marchands

Livre II : Vercingétorix
Auvergne la Riche – L'Adolescent – L'Echo de la Montagne – Ce que l'on voit de Gergovie – La Levée – Les Sangliers

Livre III : La Préparation de la Délivrance
Le cœur farouche de la Forêt – L'Arbre de Science – L'Arbre de Poésie – L'Arbre de Justice – La Participation occulte – La Vision de Délivrance

Livre IV : Le Combat de l'Eté
L'Orgueil de l'Or – Le Signal – Le Combat en Côte d'Or – Les Germains – César et sa Fortune

Livre V : Alésia
La Sainte Cité – La Plaine – Les Messagers – La Famine – La Couronne d'Epines – L'Angoisse de l'Attente – Le Conseil de la Faim – Les Suppliants – La Grande Levée – Le Premier Choc – Les Eperons, les Cippes et les Lys – La Colline Suprême – Le Manteau Rouge

Livre VI : Le Sauveur
Ecce Homo Gallus – Une Nuit de Six Ans – Le Triomphe – Le Martyr

Incroyable mélange de pseudo-paganisme et de références christiques. L'éditeur, Denoël, entoura le second tome d'un bandeau rouge qui portait en lettres noires "QUAND GERMAINS ET ROMAINS S'UNIRENT POUR COMBATTRE LA GAULE". Le contexte de l'époque s'y prêtait, évidemment, mais le livre invitait-il à une telle lecture ? Voici le message. Nous sommes en plein cœur de la bataille de cavalerie, celle que Vercingétorix a engagée contre les légions en marche, celle dont l'échec va conduire à… Alésia. Les Gaulois ont la victoire en main, les Romains reculent… :

> … quand, soudain, des rangs gaulois s'éleva une immense clameur d'épouvante et de désolation :
>
> *"Les Germains ! Les Germains !"*
>
> La masse gauloise les redoutait non comme des hommes mais comme les grands fauves de l'effrayante Forêt Hercynienne où l'on marchait 60 jours sans en trouver la fin. On pensait à eux avec la même horreur qu'à ces bêtes formidables, aurochs hauts comme des éléphants, taureaux énormes à cornes de cerf, dont on disait au loin que les Germains les terrassaient en corps-à-corps dans leur Sylve impénétrable. Rejetant de cette Sylve originelle toutes douceurs qui pouvaient éteindre la rage de Guerre, amour, vin, maison contre le froid et le chaud excessifs, champs qui attachent à la terre, numéraire, luxe qu'apportent les marchands, bien-être que procurent la propriété, la richesse, les inégalités de rang, ils restaient farouchement voués à leur état sauvage de bêtes de carnage.
>
> Pour mieux terroriser les Civilisés, ces grands carnivores qui ne se nourrissaient que de viande, revêtaient des peaux mouchetées de gros animaux. Comme les Fauves ont une peur sacrée de la flamme, on répétait partout qu'ils adoraient avec le Soleil le Feu qui dévaste comme la Guerre et la Lune qui, lorsqu'elle se lève pourpre dans les bois, annonce aux hordes qu'il faut partir en guerre. Et tel était leur aspect de férocité que

> nul au combat ne pouvait soutenir "le feu de leur regard" ni la hideur des visages barbouillés de pourpre pour qu'ils apparussent repus de sang humain. [...]
>
> Sous cette double attaque le cercle de la cavalerie gauloise fut rompu. Agitant leurs boucliers au-dessus de leurs têtes et chantant avec de rauques grondements, les Germains grimpèrent à l'assaut sur la colline culminante, culbutèrent le poste qui la tenait, le rejetèrent vers la rivière. La vue inattendue de leur horde hurlante, victorieuse, "changea en épouvante le courage des Gaulois : ils comprirent qu'ils allaient être coupés et cernés par un ennemi implacable !" Ces troupes confédérées de Cavalerie étaient fatalement les moins disciplinées, les plus impétueuses, tenant leur indépendance même pour la force agressive la plus mordante. Souvent, passant d'un excès à l'autre, leur audace tombait vite à la pusillanimité : s'arrachant des Légions, ils commençèrent à fuir de toutes parts tandis que les Germains galopaient, harcelaient, tuaient sans relâche, dans l'enivrement de leurs chœurs sauvages.
>
> "*La victoire fut gagnée par les Germains.*"

Les textes que nous avons cités, si différents soient-ils, se réfèrent à Jullian ! Nous aurions pu en parcourir d'analogues, avec la même référence, la même révérence. Comme dans César, chacun y puise de quoi remplir sa coupe. A mesure que 1939 se rapproche, les inquiétudes s'accroissent, les mouvements nationalistes prennent de la vigueur, et ce sont eux qui tirent avec le plus d'énergie Vercingétorix et les Gaulois sous leurs bannières.

ET LES HISTORIENS ?

Camille Jullian se dressait comme la statue du Commandeur. Impressionnant par son œuvre, par la popularité que celle-ci avait su acquérir, par ses engagements patriotiques, par l'éloquence enflammée de ses cours et de ses écrits. Il n'était pas contesté, on devait donc le contourner. Et le plus bel hommage qu'il mérite, c'est celui d'avoir encouragé ce mouvement, qu'il aurait pu si facilement contrarier.

Lui-même, je crois, n'ignorait pas ses lacunes. Il avait négligé l'archéologie protohistorique, au point d'écrire, avant la guerre, à Joseph Déchelette (qui lui avait envoyé des notes manuscrites préfigurant son *Manuel*) que la lecture l'avait vivement intéressé mais qu'il préférait s'en tenir aux textes anciens. Peut-être n'oubliait-il pas non plus que, en 1905, sa chaire d'Antiquités nationales avait été créée au détriment d'une chaire de Sociologie qu'eût occupée Durkheim. Et puis, ne regrettait-il pas d'avoir écarté les sources médiévales "celtiques" ? Au début du volume II de l'*Histoire de la Gaule*, il avait rédigé une longue note pour se justifier, mais on sent qu'un remords le taraude.

Toujours est-il que certains "disciples" de Camille Jullian se lancèrent sur de nouvelles voies. Albert Grenier, d'abord, qui devait succéder à Jullian au Collège en 1935, à 57 ans. Agrégation de grammaire, Ecole française de Rome, fouilles en Italie du Nord, la guerre, puis un poste de professeur à l'Université de Strasbourg. Il se lance dans une œuvre gigantesque, un *Manuel d'Archéologie gallo-romaine* qui prendra la suite *du* Déchelette. Le premier volume paraît en 1931. Il est dédié à Jullian et celui-ci le préface :

> Mon cher ami,
>
> C'était, je crois, en 1916. Au milieu de nos craintes, il fallait songer à reconstituer le patrimoine historique de la Gaule.

Les Allemands avaient fauché, en la personne de l'héroïque et admirable Joseph Déchelette, le représentant de ces études. L'éditeur de son *Manuel* s'était adressé à moi, me demandant de lui indiquer quelqu'un qui pût continuer l'œuvre commencée. Un nom vint de suite à ma pensée : le vôtre.

Vous rappelez-vous, lors d'une de vos permissions, cette longue conversation que nous eûmes avec M. Picard, dans le fond de son magasin ? Combien de questions furent abordées, combien de problèmes tirés au clair, au moins provisoirement et autant que le comportaient les temps et le lieu. Bref, on s'entendit et, ce jour-là, en principe, les volumes du *Manuel gallo-romain* furent amorcés.

Banal, convenu, dirions-nous. Mais Jullian poursuit, décrit l'entreprise, en signale la signification. Et voici des lignes étonnantes, concernant les Gaulois sous l'Empire romain :

> La vie romaine, chez eux, se mêle chaque jour davantage à celle des cités et des campagnes. Il semble qu'on voie s'éveiller dans leurs âmes et y prendre forme, ce patriotisme romain de l'immensité, cette intelligence de la solidarité universelle du monde civilisé, de la communauté des anciens vaincus avec leur vainqueur, qui fléchit dans d'autres provinces. Ce patriotisme romain ne fait pas tort au vieux sentiment national celtique. Toutes ces forteresses qui couvrent son sol n'ont pas étouffé la Gaule. L'idée n'en est pas morte. On sent qu'elle est là, pour donner à la constance romaine plus de vigueur et un peu de flamme. Elle survit à la ruine de l'Empire. C'est elle qui, des débris romains, a fait notre France.
>
> Voilà, mon cher ami, la pensée qui soutient, unit et anime les détails auxquels s'attache l'archéologue. Que

de choses encore j'aurais eu à vous dire et j'aurais voulu vous dire ! Mais le temps presse et la maladie menace, il faut m'arrêter.

Adieu donc, mon cher ami. Allez à la destinée qui vous est réservée en continuant votre œuvre de vrai savant et de bon Français.

Camille Jullian

L'Empire romain représente donc, dans l'esprit de Jullian, peu avant sa mort, et contrairement à tant de précédentes déclarations, une époque qui inspira des valeurs "universelles" sans "étouffer" la Gaule ! Il s'adresse ici au milieu "scientifique", car le *Manuel* n'est destiné qu'à des spécialistes. On reste songeur : ces phrases, évidemment, sont passées inaperçues du grand public, les auteurs que nous avons évoqués ci-dessus – et qui se recommandaient de lui –, les Funck-Brentano ou les Leblond, les auraient-ils lues sans hurler de rage ? Toujours est-il qu'Albert Grenier, tout au long de sa vie (qui s'acheva en 1961), poursuivit la rédaction de ce *Manuel* qui décrit et recense les monuments gallo-romains connus à son époque. Une somme, à laquelle on se réfère toujours.

Pourquoi évoquer cette œuvre, au sein de laquelle Vercingétorix n'occupe aucune place ? Précisément pour faire comprendre que les historiens professionnels, ou plutôt ceux d'entre eux (peu nombreux) qui travaillent sur la Gaule, considèrent en avoir fini avec le "héros gaulois". Que l'on passe aux choses sérieuses : décrivons les vestiges archéologiques !

Décrivons, mais aussi protégeons ! L'archéologie vit dans des conditions totalement anarchiques. N'importe qui peut fouiller là où il veut – chez lui ou sur tel terrain si le propriétaire l'y autorise. Du produit de ces fouilles, il fera également selon son bon plaisir. Une loi de 1887 a bien préconisé le "classement" des "monuments historiques" et engagé procédures et financements, mais le terme "monument" était pris au sens restrictif : un château ou une cathédrale, temples ou théâtres gallo-romains, à la rigueur dolmens ou menhirs. En revanche, les vestiges d'un camp, d'une nécropole, les "ruines" d'un quartier d'habitation, et même une grotte préhistorique, non. Ce ne sont pas des monuments ! En 1906, une autre loi porta protection "des sites et monuments naturels de caractère artistique", palliant les déficiences les plus criantes de la première. Mais toujours rien pour réglementer les fouilles, pour préserver les matériaux divers qu'elles procuraient. A la suite de divers scandales et à l'initiative de Salomon Reinach, conservateur en chef du Musée des Antiquités nationales, deux projets de loi furent déposés en 1910, l'un sur les fouilles, l'autre sur la "conservation des monuments et des objets ayant un intérêt historique ou artistique". Ce fut l'échec : les Sociétés savantes hurlèrent à l'atteinte à la liberté de la recherche, et la puissante Société préhistorique française accompagna leurs clameurs. La loi du 31 décembre 1913 concerna donc les seuls Monuments historiques. Rien sur les fouilles.

Etrange paradoxe, lorsque l'on met face à face les efforts accomplis par l'Etat en faveur de l'archéologie extra-nationale et son inertie vis-à-vis de l'archéologie sur le territoire français. En Tunisie, un Service des Antiquités avait été mis sur pied en 1884. L'Algérie fut dotée en 1900 d'une Inspection des Antiquités, renforcée en 1923. Après la Première Guerre mondiale, un Service d'Antiquités est constitué en Syrie et au Liban – qui sont sous mandat français. Se crée l'Ecole Française d'Archéologie de Jérusalem. En 1928, est inaugurée la Casa de Velásquez à Madrid. Et si peu en France !... Alors que tous les pays voisins sont dotés depuis longtemps ou viennent de se doter d'institutions archéologiques puissantes.

Ce n'est pas ici le lieu de décrire la lutte incessante d'historiens et d'archéologues comme Albert Grenier, Henri Hubert (mort trop tôt, en 1927), de Raymond Vaufrey, Eugène Albertini, Jérôme Carcopino pour améliorer la situation. Ce qui se fit peu à peu, pas à pas, avec la création, en 1935, d'une Caisse nationale de la Recherche scientifique, puis en 1939, du Centre national de la Recherche scientifique, placé sous la direction de Jean Perrin. L'archéologie y trouvait sa place. Mais on attendait toujours la loi sur les fouilles métropolitaines lorsqu'éclata la guerre de 1939.

Ces enjeux d'ordre quasiment institutionnel s'ajoutant au sentiment de complétude qu'inspirait l'*Histoire* de Jullian, on comprend pourquoi la génération de Grenier se consacre, pour l'essentiel, à l'archéologie. En 1923, Grenier (qui avait alors 45 ans et occupait la chaire d'Antiquités nationales et rhénanes à Strasbourg) fit paraître chez Payot un ouvrage sobrement intitulé *Les Gaulois*. Non pas "la Gaule" ! Dans son Introduction, quelques "couplets" qui constituent autant de coups de chapeau aux thèses de Jullian (avec quelques réserves). Les Gaulois ?...

> ... C'est sous leur nom qu'apparaît réalisée, pour la première fois, l'union intime de toute notre terre et d'une espèce d'hommes semblable à la nôtre. La Gaule réunit dans une véritable unité nationale les diverses régions qui constituent aujourd'hui la France et même davantage puisqu'elle s'étend, non seulement des Alpes à l'Océan, mais des Pyrénées au Rhin. *Cette unité, il est*

> *vrai, apparaît souvent plus idéale que réelle*. Elle n'en semble pas moins profondément sentie par tous les Gaulois. Nous les voyons, aux mêmes lieux, où, depuis des générations, les Français ont eu à se battre, défendre la même patrie que nous avons à défendre et, parfois, contre des ennemis de même provenance. Ils le font avec des sentiments semblables aux nôtres. César rapporte presque avec étonnement leur irritation du "malheur commun" de la Gaule et leurs conjurations répétées au nom de la "liberté commune". Il ne comprend pas qu'un mot de Vercingétorix, l'évocation de l'union sacrée de tous les Gaulois, qui les rendrait invincibles, suffise après un grave échec, à relever les courages. Nous entendons Vercingétorix mieux que César son contemporain et il nous apparaît vraiment comme un des nôtres. Son histoire et celle de ses compagnons nous appartiennent.
>
> Parmi tant de peuples connus ou inconnus dont les efforts successifs ont constitué la France, les Gaulois ont donc les premiers conçu, exprimé et réalisé en partie, un idéal politique qui est demeuré le nôtre. Les premiers aussi, ils ont conquis à notre nation son titre de noblesse dans les annales du monde. C'est d'eux que nous tenons, pour ainsi parler, nos plus anciens parchemins nationaux.

Mais le livre est surtout un livre d'archéologie, décrivant des fouilles, des sites, des objets, s'interrogeant sur la culture matérielle et les faits de société. Tout lyrisme à la Jullian en est exclu. Lorsque Grenier, par force (il lui faut bien écrire un chapitre sur la guerre des Gaules), reprend telle thèse de son Maître, il le fait au plus vite, on a parfois l'impression qu'il cherche à se dédouaner. Le portrait de Vercingétorix est dressé à la serpe, et il paraît du coup étrangement actuel. Qui allait diriger la guerre ? Un homme se lèverait-il ?

> L'homme fut Vercingétorix, Arverne, fils de Celtill qui avait été mis autrefois à mort par ses compatriotes pour avoir aspiré à rétablir la royauté. La tradition familiale arverne se confondait pour Vercingétorix avec le souvenir de l'hégémonie de sa nation. Sous ses ordres, la Gaule se retrouvait telle qu'un siècle plus tôt, avant la première apparition des Romains au nord des Alpes ; elle renouait les souvenirs glorieux et prospères de Luern et de Bituit.
>
> Durant ces premières années de guerre, Vercingétorix avait suivi l'armée de César. Il avait chevauché parmi les contingents gaulois qu'entraînait avec lui le proconsul, alliés plus ou moins volontaires ou otages envoyés par les cités en gage de fidélité. Il avait reçu le titre d'ami du chef romain. Six années dans les camps romains avaient dû lui apprendre bien des choses. C'était du reste encore un jeune homme. Sa carrière devait s'achever avant la trentaine.

Sur la reddition, reprenant le récit proposé par Amédée Thierry, il observe : *"Le pathétique de cette scène a éveillé les soupçons de la critique. La vérité, s'est-on demandé, n'est-elle pas plutôt dans la sécheresse du compte-rendu de César ?"* A le lire, c'est manifestement le fond de sa pensée. Mais… *"comme le fait observer Camille Jullian, il faut tenir compte, etc."* Conclusion : *"Romantique à souhait, sans doute, la scène n'en semble pas moins authentique"*. L'enthousiasme n'est pas délirant : Grenier eût probablement préféré se dispenser d'aborder le sujet. Désormais, il se lance à fond dans le *Manuel d'Archéologie gallo-romaine*. Les deux premières parties paraissent en 1931 et 1934 (la troisième attendra… 1958). Pour la première fois, dans ces quelque deux milliers de pages, on aperçoit, synthétisée, l'incroyable moisson de découvertes et d'études réalisées pour l'essentiel en moins d'un siècle. A peu près au même moment, le grand numismate Adrien Blanchet présente une synthèse de l'*Archéologie gallo-romaine* lors du Congrès archéologique de France de 1934 : quatre-vingts pages de bibliographie et d'analyses très denses. On le comprend : aux yeux de ces chercheurs, la guerre des Gaules et la figure de Vercingétorix devaient s'effacer (au moins provisoirement) derrière les *realia*, ces montagnes gigantesques de données nouvelles.

Henri Hubert, lui, avait suivi une tout autre voie : celle du comparatisme. Je n'évoquerai pas ici les querelles qui avaient opposé des élèves de Fustel de Coulanges aux disciples de Durkheim sur le rôle du premier dans la création de la sociologie historique. Toujours est-il que, Directeur d'études à l'EPHE, jouant un rôle important dans la réorganisaiton du Musée de Saint-Germain, Henri Hubert consacra nombre de cours et d'articles aux Celtes. Pas aux Gaulois. Les Celtes dans toute l'extension historique et géographique qu'on leur accorde, des origines jusqu'aux royaumes insulaires médiévaux. Il tentait de rassembler les sources, historiques, anthropologiques, linguistiques, archéologiques, etc., allant plus loin, entre autre, qu'un Henri d'Arbois de Jubainville. Il s'était engagé à publier une "somme" dans la collection *L'Evolution de l'Humanité* que venait de lancer, en 1920, Henri Berr, l'un des premiers à s'opposer à l'Ecole "méthodique" de Lavisse, Monod, Seignobos et autres. Dans la *Revue de Synthèse* que Berr avait créée en 1900, se rencontrent des signatures célèbres (Vidal de la Blache, Durkheim) et celle d'un homme encore jeune (il est né en 1878), Lucien Febvre, le futur fondateur des *Annales*. Or donc, Henri Hubert se lie à ce cercle, se lance dans l'écriture de son ouvrage sur les *Celtes*, mais meurt subitement en 1928. Tout est perdu ? Non : trois de ses amis vont achever le travail, Raymond Lantier, Conservateur du Musée des Antiquités nationales, Jean Marx, Directeur d'études à l'EPHE, et, plus célèbre, Marcel Mauss, le neveu de Durkheim, auquel la *Revue de Sociologie* dut son existence et sa pérennité, qui fonda en 1925 (avec Lévy-Bruhl et Rivet) l'Institut d'Ethnologie. Paraissent donc en 1932, sous la signature de Henri Hubert, *Les Celtes et l'expansion celtique jusqu'à l'époque de La Tène*, *Les Celtes et la civilisation celtique depuis l'époque de La Tène*. Deux livres éblouissants, maniant toutes les sources possibles avec rigueur et virtuosité, ouvrant des pistes, brossant des tableaux "ethnographiques", recherchant le général pour aboutir au particulier, désireux de comprendre les "structures". Nombre de ces pages nous paraisent aujourd'hui incroyablement modernes. Evidemment, la guerre des Gaules n'y occupe qu'une place… réduite : deux petites pages, mais qui valent mieux que tant de développements interminables. En voici un extrait (Hubert vient de faire allusion à la tentative de Celtill, le père de Vercingétorix, pour restaurer la royauté chez les Arvernes) :

> L'aventure de Celtill est par elle-même caractéristique de la crise politique dans laquelle César a trouvé la Gaule à son arrivée dans le pays. Les vieilles royautés celtiques sont en voie de décomposition, et à cela l'influence du Sénat romain n'a sans doute pas été indifférente. Dans le même temps d'autres royautés sont sur le point de se reconstituer sous le même titre, mais fatalement d'essence différente. La lutte politique était violente. D'autre part, après la destruction du royaume arverne, la Gaule était entrée dans une période de dissémination politique qui n'était ps encore terminée. Un groupement subsistait autour des Arvernes ; un autre

s'était fait autour des Eduens, se refaisait autour des Séquanes. Mais tout cela était instable et incohérent. Les grands peuples faisaient une politique de prestige. César sut profiter des fautes qu'elle entraînait, elle fut l'un de ses instruments préférés, qui fut aussi profitable que les opérations militaires. S'il réussit, avec une soixantaine de mille hommes, à mener à bien cette difficile conquête d'un grand pays, riche en hommes, avec un passé glorieux, c'est qu'il eut toujours en Gaule des alliés, des amis, des espions, qui furent aussi des traîtres, comme l'Eduen Dumnorix. César eut toujours des intelligences avec l'ennemi, un service de renseignements qui n'eut que de rares défaillances ; mais il eut aussi des amis comme les Pictons, les Lingons et surtout les Rèmes.

Toutes les faiblesses politiques, toutes les tares apparaissent clairement dans les *Commentaires*. Mais on y voit autre chose. La société gauloise avait des forces latentes de coordination qui se sont mises à jouer fort énergiquement mais un peu tard, et avec un relatif succès, mais trop court. Le rassemblement de l'armée de secours pendant le siège d'Alésia, avec tout ce qu'il suppose de délibérations, d'échanges de courriers, de circulation de troupes, est une opération remarquablement conduite et qui suppose une habitude et des règles. Vercingétorix sut utiliser en maître ces institutions et César lui a rendu justice comme historien. Il l'a dressé au seuil de notre histoire et à la fin de l'histoire des Gaulois comme un merveilleux symbole de patriotisme, jeune, beau, éloquent, modeste, sachant apprendre, s'exprimant comme un vieux soldat, curieux sans doute de toute la civilisation nouvelle, mais conscient et jaloux de son pays jusqu'au sacrifice. Il s'en fallut de très peu que César n'échouât et il ne l'a pas dissimulé. Comme la Grande Celtique avait manqué, au temps d'Hannibal, la

> chance d'être dans le monde antique une sorte de grande confédération, mal cohérente, la plus petite Celtique qu'était la Gaule a manqué, avec Vercingétorix, l'occasion d'être, à côté de la République romaine, le prototype de nos grandes nations.

Superbe analyse (on croit reconnaître la "patte" de Mauss), à la fois proche de Jullian et d'un ton sidéralement lointain. Le livre, plutôt les livres furent modérément appréciés, sauf dans les milieux proches de l'auteur et de ses collaborateurs posthumes. Aujourd'hui encore, on ne saurait trop regretter cette absence de succès.

Je viens d'évoquer Lucien Febvre. Dans la collection *L'Evolution de l'Humanité*, il a publié, en 1922, *La Terre et l'Evolution humaine*. Cette année-là, il a 44 ans, il est Professeur à l'Université de Strasbourg (comme Grenier !), où il s'est lié d'amitié avec un certain Marc Bloch. Sept ans plus tard, tous deux fondent les *Annales d'histoire économique et sociale*, Febvre est élu au Collège de France en 1933. Il va tenter d'appuyer la candidature de Bloch contre Grenier, pour la succession à la chaire de… Camille Jullian (il échouera).

Nous pourrions croire que Febvre et Bloch se dressaient *contre* Jullian, prônant une histoire autre que la sienne, imprégnée de nouveaux principes, appliquant de nouvelles méthodes. Pas du tout. En 1930, Bloch invoquait le patronage de Jullian, Febvre vantait son ouverture à la géographie, à la sociologie, à la toponymie, à l'histoire économique : lisez les *Combats pour l'Histoire* (Colin, 1992) !

Pour conclure, Jullian demeure un monument respecté, vénéré. Mais les nouvelles tendances qui se développent, vers l'archéologie, vers une socio-anthropologie (hélas, rapidement, avortée) et vers une histoire plus globale (les *Annales*) ont pour effet d'ôter à Vercingétorix et à ses congénères la place de choix qu'ils avaient occupée quelques décennies – grâce à Jullian.

ET LES MANUELS ?

La réponse est simple : pratiquement pas de changement. Dans le primaire, les Gaulois demeurent des sauvages que Rome a civilisés, le poids de la colonisation se faisant de plus en plus sentir. Le "sacrifice" de Vercingétorix conserve une place estimable : il faut se battre pour la patrie. Le secondaire n'observe les Gaulois que sous l'angle de la culture "gréco-romaine", auxquels ils eurent la chance d'être associés. Les "messages" de la Troisième République continuent leur martèlement implacable ; en dépit de critiques et de réactions que publient certaines revues pédagogiques, comme la *Revue de l'Enseignement Primaire et Primaire supérieur*, ou *l'Ecole émancipée*, cette dernière créée en 1910 par la Fédération nationale des syndicats d'institutrices et d'instituteurs publics de France et des colonies. Dans les colonnes de ces organes, mais aussi lors de réunions syndicales, de vifs débats s'élevèrent, dont je ne donnerai qu'un exemple : l'"affaire Clémendot" qu'a relatée récemment Laurence Bénichou.

Gaston Clémendot était un instituteur de l'Yonne. Engagements syndicaux nombreux. En 1924, l'année de sa retraite (il a 58 ans), il prend la parole au Congrès du Syndicat national des instituteurs, et il préconise la suppression de l'histoire dans le primaire (une mesure qui remontait au ministre Duruy sous Napoléon III !). Pourquoi ? Parce qu'il est impossible d'enseigner l'histoire à des enfants de manière honnête, parce que la "mécanique sociale" est trop complexe pour eux, parce qu'on les abrutit de faits ou, au contraire, on effectue des tris arbitraires. Des questionnaires furent envoyés par milliers, les instituteurs s'enflammèrent et répondirent. Un rapport synthétisa leurs réactions. Oui, l'histoire est indispensable ! Il faudrait en réformer l'enseignement, accorder plus de place à la vie économique et sociale, à l'histoire locale, ne conserver que les *"faits importants dont on peut tirer des conséquences indiscutables et universellement admises"*. Apparaissent les mots "histoire matérialiste", deux manuels "syndicaux" sont rédigés qui s'attirent des critiques sanglantes dans la presse de droite, celle de gauche ne pipant mot, et l'Administration, dans sa géniale sagesse, ne bougeant pas d'un pouce. Cela pour nous amener à nuancer l'image uniforme que nous fournit aujourd'hui la lecture des manuels de l'époque. N'oublions pas qu'ils étaient lus et commentés par des hommes dont certains étaient habités de convictions fortes et qui n'approuvaient pas forcément les pages du Lavisse ou de ses équivalents. Vercingétorix pouvait changer du tout au tout selon que l'on se trouvait dans une classe de Clermont ou d'Auxerre tenue par un instituteur correct ou par l'un de ces affreux socialistes.

VICHY

Etrange retournement de l'histoire. Depuis Amédée Thierry, tous avaient considéré le pays arverne comme le cœur de la Gaule, la citadelle imprenable, le sanctuaire des plus anciens dieux, le lieu sacré d'où était partie la reconquête, à tout le moins la résistance. Et voici que le régime issu de l'armistice puis de la paix conclue avec Hitler se replie sur ce territoire. Avec, à sa tête, non le Vercingétorix flamboyant de jeunesse et d'éloquence, mais un vieux maréchal chevrotant. Vichy, ville d'eaux gallo-romaine. Là-haut, Gergovie, l'indépendante. Contradiction absolue ? Ou plutôt un vague sentiment de ressourcement ? Comme au lendemain de la défaite de 1870, réapparaissent les thèmes du vieux pays, souvent martyrisé, mais enraciné dans une si vieille terre. Tirons la leçon de notre échec, et la France ressurgira – comme la Gaule. Mais, cette fois, l'accent est différent : il n'est pas question de préparer la Revanche, il s'agit de relever le Pays en retrouvant ses anciennes valeurs, lesquelles ne diffèrent pas trop de celles des vainqueurs. Construisons un nouvel ordre.

Dans l'immense éventail de récits, de thèmes et de symboles qu'un siècle et demi avait constitué, il n'était pas trop difficile de sélectionner des mots d'ordre et de prôner quelques conduites qu'accompagneraient des gestes symboliques. La France a perdu la guerre parce qu'elle a été trahie par certains des siens : les "colliers d'or" d'après 1870, sont désormais les instituteurs "socialistes" (comme le Clémendot que j'ai évoqué ci-dessus). Il faut donc refonder l'école. Quel message fera-t-on passer ? Le plus vieux de tous : d'un mal (la défaite – glorieuse – de Vercingétorix) est né un bien, l'intégration de la Gaule à la civilisation. Aimons nos racines, apprécions la valeur de nos chefs (moi-même, Maréchal Pétain, n'ai-je pas conduit la France à la victoire, à Verdun ?), mais ne nous obstinons pas dans des luttes vouées à l'échec, acceptons le monde qui s'ouvre devant nous.

De nouveau, je cite Antoinette Erhard :

> Par la loi du 29 août 1940, est créée la Légion Française des Combattants, remplaçant toutes les Associations d'Anciens Combattants existantes ; son chef est le

> Maréchal Pétain et elle met en application les principes de la "Révolution Nationale". Fin 1941, elle compte environ 27 000 membres en zone non occupée. Le nouveau régime multiplie les fêtes publiques. Le dimanche 30 août, deuxième anniversaire de la Légion, "sur le plateau de Gergovie, berceau de la patrie, le maréchal Pétain mêle les terres de France et de l'Empire, symbole de l'unité nationale. 30 000 légionnaires massés sur Jaude renouvellent leur serment de fidélité au chef de l'Etat", titre en grosses lettres, le lendemain, *L'Avenir du plateau central.*
>
> Ces terres ont été prélevées dans toutes les communes de France, y compris la zone occupée, et dans "l'Empire Francais". Or, cet Empire, évoqué avec insistance, n'est jamais défini, ni dans les discours officiels ni dans la presse. Les localisations sont rarissimes : dans son numéro du 5 septembre, *L'Illustration* indique : "cette terre provenait notamment de Poissy, où naquit saint Louis, de Carthage, où il mourut, de Rouen, de Verdun, de Djibouti, de Madagascar. Il doit en venir ultérieurement d'Indochine".

On ne sait trop d'où parvinrent ces "terres sacrées". Après avoir songé à élever un nouveau monument, on se contenta de les déposer dans une sorte de cénotaphe creusé sous l'horrible réalisation des débuts du XIXe. Suite du récit d'Antoinette Erhard :

> En 1942, le deuxième anniversaire de la Légion avait été annoncé, décrit, commenté, au cours d'une vaste campagne de presse. *Le Moniteur du Puy-de-Dôme* était resté discret, mais *L'Avenir*, pendant tout le mois d'août, avait consacré chaque jour un ou plusieurs articles, souvent des pages entières, à l'événement. Tous allaient dans le même sens, célébrant le culte du chef, le maréchal

Pétain. C'est alors que Vercingétorix, de républicain qu'il était en 1903, devient le champion de la Révolution Nationale. *L'Avenir* rapporte une allocution du chef régional de la Légion qui se termine ainsi : "Vous comprendrez alors que deux phrases jaillies de notre Histoire ont des résonances tragiquement et merveilleusement pareilles, à deux mille ans de distance :

Je prends les armes pour la liberté de tous.

Je fais à la France le don de ma personne pour atténuer ses malheurs."

Le même rapprochement est établi par René Giscard d'Estaing, Président de l'Académie de Clermont, dans le discours qu'il prononce à Gergovie, entre le dépôt des terres dans la crypte et l'arrivée du Maréchal : "Vingt siècles après, vivante incarnation de tous nos héroïsmes, le chef de la France douloureuse de 1942 gravit les mêmes pentes – lui aussi a confondu sa destinée avec celle de la patrie, et sa voix fait un écho grandiose à celle de Vercingétorix : Je fais à la France le don de ma personne". Encore faut-il que le Maréchal ne soit pas déçu par les Français comme le chef-des-cent-chefs le fut par les Gaulois. "La France doit vouloir...", écrit le 1er septembre l'éditorialiste de *L'Avenir*. "Vercingétorix a pu inspirer hier diverses leçons à ceux qui ont eu la pensée de réfléchir un peu sur ce qu'il fut et ce qu'il a fait [...]. La Gaule avait aidé Vercingétorix à remporter la victoire nécessaire sur le vainqueur. La lassitude vint aussitôt après, et avec elle le renoncement au travail, le laisser-aller commode"... L'exemple de Vercingétorix doit inciter les Français de 1942 à la "cohésion morale" et au "sens du sacrifice". Dans le *Journal des Débats*, quotidien parisien "replié" à Clermont, Jean Mousset expliquait le 30 août que Vercingétorix, qui avait donné "à une nation divisée et livrée au particularisme un point d'appui et un centre en sa personne" [...] "avait eu à lutter non seulement contre l'ennemi de la patrie, mais surtout contre l'opposition antinationale, et l'indolence qui accompagne régulièrement une civilisation décrépite". Pour renforcer la leçon de morale donnée aux Français pervertis par trois quarts de siècle de République, le monument de Gergovie se trouve associé par la presse à la statue colossale de *Notre-Dame-de-France*, érigée au Puy en 1864, comme sont associés l'anniversaire de la Légion et le pèlerinage de la Jeunesse de France au Puy, le 15 août 1942. "Ces foules pérégrinantes [...] attireront l'attention du pays tout entier sur le Rocher Corneille et le plateau de Gergovie". Et Vercingétorix, après avoir été quasiment franc-maçon, se retrouve en compagnie de Pascal, de Bernadette de Lourdes et du Père de Foucauld pour défendre "les valeurs physiques et spirituelles de l'ordre chrétien."

Le lecteur qui a eu le courage de me suivre depuis la première page ne s'étonnera guère de ce type de "récupération", dont il a vu d'autres exemples. Cette fois, cependant, ne l'oublions pas, nous nous trouvons près de Clermont, le chef arverne impose une présence presque physique, et le parallélisme des situations historiques paraît si évident ! Les symboles se succèdent, comme la création de la fameuse "francisque" qui n'a rien d'antique, mêlant le faisceau de verges des licteurs romains à une sorte de double hache qui ignoraient les Gaulois. Et puis, les fouilles reprirent sur le plateau de Gergovie sous la direction de professeurs de l'Université de Strasbourg qui s'étaient repliés avec leurs étudiants. Ce petit noyau d'archéologues devait constituer ultérieurement une "pépinière de résistants".

Beaucoup ignorent que c'est au régime de Vichy que nous devons la première loi sur l'archéologie nationale, une loi validée après la Libération, et sur laquelle nous vivons toujours. Elle fut l'œuvre de Jérôme Carcopino, l'historien de Rome, dont nous avons déjà évoqué le nom. Il atteignait la soixantaine. Une carrière brillantissime : l'Ecole de Rome, la direction du Service des Antiquités en Algérie, Professeur à la Sorbonne, Directeur de l'Ecole de Rome, puis de l'Ecole Normale supérieure. En 1941, il devient secrétaire d'Etat à l'Education nationale et à la Jeunesse. Le 27 septembre, est promulguée une loi réglementant les fouilles archéologiques, la première en France, inspirée des législations italienne (Carcopino n'avait pas dissimulé son faible à l'égard de Mussolini et de certaines de ses réalisations) et allemande. Toute fouille serait soumise à autorisation. L'Etat s'arrogeait le droit d'en entreprendre lui-même. Les découvertes fortuites devraient être déclarées. Des mesures de protection étaient prises. Des circonscriptions archéologiques "régionales" étaient créées, décision qui était loin d'être neutre, comme on le voit par cette circulaire cosignée du ministre de l'Intérieur et de Carcopino :

> Il convient de souligner que les travaux confiés aux directeurs des antiquités ou à leurs délégués, en même temps qu'ils concourront efficacement à l'enrichissement du patrimoine historique et artistique national, ne manqueront pas d'avoir également l'effet le plus heureux là où ils seront entrepris et développés. L'élite intellectuelle de nos villes – facteur essentiel de la vie régionale – leur devra, en effet, de mieux connaître l'origine profonde, l'histoire et la culture des générations qui ont donné leur caractère propre à la vie des provinces françaises et elle pourra y puiser les éléments d'une vitalité

> accrue et d'une activité neuve. Le marché local du travail sera, d'un autre côté, le premier bénéficiaire de la multiplication des chantiers de fouilles et de restaurations de monuments historiques.

Notons que l'archéologie préhistorique est absente. Cultures régionales, passé gallo-romain : on retrouve le même phénomène en Italie ou en Espagne, les deux champs de recherche constituant le fondement du nouvel Etat. Si les thèses ne sont pas nouvelles, leur mise en application par une loi introduit une novation dont les conséquences furent d'une extrême importance. Bien que Carcopino eût été, un moment, emprisonné à la Libération, la loi Carcopino demeure l'élément fondateur de l'archéologie française. D'autant plus que, avec son ami Grenier, il devait accorder à l'archéologie une place importante au sein du CNRS et créer la revue *Gallia*. Des fouilles furent financées, pas n'importe où : à Alésia, à Lyon, à Autun, des "lieux de mémoire" chargés de symboles divers, au service de la propagande du régime. Planaient toujours les ombres, tantôt opposées mais souvent complices, de Vercingétorix et de César.

DE 1945 A NOS JOURS

C'est ma vie, et je n'ai guère envie de me pencher sur elle, car elle est trop habitée de mes souvenirs et de mes expériences. Souvenirs : moi aussi, j'ai appris dans le primaire l'histoire "républicaine", mon cœur a battu pour Vercingétorix, et je me rappelle un "Signe de piste" qui retraçait les aventures de la légion *Alauda*, la légion "Alouette" avec ses casques ailés accompagnant César je ne sais plus où. Cela me reste gravé au fond de la mémoire. En ouvrant le “dossier” des textes et de l’archéologie, je sais que je vais y rencontrer de quoi briser mes rêves. Distinguons l’histoire, qui avance avec – parfois – une certaine implacabilité, et notre domaine personnel. La plus sérieuse étude sur la France à l’époque de Louis XIII ne m’empêchera pas de relire les *Trois mousquetaires*.

Je vais sauter au gré de mon humeur. Evoquons ensemble, un peu au hasard, quelques questions, les unes sérieuses, les autres moins.

Et si nous commencions par le général de Gaulle ? La Libération… Que pensait-il des Gaulois et de Vercingétorix ? Mon collègue et ami Maurice Agulhon s’est penché sur la question, et il écrit ceci :

> Né en 1890, le futur général a été intellectuellement formé avant 1914, à la grande époque des Lavisse et des Camille Jullian. Il a cru aux Gaulois, comme tout écolier de son temps, en même temps que, bon catholique, il respectait le baptême de Reims. Le plus remarquable est qu’il ait prétendu concilier les deux sources. Interrogé un jour par Alain Peyrefitte sur le fait que ses propos variaient sur l’histoire de France, à qui il assignait tantôt quinze tantôt vingt siècles de durée, il répondit avec la force de l’évidence : vingt siècles, c’est les Gaulois, Vercingétorix, *“premier résistant de notre race”* ; quinze siècles c’est Clovis, fondateur d’une dynastie et allié du clergé, donc d’une première ébauche d’Etat. Bref, la France c’est un peuple et un Etat (toute la politologie gaullienne est dans ce postulat – ne le discutons pas ici), le peuple a vingt siècles, il vient des Gaulois, l’Etat en a quinze, il vient de la monarchie (mérovingienne). Toute l’histoire de France pourra s’interpréter par une dialectique de l’Etat et du peuple. Encore une

fois, passons sur cette analyse générale pour n'en retenir que ceci : il semble que De Gaulle ait eu besoin de croire à l'origine gauloise de *"notre peuple"* pour expliquer ce que ce peuple avait de critiquable, en même temps que de noble. Il semble avoir cru assez fortement que le caractère gaulois (vaillant, mais querelleur, instable, indiscipliné) s'était transféré au caractère français, pour englober toutes nos révolutions et guerres civiles, et jusqu'au "régime des partis", réputé funeste, dans la notion des *"ferments de dispersion que notre peuple porte en lui."*

Mais il croyait aussi, comme Michelet, à la France, en tant que personne, que Patrie, un Etre en soi, immémorial et que nous devons servir.

La deuxième image qui nous vient à la tête n'est pas sans rapport avec ce qui précède : la seule fois où j'ai rencontré René Goscinny, il me confia que la "potion magique", c'était de Gaulle, l'homme providentiel, le remède miracle. Donc, Astérix. Comme vous, je suis l'un de ses fanatiques, du moins de la période Goscinny-Uderzo. Quelle intelligence dans l'humour ! Tous les vieux mythes représentés dans leur charmante impossibilité. Le règne de la forêt (et des sangliers). Les petits villages, une époque indéterminée, comme aux débuts du XIXe, Obélix taillant et trimballant ses menhirs. Et puis, le heurt avec le "civilisé", auquel on va résister, sans cependant occulter sa supériorité matérielle : les routes et les aqueducs qui se construisent. Vercingétorix pas vraiment mis en valeur, César plutôt sympa. Mais on se querelle, on aime la castagne, on fait des banquets où l'on bâfre. Tout le monde a perdu, mais nous, nous demeurons invincibles. Génial : nous rions, l'image que nous portons en nous (les plus vieux) est écornée, déformée, atténuée avec tendresse. Au fond de nous, nous savons que Goscinny a raison, nous l'aimons parce qu'il nous offre une ultime chance de sauver quelques parcelles des légendes. Ce que n'ont pas su faire d'autres BD qui se veulent sérieuses. Ni les romans, toujours de la même veine, les mêmes qu'il y a quatre-vingts ou cinquante ans.

J'en resterais volontiers là, mais il faut bien que nous en revenions à l'histoire et aux historiens – je veux dire : les historiens spécialistes de la période, non pas les généralistes ou les polygraphes qui ont "produit" des *Histoires de France*, où la Gaule est traitée à partir de Jullian, avec de vagues différences pour donner une impression d'originalité. Simplement quelques jalons. En 1959, Jean-Jacques Hatt, professeur à l'Université de Strasbourg, publie une *Histoire de la Gaule romaine*. Elle est préfacée par Jérôme Carcopino, lequel écrit ces lignes :

> D'aucuns penseront peut-être qu'il était téméraire, et en tout cas inutile de publier une histoire de la Gaule en un volume, quand nous avons la chance de posséder les huit tomes de celle, désormais classique, de Camille Jullian. Mais M. J. J. Hatt serait le premier à protester contre l'intention qu'on aurait tort de lui prêter d'avoir, un seul instant, songé à remplacer ce monument d'un savoir qui fut, à son heure, exhaustif, et d'une éloquence qui demeure, comme au premier jour, pittoresque et vibrante.
>
> Loin de lui la prétention d'entrer en concurrence avec le maître sur lequel il s'est souvent appuyé, auquel, à plusieurs reprises, il a renvoyé ses lecteurs. Son propos est plus modeste et survient à point nommé. M. J. J. Hatt a simplement voulu mettre à la disposition du public un

ouvrage qui, sous un format réduit et maniable, condenserait les acquisitions accumulées par son illustre devancier, et les mettrait au courant d'une recherche qui a singulièrement élargi le champ de nos connaissances.

1959 : presque un demi-siècle après la parution des quatre premiers volumes de l'*Histoire* de Camille Jullian ! Dans quel domaine des sciences, et même de l'histoire, prendrait-on de telles précautions, s'excuserait-on (c'est à peu près cela) d'écrire sur un sujet abordé par un ancêtre mort depuis trente ans ? Hallucinant.

Hatt avait inscrit ces quelques mots en exergue :

A LA MÉMOIRE
DES RÉSISTANTS
DE GERGOVIE
ceux de 52 av. J.-C., qui repoussèrent les légionnaires de César,
ceux de 1940 à 1945, dont l'enthousiasme et le sacrifice contribuèrent à la libération de la France.

On croirait l'inscription destinée à être gravée sur une stèle ou sur le socle d'une statue. Pourtant, Hatt ne met guère en valeur la "résistance" de Vercingétorix, ni même le personnage : *"c'est avant tout un politique, un tyran dans la tradition antique, qui bouscule l'aristocratie régnante, et s'appuie sur un mouvement populaire. Du tyran, il a la largeur de vues, la lucidité, la cruauté froide, le pouvoir sur les masses. Il est médiocre tacticien"*. Pas un mot sur la reddition, mais ce commentaire final : *"Il fallait que Vercingétorix fût le héros de la résistance gauloise [...] parce que seul Vercingétorix était à la mesure des scènes théâtrales que l'histoire ancienne a su aménager dans l'ensemble complexe et souvent difficile à déchiffrer des événements réels.*" Le thème du livre : Rome a "assimilé" la Gaule qui y était déjà prête.

Un deuxième ouvrage, que je ne cite pas dans l'ordre chronologique, puisqu'il s'agit de la thèse soutenue par Michel Rambaud et publiée en 1953 (mais que Hatt avait écartée). Elle s'intitulait *La déformation historique dans les* Commentaires *de César*. C'était véritablement une "thèse". Rambaud, latiniste de formation, démontrait comment César avait employé tous les artifices de la rhétorique pour construire un ouvrage destiné à persuader son public (en premier lieu, la classe politique romaine et le Sénat) du bien-fondé de sa diplomatie et de sa conduite de la guerre. En spécialiste de la stylistique, il traque les effets, les coupures, les distorsions chronologiques, les intercalations, etc. Pour en venir à quoi ? A ceci :

> Si les Gaulois eussent été inconstants et divisés, et César infaillible et pressé d'en finir, la lutte n'eût pas duré sept années ; cette longue durée de la guerre est due à l'esprit de résistance patriotique de la plupart des peuples gaulois, unis et communément inspirés par un véritable fanatisme religieux, et aux fautes ou insuffisances militaires d'un envahisseur parfois aussi négligent que téméraire, à ses erreurs politiques et diplomatiques, enfin à son désir de prolonger la guerre pour avoir troupes et subsides nécessaires à la conquête de Rome : toutes choses que César mémorialiste, rédigeant en 52/51 ses *Commentaires*, a réussi à dissimuler en orchestrant les dossiers de ses archives avec un art génial de la propagande.

Là encore, *nihil novi sub sole*, rien de nouveau sous le soleil. Résurgence du vieux poncif : l'unité patriotique ou religieuse, l'esprit de résistance. Encore Jullian (et même Amédée Thierry, à quelques nuances près). Mais l'ouvrage contenait mille richesses de détail, l'analyse de la *Guerre des Gaules* comportant des finesses qui ont fait progresser notre intelligence du texte césarien. Vercingétorix n'en sortait pas grandi : selon Rambaud, ce n'était qu'une sorte de "marionnette" agitée devant les spectateurs pour dissimuler le soulèvement de la Gaule. César aurait porté au pinacle ce personnage falot afin de faire croire que la révolte était due, pour l'essentiel, à l'aventure personnelle d'un jeune chef à l'*aura* éblouissante. En réalité, Vercingétorix n'était pas grand-chose.

Le chef arverne commençait seulement son chemin de croix. Allait le conduire à la crucifixion (si j'ose dire) Jacques Harmand, professeur à l'Université de Clermont-Ferrand, archéologue et historien, qui, à partir des années 1955-60, commença à diffuser la thèse selon laquelle Vercingétorix n'était ni plus ni moins qu'un complice de César. Ils avaient machiné ensemble tout le déroulement de l'année 52, l'objectif final consistant à remettre la Gaule entre les mains du proconsul (évidemment pour son bien, pour l'intégrer à la "civilisation"). Pourquoi cette proposition… iconoclaste ? Harmand, excellent historien, a donné la meilleure analyse de la campagne d'Alésia. Loin de déconsidérer Vercingétorix, il prend comme pétition de principe qu'il s'agit d'un homme intelligent. En conséquence, à la question posée par tant d'auteurs (Montaigne, Napoléon Ier, Jullian lui-même) – *"pourquoi est-il allé s'enfermer dans cet* oppidum *d'Alésia ?"* –, il répond : *"il l'a fait exprès, c'était un plan machiné avec César"*. Une manière d'interpréter le *Bellum Gallicum*, non pas comme Rambaud en détaillant tous les artifices d'un écrivain propagandiste, mais par une contre-lecture ébouriffante. Personne n'y a cru, je n'y crois pas non plus, mais cette espèce de retournement est digne des meilleurs romans d'espionnage. Il prouve surtout à quel point les documents antiques se prêtent à diverses interprétations, des plus sages aux plus… imaginatives.

Ce qu'il faut retenir, je crois, c'est le flop que fit la proposition de Jacques Harmand. Un siècle, cinquante ans ou trente ans plus tôt, elle eût ameuté des dizaines de folliculaires, il eût été agoni d'injures. Rien de tel. Certes, quelques protestations s'élevèrent, mais plus sur le mode de l'ironie que dans la gamme de l'indignation ou de l'offuscation. Paul-Marie Duval, qui occupait la chaire du Collège de France, n'accorda à cette thèse que quelques allusions apitoyées, réservant ses critiques les plus virulentes à d'autres allégations de Jacques Harmand concernant l'art gaulois, une espèce de dégénérescence de l'art hellénistique. Duval, en digne disciple de Grenier (auquel il avait succédé à la tête de *Gallia*), se consacrait aux *realia*. Il réédita le *Vercingétorix* de Jullian, ainsi qu'un abrégé de son *Histoire de la Gaule*. Dans les introductions qu'il leur consacra, il adoptait la plupart des points de vue de Jullian, y compris la théorie des “frontières naturelles”, tout en ajoutant que Jullian eût été heureux de constater tous les projets que l'archéologie avait faits et qui, pour la plupart, ajoutaient de l'eau à son moulin.

Constatons-le avec tristesse ou avec calme : depuis une trentaine ou une vingtaine d'années, Vercingétorix n'est plus un héros qui compte. On étudie plutôt les conditions dans lesquelles aurait pu vivre un chef de cette époque. Les manuels scolaires d'aujourd'hui citent à peine Vercingétorix. Il est vrai qu'ils sont imprégnés, à nouveau, de la conception qui fait naître et croître la civilisation à partir des bords de la Méditerranée, qu'ils ignorent notre protohistoire, qu'ils diffusent à leur tour un message semblable à celui de Duruy, il y a cent cinquante années.

Quel parcours ! Pourquoi vous ai-je invité à l'effectuer ? Pour que vous preniez conscience de plusieurs phénomènes. La naissance des Gaulois et de Vercingétorix. Leurs interprétations multiples, protéiformes. Leur implication dans des causes diverses. La divergence entre les milieux dits "cultivés" et le monde des historiens jusqu'à l'intervention de Jullian. Le poids dont celui-ci a pesé. Et, depuis quelque temps, l'obscurcissement des mythes, la relative indifférence dans laquelle ils ont doucement sombré, accompagnés du sourire attendri que leur a conféré Astérix. *Mais aussi toutes les connaissances que l'archéologie accumule et qui changent – ou devraient changer – notre regard. Qui nous permettent aussi d'observer avec un œil nouveau les textes anciens. Bref, de reprendre le dossier.*

DEUXIÈME PARTIE

LA DOCUMENTATION : LES TEXTES ANCIENS ET LES DONNÉES DE L'ARCHÉOLOGIE

Camille Jullian connaissait les textes aussi bien que nous (sinon mieux !), étant capable de les lire sans difficulté en grec ou en latin. Mais les données archéologiques étaient rares, et lui-même considérait qu'elles pouvaient, à la rigueur, apporter une modeste contribution à l'illustration des auteurs anciens. Jusqu'à une date récente, bien d'autres en furent persuadés. A l'inverse, réagissant au mépris dans lequel les tenaient les "classiques", nombre d'archéologues de terrain, passionnés par leurs recherches et créant une nouvelle discipline, opposèrent aux "historiens" la même distance : la culture "matérielle" renverrait aux vieilles lunes les discours de ces savants déconnectés. Par bonheur, nous nous trouvons à un moment privilégié où s'est (à peu près) instaurée l'estime mutuelle, où chacun reconnaît avoir besoin de l'autre, où il n'est plus honteux de savoir le grec (d'un côté) et de manier la truelle (de l'autre), et il arrive qu'on puisse allier l'un à l'autre !

Pour étudier Vercingétorix, les deux approches sont nécessaires. Jusqu'ici, leur conjonction a cruellement manqué. Non seulement pour se compléter, mais pour se critiquer mutuellement. Le "héros" que nous avons vu se constituer, il provient de quelques textes, plus ou moins bien lus et interprétés, tous provenant du regard “de l’étranger”, et tiraillés selon le moment, la sensibilité, l’idéologie. Son insertion dans un terroir, un contexte, une société, des habitats, des modes de vie ? Il importait peu. Comme Jeanne d’Arc, c’était une figure désincarnée, un symbole (ambigu).

Le dossier qui s’ouvre va être double. D’abord, les textes antiques. Ils ne sont pas très nombreux. Nous les parcourrons *in extenso*, cherchant à connaître leur sens, leurs sources, leurs enseignements. Puis, les données de l’archéologie, pour lesquelles je ferai appel à certains de mes collègues. Le Vercingétorix de la tradition d’un côté, et, de l’autre, un aristocrate gaulois dans le contexte de son époque.

LES TEXTES ANTIQUES

Combien d’auteurs antiques ont cité le nom de Vercingétorix ? Des dizaines ? Loin de là : ils ne sont que huit. Quatre écrivaient en grec, quatre en latin. Le premier d’entre eux, évidemment, ce fut…

César

En 52, César a 48-49 ans. Après une carrière mouvementée, il a exercé le consulat en 59, a reçu, l’année suivante, le gouvernement des provinces d’Illyrie, de Cisalpine (l’Italie du Nord) et de la Transalpine (la Gaule méridionale). En 58, il a lancé des expéditions pour contrer la migration des Helvètes puis pour renvoyer au-delà du Rhin les Germains d’Arioviste. Depuis lors, il combat en Gaule, à l’est, au nord, à l’ouest. Il a passé le Rhin (deux fois), et la Manche (deux fois également) pour combattre les Bretons (d'Angleterre). A l'automne 53, il est retourné en Cisalpine. Rome est agitée. La Gaule se révolte. Il revient en toute hâte. Le livre VII de la *Guerre des Gaules* est tout entier consacré à sa lutte contre les Gaulois coalisés sous la direction de Vercingétorix. Nous n'allons pas reproduire ici la centaine de pages qu'il a écrites à ce sujet : le lecteur peut consulter l'une des nombreuses traductions du *Bellum Gallicum*, éditées notamment en livres de poche. Je renvoie au *Memorandum* pour un résumé ds événements.

Dans ce livre VII, César cite le nom de Vercingétorix à quarante et une reprises, mais le chef arverne est, en réalité, mentionné beaucoup plus souvent, à la troisième personne du singulier (si l'on peut dire, puisque le latin se contente de la forme verbale). Jamais de périphrase, du genre : "le roi des Arvernes" ou "le chef des Gaulois". Le récit est construit pour mettre en valeur l'opposition entre Vercingétorix et César (lui-même écrivant : "César" et non pas : "je" ou "nous").

De ce livre VII, pour l'instant, nous citerons seulement deux passages, qui aideront à comprendre les auteurs qui suivent, ou plutôt à évaluer leur degré de fidélité au texte césarien. Le premier : la présentation de Vercingétorix (dans la belle traduction de Constans) :

> Vercingétorix, fils de Celtillos, Arverne, jeune homme qui était parmi les plus puissants du pays, dont le père avait eu l'empire de la Gaule et avait été tué par ses compatriotes parce qu'il aspirait à la royauté, convoqua ses clients et n'eut pas de peine à les enflammer. Quand on connaît son dessein, on court aux armes. Gobannitio, son oncle, et les autres chefs, qui n'étaient pas d'avis de tenter la chance de cette entreprise, l'empêchent d'agir ; on le chasse de Gergovie. Pourtant, il ne renonce point,

> et il enrôle dans la campagne des miséreux et des gens sans aveu. Après avoir réuni cette troupe, il convertit à sa cause tous ceux de ses compatriotes qu'il rencontre ; il les exhorte à prendre les armes pour la liberté de la Gaule ; il rassemble de grandes forces, et chasse ses adversaires qui, peu de jours avant, l'avaient chassé lui-même. Ses partisans le proclament roi. Il envoie des ambassades à tous les peuples [...]. (VII, 4)

Le contexte est clair : le "jeune homme" réalise (selon César) un coup d'Etat, renversant le pouvoir institué (représenté par son oncle). Ses appuis, ce sont *"des miséreux, des gens sans aveu"*, exactement ce que l'on avait dit des partisans de Catilina. Mais il l'emporte, il envoie des ambassades. La coalition se forme.

Passons sur tous les événements qui vont conduire jusqu'à Alésia. Reproduisons le passage qui concerne la reddition, car nous allons en trouver chez nombre d'auteurs une relation bien différente. Or donc (toujours dans la traduction de Constans) :

> Vercingétorix convoque l'assemblée : il déclare que cette guerre n'a pas été entreprise par lui à des fins personnelles, mais pour conquérir la liberté de tous ; puisqu'il faut céder à la fortune, il s'offre à eux, ils peuvent, à leur choix, apaiser les Romains par sa mort ou le livrer vivant. On envoie à ce sujet une députation à César. Il ordonne qu'on lui remette les armes, qu'on lui amène les chefs des cités. Il installa son siège au retranchement, devant son camp : c'est là qu'on lui amène les chefs ; on lui livre Vercingétorix, on jette les armes à ses pieds. (VII, 89)

Quelques mots enfin pour évoquer une question ressassée à loisir : celle de la véracité de César. Peut-on lui faire confiance ou non, surtout pour cette année 52, celle de tous les risques ? Nous avons déjà abordé cette question en présentant les travaux de Michel Rambaud (p. 192).

Voici ma position. D'abord, il convient de considérer ce que représente l'ensemble que nous appelons, nous, la *Guerre des Gaules*. Ce sont les sept livres écrits par César sur ses campagnes de 58 à 52 (après sa mort, un de ses anciens officiers, Hirtius, rédigea un huitième livre décrivant les opérations de l'année 51 et le règlement définitif des affaires gauloises en 50). Ces sept livres furent écrits après Alésia, durant les campements d'hiver que César tint à Bibracte. Il s'aida, évidemment, de ses archives, notamment des rapports qu'il adressait régulièrement, comme il en avait obligation, au sénat de Rome.

Nul doute que l'ouvrage devait servir à sa gloire, à sa "propagande", qu'un homme aussi cultivé que lui, rompu à l'art de la rhétorique, a su utiliser toutes les ressources dont il disposait pour "persuader". Mais les faits eux-mêmes ? On voit mal comment César aurait pu les "truquer". Il était entouré de centaines d'officiers, de représentants de la *nobilitas* de Rome, dont beaucoup ne lui étaient guère favorables. Des courriers partaient régulièrement, qui en deux semaines, apportaient à Rome les dernières nouvelles. Les faits étaient connus, César n'aurait su les dissimuler.

Donc, on ne contestera pas les événements auxquels ont été mêlées les légions, leurs déplacements, les sièges, les batailles. Les causes et les aboutissants, c'est une autre affaire, de même que l'interprétation globale. Le général voit autrement que le soldat, l'auteur, *a posteriori*, surpasse le général. Surtout lorsque l'auteur parle du général à la troisième personne du singulier, alors que l'un et l'autre ne forment qu'un seul être, César. Reconnaissons-le : ce procédé était un "coup de génie".

Tite-Live

Peut-être le plus grand historien romain, du moins au jugement de la postérité. Il naquit à Padoue aux alentours de 65-60 av. J.-C., il y mourut en 17 apr. J.-C. Pas de carrière politique : son œuvre (immense) le monopolisa toute sa vie, non sans lui susciter l'admiration et la faveur des puissants – au premier rang, l'Empereur Auguste lui-même.

Son grand "monument" s'intitulait *Histoire de Rome depuis la fondation de la ville*, elle comprenait 142 livres. De ceux-ci, nous est parvenu à peu près le quart, les livres qui relatent les événements depuis les origines jusqu'en 293 av. J.-C., puis de 210 à 167. La perte de 107 livres constitue un naufrage pour les historiens actuels qui s'intéressent au IIIe siècle av. J.-C. et surtout à la période si importante qui s'est étendue tout au long des IIe et Ier siècles : celle de la conquête du monde par Rome, de l'hellénisation de l'Italie, notamment... la conquête des Gaules ! Beaucoup rêvent de la découverte, en Egypte ou en Syrie, d'une bibliothèque privée comprenant des papyrus intitulés *Titi Livi ab urbe condita Libri* !...

Donc, tout ce qui concerne la guerre des Gaules a sombré. Pas tout à fait cependant, car, au Ier siècle apr. J.-C., un auteur inconnu réalisa un résumé de l'*Histoire romaine*. Rien d'étonnant : la plupart des ouvrages anciens faisaient l'objet de résumés, pour la raison simple que consulter un ouvrage représentait une tâche difficile. D'abord, il fallait le trouver. Rares étaient les bibliothèques, privées pour l'essentiel. Le consulter consistait à dérouler des centaines de *volumina* de papyrus. Les *résumés* ou *abrégés* indiquaient le contenu de telle œuvre. On pouvait, grâce à eux, sélectionner les passages qui vous intéressaient ("là, on doit parler de mon ancêtre untel, ou de telle ville ou de telle bataille ou de..."), passage que l'on chargerait un esclave spécialisé de recopier. Résumés ou Abrégés connurent jusqu'à la fin de l'Antiquité une fortune extraordinaire, avec (pour nous) des conséquences peu réjouissantes. La formule exige que les "auteurs" de ces résumés soient habités par une certaine "conscience professionnelle", disposent d'une culture (en l'occurrence historique), ne mêlent pas leur grain de sel à tout bout de champ, soient attentifs au sens et à la forme. Or, c'est loin d'être toujours le cas.

Il semble que le premier "résumé" de Tite-Live ait été de bonne facture. A son tour, il constitua la base des "Abrégés" (résumés de résumés) qu'on appelle *Periochae*. Voici les passages qui nous intéressent, ceux qui résument le contenu des livres que Tite-Live consacrait aux années 53-52 av. J.-C., les livres 107 et 108.

> *Abrégé du livre 107*
> Ayant vaincu les Trévires en Gaule, C. César passa à nouveau en Germanie et, n'y ayant trouvé aucun ennemi, revint en Gaule, vainquit les Eburons et les autres cités qui avaient conspiré et poursuivit Ambiorix en fuite. P. Clodius fut tué par T. Annius Milon, candidat au consulat, sur la Via Appia, à Bovillae, et la plèbe brûla son corps dans la curie. Comme des bagarres avaient lieu entre les candidats au consulat, Hypsaeus, Scipion et Milon, qui luttaient entre eux en faisant appel aux armes et à la violence, Cn. Pompée étant chargé (?) de les réprimer... et il fut nommé consul pour la troisième fois par le sénat, en son absence et sans collègue, ce qui

> [n'était] jamais [arrivé] à quelqu'un d'autre. Une enquête ayant été décidée sur la mort de P. Clodius, Milon fut condamné après un procès et envoyé en exil. Un projet de loi fut déposé, permettant de tenir compte en son absence de la candidature de César au consulat, malgré l'opposition et les objections de M. Caton. [Le livre] contient en outre le récit des opérations menées par C. César contre les Gaulois qui, sous la direction de l'Arverne Vercingétorix, firent presque tous défection, ainsi que celui des sièges difficiles de certaines villes, parmi lesquels celui d'Avaricum, chez les Bituriges, et de Gergovie, chez les Arvernes.
>
> *Abrégé du livre 108*
> C. César vainquit les Gaulois à Alésia et reçut la soumission de toutes les cités gauloises qui avaient été sous les armes. C. Cassius, questeur de M. Crassus, tailla en pièces les Parthes qui étaient passés en Syrie. M. Caton subit un échec dans sa candidature au consulat, les consuls créés étant Ser. Sulpicius et M. Marcellus. C. César soumit les Bellovaques avec d'autres peuples gaulois.

La guerre des Gaules occupe une bonne place : c'est même le seul événement mentionné dans le livre 107 qui ne relève pas de la politique intérieure romaine. On note que le résumé, dans sa sécheresse, insiste plus sur les difficultés rencontrées par César que sur ses succès. Pas un mot sur la traversée des Cévennes, le sac d'Orléans, etc. On ne sait même pas s'il a pris *Avaricum* (Bourges) ni ce qu'il fit à Gergovie : le texte évoque des "sièges difficiles" (*laboriosas obsidiones*) et laisse entendre qu'il y en eut plusieurs. Rien de valorisant. Le début du livre 108 n'est pas plus louangeur : l'extraordinaire entreprise militaire que fut Alésia n'a droit à aucun commentaire. Vercingétorix est cité en tant qu'Arverne et que chef (*dux*).

Le lecteur comprend à quel point, à partir de ces quelques lignes, il est difficile de se faire une idée du texte de Tite-Live : la succession des résumés ôte toute chair et toute substance. Tite-Live avait-il écrit un récit fort en retrait par rapport à l'ouvrage de César, insistant sur les difficultés plus que sur les succès ? S'était-il inspiré d'autres œuvres, et, dans l'affirmative, desquelles ?

Diverses allusions de tel ou tel auteur ancien, ou des correspondances, nous indiquent que Tanusius Geminus et Aelius Tubero, après avoir suivi César en Gaule, avaient écrit des "relations" peu conformes, semble-t-il, au *Bellum Gallicum*. Mais nous n'en connaissons pas même… une phrase ! Asinius Pollio lui-même, un personnage beaucoup plus célèbre (consul en 40 av. J.-C., honoré du triomphe en 39, partisan d'Auguste, protecteur et ami de Virgile, d'Horace et de bien d'autres, auteur d'une histoire des guerres civiles, de tragédies, de poèmes), donc, Asinius Pollio avait exprimé des doutes sur la véracité des récits césariens : *"Asinius Pollio* – écrit Suétone – *estime que les* Commentaires *sont écrits avec bien peu de soin et bien peu de respect pour la vérité : en général, pour les actions de ses lieutenants, il a accepté sans contrôle leurs récits, et pour ses propres actions, soit de propos délibéré, soit par défaillance de mémoire, il en a donné une relation inexacte"*. Mais la critique s'adressait probablement au *Bellum Civile*. Et, de toute façon, de lui non plus, rien ne nous est parvenu !

Que retenir de ce bref extrait des *Periochae* de Tite-Live ? Peut-être son ton : *"presque tous les Gaulois firent défection"*, *"des sièges difficiles"*. Mais sans certitude.

Strabon

Il est contemporain de Tite-Live, mais s'en différencie du tout au tout. Sa famille : des nobles d'Amasie, dans le royaume du Pont, à l'extrémité orientale du monde (l'ancien royaume de Mithridate). Il a vingt ans ou à peu près, lorsque son père l'envoie à Rome (et non à Athènes : la capitale politique et intellectuelle a changé de lieu). Nous ignorons comment se passa ce premier séjour – car il y en fit bien d'autres. Arrivant au pire moment des guerres civiles – juste après l'assassinat de César –, il vit se constituer, peu à peu, l'empire – celui d'Auguste. La philosophie stoïcienne qui l'imprégnait le fit se persuader que Rome établissait sur terre un ordre semblable à celui que les dieux ont voulu pour l'univers. De cet empire (terrestre), il visita nombre de provinces, allant – nous dit-il – *"de l'Arménie à l'Etrurie, de la mer Noire aux confins de l'Ethiopie"*.

L'idée lui vint de donner une suite à l'*Histoire* écrite par un autre Grec, comme lui admirateur de l'œuvre de Rome : Polybe. Celui-ci avait achevé son œuvre en relatant les événements de l'an 146 à la mort de César, voire un peu après elle. De cet ouvrage, il ne nous est rien parvenu.

En revanche, nous avons conservé son second grand ouvrage, la *Géographie*, une description du monde connu de l'Occident à l'Orient, description qui mêle traits géographiques, considérations ethnologiques, aperçus historiques. Son but, semble-t-il, était de fournir aux hommes politiques – par exemple, aux généraux et aux gouverneurs que Rome envoyait dans telle ou telle province – une sorte de guide, de *vade-mecum*. Vous devez partir pour la Narbonnaise ou pour l'Asie (la province) : voici ce que l'on en connaît, voici ce qu'en ont dit les auteurs, voici – éventuellement – ce que j'ai observé moi-même.

Pour les provinces d'Occident, Strabon a suivi de près d'anciens géographes grecs (Ephore, Eratosthène), et surtout Poséidonios, auquel il vouait une immense admiration, car cet homme exceptionnel avait été l'un des grands philosophes de son temps, tout en déployant une extraordinaire activité scientifique de géographe, d'ethnographe et d'historien, Poséidonios qui était mort quelques années avant sa propre naissance à lui, Strabon.

La *Géographie* fut achevée sous le règne d'Auguste, aux alentours du changement d'ère. Elle parut sans doute (en manuscrit) à Amasie, la ville natale de Strabon, où il était revenu en 7 av. J.-C., apparemment pour ne plus la quitter. Il dut "rééditer" l'ouvrage sous une forme révisée aux environs de 17-20 apr. J.-C., peu de temps avant sa mort. Sa diffusion fut limitée à l'Orient grec, semble-t-il, car les auteurs romains postérieurs – y compris Pline l'Ancien, le grand "encyclopédiste" – n'y font aucune allusion.

Le livre IV donne la description des Gaules, de la Bretagne (l'Angleterre) et des Alpes. Voici la notice qui est consacrée aux Arvernes :

> Les Arvernoi sont établis sur le Liger et leur métropole est Nemossos qui est située sur le fleuve. Après avoir arrosé Cenabon, l'*emporion* des Carnutoi (c'est approximativement au milieu de son cours que cet *emporion* a été fondé par plusieurs communautés), il va se jeter dans l'Océan. La puissance qui était auparavant celle des Arvernoi est amplement attestée par le fait qu'ils ont souvent réuni pour faire la guerre aux Romains tantôt 200 000 hommes mais plus d'une fois le double ! En effet, c'est avec de telles forces (400 000) qu'ils ont affronté le divin César avec Vercingétorix, et précédemment ils avaient été 200 000 contre Maximus Aemilianus et le même nombre contre Domitius Ahenobarbus.

Or donc, contre César, c'est autour de Gergovia – une ville des Arvernoi située sur une hauteur escarpée – que se déroulèrent les combats (c'était la patrie de Vercingétorix), ainsi qu'autour d'Alésia, une ville des Mandubioi (peuple limitrophe des Arvernoi) elle aussi située sur une hauteur escarpée, entourée de montagnes et par deux fleuves – c'est là également que le commandant en chef fut capturé et que, du coup, la guerre prit fin. (IV, 2, 3)

Selon son habitude, Srabon – qui accumule les fiches, dirions-nous – offre une notice qui ne brille pas par la clarté. Tentons de la réorganiser – en nous souvenant qu'il écrit à l'époque d'Auguste, après la guerre des Gaules – et de comprendre sa méthode.

Fiche n° 1 : Les Arvernes sont établis sur le Liger.
Leur capitale est Nemossos, qui est située sur ce fleuve. (Erreur : Clermont, Augusto*nemeton* – le mot est le même que *nemossos* –, n'est pas baigné par la Loire.) [Intercalation d'une fiche sans rapport direct : la Loire passe aussi à Orléans, etc.]

Fiche n° 2 : La puissance des Arvernes. Ils pouvaient mobiliser 200 000 ou 400 000 soldats.
1) Contre le dieu César, "avec Vercingétorix" : 400 000. (Erreur : c'est l'armée confédérée et non les Arvernes seuls.)
2) Auparavant (= en 122 av. J.-C.) : 200 000.

Fiche n° 3 : La guerre des Gaules. Les combats devant Gergovie et Alésia.

De ce texte, plusieurs choses à retenir. La mention de Gergovie, "d'où Vercingétorix était originaire". Concernant celui-ci, son nom : Ouerkingetorigx ou Ouerkingetorigos, ce qui confirme le témoignage des monnaies que nous étudierons sous peu. Sa qualité : commandant en chef (*hègémôn*).

Première parenthèse
Juste pour citer un historien qui se nomme Caius Velleius Paterculus, un officier et magistrat qui vécut sous les règnes d'Auguste et de Tibère (des environs de 19 av. J.-C. à 30 apr. J.-C.). Auteur d'un abrégé (un de plus) de l'histoire romaine. Voici ce qu'il écrit de la guerre des Gaules :

> César tua plus de 400 000 ennemis et fit un plus grand nombre de prisonniers, soit dans des batailles rangées, soit dans des marches, soit dans des sorties. Il pénétra deux fois en Bretagne. Chacune de ses neuf campagnes méritait à elle seule un triomphe. Les grandes choses qu'il fit au siège d'Alésia sont de celles qu'un homme ose à peine entreprendre et qu'un dieu seul peut accomplir. (*Hist. Rom.*, 47)

Voilà un résumé, trois quarts de siècle après les événements. Le bilan est intéressant. Nombre de tués, nombre de prisonniers. Commentaire louangeur mais sans détail. Sont mis en valeur les deux expéditions en Bretagne (Angleterre) – mais non les traversées du Rhin ni les campagnes en Germanie – et le siège d'Alésia, ou plus exactement les "grandes choses" qu'il y fit (le lecteur en ignore tout). Pas un mot sur Vercingétorix.

Plutarque
Un homme extraordinaire, l'un des écrivains les plus fertiles, les plus brillants, les plus subtils, les plus chatoyants de l'Antiquité. Il naquit en Béotie, à Chéronée, vers 46 apr. J.-C., sous le règne de l'Empereur Claude (un siècle après la mort de César). Famille aisée mais

aussi de culture. Etudes à Athènes. Voyages : l'Egypte et, évidemment, Rome. Il y connaît le succès, comme enseignant et comme conférencier, s'intègre aux milieux qui comptent, politiques et intellectuels (ce sont souvent les mêmes). Puis, la quarantaine venue, il revient en Grèce, exerçant de nombreuses responsabilités dans sa ville natale et à Delphes. Surtout, il écrit, abondamment. De ses œuvres, à peu près la moitié nous est parvenue – une chance exceptionnelle ! On les classe en deux séries. D'abord, celles que l'on regroupe sous le titre de *Moralia* (*Ethika* en grec), traités consacrés à des sujets fort divers, rhétoriques, philosophiques, moraux, religieux. D'autre part, cinquante biographies d'hommes célèbres connues sous le nom de *Vies Parallèles*, car Plutarque associe (ou confronte) un Grec et un Romain qui, selon lui, offrent des similitudes. Se trouvent ainsi côte à côte les *Vies* de Démosthène et de Cicéron, de Pyrrhus et de Marius, etc. : vingt-trois biographies doubles, dont celles d'Alexandre et de César.

Plutarque s'intéresse apparemment plus à dresser les portraits de ses personnages qu'à relater en détail les événements qu'ils ont vécus. Il a un souci "moralisateur" : le vice et la vertu. Il adore rapporter les anecdotes où transparaissent qualités ou défauts. Il aime aussi les scènes spectaculaires, où se déploie son immense talent de narrateur. Mais nul ne doute qu'il ait accompli un travail scrupuleux de documentation : souvent, les historiens d'aujourd'hui se fondent sur lui pour rechercher la trace de textes disparus dont lui-même s'est inspiré. A la fois Michelet et… Alexandre Dumas, le sens de la mise en scène, du théâtre.

Dans la *Vie de César* (qui fait pendant à celle d'Alexandre), Plutarque consacre plusieurs pages à la guerre des Gaules. Dès le début, on s'aperçoit que, s'il a le texte de

César sous les yeux, il consulte également d'autres auteurs. Il mentionne notamment Tanusius Geminus, auquel j'ai précédemment fait allusion. Lisait-il également Tite-Live ? En tout cas, même si son intention ne fait aucun doute – il s'agit de mettre César en valeur –, les divergences ne manquent pas par rapport au *Bellum Gallicum*. Lisons les passages qu'il consacre à l'année 52, dans la belle traduction de Robert Flacelière (que je modifie sur tel ou tel point) :

> Les chefs les plus puissants avaient depuis longtemps jeté et disséminé en secret parmi les peuples les plus belliqueux les germes de la plus grande et de la plus dangereuse des guerres menées en Gaule ; ces germes commençaient alors à se manifester. La révolte tirait sa vigueur d'une jeunesse nombreuse, rassemblée de toutes parts en armes, de grandes richesses réunies en un trésor commun, de la force des villes, de la difficulté d'accès de ces territoires. (25, 3)

Le texte respecte à peu près l'esprit de celui de César, mais s'en écarte dans son expression. Pourquoi ? Parce que Plutarque vient d'entamer – comme il aime faire – une mise en scène, celle d'un drame. Nous sommes au début de l'exposition. En voici la suite :

> En outre, on était alors en hiver ; les rivières gelées, les forêts couvertes de neige, les plaines transformées en étangs par les torrents, les chemins rendus indiscernables, ici par l'épaisseur de la neige, là par les marécages et les rivières débordées, en sorte qu'il était bien difficile de trouver sa route. Tout semblait absolument empêcher César de rien entreprendre contre les insurgés. (25, 4)

César n'a rien écrit de tel. Plutarque a probablement dans la tête les très anciennes descriptions de la Celtique (au sens de l'Europe centrale), comme on en retrouvait encore l'écho, un siècle auparavant, chez Diodore de Sicile :

> La Gaule, située pour sa plus grande partie sous le Nord, est hivernale et particulièrement froide. A la saison d'hiver, dans les jours nuageux, tombe au lieu de pluie une neige abondante, tandis que dans les jours où le ciel est serein il y a abondance de glace et de glaçons extraordinaires, de sorte que les rivières gelées se couvrent de ponts naturels. (V, 25)

Suite et fin de l'"exposition" :

> Un grand nombre de peuples avaient fait défection ; à leur tête étaient les Arvernes et les Carnutes. Ils avaient choisi, pour diriger la guerre avec l'autorité suprême, Vergentorix, dont le père, soupçonné d'aspirer à la tyrannie, avait été mis à mort par les Gaulois.
>
> Donc celui-ci *(Vercingétorix)*, ayant partagé son armée en plusieurs corps et placé plusieurs chefs à leur tête, gagna à sa cause tout le pays d'alentour jusqu'aux peuples établis sur les bords de l'Arar (la Saône) ; sachant qu'il se formait alors à Rome un parti opposé à César, il se proposait de dresser toute la Gaule en armes. (25, 5)

Les enjeux sont exposés, les adversaires identifiés. César contre toute la Gaule et son chef suprême, Vercingétorix (dénommé Ouergentorix : Vergentorix). A propos de celui-ci, notons deux choses : "*son père, soupçonné d'aspirer à la tyrannie, avait été mis à mort par les Gaulois*" (et non par les Arvernes, ses concitoyens) ; d'autre part, il est doté de "*l'autorité suprême*".

Par ailleurs, Plutarque reprend à son compte la thèse césarienne, selon laquelle les difficultés de la politique intérieure romaine avaient compté dans le soulèvement gaulois (thèse qui démontre que les chefs gaulois étaient parfaitement informés de ce qui se passait à Rome).

Plutarque introduit à cet endroit une incise : *"Si Ver[cin]gétorix s'y était pris un peu plus tard, au moment où César était engagé dans la guerre civile, l'Italie eût été en proie à des terreurs aussi vives que celles qu'avaient causées autrefois les Cimbres"*. Réflexion d'historien, comme il aime à en faire de temps en temps : écrivant les biographies de si grands hommes, il ne déteste pas, à l'occasion, réfléchir sur le cours des événements et donner une opinion personnelle.

Donc, voici César, le grand homme, face à un adversaire redoutable et en butte à une nature déchaînée.

Acte I

> César avait le génie de tirer le meilleur parti de tout ce qui arrive à la guerre et surtout de saisir l'occasion qui se présente. Dès qu'il apprit la révolte, il se mit en route et montra aux barbares, par l'itinéraire même qu'il suivit, ainsi que par la vigueur et la rapidité de sa marche au milieu d'un hiver si rude, qu'ils allaient avoir affaire à une armée irrésistible et invincible : en effet, alors qu'il paraissait incroyable que l'un de ses messagers ou de ses courriers pût faire le trajet avant longtemps, ils le virent soudain sur place avec toutes ses troupes, ravageant leur pays, démantelant leurs places fortes, soumettant des villes et accueillant ceux qui se ralliaient à lui. (26, 3-4)

Le dieu César, son génie, sa rapidité, son armée "irrésistible". Pas de détail sur les opérations – elles sont simplement foudroyantes. Tout va bien.

Acte II
Coup de théâtre : les Eduens, les vieux alliés de Rome, se joignent à la coalition. Que va-t-il se passer ?

> Le peuple des Eduens entra à son tour dans la guerre contre lui. Les Eduens, précédemment, s'étaient déclarés frères des Romains, et ceux-ci leur avaient donné de grandes marques d'honneur. En se joignant aux insurgés, ils provoquèrent un profond découragement dans l'armée de César. C'est pourquoi celui-ci leva le camp de l'endroit où il se trouvait, et franchit le territoire des Lingons dans l'intention de gagner celui des Séquanes, peuple ami qui se situait face à l'Italie par rapport au reste de la Gaule. Alors, attaqué et cerné par plusieurs dizaines de milliers d'ennemis, il entreprit de livrer une bataille décisive ; il défit les barbares en lançant toutes ses forces et resta vainqueur, mais, pour les réduire, il lui fallut beaucoup de temps et une mêlée sanglante. (26, 5-7)

Ce passage est plus qu'intéressant. Plutarque indique que la défection des Eduens constitue un tournant décisif, provoquant *"un profond découragement dans l'armée de César"*. Notons qu'il n'évoque pas le siège de Gergovie, au cours duquel intervint précisément la rupture de l'alliance éduenne. La phrase qui suit télescope les événements : César lève le siège de Gergovie, remonte vers le nord-est, retrouve Labiénus et ses légions, décide de regagner l'Italie, livre la fameuse bataille de cavalerie – dont nous reparlerons. La mêlée fut "sanglante". Nouvelle incise de Plutarque – qui, je l'ai dit, adore les anecdotes :

> Il semble même qu'au début de l'action il avait été en infériorité, car les Arvernes montrent un glaive suspendu

> dans un de leurs sanctuaires, en affirmant que c'est une dépouille prise sur César. Il le vit lui-même par la suite et ne fit qu'en sourire ; comme ses amis l'engageaient à l'enlever, il refusa, disant que l'objet était consacré. (26, 8)

Seul, Plutarque rapporte ce trait. L'a-t-il inventé ? On a peine à le penser, mais il importe peu pour notre récit.

Acte III

C'est Alésia.

> Cependant la plupart des Gaulois qui s'étaient échappés se réfugièrent alors avec leur roi dans la ville d'Alésia. César vint l'assiéger, bien qu'elle parût imprenable à cause de l'importance de ses remparts et de la multitude de ses défenseurs. Au cours du siège, il fut en butte à un danger venu de l'extérieur et dont la gravité dépasse toute expression. Ce qu'il y avait de plus brave en Gaule chez les différents peuples du pays s'assembla et convergea en armes à Alésia : trois cent mille hommes. D'autre part, l'effectif des combattants qui étaient dans la place ne montait pas à moins de cent soixande-dix mille. Ainsi, César, enfermé et assiégé lui-même entre deux armées si nombreuses, fut obligé d'élever deux murailles de protection, l'une face à la ville, l'autre du côté de ceux qui venaient à son aide, car, si les deux armées opéraient leur jonction, c'en était fait de lui. Telles sont les nombreuses raisons qui justifient que le danger couru devant Alésia fut si renommé : jamais, dans aucune de ses campagnes, César n'eut à déployer autant d'audace et d'habileté. Mais le plus étonnant, c'est que ceux de la ville ne se doutèrent pas que César avait engagé le combat avec tant de dizaines de milliers de soldats venus de dehors et qu'il avait eu le dessus ;

> et, ce qui fut plus étonnant encore, c'est que ceux des Romains qui gardaient les remparts face à la ville ne s'en doutèrent pas davantage ; car ceux-ci n'apprirent le succès qu'en entendant les gémissements poussés par les hommes d'Alésia et les lamentations des femmes, qui aperçurent de l'autre côté l'immense quantité de boucliers garnis d'or et d'argent, de cuirasses souillées de sang, et aussi de coupes et de tentes gauloises que les Romains rapportaient dans leur camp. Telle fut la fin rapide de cette si grande armée : elle s'évanouit comme un fantôme ou un songe et se dispersa après avoir perdu la plupart de ses hommes dans la bataille. Quant à ceux qui tenaient Alésia, après avoir donné beaucoup de mal à César et avoir eux-mêmes beaucoup souffert, ils finirent par se rendre. (27, 1-8)

Récit étonnant, sans rapport avec la relation de César. C'est lui qui se trouve assiégé, et non les Gaulois ! Aucune logique. Pas un mot sur les travaux engagés par le proconsul, sauf cette phrase étrange : *"il fut obligé d'élever deux murailles de protection"*, à la fois vers l'intérieur et vers l'extérieur. Le danger est immense, mais César déploie son audace et son génie. Là encore, on est au théâtre : les Gaulois d'Alésia ignorent ce qui se passe à l'extérieur des lignes. Puis, ils aperçoivent les légionnaires rapportant *"les boucliers rehaussés d'or et d'argent, les cuirasses souillées de sang, les coupes et les tentes..."* Nul doute que l'imagination de Plutarque se donne libre cours : les lamentations des hommes, les gémissements des femmes...

Scène finale

> Le chef de toute la guerre, Vercintorix, revêtit ses plus belles armes, para son cheval et franchit ainsi la porte de

> la ville. Il vint caracoler en cercle autour de César qui était assis, puis, sautant à bas de sa monture, il jeta toutes ses armes et s'assit lui-même aux pieds de César, où il resta immobile, jusqu'au moment où il fut remis à des gardes pour le triomphe (de César). (27, 9)

Evidemment, c'est cette "reddition" de Vercingétorix qui a retenu l'attention des historiens... français. Mais, lorsqu'on lit le texte de Plutarque depuis le début, quel personnage est mis en valeur ? Non pas le chef gaulois, dont le nom n'est cité que deux fois (et encore estropié : Vercintorix), mais César. Le déroulement de l'année 52 est totalement escamoté : rien sur les prises d'Orléans, de Bourges, rien sur Gergovie, et le siège d'Alésia ne se comprend qu'à peine. Tout est construit autour de César, qui, ayant connu les plus grands dangers, a su les conjurer grâce à son génie.

La scène finale exalte la victoire de César. Lui, est assis. Le chef gaulois jette ses armes à ses pieds, s'assied lui-même, reste immobile. César le fait saisir par ses gardes. Quelle que soit l'origine – nous y reviendrons – d'un tel tableau, nul doute que, dans l'esprit de Plutarque, il illustrait la victoire définitive du général romain. La pièce se terminait par le triomphe du bon sur le méchant, du civilisé sur le barbare. Vercingétorix ne "crânait" pas, il venait se soumettre à plus fort que lui. Le *decorum* qui l'accompagnait rehaussait la gloire de César, non la sienne.

De cette analyse, nous retirons donc deux impressions. La première : Plutarque ne s'est pas intéressé aux événements en eux-mêmes, tout en signalant le moment crucial de cette année 52 : la défection des Eduens. La seconde : le déroulement des campagnes se prêtait à la dramatisation. On pouvait choisir le genre de l'épopée, de la tragédie, voire du roman. Des forces hostiles d'une ampleur inimaginable (des guerriers innombrables, une nature en furie) menacent César. Il va gagner en dépit de tout. Le "chef de toute la guerre" se dépouille de tous les attributs de sa puissance. César a gagné, c'est le meilleur.

Deuxième parenthèse : Suétone
Il est né vers 70 apr. J.-C. Après une carrière d'avocat, il fut recruté par l'Empereur Hadrien pour son secrétariat – il eut donc à sa disposition toutes les archives impériales. Puis il fut disgracié. Peu importe le cours de son existence : ce qui compte ici, c'est qu'il rédigea, entre autres ouvrages, ce que l'on appelle la *Vie des Douze Césars*, des biographies impériales qui, commençant par Jules César, finissaient avec Domitien. Suétone s'était fixé un plan : pour chacun des Empereurs qu'il étudiait, il décrivait, dans l'ordre, sa parenté (sa famille), sa jeunesse, sa carrière, son physique, sa vie privée. Du solide, du documenté – n'oublions pas qu'il avait pu consulter les archives officielles.

Evidemment, nous nous attendrions dans la *Vie de Jules César* à des considérations passionnantes sur la guerre des Gaules. Pas du tout : le chapitre qu'il lui consacre se réduit à ces quelques lignes :

> Voici à peu près ce qu'il fit pendant les neuf ans de son commandement. Il réduisit en province toute la Gaule renfermée entre les défilés des Pyrénées, les Alpes, les monts des Cévennes et les cours du Rhin et du Rhône, et qui forme un circuit de trois millions deux cent mille pas environ, sans compter les villes alliées ou qui avaient bien mérité de Rome. Il lui imposa un tribut annuel de quarante millions de sesterces. Le premier des Romains, après avoir construit un pont sur le Rhin, il attaqua les

> Germains qui habitent au delà du fleuve, et leur infligea de grandes défaites. Il attaqua aussi les Bretons, inconnus jusqu'alors, les battit et exigea d'eux de l'argent et des otages. Parmi tant de succès il n'éprouva en tout que trois échecs : en Bretagne, où sa flotte fut presque anéantie par une violente tempête ; en Gaule, où, devant Gergovie, une de ses légions fut mise en déroute ; et aux confins de la Germanie, où ses lieutenants Titurius et Aurunculéius furent massacrés dans une embuscade. (*Vie de César*, 25)

Suétone traduit les hauts faits que l'on attribuait à Jules César vers 120 apr. J.-C. Il avait conquis la Gaule, il était passé en Germanie et en Bretagne (l'Angleterre). Cela dit, tout n'avait pas été rose : même si le ton est gratifiant, Suétone ne se prive pas de rappeler que le "dieu César" connut trois échecs, l'un d'entre eux se situant devant Gergovie. En revanche, pas un mot d'Alésia (ce qui peut nous paraître étonnant). Vercingétorix n'a droit à aucune mention.

Florus

Drôle de personnage, dont nous ignorons à peu près tout, y compris son prénom (Lucius ? Julius ? Publius ?), car plusieurs Florus sont mentionnés au IIe siècle, qui pourraient ne faire qu'un avec lui-même – mais peut-être y en eut-il deux ou trois ! Peu importe : celui qui nous intéresse était un rhéteur (il enseignait la rhétorique) et ce que nous appellerions aujourd'hui un "conférencier", un "érudit" invité à présenter, dans tel ou tel cercle, un sujet intéressant le public cultivé, capable d'évoquer des thèmes divers. Lui, évidemment, n'avait pas constitué une collection de diapositives, il ne traitait pas des pyramides d'Egypte, des monuments incas ou des statues de l'île de Pâques, mais il faisait à peu près l'équivalent, produisant la même culture approximative et charmant son auditoire par de "bons mots". Il finit par écrire, aux alentours des années 130-140, un Abrégé d'histoire romaine, qui s'intitulait peut-être Tableau (*Tabella*), dont les manuscrits indiquent qu'il avait été fait d'après Tite-Live (*Epitome de Tito Livio*).

Le style de Florus, c'est effectivement celui du conférencier qui recherche les effets. Imaginons. Nous sommes dans un Odéon, là où se déroulent lectures poétiques ou savantes. Disons : à Lyon. Le célèbre Florus, devant quatre ou cinq mille auditeurs, a été prié de faire une conférence sur "Rome face aux Gaulois". Les Gaulois, ces prédécesseurs sauvages que le dieu César a (heureusement) vaincus, nous permettant, à vous et à moi qui sommes dans la salle, de porter la toge et de goûter à tous les bienfaits de la civilisation.

L'auditoire est passionné. Florus a rappelé toutes les guerres anciennes, les Gaulois déferlant sur Rome (incroyable !), leur alliance avec Hannibal (quelle honte !), la conquête par les légions de l'Italie du Nord (la Gaule Cisalpine), puis celle de la Transalpine (la Gaule méridionale). Survient César. La guerre des Gaules. Moi, citoyen lyonnais mais aussi citoyen de Rome, pris par l'éloquence de l'orateur, je tremble : la guerre est difficile, se pourrait-il que César échoue ? Florus adopte un ton d'une sinistre gravité :

"La plus grande (et en même temps… la dernière) *de toutes les coalitions gauloises se produisit alors. Lorsque l'on vit se rassembler à la fois tous les Arvernes, et les Bituriges et les Carnutes et les Séquanes."* (Un instant de silence.) *"Regroupés par un homme que son physique, ses armes et son charisme rendaient redoutable."* (Silence.) *"Son nom même semblait fait pour inspirer la*

terreur : OUERKINGETORIX !!" La salle est prise, Florus sent qu'il la tient. Toujours sur le même ton : *"Il les rencontre, les jours de fête, lorsqu'ils se réunissent en foule dans leurs bois sacrés. Il prononce des discours enflammés, il les excite à revendiquer leur droit : celui de recouvrer leur ancienne liberté !"*

Frissons. Ces barbares réclament la liberté, quelle inconséquence ! Le nom magique est alors prononcé : *"César"*. Sur un ton un peu anodin, pour provoquer une rupture (et captiver) : *"César était alors absent. Il procédait à Ravenne à une levée de troupes. L'hiver avait élevé le niveau des Alpes. Les Gaulois pensaient que la route lui était coupée."*

Léger sourire de l'orateur. Il se penche, fixant son public : *"Mais lui, César, étant ce qu'il était... (murmures complices), apprenant ce qui venait de se passer..."*. Léger silence : *"Sa témérité aurait-elle d'heureux résultats ?"* (On le fixe.) *"... Donc, lui, César, traversa la Gaule par des sommets infranchissables à un tel moment. Des routes et des neiges encore vierges. Des troupes armées à la légère. Dans son camp, il fait venir tous les soldats qui tenaient au loin leurs quartiers d'hiver. Il se trouvait en plein centre de la Gaule, tandis que l'on craignait encore qu'il arrivât à sa frontière."*

Florus se tait quelques instants. Puis il martèle les phrases suivantes : *"Alors il attaque les villes qui constituaient les forteresses de la guerre. Il enlève Avaricum à quarante mille défenseurs. Il rase par le feu Alésia, que défendaient... deux cent cinquante mille hommes en âge de combattre."*

Interruption, le temps que le public assimile ces phrases. *"C'est autour de Gergovie des Arvernes que se décida le sort de la guerre. Quatre-vingt mille hommes, protégés par une citadelle, par une muraille, par des rives abruptes, quatre-vingt mille hommes défendaient cette gigantesque cité.*"

Chacun retenait son souffle. "*César l'entoura d'un retranchement. Des pieux, un fossé dans lequel coulait une rivière qu'il avait détournée. Dix-huit fortins. Un immense parapet.*"

Un léger silence, puis : "*Il commença par les réduire en les affamant ; lorsqu'ils tentèrent des sorties désespérées, il les tailla en pièces sur le retranchement. Les épées et les pieux firent leur office. La fin arriva : il les força à se rendre.*"

L'auditoire sentait que l'histoire n'était pas finie. De fait, Florus ajouta, très lentement : "*Le roi en personne, le plus beau fleuron de notre victoire, vint en suppliant dans notre camp. Il mit aux pieds de César son cheval, ses phalères et ses armes, et il dit...*"

L'assistance était muette, attendant la fin. Florus prit un air exalté et proclama : "*Il dit : Prends-les ! Tu es le plus valeureux des hommes, mais celui que tu as vaincu était valeureux !*"

Florus s'inclina. Le public éclata en applaudissements.

Ce scénario (que j'ai évidemment inventé mais en reproduisant Florus I, 45) était destiné à faire comprendre le degré de "compétence" de Florus et de ceux auxquels il s'adressait. Les erreurs foisonnent, la plus incroyable (pour nous) consistant en la confusion entre Gergovie et Alésia. Mais il en est d'autres : Alésia rasée par le feu (sans doute Orléans-*Genabum* ?). Ces erreurs sont-elles le fait de Florus ? Certains de ses éditeurs récents voudraient en faire porter la responsabilité à des copistes ultérieurs, ce que je ne crois guère, mais il importe peu pour notre propos.

Les traits qui nous retiennent : pour la première fois, nous avons une esquisse de portrait. Vercingétorix est impressionnant *corpore* (par le physique), *armis* (par les armes, c'est-à-dire qu'il en porte que les autres ne peuvent porter, parce qu'elles sont plus grandes ou plus lourdes) et *spiritu* (ce que j'ai traduit par son "charisme"). S'ajoute le commentaire sur le nom lui-même "qui semblait fait pour inspirer la terreur". Ces notations présentent-elles un fond de vérité – voire une quelconque vraisemblance ?

Hélas, il faut trancher par la négative. Florus utilise les vieux "clichés". Voyez ce qu'il écrit ailleurs, à propos des invasions gauloises du IVe siècle av. J.-C. en Italie. Nous y retrouvons à la fois la grandiloquence, l'emphase rhétorique, et les mêmes expressions concernant le physique et les armes :

> Soit jalousie des dieux, soit fatalité, voici que, pour un temps, cette course si rapide de l'Empire est interrompue par l'incursion des Gaulois Sénons. Je ne sais si cette époque fut pour le peuple romain plus funeste en raison du désastre ou plus brillante en raison des preuves qu'il donna de son courage. En tout cas, la grandeur de ce malheur fut telle que je le croirais volontiers provoqué par le ciel à titre d'épreuve, les dieux immortels voulant savoir si la valeur romaine méritait l'empire du monde. Les Gaulois Sénons, peuple au tempérament farouche, aux mœurs grossières, étaient en outre, par la taille même de leurs corps, comme par l'énormité de leurs armes, une telle cause de terreur – terreur que tout en eux inspirait – qu'ils semblaient vraiment nés pour massacrer les hommes et saccager les villes. (I, 7)

Les termes sont identiques : des corps gigantesques, des armes énormes, le tout inspirant la terreur (*terribilis*). Les anciennes images diffusées depuis des siècles (y compris par Tite-Live), et qu'un rhéteur-conférencier reprend à l'envi pour tenir son public.

Quant à la déclaration finale de Vercingétorix, qu'en penser ? Précisons que son premier mot, en latin, connaît deux versions : selon les manuscrits, c'est soit *Habe*, soit *Habes*. Dans le second cas, il faudrait traduire : "Tu as (tu possèdes désormais, tu as comme prisonnier), toi, le plus valeureux des hommes, un homme valeureux. Tu as vaincu". Mais cette interprétation s'accorde mal avec la remise des armes, du cheval et de ses phalères (les ornements dudit cheval). Mieux vaut donc la traduction "Tiens", "Prends-les".

Cela dit, la scène, cette phrase ? A l'évidence, c'est un artifice relevant de l'art du récit (ou de la conférence). Florus en a "commis" d'autres, dont je donnerai un seul exemple non sans analogie avec le nôtre.

Relatant une bataille opposant Rome aux Mésiens (des barbares occupant les territoires de la Serbie et de la Bulgarie actuelles), il narre une petite scène (qu'il est le seul auteur ancien à raconter). L'un des chefs mésiens réclame le silence avant l'engagement, et s'adresse à ses adversaires : *"– Qui êtes-vous ? – Les Romains, les Maîtres du monde. – Il en sera ainsi si vous arrivez à nous vaincre"*. Pas plus de vraisemblance ("Qui êtes-vous" ?), mais le genre de formules qui comble un auditoire, surtout en latin, car les traductions escamotent l'essentiel des jeux de mots, ainsi que les assonances qui en font l'ossature. Pour ceux qui le connaissent, je donne en latin la conclusion de la conférence de Florus, la phrase prononcée par Vercingétorix devant César :

"Habe, fortem virum, vir fortissime, vicisti."

Polyen

Je ne le cite que par conscience professionnelle, car il n'a guère d'importance pour notre propos. C'est un rhéteur macédonien, qui écrivit un ouvrage intitulé

Stratagemala, c'est-à-dire *Stratagèmes* ou *Ruses de guerre*, qu'il dédia en 162 à Marc-Aurèle et Lucius Vérus. Il relate plusieurs des "stratagèmes" de César durant la guerre des Gaules, et notamment celui que le proconsul a décrit lui-même (*BG*, VII, 35), lorsqu'il parvint à traverser l'Allier alors que Vercingétorix avait coupé les ponts. Premier intérêt, minime : il mentionne "Ouerkiggetorix roi des Gaulois" (*basileus tôn Galatôn*). Intérêt supplémentaire : il signale des "ruses" que César n'a pas rapportées lui-même, par exemple que celui-ci aurait profité du brouillard lors de sa campagne contre les Helvètes (en 58), ou encore qu'il aurait emmené en Bretagne (Angleterre) un gigantesque éléphant qui lui aurait permis de franchir un fleuve. Passons, notre propos est autre.

Dion Cassius

Un personnage considérable, qui exerça les plus hautes charges tout en composant une œuvre historique qui prend rang parmi les "grandes" que l'Antiquité nous a transmises.

Lucius Claudius Cassius Dio naquit en 163 ou 164 à Nicée, dans la province de Bithynie (Asie Mineure). Son père avait connu une belle carrière : sénateur de Rome, gouverneur de la Lycie-Pamphilie. Elevé à la grecque, il accompagna son père dans la ville impériale, à 16 ou 17 ans, assista à des séances au Sénat (notamment à celle de l'intronisation de l'Empereur Commode, en 180). S'ouvre devant lui la "carrière des honneurs". Les charges se succèdent, en dépit des troubles de l'époque, des coups d'Etat, et de la ronde vertigineuse des Empereurs : Commode, Septime-Sévère, Caracalla, Macrin, Elagabal, Alexandre Sévère. Dion traverse tous les orages, exerçant deux fois le consulat, titulaire de gouvernements provinciaux et de bien d'autres responsabilités, tant civiles que militaires. Ce n'est qu'à l'âge de soixante-six ou soixante-sept ans que, les événements lui devenant moins favorables et sa santé déclinant, il prit sur lui de regagner sa ville natale pour y écrire son *Histoire romaine* qu'il réussit à mener à son terme, avant de mourir vers 235.

Cette *Histoire* ne constituait pas son coup d'essai. Dion avait déjà rédigé des mémoires qui l'avaient bien servi pour sa carrière politique. Septime-Sévère vient-il d'arriver au pouvoir ? Il reçoit un petit ouvrage *Sur les rêves et les présages* (signé de Dion) qui relate tous les "signes" qui avaient annoncé (et laissé espérer) son avènement : les dieux en avaient ainsi décidé. Peu après, Dion rédige le récit des *Guerres civiles*, à l'issue desquelles le même Septime-Sévère, après avoir vaincu son rival Clodius Albinus, a consolidé son pouvoir et l'Empire, mettant fin aux désordres du siècle. Dans les deux cas, l'Empereur fut sensible à ces attentions… désintéressées.

L'*Histoire romaine* réunissait 80 livres "depuis les origines jusqu'au moment où il plairait à la Fortune". Ne nous sont parvenus que les livres 37 à 59, qui relatent les événements survenus de 68 av. J.-C. à 47 apr. J.-C. Par bonheur pour nous, le livre qui nous intéresse (le livre 40) a été conservé.

Pourquoi cette énorme *Histoire* ? Dion lui attribue une naissance… fantasmagorique : en rêve, une nuit, son "Génie" la lui aurait commandée, et l'Empereur lui-même (toujours en rêve) l'y aurait exhorté. L'ultime éditrice des livres 40 et 41, Michèle Rosellini, décrit ainsi la mise en œuvre de l'entreprise :

> Elle repose sur un lourd travail d'érudition. Du moins pour sa partie proprement historique, puisque pour

l'époque contemporaine Dion Cassius devait se référer à sa propre expérience. Le travail de documentation à lui seul lui prend dix ans. Il rassemble ses matériaux à partir de deux types de sources : des récits historiques, parmi lesquels il cite seulement Tite-Live, Salluste, Arrien, mais qu'il a sans doute tous lus, et des autobiographies, notamment celles des empereurs (Auguste, Hadrien) ; en revanche il n'utilise pas les archives, alors que les *acta senatus* sont disponibles depuis César. La deuxième étape est celle du travail critique, de la mise en ordre, et de la rédaction littéraire ; il y consacre vingt ans.

Je passe sur le récit des premières années de la guerre des Gaules (non sans intérêt) pour en arriver à la description de l'année 52. Elle paraît étrange, tant les événements se télescopent ou sont déformés. Quelques exemples, au fil de la plume (la sienne).

> Cependant, les Gaulois se révoltèrent encore. Les Arvernes, sous le commandement de Vercingétorix, se rebellèrent, tuèrent tous les Romains qu'ils trouvèrent dans les villes et dans les campagnes. (40, 33)

Phrase intéressante en dépit de sa rapidité : des Romains étaient établis "dans les villes" (César l'avait précisé lui-même : c'étaient des négociants), mais voilà la première fois qu'un historien en signale "dans les campagnes" : des agriculteurs italiens établis en Gaule avant les campagnes césariennes ? Divers indices archéologiques vont en ce sens.

César rentre d'Italie et envahit le territoire des Arvernes. Ceux-ci reviennent puis, le proconseul n'ayant pas insisté, retournent chez les Bituriges. *"Après avoir pris leur ville Avaricon, ils y résistèrent longtemps [...]. A la fin, ils incendièrent tout le pays environnant, non seulement les champs et les villages, mais aussi les villes d'où, pensaient-ils, de l'aide pourrait venir à leurs ennemis"* (40, 34). Bourges tombe en raison des intempéries – *"en effet, l'hiver avait commencé"* (d'après César, on est vers la fin avril).

César repart chez les Arvernes. Description du "stratagème" pour traverser l'Allier. Le siège de Gergovie est décrit sans concession pour les Romains. En voici la fin : *"[César] perdit un grand nombre de soldats et vit que l'ennemi était imprenable. Bien plus, se produisait alors de l'agitation chez les Eduens [...], il leva le siège"*.

Dion insiste alors sur les "affaires éduennes", donnant des détails circonstanciés quoique parfois peu clairs, mais ayant le mérite de bien mettre en lumière qu'il s'agit du tournant de la guerre. Evocation rapide de la campagne de Labiénus qui prend *"l'île qui se trouve dans la Seine"* (on relève l'article défini).

"Vercingétorix, qui s'était mis à mépriser César en raison de ses revers, fit une expédition contre les Allobroges". César se lance à leur secours. Se déroule alors ce que nous nommons la "bataille de cavalerie". *"Vercingétorix échoua en raison de ses effectifs* ("du nombre") *et de sa témérité"*. Rôle éminent des "Celtes", alliés des Romains (les cavaliers germains). Et voici le siège d'Alésia, un récit assez rapide, avec une insistance particulière sur les malheureux Mandubiens chassés par Vercingétorix et se heurtant aux lignes romaines (pour Dion, l'histoire est souvent tragique). L'armée de secours est vaincue, et repart.

La scène de la reddition :

> Vercingérorix aurait pu s'échapper, car il n'avait pas été capturé et restait sans blessure, mais espérant (car il avait autrefois été en amitié avec César) pouvoir obtenir

son pardon, il alla le trouver sans s'être fait annoncer : il apparut brusquement devant César qui siégeait sur une tribune, jetant le trouble chez certains (des assistants). En effet, il était, entre autre, très haut de taille et avait l'air terrible sous les armes. Lorsque le calme fut revenu, il ne dit pas un mot, mais tomba à genoux et, les mains jointes, il supplia. Voilà qui frappa de pitié tous les assistants, qui se souvenaient de sa fortune ancienne et le voyaient aujourd'hui en une condition aussi émouvante. Mais César (fit le contraire) : il lui reprocha précisément ce sur quoi il comptait le plus pour son salut, et, en opposant sa rébellion à son amitié, il fit paraître sa trahison plus insupportable encore. Donc, à cet instant même, il ne le prit nullement en pitié, le faisant aussitôt mettre aux fers. Quant à la suite : après l'avoir produit à son triomphe, il le fit mettre à mort. (40, 41)

Si nous reprenons le récit qu'offre Dion de l'ensemble de l'année 52, il diffère tant de celui donné par César que l'on peut douter qu'il ait lu, voire consulté ce dernier. A la limite, on peut comprendre certains silences (comme celui entourant les premières opérations jusqu'à Bourges), certaines confusions chronologiques ou des embarras. Mais c'est le ton d'ensemble qui se démarque surtout de la prose césarienne. Le proconsul n'est guère mis en valeur : comparez, par exemple, son retour d'Italie tel que lui-même le relate, tel qu'il est mis en scène par Plutarque (les Gaulois déchaînés, la nature hostile, la traversée des Alpes enneigées, la glace, le froid), et le simple mot de Dion : *"il revint"*. Le portrait de César, loin d'être valorisant, atteint parfois l'odieux. Dans la scène de la reddition, c'est César qui, contrairement à tous les autres assistants, n'éprouve aucune pitié. Dion y insiste avec une lourdeur stylistique que les traducteurs ne peuvent se permettre de rendre, sauf à risquer de perdre tout lecteur : *"tous les assistants..., mais, lui, de son côté..."* Sentiment personnel de Dion, qui n'aime ni César ni Pompée, les jugeant comme des ambitieux cyniques indifférents au bien commun – encore qu'il ne soit pas indifférent à la "clémence" de César (absente, il est vrai, en l'occurrence) ? Sans doute, mais il y a forcément davantage.

Dion a manifestement suivi une source anti-césarienne, ou plutôt offrant un récit différent. Il insiste sur les pertes sérieuses subies à Gergovie : *"un grand nombre de soldats"* (César indique : un peu moins de 700). Il expose clairement que l'entrée des Eduens dans la coalition constitue le tournant de la guerre, qui impose à César une autre stratégie, ou plutôt il laisse entendre que César n'est plus maître des événements. La bataille de cavalerie eût tourné à l'avantage des Gaulois qui avaient "encerclé" les légions si Vercingétorix n'eut péché par témérité. Lors de la mêlée devant Alésia, César ne joue aucun rôle, alors que lui-même s'était décrit se jetant dans le combat, revêtu de son *paludamentum* et faisant pencher la balance !

En revanche, le refus du pardon est soigneusement expliqué. Vercingétorix avait été ἐφίώί, non pas dans l'amitié *de* César, mais *en* amitié avec César : ils avaient accompli tous les gestes, prononcé les serments, s'étaient mutuellement engagés. Or, Vercingétorix a fait une ἀίξί, "antitaxis", un mot qui relève du langage militaire : on oppose une armée rangée en ordre de bataille. La traduction "rébellion" ne rend pas toute la force de l'expression. De même, le mot "trahison" rend imparfaitement ἀί, ("adikia") : c'est la rupture de la parole donnée, le déni de ce qui est juste et consacré, le plus grave des crimes.

Dion n'a sûrement pas inventé ces reproches : l'une de ses sources établissait clairement la traîtrise de Vercingétorix (dont César n'a jamais dit un mot), qui avait renié ses serments.

Nous nous retrouvons devant les difficultés que nous avons évoquées à propos de Tite-Live : où chercher les sources de Dion, alors que toutes ont disparu (sauf César) ?

Orose

Nous sautons deux siècles, et nous voici en face d'une figure étrange et fascinante : Orosius (Orose), dont nous ignorons le prénom (peut-être Paulus). Un mystère entoure sa naissance, non pour la date (vers 390) mais pour le lieu : l'Espagne, selon la plupart des savants, la Bretagne (l'Angleterre) selon d'autres. Car sa jeunesse ressemble à un roman d'aventures, à en croire telle confidence (trop allusive) :

> … Si parfois je raconte à propos de moi-même comment j'ai vu en premier des barbares inconnus, évité ceux qui étaient hostiles, flatté ceux qui étaient les maîtres, comment je me suis prémuni contre ceux qui n'étaient pas sûrs, comment j'ai esquivé ceux qui étaient à l'affût, comment enfin j'ai échappé, enveloppé par un brouillard soudain, à ceux qui me poursuivaient en mer et qui cherchaient à m'atteindre avec des pierres et des javelots, et qui déjà me tenaient presque dans leurs mains… (III, 20, 6-7)

Qui sont ces barbares ? Des Vandales, des Visigoths ? Les dates ne coïncident pas. Serait-ce les Scots d'Irlande qui lancèrent, en 405, une attaque générale contre la côte sud de la Bretagne ? C'est ce que pense Marie-Pierre Arnaud-Lindet, l'éditrice d'Orose aux Belles-Lettres. Donc, le jeune Breton aurait été capturé, se serait enfui, finissant par trouver refuge en Ibérie, à *Brigantia*, ville de Galice (aujourd'hui La Corogne).

Orose devient prêtre. En 414, il s'embarque pour l'Afrique, afin de rencontrer Augustin (le futur saint Augustin), évêque d'Hippone. Il est chargé de l'alerter sur les ravages que provoquent en Espagne les hérésies de Priscillien et d'Origène. Il se lie avec Augustin, lequel apprécie le zèle et la culture du jeune homme.

Un mot du contexte historique. En 410, les Goths avaient pris Rome – un véritable séisme : plus que le pillage lui-même, c'était la chute de la capitale de l'Empire, vieille de tant de siècles. Alaric sur le trône d'Auguste ! Des campagnes d'une violence inouïe furent lancées contre les chrétiens : tel était le résultat de la religion nouvelle, méprisant les dieux immortels et abandonnant les anciennes pratiques de la divination qui permettaient de prévoir et de conjurer d'aussi funestes événements. Partout, y compris en Afrique où avaient afflué des réfugiés, les accusations pleuvaient, ébranlant jusqu'à certains chrétiens. Augustin tenta une contre-attaque. D'abord par des lettres et des sermons. Puis en se lançant dans la rédaction de *La Cité de Dieu*, destinée à réfuter les accusations. Il en fait paraître les trois premiers livres. Il apprend alors que ses adversaires préparent un contre-ouvrage, mettant à mal son argumentation. Il est pris d'inquiétude : n'a-t-il pas été trop théoricien ? N'aurait-il pas dû mettre davantage en valeur les désolations que connurent les "temps païens" dont on salue aujourd'hui la tranquillité ?

Durant l'hiver 414-415, profitant de la présence d'Orose à ses côtés, il le charge d'une entreprise que celui-ci, un peu plus tard, décrit en ces termes :

> Tu m'avais prescrit, donc, de développer dans le texte brièvement ordonné d'un volume, à partir de tous les

> fastes des histoires et des annales qui sont actuellement à notre disposition, tout ce que j'aurais pu retrouver, en remontant à travers les siècles passés, en fait de guerres accablantes, d'attaques de maladies, de famines désolantes, de tremblements de terre effrayants, d'inondations exceptionnelles, de redoutables jaillissements de flammes, de déchaînements des atteintes de la foudre et de meurtrissures de la grêle, et aussi de parricides et d'infamies déplorables. (*Prol.*, 10)

Orose se lança dans cette entreprise, qui nous paraît inimaginable : récapituler tous les maux que les récits anciens attestent à l'époque… du paganisme ! Il fallait relire les auteurs, le plus possible, mais c'était la *grande* Histoire qu'il allait rédiger, celle qui ferait définitivement triompher la foi chrétienne ! A 25 ans, être chargé d'une telle mission ! Il s'y plongea.

Coup de théâtre : Augustin le fait s'interrompre et l'envoie à Jérusalem pour y attaquer le pélagianisme. Passons sur l'épisode, qui se prolonge. A son retour, Orose apprend que le travail qu'il a engagé n'a plus d'intérêt : les adversaires n'ont pas publié les libelles redoutés, Augustin continue sa *Cité de Dieu*, le livre qui lui a été commandé est devenu sans objet.

Nous ne saurions dire, s'agissant d'un prêtre, qu'Orose dut l'avoir mauvaise ! En tout cas, il décida de ne pas renoncer. Il s'installa à Carthage, la grande ville intellectuelle d'Afrique, poursuivit son œuvre. Au lieu d'un livre, il en écrivit sept. Son ouvrage, intitulé *Historiae adversus Paganos* (Histoires contre les Païens) connut un immense succès. D'Orose lui-même, nous ne savons guère davantage, sinon qu'il tenta ensuite de rentrer en Espagne, fut bloqué à Minorque et disparut, probablement dans un naufrage, à moins de trente ans.

De ces *Histoires*, qui parcourent l'ensemble des temps, de la création de l'homme jusqu'à l'époque d'Orose, nous allons évidemment retenir les passages concernant l'année 52.

> Donc, César étant retourné en Italie, la Gaule se ligue à nouveau en armes et de nombreux peuples s'allient ensemble ; leur chef fut Vercingétorix ; selon son plan, tous les Gaulois mirent aussitôt le feu volontairement à leurs cités ; "Biturigo" fut la première à être incendiée par les siens. Puis ils s'élancèrent contre César qui, en hâte, était revenu secrètement vers son armée à marches forcées en passant par la Narbonnaise. (VI, 11, 1-2)

Deux mots de commentaire. Vercingétorix est qualifié de *dux*. la chronologie est malmenée : c'est bien après le retour de César que les cités et villages bituriges sont incendiés. Enfin, confusion entre *Avaricum* (Bourges) et une cité qui se serait nommée *Biturigo*.

> César avait alors bouclé par un siège un oppidum appelé Cénapum ; après un long siège et beaucoup d'échecs romains, un jour pluvieux où les courroies et les liens des machines ennemies avaient été détendus, celui-ci fut pris au moyen de tours de siège qui en avaient été approchées, et détruit. On rapporte qu'il y eut là quarante mille hommes dont à peine quatre-vingts, ayant pris la fuite en s'esquivant, arrivèrent au camp des Gaulois dans le voisinage. (VI, 11, 3-4)

Encore des confusions. *Cenapum*, c'est évidemment *Genabum* (Orléans), mais le siège ici décrit est celui d'*Avaricum* (Bourges), avec une notation sur "les courroies" distendues qui n'apparaît nulle part ailleurs. 40 000 hommes : c'est le chiffre donné par César. S'échappent 80 : César écrit 800, mais l'erreur peut être attribuée à la tradition manuscrite.

> En outre, les Arvernes et les autres peuples voisins – ils avaient même attiré à eux les Eduens – livrèrent de nombreux combats contre César. et, alors qu'épuisés, ils avaient fait, tout en combattant, retraite dans une place-forte, les soldats avides de butin bandent leur énergie pour prendre d'assaut l'oppidum, tandis que César allègue en vain la difficulté du terrain. Et ainsi, à cette occasion, César, accablé par les ennemis qui faisaient irruption depuis la hauteur, s'enfuit vaincu, après avoir perdu une grande partie de son armée. (VI, 11, 5-6)

Ici, manifestement, il s'agit de Gergovie. Mais on est loin du récit de César, notamment pour la fin : "*César s'enfuit vaincu, après avoir perdu* multa exercitus sui parte". Arrive le plus étonnant, un paragraphe qui s'ouvre par les mots "*Tandis que ces événements se passent devant Alésia*" (*Dum haec ad Alesiam geruntur*, à peu près l'expression qu'utilise César : *BG* VII, 75 : *dum haec apud Alesiam geruntur*, mais dans un contexte bien différent, des mois plus tard !). Donc, non seulement Orose laisse supposer que ce qu'il vient de décrire concerne Alésia (et non Gergovie), mais il néglige tous les événements qui se sont déroulés durant l'été, en particulier la bataille de cavalerie, le début du siège, etc.

Donc…

> Tandis que ces événements se passent devant Alésia, Vercingétorix, que tous avaient, à l'unanimité, choisi comme roi, recommande que, venus de toute la Gaule, tous ceux qui pouvaient porter les armes soient présents à cette guerre : il s'agit en effet d'une guerre unique d'où découlera, soit la liberté perpétuelle, soit une servitude éternelle, soit la mort de tous. (VI, 11, 7)

Notation intéressante : Vercingétorix a été choisi comme roi à l'unanimité : *omnes consensu pari regem praeoptaverant*. La suite représente bien l'injonction de Vercingétorix, mais César précise que les chefs gaulois décidèrent de réclamer à chaque cité un nombre déterminé d'hommes. Enfin, la dernière phrase résume le discours de Critognatos, non celui de Vercingétorix. Poursuivons.

> Ainsi, outre cette troupe innombrable qu'il avait auparavant rassemblée, environ huit mille cavaliers et deux cent cinquante mille fantassins furent rassemblés. Ensuite, les Romains et les Gaulois s'emparèrent de deux collines qui se faisaient vis à vis, depuis lesquelles ils s'affrontaient en de nombreuses et fréquentes sorties aux issues variées ; à la fin, les Romains l'emportèrent grâce à la valeur supérieure des cavaliers germains, leurs alliés de longue date, qu'ils avaient alors appelés en renfort. (VI, 11, 8-9)

Comment reconnaître le siège d'Alésia ? Pas un mot sur l'*oppidum* lui-même, rien sur les travaux engagés par César. On croirait une bataille en terrain ouvert, chacun des camps occupant "une colline".

Le paragraphe suivant s'ouvre par les mots : *"un autre jour..."* (*alia die*), formule qui n'a aucun sens. César, lui, entamait le récit de la reddition de Vercingétorix par *postero die*, *"le lendemain"*. Or donc...

> Un autre jour, Vercingétorix, ayant réuni tous ceux qui s'étaient échappés par la fuite, dit qu'il avait pris, en toute loyauté, l'initiative de défendre la liberté et de rompre le pacte avec les Romains, et que, maintenant, il serait prêt de tout cœur, soit à ce que tous s'exposent jusqu'à la mort aux coups des Romains, soit à ce qu'ils

> le livrent, lui seul, pour le salut de tous. Alors, les Gaulois, comme s'ils prenaient d'après l'avis du roi, la décision que, par pudeur, ils avaient quelque temps dissimulée, implorant aussitôt le pardon pour eux-mêmes, le livrèrent, lui seul, comme s'il était le seul auteur du grand crime. (VI, 11, 10)

Vercingétorix a réuni (où ?) tous ceux qui avaient réussi à s'enfuir. Il propose de se sacrifier : qu'on le livre aux Romains. Dans ces quelques lignes, apparaît une argumentation que nous n'avons encore jamais lue sous la plume de quiconque. Lui, Vercingétorix, se déclare *auctor inrumpendi foederis* : il a pris la responsabilité de rompre le traité. Quel traité ? Celui qui liait les Arvernes à Rome, qui avait dû être signé vers 121-120, celui grâce auquel les Arvernes avaient conservé leur indépendance, tout en promettant à Rome fidélité et autres devoirs. Rompre un traité : la chose la plus abominable, car les traités sont passés devant les dieux immortels et engagent toute la postérité. Même un chrétien pouvait reproduire l'indignation de sa source.

La fin du paragraphe insiste sur la gravité de cette violation. Les Gaulois, qui avaient été complices, pour sauver leurs vies, acceptent de charger Vercingétorix du poids de ce "*grand forfait*", de ce "*grand crime*" (*magni sceleris*). Et ils le livèrent : *dediderunt*. Rappelons-nous César : *Vercingetorix deditur* : "*on livre Vercingétorix*".

Le récit d'Orose suscite plusieurs questions. La première : par rapport à son programme (énumérer toutes les calamités des temps païens), pourquoi ce récit de la guerre des Gaules ? Simplement pour décrire les malheurs qui ont accablé la Gaule et l'impasse dans laquelle elle se trouvait : pour défendre sa liberté, elle se prévalait d'une liberté interdite (la violation des traités), les révoltes étaient vouées à l'échec car reposant sur un crime (le reniement de la parole). Un engrenage sans fin qui la laissa exsangue, défaite, désespérée. Vous vous étonnez qu'elle n'ait pas résisté aux Goths ? Voici ce qu'elle vous répond :

> Cette fièvre d'alors m'a rendue exsangue et m'a laissée glacée à un tel point que celle de maintenant, qui a touché presque tout le monde, n'a pu m'échauffer ou m'agiter. Les Romains m'ont abaissée à un tel point que je ne me dresserai même pas contre les Goths. (VI, 12, 7)

Le lecteur (chrétien) en tire la conclusion que l'invasion des Goths, pour la Gaule, ne fut pas pire que celle des Romains. Et Orose enchaîne : "*Cependant, Rome n'échappa pas elle-même aux désastres qu'elle infligea*". Suivent les récits de la guerre menée contre les Parthes par Crassus (un désastre, où il laissa sa propre vie) puis des guerres civiles. Les temps païens étaient donc bien des temps tragiques.

Revenons au récit de l'année 52. Orose écrit près de cinq siècles après les événements. La guerre des Gaules, pour lui, est aussi lointaine que, pour nous, la guerre de Cent Ans. Elle constitue seulement un *exemplum* au service de l'apologétique chrétienne. Ses lecteurs n'attachent aucune importance à une réalité historique dont ils ignorent tout : ils font confiance, les yeux fermés, à ce prêtre savant qui leur révèle le passé et leur en font comprendre le sens, tandis que "les autres" – les païens – vitupèrent contre lui.

Ecrivant ses sept livres en fort peu de temps, Orose n'a dû consulter qu'un nombre limité d'ouvrages. Lui-même reconnaît, à plusieurs reprises, être allé au pas de charge, pratiquer des raccourcis ou passer sur toutes sortes d'horreurs qui auraient offusqué son lecteur. Il avait de la culture, il cite parfois des poètes comme Homère ou Virgile, ou se réfère à Cicéron ou Salluste. Mais l'essentiel n'a pu être puisé que chez un nombre réduit d'auteurs. Lesquels ? D'abord Tite-Live, *in extenso* ou à l'aide de ces *Abrégés* plus ou moins développés que nous avons évoqués si souvent. Puis, les *Histoires Philippiques* de Trogue-Pompée, peut-être dans l'Abrégé qu'en fit Justin. Quelques autres pour l'époque impériale.

Mais pour ce qui nous intéresse ? Avant d'entamer son récit de la guerre des Gaules, Orose déclare ceci :

> En 693 après la fondation de Rome, sous le consulat de C. César et de L. Bibulus [= 59 av. J.-C.], trois provinces et sept légions furent, par la loi Vatinia, attribuées pour cinq ans à César : la Gaule Transalpine, la Cisalpine et l'Illyricum ; le Sénat y ajouta par la suite la Gaule chevelue. Suétonius Tranquillus a développé très complètement cette histoire. Nous en avons choisi de petits fragments significatifs. (VI, 7, 2)

Suétonius Tranquillus, c'est Suétone, dont nous avons précédemment parlé. En réalité, il s'agit du *Bellum Gallicum* de César, mais, à l'époque, on l'attribuait à Suétone ! La même erreur se retrouve, un peu plus tard, chez Sidoine Apollinaire. Une famille de manuscrits du *BG* porte, à l'encre rouge : *Incipit liber Suetoni*, ou des formules analogues. Voilà qui démontre que César aurait mieux fait de ne pas parler de lui-même en utilisant la troisième personne du singulier !

Qu'il ait cru lire Suétone plutôt que César, peu importe pour nous. S'il le fit sur un manuscrit complet, et quelles que soient les approximations que l'on peut accorder à un dessein apologétique, les erreurs et les négligences paraissent énormes. Il s'agit plutôt, là encore, d'un *Abrégé*, peut-être mélangeant diverses sources.

Que devons-nous en retenir ? Un récit plutôt favorable aux Gaulois insurgés, mais – une nouvelle fois, comme chez Dion – l'accusation terrible portée contre Vercingétorix : la trahison, non plus touchant un lien personnel entre César et lui, mais celle, beaucoup plus grave, concernant la violation d'un traité (*foedus*). Orose n'avait nulle raison d'inventer une telle accusation. A la fin de l'Antiquité, Vercingétorix était considéré comme le traître par excellence.

Tel est donc le dossier des textes antiques. Première constatation : leur faible nombre. Seuls, huit auteurs ont mentionné Vercingétorix : César, Tite-Live, Strabon, Plutarque, Florus, Polyen (à la marge), Dion Cassius et Orose. Evidemment, nous avons peut-être perdu beaucoup d'œuvres faisant référence au chef gaulois. Mais on ne peut raisonner ainsi : nous nous devons de constater que, au regard d'autres "ennemis" de Rome (Hannibal, Mithridate, Jugurtha, etc.), Vercingétorix fait piètre figure. Il n'a pas de personnalité, il ne joue qu'un tout petit rôle.

Autre évidence, douloureuse pour notre amour-propre : la guerre des Gaules n'a pas laissé un souvenir impérissable ! Certains auteurs la résument en quelques lignes. On confond très vite les lieux où se sont déroulées des batailles qui comptent pour nous. Même Alésia tombe dans l'oubli : quitte à être vaincus, que l'on nous accorde au moins un récit épique, que l'on glorifie le génie de César ! Même pas. Sic transit…

Si nous nous penchons sur des problèmes plus "scientifiques", nous avons observé que l'ouvrage de César, le Bellum Gallicum, *ne constituait pas la source unique des historiens qui écrivirent après lui. Rien que de normal : on n'imaginerait pas, aujourd'hui, qu'un auteur relate la Seconde Guerre mondiale d'après les seuls* Mémoires *du général de Gaulle. Mais nous avons été frappés par la récurrence de thèmes, manifestement anti-césariens, insistant sur les difficultés rencontrées par le proconsul et… disons… escamotées sous sa plume : la difficulté de certains sièges, les énormes pertes subies devant Gergovie, l'événement inouï que représenta la défection des Eduens (un coup de tonnerre : les plus vieux alliés de Rome, les "frères de sang" : comment était-ce possible ?). Quelqu'un avait écrit la guerre des Gaules autrement que César. Qui ? Nous l'ignorons. Tite-Live s'en inspira probablement, et la tradition fut vouée à une longue postérité.*

LES DONNÉES DE L'ARCHÉOLOGIE

Nous voici désormais face à des milliers de données, récentes pour la plupart, qui concernent la Gaule protohistorique. Nous allons sélectionner celles qui se rattachent à l'époque de Vercingétorix : la première moitié du Ier siècle av. J.-C. Elles restituent un cadre général, évidemment, mais ce cadre doit nous aider à situer un aristocrate dans son milieu, à l'"incarner" dans une réalité concrète, tangible, à lui faire quitter la sphère évanescente du symbole. Rappelons-le : Camille Jullian ignorait à peu près tout de ces connaissances, dont la plupart n'ont guère plus de vingt années et certaines beaucoup moins.

Les pages qui suivent sont nées des travaux de mes collègues. Plutôt que de tenter une synthèse maladroite et pesante de leurs publications, j'ai préféré leur donner la parole, en "interviewant" certains d'entre eux. Formule inhabituelle ! J'ai même "poussé le bouchon" encore plus loin, demandant à Vincent Charpentier, archéologue (il dirige des fouilles aux Emirats Arabes) mais aussi journaliste et responsable d'une émission sur France-Culture, de m'interviewer moi-même. Pourquoi procéder ainsi ? Pour tenter de rendre ces pages vivantes, pour que chacun exprime le fond de sa pensée, “sans filet”, c’est-à-dire sans toutes les nuances ou les précautions que permet l’écrit !

Nous allons donc évoquer plusieurs sujets. En tête, j’ai tenu à placer les monnaies à la légende *Vercingétorix*. En effet, quoique de nature “archéologique”, elles constituent des documents apparentés aux textes antiques : elles aussi mentionnent le nom du chef gaulois. En offrent-elles la représentation ? On va le voir…

Mais, l’un comme l’autre avons voulu, à travers Vercingétorix et à côté de lui, montrer que les peuples installés sur le sol qui deviendrait celui de la France méritent qu’on leur accorde un autre regard. Finissons-en avec l’ahurissement ou la sympathie amusée. Autres que nous (évidemment), différents des Romains et des Grecs (bien sûr), ces peuples, ces gens vivaient à un niveau de civilisation dont nous apprenons sans cesse à mieux reconnaître la hauteur.

Les monnaies à la légende Vercingétorix

CHRISTIAN GOUDINEAU. – *Brigitte Fischer, vous êtes spécialiste de la numismatique, et plus particulièrement des monnaies gauloises. Vous avez été la disciple du docteur Colbert de Beaulieu, celui qui a révolutionné ces études. Vous-même vous êtes penchée récemment sur les monnaies portant le nom de Vercingétorix. Première question : combien de pièces nous sont parvenues ?*

BRIGITTE FISCHER. – Vingt-sept. Une vingt-huitième est signalée dans une lettre du XIXe siècle, mais on ne l'a jamais retrouvée.

C. G. – *Elles sont en quoi ? Je veux dire, en or, en argent ?*

B. F. – Vingt-cinq sont des statères d'or. Deux sont en bronze.

C. G. – *Ça ne fait pas beaucoup !*

B. F. – Détrompez-vous. Lorsque l'on étudie ce que, dans notre jargon, on appelle les "types", les "variétés", les vingt-cinq monnaies d'or représentent diverses combinaisons qui laissent supposer des milliers, voire des dizaines de milliers de pièces.

C. G. – *Vous parlez de "types". Expliquez.*

B. F. – On en distingue deux, d'après la tête qui orne le droit : l'une est représentée nue, la seconde porte un casque.

C. G. – *Les deux séries sont en nombre équivalent, ou à peu près ?*

B. F. – Pas du tout, c'est même le point le plus intéressant. La série à la tête nue est plus que majoritaire : vingt-trois statères d'or, une pièce de bronze. L'autre : seulement deux statères et un bronze.

C. G. – *Avant de vous interroger sur ce "décalage", j'aimerais que vous nous décriviez ces séries. Commençons par la tête nue.*

B. F. – Vous voyez, comme moi, une tête tournée à gauche. C'est un homme jeune, aux traits réguliers. Le rendu du visage, je le qualifierais de "classique". Sa chevelure est bouclée, avec, parfois, une ou deux mèches tombant sur la nuque.

C. G. – *Et on lit* VERCINGETORIX…

B. F. – Pas exactement. Si vous regardez bien, vous lisez :

VERCINGETORIXS ou VERCINGETORIXIS.

Mais, il est vrai, cela importe peu. Vous constatez que le nom est coupé en deux, les deux parties se trouvant séparées par le cou.

C. G. – *Et si l'on retourne ? Le revers ?*

B. F. – Il y en a deux sortes. Un cheval, tantôt tourné à droite, tantôt tourné à gauche. Au-dessous de l'animal, entre ses jambes, une amphore, verticale ou légèrement oblique. Au-dessus, soit un croissant, soit une esse, le motif celtique bien connu.

C. G. – *Passons à la seconde variété. Donc, une tête casquée.*

B. F. – Oui. Vous le voyez, c'est un casque avec un couvre-nuque. On distingue également un collier autour du cou.

C. G. – *Et au revers ?*

B. F. – C'est toujours le même : cheval à gauche surmonté d'une grande esse, et une amphore sous le ventre.

C. G. – *Je vais peut-être vous choquer, mais ces monnaies ne me paraissent pas d'une... très grande qualité.*

B. F. – Entièrement d'accord avec vous. D'abord, ce que vous ne pouvez savoir : elles sont légères et de mauvais aloi : à peine 40 % d'or sur un poids total moyen de 7,30 g, bien au-dessous des 8 g que comporte normalement un statère de bonne qualité. En outre, vous remarquez des défauts de fabrication...

C. G. – *Lesquels ?*

B. F. – Ce qui frappe le plus : les images sont souvent mutilées, tronquées, mal “centrées”, n'offrant qu'une partie de la légende ou des motifs. Mais un spécialiste se rend aussi compte de nombreuses imperfections techniques : des éclats sur les marges, des tranches irrégulières. Bref, une fabrication bâclée.

C. G. – *Bâclée ? Vous y allez fort !*

B. F. – Non, il suffit d'observer.

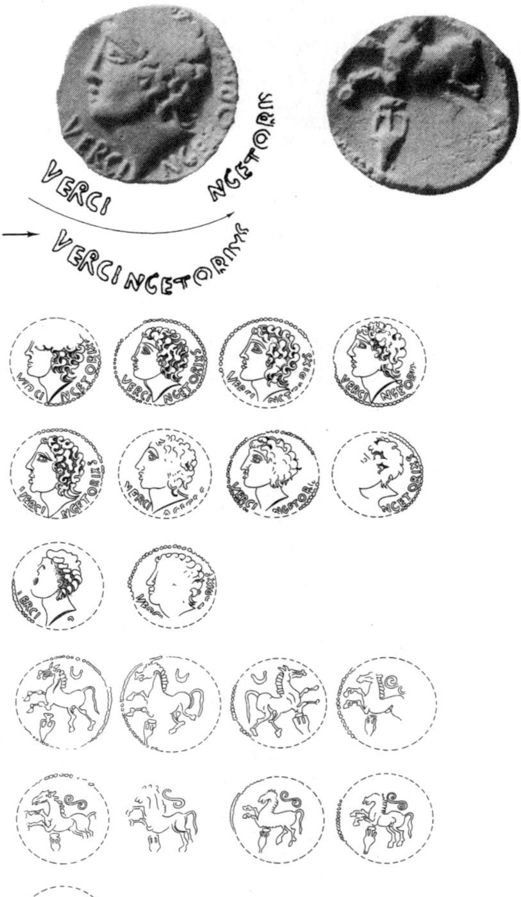

Les monnaies à la légende de Vercingétorix :
première variété.

Ci-dessus – Les monnaies à la légende de Vercingétorix : seconde variété.

Statère arverne imité du statère macédonien.
Tête d'Apollon.

Statère à la légende de Vercingétorix.

C. G. – *Que voulez-vous dire ?*

B. F. – Les techniques ont été défaillantes ou approximatives. Les flans – les rondelles de métal – sont plus petits que les coins – les “poinçons”, si vous voulez, qui gravent les images. Donc, les images sont forcément incomplètes. Quant aux “fractures” marginales, elles sont dues au fait que l’or est trop fortement “allié” – au sens d’alliage –, et il devient cassant.

C. G. – *Ça n’est pas trop brillant !…*

B. F. – Je vais même plus loin. Ce monnayage offre le cas – unique, grâce aux dieux – d’une véritable… hérésie. Les monnaies de bronze ont été frappées avec les coins qui ont servi pour les monnaies d’or. C’est aberrant en termes de numismatique !

C. G. – *Voilà qui nous fait pas mal d’étrangetés ! Une fabrication… “bâclée”, l’affaire de ces bronzes, etc. Votre explication – ou vos explications ?*

B. F. – La pression des événements. Il a fallu émettre, en toute hâte, un monnayage d’or. Vercingétorix en avait-il besoin pour s’assurer des alliés, constituer une grande armée ? Je ne sais, mais j’imaginerais un scénario de cet ordre.

C. G. – *Mais les bronzes ?*

B. F. – Vous vous rappelez, c’est un type très minoritaire. En outre, ces bronzes ont été retrouvés… à Alise, lors des fouilles de Napoléon III, alors que toutes les autres monnaies de Vercingétorix proviennent du territoire arverne. C’est le type même du monnayage qu’on appelle “obsidional” – lié à un siège – : on n’a plus de quoi fabriquer des monnaies d’or – pour payer les troupes –, on leur remet des pièces de bronze qui seront – si les choses s'arrangent – échangeables contre de l'or.

C. G. – *Evidemment, pour terminer, vous n'allez pas échapper à la question à mille dollars – mille statères, si vous préférez – : cette tête, c'est celle de Vercingétorix ?*

B. F. – Je vais répondre en conscience : non.

C. G. – *Vos arguments ?*

B. F. – D'abord, regardons ce monnayage en tant que tel, en lui-même : tous les visages qu'il présente au droit sont différents. Si l'on avait voulu représenter un personnage connu, identifiable, correspondant au nom que porte la légende, un modèle aurait été imposé, évidemment uniforme. Le fait qu'une certaine fantaisie ait régné démontre qu'il s'agit d'autre chose.

C. G. – *D'autre chose ? De quoi ?*

B. F. – C'est probablement le dieu Apollon, issu de l'imitation des statères macédoniens. A partir du modèle d'origine, des transpositions, des modifications minimes ont été apportées. Vous pouvez lui ajouter deux mèches sur le cou, pas d'importance. Surtout si vous êtes obligé de travailler très vite.

C. G. – *Mais le casque ?*

B. F. – Lui, a sans doute une signification historique. L'aura-t-on représenté lorsque Vercingétorix fut reconnu général en chef de la Gaule coalisée, à Bibracte ? Plus tard encore ? Je ne sais pas, mais le casque est ajouté à la tête… d'Apollon.

C. G. – *On peut dire quelque chose des motifs du revers ?*

B. F. – Le cheval, l'esse, le croissant, ce sont des motifs "classique" dans l'ornementation des monnaies celtiques. L'amphore, je ne sais pas : une allusion au rôle du vin, dans le commerce, dans les banquets ?

C. G. – *Reste la légende au nom du chef arverne ! Beaucoup continuent de croire que, si elle est là, le droit doit le représenter et le revers figurer des symboles en rapport avec lui.*

Brigitte Fischer : Vous ne pouvez éviter que certains en soient persuadés. C'est qu'ils ne connaissent rien à la numismatique. Les pièces émises par les autorités qui les contrôlent ou commandent représentent le plus souvent des personnages ou des allégories sans rapport avec eux. Ouvrez votre porte-monnaie ou votre portefeuille. La République française, c'est Gustave Eiffel ? Ou Paul Cézanne ?

C. G. – *Merci, Brigitte Fischer.*

Sur ces monnaies, j'ajoute quelques mots. Une théorie récente, développée par Paul Verdier, me paraît digne d'intérêt. Selon lui, le revers (avec le cheval, l'esse ou le croissant, et l'amphore) ferait référence à des constellations : Pégase, la Chevelure de Berénice et la constellation que nous nommons maintenant la Coupe. Cette représentation signifierait donc une configuration observable à une certaine date et considérée comme ayant une importance particulière, probablement religieuse et liée au pouvoir royal.

La Gaule à l'époque de Vercingétorix

VINCENT CHARPENTIER. – *Christian Goudineau, je vais me mettre à la place d'un de vos lecteurs – ou de l'un de mes auditeurs de France Culture. Depuis plusieurs années, j'ai eu l'occasion d'interviewer nombre de vos collègues (et vous-même), car les découvertes archéologiques se sont multipliées. Cette fois, nous allons tenter de dresser un tableau d'ensemble. Les questions que j'ai préparées vous paraîtront parfois... abruptes, mais c'est la règle du jeu. Christian Goudineau, à l'époque de Vercingétorix, c'est quoi la Gaule ?*

CHRISTIAN GOUDINEAU. – A question abrupte, réponse abrupte : la Gaule, ça n'est rien, ça n'existe pas.

V. C. – Gallia est omnis divisa in tres partes *: "la Gaule tout entière est divisée en trois parties". Les Aquitains, les Celtes, les Belges. Avec, comme limites, les Pyrénées, l'Océan, le Rhin, les Alpes. C'est bien ce qu'a écrit César au début de la* Guerre des Gaules *? C'est ce que nous avons tous appris ?*

C. G. – En effet, c'est bien ce que César a écrit. Mais quand ? Lorsqu'il a rédigé sa *Guerre des Gaules*, après

Alésia. Il a procédé comme bien d'autres généraux : il a voulu faire savoir qu'il avait conquis un ensemble homogène, bien délimité, avec des frontières, et auquel on pouvait donner un nom. La Gaule, comme le Maroc ou l'Argentine ou l'Inde. C'est le produit d'une conquête, identifiée, individualisée par le conquérant qui opère un découpage arbitraire, découpage qui se perpétuera comme tant d'autres au cours de l'histoire, particulièrement de l'histoire coloniale.

V. C. – *Mais le terme* Gallia *était utilisé depuis longtemps par les historiens ?*

C. G. – Bien sûr, mais c'était un terme vague. La *Gallia*, pour les Romains (comme la *Celtique* pour les Grecs), représentait un vaste espace, indéterminé, qui couvrait l'essentiel de l'Europe centrale et occidentale, les zones non méditerranéennes. Elle était habitée par des "Keltoi" ou par des "Galli" qui avaient le même genre de civilisation – ou plutôt de barbarie. Les historiens romains appellent *Galli* (Gaulois) des peuples qui habitent le Danube moyen aussi bien que ceux qui se trouvent dans ce que nous avons pris l'habitude d'appeler "notre" Gaule.

V. C. – *Donc, selon vous, un monde immense, non déterminé ? Mais on parle de la Gaule cisalpine (l'Italie du Nord), de la Gaule transalpine (le Midi de... de la France actuelle). Quelle explication donneriez-vous ?*

C. G. – Depuis le IVe siècle, l'Italie du Nord était principalement occupée par des Gaulois : c'était "la Gaule de ce côté-ci des Alpes". La Transalpine, c'était le reste : "de l'autre côté des Alpes". Lorsque, vers 125-122, Rome conquit le Midi de la France, la province s'appela "transalpine", mais ce n'était qu'une faible partie de la *Gallia* "au-delà des Alpes". Il n'y avait pas d'ambiguïté parce que c'était la seule *province romaine* "au-delà des Alpes". Plus tard, il fallut préciser, et on l'appela Narbonnaise.

V. C. – *Revenons-en à l'époque où va se déclencher la guerre des Gaules. Pour vous, la Gaule – on va garder le terme conventionnel – ne constitue que – comment dire ? – l'extrémité occidentale du monde "gaulois" ou "celtique", lequel s'étendait jusque vers la Hongrie ou la Tchéquie actuelles ?*

C. G. – Essayons de préciser. Je suis de ceux qui pensent qu'une bonne partie de l'Europe fut peuplée par des gens parlant des langues "celtiques", connaissant des types d'organisation politique, de croyances religieuses assez proches, de…

V. C. – *Je vous interromps : n'est-ce pas les théories que l'on appelle "pan-celtiques", celles que développait, au* XIXe *siècle, quelqu'un comme d'Arbois de Jubainville, que d'autres ont reprises plus récemment ?*

C. G. – Non, parce que je ne crois pas à une *unité*. Il y eut des mouvements, des migrations, des évolutions internes, l'influence des peuples limitrophes – méditerranéens –, l'impact des échanges commerciaux, le mercenariat, mille phénomènes qui ont contribué à constituer des "faciès régionaux" – pour employer le jargon des archéologues. Si Vercingétorix s'était rendu – disons – près de Budapest, aurait-il compris la langue ? Aurait-il été à l'aise ? Aurait-il partagé sans effort les coutumes, les pratiques religieuses ? Probablement pas. Des distances s'étaient créées au fil du temps, mais il restait un fonds commun.

V. C. – *Le Québec ?*

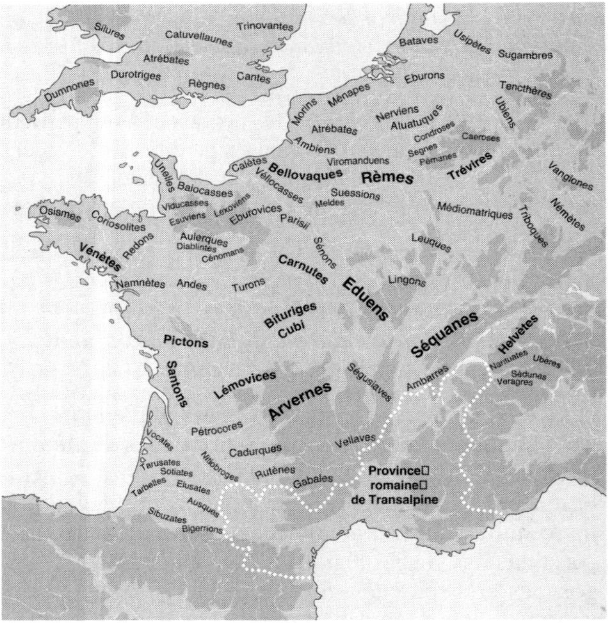

Les peuples à l'époque césarienne.

C. G. – Oui, pourquoi pas ? Sauf que vous n'avez ni les journaux, ni la radio, ni les communications rapides. Donc, les différences s'accroissent très vite, alors que le Québec, tout en vivant sa propre histoire, connaît ce qui se passe en France, reçoit des livres, des écrivains, les Québécois voyagent eux-mêmes. Imaginons le Québec à l'époque protohistorique, sans tous ces échanges. Au bout de trois ou quatre siècles, que se passe-t-il ? La langue n'a plus qu'une ressemblance vague avec le français, lequel a évolué de son côté. Se comprendrait-on encore ?

V. C. – *Mais des souvenirs, des accointances, le sentiment d'une ancienne communauté, des faits de civilisation non pas identiques mais analogues ? Des fêtes, des rites ?*

C. G. – Oui, sans doute. Mais, à l'inverse, des "acculturations" dues au voisinage. Le Québec a subi l'influence de ses voisins anglophones, des USA. La France, de son côté, en aura connu d'autres. Telle communauté celtique a été influencée par les Grecs, telle autre par les Thraces, les Etrusques, les Romains, etc.

V. C. – *Venons-en à l'époque de la guerre des Gaules. Vous nous avez dit qu'il n'y avait pas* une *Gaule. Vous pouvez préciser ?*

C. G. – Vous-même avez cité le texte de César : "la Gaule est divisée en trois parties". César ajoute que ces trois parties n'ont ni la même langue, ni les mêmes lois, ni les mêmes coutumes. On ne saurait mieux établir l'hétérogénéité ! Les divergences sont dues probablement à des strates successives de migrations, disons – pour simplifier – de colonisation. Certaines plus anciennes, d'autres plus récentes, toutes d'une même origine lointaine, mais avec les différenciations que vous avez évoquées en faisant allusion au Québec. La langue avait évolué, les institutions aussi.

V. C. – *Un kaléidoscope ?*

C. G. – Je ne dirais pas cela. L'impression que nous retirons non seulement de la Guerre des Gaules mais de l'organisation à l'époque gallo-romaine, c'est la primauté de la "petite patrie", qu'on appelle de toutes sortes de noms : le "peuple", la "cité", la "nation". Ces entités qui portent un nom : les Eduens, les Arvernes, les Séquanes, les Rèmes, etc.

V. C. – *Vous citez les plus grands. On pourrait dire aussi les Redones, les Baiocasses, les Nerviens. Combien y en avait-il ?*

C. G. – De ce côté-ci du Rhin (je récuse la frontière, je vous l'ai dit) une soixantaine, si l'on en croit César et si l'on observe l'organisation d'époque romaine – le Midi exclu, naturellement.

V. C. – *A lire César, on s'aperçoit qu'ils étaient loin d'être tous sur le même plan. Ici, même, on a parlé plusieurs fois des Eduens, de leur capitale Bibracte – le Mont Beuvray – ou encore des Arvernes, avec Gergovie. Egalement, des Trévires et de leur* oppidum *du Titelberg.*

C. G. – Evidemment, certains peuples étaient plus puissants que d'autres. Soit ils ont constitué des réseaux d'alliance, soit ils ont tout simplement, par la force, établi leur suprématie sous des formes variées. Vous avez cité les Arvernes et les Eduens, ce sont les deux plus fameux, qui ont dominé une grande partie de "la Gaule" au sens césarien. A ceci près que les Eduens avaient fait alliance avec Rome – au moins dès le milieu du IIe siècle av. J.-C. – et que les Arvernes s'étaient opposés à elle – et subirent des échecs retentissants. A l'époque de la guerre des Gaules, ils étaient tenus, par traité, à respecter "la Majesté du Sénat et du Peuple Romain" !

V. C. – *Christian Goudineau, vous avez écrit que la conquête du Midi avait représenté un événement décisif. Pourquoi ?*

C. G. – Oh, ce n'est pas moi qui l'ai écrit le premier, loin de là ! Mais il est vrai que, ces dernières années, l'archéologie nous a montré l'impact de cette conquête.

V. C. – *Au sens politique ? Au sens économique ?*

C. G. – Les deux. Commençons par l'économie. Un trafic immense se développe, apportant en Gaule des milliers d'hectolitres – chaque année – de vin italien, en échange d'autres denrées. On voit, progressivement, les grands peuples du centre adopter un monnayage de type romain, aligner leur monnaie sur la monnaie romaine, abandonnant l'or pour adopter l'étalon argent.

V. C. – *Vous voulez dire... Nous venons de vivre la création de l'Euro, nous avons constaté toutes les difficultés qui l'ont accompagnée, nous nous demandons comment les choses se passeront en 2002... Vous voulez dire que, à cette époque, des peuples gaulois ont aligné leur monnaie sur celle de Rome ? Avec tous les accords diplomatiques que cela suppose, les difficultés techniques. Une révolution ?*

C. G. – Absolument. A mon sens, elle ne signifie pas que les monnaies vont s'échanger, vont circuler. Mais on sait comment compter : le péage signifie tant de deniers, la cargaison ou le chariot, c'est tant, ma commission, c'est tant. Tout est simplifié.

V. C. – *Vous avez évoqué des changements d'ordre politique. Les Celtes, les Gaulois sont toujours associés, d'abord aux druides, ensuite au pouvoir royal. Ségovèse, Bellovèse, bien d'autres, les fameux rois Arvernes qui distribuaient des pièces d'or. Ce n'est pas vrai ?*

C. G. – Oui et non. La monarchie a longtemps dominé. A l'époque de César, on la trouve encore chez des peuples de la partie septentrionale – au sens large, de l'Armorique aux Flandres – ou en Aquitaine. Mais tous les peuples du Centre, ceux qui sont au contact de la province romaine, qui commercent avec elle, ont adopté un régime aristocratique. Ce sont les grandes familles qui gouvernent : leurs représentants forment un “Sénat” qui désigne, chaque année, le ou les magistrats suprêmes.

V. C. – *Où habitait Vercingétorix ?*

C. G. – Encore une question… abrupte ! Evidemment, je n'en sais rien, et je suis obligé de répondre en termes un peu généraux. Depuis une vingtaine d'années, l'archéologie nous en a plus appris sur les habitats que depuis… toujours. Grâce à la photographie aérienne, d'abord, puis en fouillant, nous avons retrouvé des exploitations rurales, disons des fermes…

V. C. – *Celles que César appelait* aedificia *?*

C. G. – On peut le penser. Donc, il y a ces fermes qui constituent un réseau très dense, qu'on n'imaginait pas. La terre mise en exploitation. On a aussi repéré des… disons des hameaux, de petits villages ouverts. Et puis, comme vous savez, des agglomérations fortifiées, ce qu'on appelle des *oppida*.

V. C. – *Comme Bibracte ? Deux cents hectares, si je me rappelle bien, des voies, des habitations, des ateliers d'artisans, un début d'urbanisme…*

C. G. – Exactement.

V. C. – *On a peu fouillé Gergovie. Vous pensez que Vercingétorix y avait sa maison ?*

C. G. – Qu'il y résidât à tel ou tel moment, je n'en doute pas. Il devait donc y avoir une maison.

V. C. – *Vous l'imaginez comment ?*

C. G. – Je la vois – bien sûr – en matériaux périssables (terre et bois) mais magnifiquement ornée, avec des peintures en façade, du bois sculpté, des tapis à l'intérieur – en tout cas, des peaux –, des boiseries, et tout un mobilier qui nous surprendrait. Une cave ou des caves. Une pièce centrale avec son foyer, une crémaillère… J'arrête. Mais il avait sans doute une autre résidence, ou d'autres résidences.

V. C. – *Vous faites allusion à ce que quelques-uns de vos collègues ont découvert récemment, les "fermes" ou les "résidences" aristocratiques ? Ces espèces de châteaux forts ou de mottes féodales avant la lettre ?*

C. G. – C'est une découverte fondamentale, qui nous vient d'Armorique, et qui est en passe de se généraliser. Tout à l'heure, je faisais allusion aux fermes, aux hameaux. Et voilà que, comme vous le dîtes, on trouve dans les campagnes des sortes de forteresses – bien sûr en terre et en bois –, avec des défenses incroyables – fossés, palissades –, un "logis" au centre et, tout autour, des lieux de service, des écuries, des ateliers d'artisans. C'est vrai, une espèce de "château fort". Vercingétorix – ou son père – en possédait-il un ? Plusieurs ? Je l'ignore. Pour l'instant, nous n'en avons aucune preuve, mais attendons…

V. C. – *Pour finir, les questions qui fâchent, mais incontournables. Il existait une unité gauloise, un sentiment*

Reconstitution d'une ferme gauloise.
Musée de la civilisation celtique, Mont-Beuvray.

L'*oppidum* de Bibracte sur les pentes du Mont-Beuvray.
Aquarelle de Jean-Claude Golvin.

commun – je ne dis pas celui d'une patrie ? César l'a écrit, non ?

C. G. – Que César l'ait écrit, pas de doute. Mais à qui s'adressait-il ? Aux hommes politiques de Rome. Il avait tout intérêt à qualifier l'insurrection générale de mouvement "nationaliste" – selon notre terminologie –, les barbares réunis pour défendre une cause, plutôt que d'avoir à expliquer pourquoi les alliés de Rome faisaient défection, les Eduens en tête.

V. C. – *Cela n'empêche pas qu'il y eut une solidarité ?*

C. G. – Très tardive. Pendant les six premières années de la guerre des Gaules, César eut à ses côtés des chefs gaulois, à la tête de contingents d'auxiliaires – cavaliers et fantassins –, des Gaulois lui servant de guides, ses alliés lui fournissant des vivres et lui apprenant la meilleure manière d'en découdre avec ceux qu'il attaquait. Pas vraiment de la solidarité. Relisez même le récit du siège de Gergovie : selon César, l'échec est dû au fait que ses soldats ne reconnaissent pas les alliés Eduens qui montent à l'assaut ! La solidarité ne dura que quelques mois – et encore, certains peuples s'en dispensèrent –, et l'on sait comment elle se termina : l'armée dite "de secours" dépêchée trop tard à Alésia et, semble-t-il, mal dirigée en raison de rivalités entre les chefs.

V. C. – *Vous l'avez dit plusieurs fois, mais je récapitule. Il n'y a pas une Gaule ?*

C. G. – Non. Il n'y a pas une Gaule "géographique" : à cette époque, le Rhin n'est pas une frontière. Vous allez en Bavière, vous visitez l'oppidum de Manching, vous vous croyez à Bibracte. Il n'existe pas davantage une Gaule politique : vous voyez, selon les moments, des ligues, des confédérations qui se créent ou se dissolvent. Vous apercevez surtout des différences entre les grands peuples du "Centre", au contact de la province romaine, et les autres, plus au nord, sauf ceux qui sont déjà sur les grands axes commerciaux – et qui se trouvent sous l'emprise éduenne.

V. C. – *Si, moi, j'avais entrepris un voyage depuis Narbonne jusqu'à Boulogne, je me serais plusieurs fois senti... dépaysé ?*

C. G. – Je le pense. Il vous aurait sans doute fallu plusieurs interprètes ! Selon les peuples, que vous vous recommandiez des Arvernes ou des Eduens, vous auriez été plus ou moins bien reçu. Vous auriez vu des régimes politiques différents. Les sanctuaires n'auraient pas été identiques, les dieux non plus. Les gens auraient été coiffés et peut-être habillés de diverses manières.

V. C. – *Tout en ayant conscience d'un fonds commun ?*

C. G. – On revient au Québec ! Je dirais : tout en ayant conscience qu'il existe l'"étranger", irréductible. Moi, Coriosolite, je n'ai rien à voir avec cette pourriture d'Eduen, je le hais, je le méprise, il parle une langue dégénérée que je comprends à peine, il nous impose des contrats léonins, il nous réclame des esclaves pour les envoyer à Rome...

V. C. – *Mais il vous est plus proche qu'un Romain ?*

C. G. – S'il faut choisir. Oui.

V. C. – *Christian Goudineau, nous devons conclure. Pas une Gaule, on l'a compris, mais de nombreux peuples – de part et d'autre du Rhin – s'associant, se liguant parfois, les uns partenaires de Rome, les autres en dehors de sa sphère d'influence et que César a cherché à faire entrer dans le "nouveau monde". Pas de "patriotisme" – sinon local –, la notion n'a aucun sens à l'époque. Est-ce que je vous ai bien compris ?*

C. G. – On ne saurait mieux dire. Mais, puisque nous en terminons, j'aimerais insister sur un point. Finissons-en avec les images habituelles de la sauvagerie, de la pagaille, du désordre, de la rigolade. Ces sociétés étaient hiérarchisées, policées, avec des règles. Les Eduens – mais aussi d'autres – envoyaient des ambassades à Rome et en recevaient chez eux. Beaucoup d'entre eux parlaient latin – Vercingétorix l'avait probablement appris.

V. C. – *Vale*.

Les Arvernes

CHRISTIAN GOUDINEAU. – *Vincent Guichard, vous-même êtes Arverne.*

VINCENT GUICHARD. – Pas du tout, je suis Ségusiave !

C. G. – *Un peuple lié aux Arvernes, quand même. Aujourd'hui, vous voici chez les Eduens, puisque vous dirigez les recherches au Mont-Beuvray (Bibracte)...*

V. G. – ... sans renier ma patrie d'origine !

C. G. – *Vous avez beaucoup fouillé en Auvergne, vous y avez mené des prospections avec votre collègue John Collis...*

V. G. – ... Professeur à l'Université de Sheffield, et avec bien d'autres.

C. G. – *Nous avons déjà évoqué les textes antiques concernant les Arvernes. Rappelez-les en quelques mots.*

V. G. – Dans l'histoire ancienne, les Arvernes sont cités pour la première fois en relation avec la deuxième guerre punique. On est en 207 av. J.-C. Hannibal, en Italie, connaît bien des difficultés. Carthage dépêche une armée

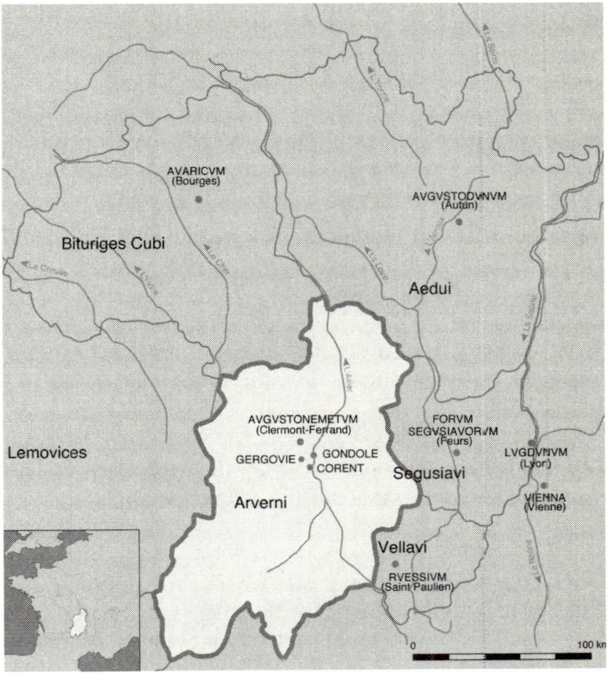

Le territoire des Arvernes.

pour l'appuyer, sous les ordres de Hasdrubal qui, traversant l'actuel Languedoc, aurait reçu le concours des *Arverni*. Les mentions deviennent plus nombreuses pour le IIe siècle av. J.-C. Elles nous indiquent qu'ils jouissaient d'une grande puissance militaire et d'un *imperium* qui s'étendait à une vaste partie de la Gaule – au sens césarien du terme.

C. G. – *Réalité ou mythe ?*

V. G. – Difficile à dire. Dans la mesure où ces notations accompagnent le récit de l'affrontement entre Rome et ce peuple, en 121 av. J.-C., on peut soupçonner les sources d'exagérer la réalité. Des centaines de milliers de guerriers, des rois démontrant un faste extravagant, etc.

C. G. – *On sait que les Arvernes furent vaincus mais conservèrent leur indépendance ?*

V. G. – Oui, ils ne furent pas englobés dans la nouvelle province de Transalpine – le midi de la Gaule.

C. G. – *Une chance pour eux !*

V. G. – Allez savoir. Le traité qu'ils durent signer leur imposait sûrement des clauses… sévères.

C. G. – *Lesquelles ?*

V. G. – On n'en connaît pas le texte. Probablement, les clauses habituelles, dont la principale – très vague – leur enjoignait de "respecter la majesté du Sénat et du Peuple Romain" ! Donc, un devoir au minimum de neutralité, plus vraisemblablement d'appui actif.

C. G. – *Les conséquences ?*

V. G. – On en distingue au moins une, d'ordre politique. Le système monarchique disparaît – le fils du dernier roi est emmené à Rome – au profit d'un régime "aristocratique".

C. G. – *Celui que Celtill, le père de Vercingétorix, tenta de renverser pour restaurer la monarchie...*

V. G. – Ce qui lui valut d'être mis à mort du moins si l'on en croit César, mais pourquoi ne pas le croire ?

C. G. – *Passons aux données de l'archéologie. Le territoire des Arvernes, on peut le circonscrire ?*

V. G. – C'est, *grosso modo*, celui de la future *civitas* gallo-romaine, l'essentiel du diocèse de Clermont. Donc, il est centré sur la dépression des Limagnes, et ses marges sont constituées de zones mons hospitalières, moins bien connes par l'archéologie.

C. G. – *C'est un territoire que vous diriez riche ?*

V. G. – La dépression des Limagnes jouit de deux atouts exceptionnels. D'abord, elle bénéficie de sols très fertiles et faciles à travailler – les terres noires. Ensuite, elle constitue le point d'aboutissement de tous les itinéraires en provenance des massifs périphériques.

C. G. – *Que sait-on de son occupation à l'époque de Vercingétorix ?*

V. G. – Si vous permettez, il faut remonter un peu plus haut dans le temps. Les travaux que nous avons menés depuis une quinzaine d'années, tout en apportant des renseignements sur la période qui s'étend du VIIe au IVe siècle av. J.-C., ont révélé une sorte d'"explosion économique" aux IIIe et IIe.

C. G. – *"Explosion" ??*

V. G. – Oui. Nous avons repéré et – parfois fouillé – un nombre considérable de sites de nature agricole attestant à la fois la densité du peuplement et la mise en valeur du “pays”.

C. G. – *C'est vraiment... révolutionnaire ?*

V. G. – Pour nous, oui. Songez qu'en 1975 ou 1980, on n'en connaissait qu'un – La Grande Borne. Aujourd'hui, des dizaines.

C. G. – *Ils se repartissent comment, ces “sites”, pour conserver votre terme ?*

V. G. – La densité la plus forte se trouve dans la région de Clermont, mais, partout ailleurs, même si le réseau est plus lâche, il existe.

C. G. – *Ce sont quoi : des fermes, des hameaux, des villages ?*

V. G. – Il y a de tout. Essentiellement, un nuage de hameaux, exerçant des activités à la fois agricoles et artisanales. Les terres sont bonifiées, mises en valeur, un nouveau paysage agraire se constitue.

C. G. – *On cultivait quoi ?*

V. G. – Des céréales – surtout l'orge et les blés tendres –, des légumineuses – pois, vesces, lentilles. Mais s'y ajoutait l'élevage, essentiellement porcs et bœufs.

C. G. – *Et pour l'artisanat ?*

V. G. – Toute la panoplie, depuis la métallurgie – fer, bronze, métaux précieux –, les textiles et le cuir, jusqu'au travail de l'os (on retrouve des dés à jouer et des perles) ou du corail. Sans parler, évidemment, de la céramique, qui ne cesse de se diversifier, avec – notamment – la fameuse “céramique peinte” arverne.

C. G. – *Et les monnaies ?*

V. G. – C’est l’une des principales innovations. Outre les statères d’or bien connus, vous avez, dès la seconde moitié du IIe siècle, de petites monnaies de bronze faites dans des moules – on les appelle les “potins” – qui sont utilisées pour les échanges de la vie quotidienne.

C. G. – *Vous n’évoquez pas les échanges sur plus longue distance…*

V. G. – C’est également dans cette seconde moitié du IIe siècle qu’ils se développent.

C. G. – *Avec, je suppose, les fameuses amphores à vin italien ?*

V. G. – Oui, les Dressel 1…

C. G. – … *Dont nous ne parlerons pas avec vous ! Une question me trotte dans la tête depuis quelque temps : durant les périodes que nous évoquons – qui sont celles de la monarchie –, où se trouvait la capitale des Arvernes ? Où résidait le roi ?*

V. G. – Aïe ! Je ne sais pas, je me demande même si existait une capitale. Le roi pouvait avoir une résidence rurale, ou plusieurs, comme on vit plus tard avec les châteaux forts. En tout cas, nous ne disposons d’aucun indice. Au moins pour cette époque, car, au début du Ier siècle, tout change.

C. G. – *Après la défaite devant les légions romaines ? La chute du pouvoir royal ?*

V. G. – Je vous expose les faits. D'abord le nombre des habitats "dispersés" se réduit drastiquement. Parallèlement, s'édifie ce que les archéologues appellent *oppidum*…

C. G. – *… Oui, oui, nous en avons parlé : une agglomération étendue, fortifiée…*

V. G. – Exactement – ou à peu près !

C. G. – *Donc, voici – enfin ! – qu'apparaît Gergovie !*

V. G. – Absolument pas ! Apparaît un oppidum sur le plateau de Corent. Corent n'est pas loin de Clermont. Il va être occupé vingt ou trente ans, puis toute la population est transférée à Gergovie !

C. G. – *Mais comment expliquer de tels mouvements de population ? Surtout le premier ?*

V. G. – Plusieurs hypothèses ont été proposées. Depuis les invasions des Cimbres et des Teutons – on quitte les campagnes, on se réfugie – jusqu'à la crise politique, en passant par la volonté de se conformer au modèle méditerranéen de la capitale de cité.

C. G. – *Votre avis ?*

V. G. – Ce n'est pas une évolution, c'est une "révolution", elle est brusque, radicale. Je n'ai pas l'explication. Il faut "mettre en série" des phénomènes analogues, chez d'autres peuples, avant de proposer des hypothèses sérieuses.

C. G. – *Et si je vous disais que c'est Celtill, le père de Vercingétorix, qui a voulu créer Gergovie, pour marquer une rupture ?*

V. G. – Vous avez le droit de faire du roman, mais je ne vous suivrai pas sur cette voie.

C. G. – *Nous reparlerons de Gergovie ultérieurement, pour le siège. Merci de cette mise au point.*

Vercingétorix était-il un "poilu" ?

VINCENT CHARPENTIER. – *Les tableaux, les sculptures, à de très rares exceptions près, représentent Vercingétorix portant une moustache – dite précisément "à la gauloise" – et des cheveux longs, libres, qui flottent sur ses épaules. Dans* Astérix, *la BD, le héros – Astérix – est figuré de la même façon, alors que son ami Obélix et le chef Abraraccourcix se tressent les cheveux. On ne voit pas de barbe, sauf pour les personnages liés à la religion, le druide Panoramix, le barde Assurancetourix. Christian Goudineau, qu'en pensez-vous ?*

CHRISTIAN GOUDINEAU. – La représentation "traditionnelle" – celle que vous rappelez – est née sous Louis-Philippe et Napoléon III. Elle s'appuyait évidemment sur les études des historiens de l'époque. Eux-mêmes ne connaissaient pas – ou presque pas – d'œuvres figurées remontant à l'Antiquité. Ils se fondaient donc sur quelques textes, peu nombreux, qui donnaient une certaine image des Gaulois.

V. C. – *Les Gaulois très grands, athlétiques, impressionnants…*

C. G. – Oui, c'est un leitmotiv qui remonte à l'époque des migrations celtiques en Italie, mais que l'on retrouve aussi bien au Ier siècle av. J.-C. chez Diodore, Strabon et même César qui écrit : *"aux yeux de la plupart des Gaulois, notre petite taille, à côté de leur haute stature, est objet de mépris"*. En réalité, c'est un lieu commun appliqué aux "peuples du nord" indistinctement : les Cimbres et les Teutons, les Germains, etc. César montre ses soldats terrorisés à l'idée d'en découdre avec ces derniers, en raison, notamment, de leur *"haute stature"* (*ingenti magnitudine corporum*). Ainsi, les Français ont longtemps imaginé les Suédoises avec des mensurations exceptionnelles, particulièrement… en hauteur.

V. C. – *Vous avez mentionné Diodore, qui écrit après César. Nombre de livres citent le fameux passage que je me permets de rappeler ici :* "Les Gaulois ont le corps grand, la peau humide et blanche, les cheveux blonds par nature : mais ils s'appliquent à accroître artificiellement le caractère spécifique de leur couleur naturelle : se lavant sans cesse les cheveux avec un lait de chaux, ils les relèvent des tempes vers le sommet de la tête et la nuque, de sorte que leur aspect ressemble à ceux des Satyres et des Pans : car leurs cheveux s'épaississent du fait de ce traitement, au point de ne différer en rien d'une crinière de cheval. Quant à la barbe, certains se la rasent, d'autres la laissent pousser modérément. Les nobles, eux, se rasent de près les joues, mais laissent pousser leurs moustaches, au point que leur bouche en est cachée : aussi lorsqu'ils mangent, leur moustache est embarrassée d'aliments, et, lorsqu'ils boivent, la boisson circule à travers elle comme à travers un filtre." *C'est un texte catégorique, non ?*

C. G. – Il ne faut pas le prendre au premier degré, pour plusieurs raisons. La première : Diodore écrit d'après

Le cliché traditionnel représentant le Gaulois vaincu (en bas à gauche). Il est hirsute, moustachu et barbu. Denier romain de 46-45 av. J.-C. : le trophée d'armes.

Le "Gaulois mourant", sculpture pergaménienne de la seconde moitié du IIIe siècle av. J.-C. Musée du Capitole, Rome.

Ci-dessus, à gauche – Sculpture trouvée à Entremont près d'Aix-en-Provence. IIe siècle av. J.-C.
Ci-dessus, à droite – Denier d'argent éduen. Première moitié du Ier siècle av. J.-C.

Monnaies d'argent attribuées aux Boiens.
Première moitié du Ier siècle av. J.-C.

des sources plus anciennes, lesquelles peuvent à leur tour reproduire des notations encore plus vieilles ! Comme si, aujourd'hui, nous décrivions les Chinois d'après des descriptions du XVIIIe siècle. Hergé a souvent mis en scène ce genre de décalage avec les Dupond-Dupond adoptant des habits mais aussi des coiffures totalement anachroniques. Il faut aussi compter avec la force des "images mentales" qui sont transmises de génération en génération, qui forgent des stéréotypes de l'étranger. Nous avons dans la tête des images de l'Anglais, de l'Ecossais, du Bavarois, du Japonais, du Brésilien, etc., sans rapport avec la réalité d'aujourd'hui. D'ailleurs, le texte que vous venez de rappeler n'a rien de valorisant, il est dépréciatif, on distingue en arrière-plan des jugements négatifs sur ces barbares bizarres et même répugnants.

V. C. – *Si vous ne croyez pas à la véracité de ces textes, sur quoi vous fondez-vous pour contester – éventuellement – les représentations traditionnelles ? J'aimerais que nous parlions surtout des "ornements pileux" ! Sur l'iconographie antique ?*

C. G. – Naturellement. Nous disposons de sources nombreuses, totalement inconnues au XIXe siècle. Et elles nous permettent de suivre une évolution dans le temps.

V. C. – *Vous voulez dire que les choses – ou plutôt les modes – ont changé ?*

C. G. – En quatre ou cinq siècles, n'est-ce pas normal ? Je prends quelques exemples, qui nous fournissent autant de jalons. D'abord, voici une statue, découverte en 1996 à Glauberg (près de Stuttgart). Elle date des années 475-450 av. J.-C. C'est un prince ou un roi celte. Il porte barbe et moustache. Cette iconographie va perdurer pendant près de deux siècles. Puis, on voit le Gaulois ne plus porter que la moustache.

V. C. – *Vous faites allusion, je pense, aux fameuses statues de Pergame ? Le Gaulois mourant…*

C. G. – Merci d'y faire référence. Regardons-la. Elle représente un Galate, un Celte d'Asie Mineure, de la seconde moitié du IIIe siècle av. J.-C. Il porte le torque, la moustache, et vous notez l'élaboration de la coiffure en mèches courtes. Vous trouveriez l'équivalent sur des reliefs étrusques.

V. C. – *La barbe a disparu. Mais il reste la moustache.*

C. G. – Pour le moment. Mais revenons en Gaule. Vous n'ignorez pas que, à partir de la fin du IIe siècle av. J.-C., a été frappé chez certains peuples du centre un monnayage d'argent…

V. C. – *… les deniers gaulois ?*

C. G. – Exactement. Or, outre les enseignements historiques qu'ils nous livrent, ils nous présentent pour la première fois une iconographie réaliste. Des personnages soit en pied soit en buste, parfois accompagnées de leur nom – ou du nom du magistrat monétaire – à supposer que ce ne soit pas le même. Regardez.

V. C. – *Oui, il n'y a plus de moustache. En outre, la chevelure a l'air particulièrement… soignée. Je vais jouer l'avocat du diable : et si, sur des pièces de dimensions aussi réduites, on n'arrivait pas à distinguer la moustache ?*

C. G. – Impossible. Rappelez-vous le texte de Diodore que vous avez cité vous-même : la moustache avait une telle abondance et une telle longueur que les aliments s'y accrochaient et qu'elle "filtrait" la boisson ! Si vous voulez des représentations quasiment grandeur nature, regardez les statues d'Entremont – près d'Aix-en-Provence – : aucune trace de moustache, et des coiffures incroyablement élaborées.

V. C. – *Mais c'est le Midi, la province de Transalpine.*

C. G. – Ces statues sont sûrement plus anciennes, antérieures à la conquête. Admettons qu'il y ait une influence de Rome. Elle se porte sur le visage qui devient glabre. Mais pas sur la chevelure qui prend des formes incroyablement élaborées. Le phénomène n'est d'ailleurs pas propre à la Gaule, on le retrouve, par exemple, sur des monnaies boiennes – de Bohême : ces chevelures extraordinaires, qui peuvent nous évoquer des modes très récentes. Les Romains devaient se sentir éberlués devant ces coiffures, qui détenaient peut-être des sens symboliques ou hiérarchiques que nous ignorons, mais qu'évoquent des textes irlandais – évidemment plus tardifs.

V. C. – *Vous m'en donnez un exemple ?*

C. G. – En voici un : *"Trois nuances de cheveux sur lui ; brune au ras de la tête ; rouge sang au milieu ; un diadème d'or recouvrant le tout. Belle était l'ordonnance de cette coiffure qui formait trois enroulements"*.
Les trois enroulements, vous n'aurez aucun mal à les distinguer sur telle tête d'Entremont.

V. C. – *Etant archéologue, je suis, comme vous, très sensible à la documentation "matérielle". Mais cela me gêne toujours un peu lorsqu'elle est en contradiction avec un texte – je pense encore à celui de Diodore.*

C. G. – Eh, bien, lisons César ! Durant la guerre des Gaules, il fit deux expéditions en Bretagne – l'Angleterre. Lors de la première, il a tenu à indiquer en quoi les

Bretons se distinguaient des Gaulois. Entre autre, il écrit que les habitants de l'île *"portent les cheveux pendants et se rasent complètement, sauf la tête et la lèvre supérieure"*. Autrement dit : ils ne se coiffent pas les cheveux et ils portent la moustache. Ce que ne font plus les Gaulois !

V. C. – *C'est vrai, les îles sont souvent des "conservatoires", où se perpétuent les anciennes coutumes.*

C. G. – Vous ne sauriez si bien dire : César montre les Bretons se servant de chars de guerre, alors que les Gaulois les avaient abandonnés depuis longtemps.

V. C. – *Donc, selon vous, Vercingétorix était glabre mais portait une chevelure élaborée, savante, avec des boucles, des mèches, etc.*

C. G. – C'est le plus probable à la lumière de ce que nous savons.

V. C. – *Quand même, une dernière question. César, après sa victoire sur la Gaule, fit frapper des monnaies "triomphales". On y voit un trophée d'armes avec, à gauche, une jeune femme éplorée, et, à droite, un Gaulois aux cheveux hirsutes, portant barbe et moustache.*

C. G. – L'image traditionnelle, conventionnelle. C'est ainsi que le Romain, depuis des siècles, se représentait le Gaulois. Le cliché, comme le Chinois avec un chapeau conique, des nattes et une robe jaune.

V. C. – *Pour conclure, ce sont les textes renvoyant à une ancienne vision des Gaulois qui ont inspiré les historiens du* XIX*e siècle et influencé les peintres et les sculpteurs ?*

C. G. – Certainement. Mais gardons-nous d'oublier l'importance qu'ont eue, pendant la plus grande partie du

XIXe siècle et au début du XXe siècle, les "ornements pileux". Les peintres et sculpteurs – et même les historiens – se sentaient d'autant plus enclins à représenter les Gaulois moustachus – éventuellement barbus – qu'eux-mêmes – les élites – prenaient un soin particulier, quotidien, de leurs… poils. "Vercingétorix le Poilu" durant la guerre de 14.

V. C. – *Nous voici donc avec un Vercingétorix qui se rase tous les matins et qui se fait coiffer régulièrement. Une image inattendue. A-t-elle autant de séduction que le précédente ? Est-elle capable de se substituer à elle ? Je me le demande, car, dans tous les domaines de l'archéologie, rien n'est plus difficile que de briser les vieux clichés !*

L'armement de Vercingétorix

CHRISTIAN GOUDINEAU. – *André Rapin, vous êtes président de l'Institut de Restauration et de Recherches Archéologiques et Paléométallurgiques, qui a son siège à Compiègne. Vous-même êtes spécialiste de l'armement dans l'Antiquité, auquel vous avez consacré de nombreuses publications.*

Je suppose que la contemplation des tableaux ou des gravures héritées du XIXe siècle vous inspire des sentiments… forts ? Les scènes de la reddition de Vercingétorix, par exemple ?

ANDRÉ RAPIN – Elles m'inspirent surtout le sourire. Je ne veux pas dire : quant à leur sens. Je parle seulement de l'armement.

C. G. – *Anachronique ?*

A. R. – Oh oui, complètement, je dirais même d'un anachronisme "débridé" ! Vous avez de tout, une sorte de panoplie surréaliste, mêlant des pièces qui, chronologiquement, s'étagent de l'Age du Bronze au Moyen Age. Cela dit, à l'époque, on ne pouvait en dire beaucoup sur l'armement des Gaulois.

C. G. – *César, par exemple, ne donne aucun renseignement ?*

A. R. – Non, pour la simple raison que Romains et Gaulois devaient être armés à peu près de la même manière. Il n'avait donc rien de particulier à décrire. Ce qui comptait, c'était la stratégie, la tactique. N'oublions pas non plus que de forts contingents d'auxiliaires gaulois combattaient à ses côtés.

C. G. – *Et aujourd'hui, nous en savons davantage ?*

A. R. – Oui, grâce à de nombreuses trouvailles. Lesquelles, d'ailleurs, semblent démontrer que les Gaulois – disons plutôt les Celtes – ont été à la pointe du progrès, qu'ils ont innové, créé des armes que d'autres ont adoptées – y compris les Romains.

C. G. – *Je vais vous imposer – non, vous suggérer – un exercice difficile. Dites-moi comment se présentait Vercingétorix, le guerrier, le chef de guerre !*

A. R. – Evidemment, Vercingétorix était un cavalier – ou chevalier, comme on veut –, qui combattait à cheval, comme tous les aristocrates de son temps. Cela dit, on ne saurait imaginer une cavalerie uniforme, il devait y avoir, comme à l'époque moderne, des corps spécialisés – hussards, dragons, cuirassiers, etc. – dotés d'un armement spécifique, mais nous en ignorons tout. Certaines variantes dans les armes doivent correspondre à ces spécialisations.

C. G. – *Mais encore ? Vous êtes un peu… vague.*

A. R. – Un exemple : les longs sabres caractéristiques de l'époque. On écrit couramment qu'ils avaient leur extrémité arrondie, donc qu'on les utilisait, non pas d'estoc

– on enfonce la lame dans le corps de l'adversaire –, mais de taille – on frappe avec les côtés, les tranchants. Or, c'est faux. J'ai observé – et restauré –, provenant de fourreaux identiques – à l'extrémité (on dit la bouterolle) effectivement arrondie –, des armes dont les extrémités avaient des formes très différentes. On en trouve bien qui sont arrondies, mais d'autres sont triangulaires, ogivales, effilées, etc. Pourquoi cette diversité ? Probablement en raison des spécialisations que j'évoquais. Elles supposaient aussi, je crois, le port de tel type de casque, d'une armure souple (en cuir) plutôt que de la cotte de mailles, etc. Sans parler du harnachement du cheval.

C. G. – *Donc, Vercingétorix, vous allez me dire que vous ne savez pas ?*

A. R. – Mais si, on va construire quelque chose, non pas de certain – pour les raisons que j'ai dites –, mais de vraisemblable, d'après toutes les trouvailles.

C. G. – *On commence par le haut ? Le casque ? Il a des ailes ?*

A. R. (rire) : Ce n'est pas un casque de l'Age du Bronze ! Il est en fer, il couvre la tête, les joues – grâce à ses "paragnathides", en langage savant – et la nuque. Les Romains portent à peu près le même. Notons que ce sont les artisans celtiques qui ont lancé, au Vᵉ siècle av. J.-C., la fabrication de ces casques en fer, qui furent adoptés par nombre de peuples.

C. G. – *On descend. Il est torse nu, comme tout bon Gaulois ?*

A. R. – Nouvelle légende, ou plutôt un mythe ancien. Vercingétorix porte la cotte de mailles, elle aussi inventée par les artisans celtiques vers la fin du IVᵉ siècle av. J.-C.

C. G. – *Les Gaulois connaissaient la cotte de mailles ? !*

A. R. – Oui, et les Romains l'adoptèrent à leur tour, dans le courant du IIe siècle av. J.-C.

C. G. – *On en a retrouvé ?*

A. R. – Bien sûr. Elle se compose de 20 000 à 30 000 anneaux soudés et rivés. Evidemment, elle doit coûter très cher – en admettant que l'on compte le temps de travail, ce qui n'est pas sûr –, on peut supposer que c'est le privilège des cavaliers-chevaliers.

C. G. – *Arrivons-en au bouclier. Selon les représentations antiques – je ne parle pas des tableaux modernes –, il prend des formes diverses.*

A. R. – Le bouclier gaulois se distingue en ceci qu'il est ovale et plat. En hauteur, il fait environ 1,10 m et en largeur 50 à 60 cm. Si vous le regardez de l'extérieur, vous voyez au centre ce qu'on appelle l'*umbo*, une protubérance souvent coiffée d'une coque métallique, qui est prolongé par une arête verticale (la *spina*).

C. G. – *Les Romains portaient le même ?*

A. R. – Leur bouclier a adopté une forme beaucoup plus convexe, plus enveloppante. Mais, c'est vrai, dans l'iconographie antique, on peine parfois à distinguer le leur et celui des Gaulois – qui, je le répète, est resté plat.

C. G. – *Maintenant, les armes offensives, la lance et l'épée.*

A. R. – Commençons par la lance. Je me permets de vous rappeler qu'elle constitue l'équipement offensif de base de toutes les armées de l'Antiquité. Ce n'est pas une arme de jet – comme les javelots ou équivalents –, on la garde à la main pour l'affrontement. Evidemment, c'est une arme d'estoc – pour trouer la peau de l'adversaire. Je passe sur les variantes qu'elle peut présenter – on retrouve les "spécialisations" dont je parlais il y a un instant.

C. G. – *Alors, l'épée. Là aussi, les tableaux du XIX*ᵉ *siècle et les gravures des manuels scolaires nous montrent Vercingétorix brandissant une épée avec une lame de forme... renflée puis s'effilant...*

A. R. – ... On dit pistilliforme ! Encore une arme de l'Age du Bronze, sans rapport avec notre époque. Depuis longtemps – le Vᵉ siècle av. J.-C. –, les Celtes avaient inventé une longue épée à tranchants parallèles. Elle se logeait dans un fourreau de métal, une véritable merveille de technologie – et aussi en termes de décoration.

C. G. – *Invention adoptée, je suppose, par...*

A. R. – Par beaucoup de peuples, sauf par les Romains ! Ceux-ci, à notre époque ont encore un fourreau de bois et un glaive (*gladius*) de forme pistilliforme.

C. G. – *Donc, les tableaux et gravures inversent, si j'ose dire, la réalité ?*

A. R. – Tout à fait.

C. G. – *Et le cheval de Vercingétorix ?*

A. R. – N'oublions pas que la taille moyenne des chevaux au garrot dépassait rarement 130 à 135 cm. Ils sont donc petits en comparaison des nôtres, mais leur taille permet au cavalier de leur enserrer le corps avec ses cuisses et ses jambes, de résister à l'impact de la lance – ce qui serait autrement impossible, faute d'étriers.

C. G. – *Ils ont des selles ?*

A. R. – Bien sûr. Seuls, les Germains montent à cru. Les Gaulois utilisent également les éperons. Et leurs chevaux sont probablement ferrés, encore que nous ne disposions pas de preuves absolument certaines. Je passe sur le harnais, que les Celtes ont perfectionné – harnais de tête à mors de bride et à caveçons –, sur les pièces qui les ornaient – il y a mille variantes, et vous en voyez de superbes dans les musées.

C. G. – *Si je vous comprends bien, nous devons remettre totalement en question les tableaux traditionnels – par exemple, les fameuses scènes de la reddition de Vercingétorix que nous évoquions en commençant ?*

A. R. – Totalement. L'armement n'a aucun rapport avec celui de l'époque.

C. G. – *André Rapin, si je ne me trompe, vous avez enseigné le dessin ? Vous-même avez "commis" quelques œuvres – pour ne pas dire davantage ?*

A. R. – Vous m'inquiétez. Cela pour en venir… où ?

C. G. – *Si vous tentiez une esquisse : la reddition, mais Vercingétorix est revêtu de ses "vraies" armes – ou bien les jette aux pieds de César. Chiche ?*

A. R. – Chiche.

La scène "traditionnelle" de la reddition,
cette fois avec l'armement de l'époque.
Dessin André Rapin.

Que mangeait Vercingétorix ?

CHRISTIAN GOUDINEAU. – Patrice Méniel, votre programme de recherche au CNRS porte un nom quasiment barbare : l'archéo ou la paléo-zoologie ? C'est quoi ?

PATRICE MÉNIEL. – C'est l'étude des animaux aux époques anciennes. Quels animaux vivaient à tel moment ? Leur stature, leur poids, leur apparence. La faune sauvage, les animaux d'élevage. Ce que les hommes en faisaient : leur rôle dans le travail des champs, le transport, l'alimentation, les sacrifices, la chasse, la pêche. Etc. Un domaine multiforme !

C. G. – *D'où provient votre documentation ? Les textes anciens ne sont pas très bavards…*

P. M. – Plus que vous n'imaginez. Mais, il est vrai que l'essentiel est fourni par l'analyse des ossements que les archéologues retrouvent dans leurs fouilles.

C. G. – *Dans ma jeunesse, sur les chantiers, on jetait les os d'animaux : pas d'intérêt…*

P. M. – Oui, eh bien, aujourd'hui, en une saison de fouilles, je puis m'en voir livrer – ou j'en trouve moi-même – des dizaines de milliers !

C. G. – *De telles quantités ?*

P. M. – Oh oui. Tant mieux et… hélas. Hélas, parce qu'il faut compter, trier, rassembler par espèces, par âge, etc. Un travail harassant ! Mais tant mieux parce qu'il permet d'obtenir des résultats.

C. G. – *Désolé, je ne vais pas vous demander d'en dire plus sur votre discipline. Je vous pose une question directe : que mangeait Vercingétorix ? Bien sûr, j'espère que vous allez me répondre : du sanglier !*

P. M. – Ça dû lui arriver. Etant aristocrate, il devait pratiquer la chasse. Mais, pour l'essentiel, quand il mangeait de la viande, c'était celle d'animaux d'élevage. Dans n'importe quelle fouille, la part des animaux sauvages est d'une extrême faiblesse : de 0 à – disons – 5 %, dans les cas les plus favorables.

C. G. – *Alors Obélix…*

P. M. – … aurait été frustré !

C. G. – *Revenons aux choses sérieuses. Comme tous vos collègues, quel que soit leur domaine d'étude, vous devez chercher deux choses : dresser une sorte de panorama global, et – quand vous le pouvez – commencer à distinguer des variantes régionales ?*

P. M. – Pas seulement régionales, je dirais aussi "sociologiques". On ne mange pas la même chose sur un oppidum – et encore, cela dépend des quartiers –, dans une petite exploitation rurale, ou lors des banquets – ou des sacrifices – qui se déroulent dans un sanctuaire. Rien d'étonnant d'ailleurs, c'est un phénomène qui a traversé toute l'histoire.

C. G. – *Tentons le panorama "global". Vous diriez quoi ?*

P. M. – Je dirais qu'il y a deux "cultures" alimentaires. La première associe le porc, le chien…

C. G. – *Le chien ?*

P. M. – Oui, le chien ! Je reprends : le porc, le chien et les volailles. La seconde : essentiellement à base de bœuf. Le mouton et la chèvre se baladent entre les deux.

C. G. – *Pas le cheval ?*

P. M. – Si, on a des témoignages de sa consommation – surtout s'il s'agit d'un jeune poulain (évidemment chez les riches). Mais on le trouve rarement dans les sanctuaires – à cette époque – ou dans les offrandes funéraires.

C. G. – *Alors, Vercingétorix ?*

P. M. – Tout à l'heure, nous évoquions Obélix – et donc Astérix. Imaginons que Vercingétorix, comme nos deux héros de BD, ait eu l'occasion de faire un tour de Gaule – qu'aurait-il dégusté ?

C. G. – *C'est de la fantaisie ou…*

P. M. – Non, le résultat de fouilles récentes.

C. G. – *Vous le faites partir d'où ?*

P. M. – De Normandie. Il y fait une orgie de…

C. G. –*… de fromages ?*

P. M. – Ah, ça peut-être, mais comment en trouver les traces ? Non : de moules !

C. G. – *Bien. Après avoir digéré, il se retrouve en quel endroit ?*

P. M. – On va dire dans l'Oise. Là, il se gave de viande d'agneau. Puis, il se rend chez les Rèmes, où il va séjourner quelque temps, désireux d'en faire ses alliés.

C. G. – *Je suppose que vous avez une fouille… sous le coude ?*

P. M. (rire) : Oui, celle d'Acy-Romance, avec une abondance extraordinaire de trouvailles. On l'accueille avec faste. On lui sert d'abord des poissons – capturés lors du frai. Vient ensuite une cuisse de chien grillée. Puis des salaisons, orgueil et spécialité du village.

C. G. – *Mais les viandes – le porc, le chien, l'agneau, etc. – sont préparées comment ? Rôties, sautées, frites ?*

P. M. – La culture "gauloise", c'est soit la viande bouillie, cuite à l'eau dans de grandes urnes, soit le rôti – on a retrouvé des broches et même des grils. Enfin, les salaisons que je viens d'évoquer.

C. G. – *Jusqu'à présent nous assistons à des repas de riches. Vous savez ce que mangeaient les autres ?*

P. M. – Oh, pas grand-chose. Par exemple, des pieds de bœufs ou de chevaux, fendus en deux. Allez, on le fait repartir vers l'Est, chez les Trévires.

C. G. – *Nouvelle fouille ?*

P. M. – Oui, le Titelberg, le grand oppidum, au Luxembourg. Une fouille exceptionnelle, qui a permis de comprendre l'organisation du commerce de la viande et des produits dérivés. On y a retrouvé les vestiges de l'activité des bouchers qui traitaient les bœufs, en provenance des fermes qui environnaient l'oppidum. Mais, à côté d'eux, il y avait des artisans spécialisés qui s'occupaient des peaux, des cornes, des os et qui les transformaient en cuir et en objets de toutes sortes.

C. G. – *Pour un usage local, régional ?*

P. M. – Non, probablement pour aller bien plus loin. Il y avait des échanges. Le Titelberg produisait du métal, il recevait du vin importé d'Italie et – pour nous en tenir à l'alimentation – du thon, par exemple.

C. G. – *Alors, au Titelberg, Vercingétorix aurait dégusté du thon ?*

P. M. – Peut-être. Mais ce que je voudrais que l'on comprenne, c'est que, quel que soit l'endroit où il se fût rendu, il eût été accueilli dignement. Aussi bien au bord de la mer du Nord qu'au centre de la Gaule. Il avait de fortes chances de manger du porc, mais il pouvait espérer une épaule d'agneau, une côte de bœuf, voire du plus… exotique.

C. G. – *Quand même, le sanglier…*

P. M. – Ah, pour vous faire plaisir, nous allons l'inviter à Vesontio (Besançon). Il y a quelques années, lors de la construction du parking de l'Hôtel de ville, on a fouillé des maisons gauloises de la première moitié du Ier siècle av. J.-C. L'une d'entre elles était celle d'un "chef" – on a retrouvé son collier – qui s'adonnait à la chasse – on a retrouvé ses éperons. Et des ossements de cerf et… de sanglier !

C. G. – *Ouf !*

P. M. – Mais c'est vraiment l'exception qui confirme la règle !

C. G. – *Cela met cependant du baume au cœur ! Dites-moi, Patrice Méniel, avec le régime que nous venons de lui faire subir, Vercingétorix devait être gras, crouler sous le cholestérol.*

P. M. – L'alimentation carnée ne représente qu'une partie du régime alimentaire. Je ne saurais d'ailleurs en déterminer la part. Infime chez les plus pauvres, plus importante chez les aristocrates. En quelle proportion ? Impossible de savoir.

C. G. – *Si je résume, ce qu'il faut nous extirper de la tête, c'est l'idée que les Gaulois vivaient de la chasse (et de la pêche) ?*

P. M. – Bien entendu. Depuis le Néolithique. Ça fait près de cinq mille ans ! Je ne sais à quel blocage psychologique est due la persistance de cette… fantasmagorie, qu'on a dénoncée depuis longtemps, mais qui perdure en dépit de tout.

C. G. – *Si c'était la seule ! Mais passons au reste de l'alimentation : qu'en savez-vous ?*

P. M. – Moi, pas grand chose. Je vous suggère de vous adresser à ma collègue, Véronique Matterne.

C. G. – *Entendu. Véronique Matterne, vous êtes spécialiste de carpologie, c'est-à-dire…*

V. M. – C'est-à-dire que j'étudie les restes de fruits et de graines que livrent les fouilles, que l'on retrouve en procédant à des tamisages très fins ou à l'eau.

C. G. – *Et qu'est-ce qui domine ?*

V. M. – Les céréales, surtout le blé amidonnier – en langage savant : *Triticum dicoccum* – et l'orge vêtue – *Hordeum vulgare*.

C. G. – *Pour faire du pain, je suppose ?*

V. M. – Pas du tout : leur farine ne contient pas un taux de gluten suffisant. On les mange sous forme de galettes, de bouillies, de soupes, de gruaux. Cependant, il est possible que Vercingétorix ait connu le pain, car, à son époque, le froment et l'épeautre commencent à se répandre, encore que leur véritable essor soit postérieur à la conquête romaine. Donc, sûrement peu de pain. J'ajouterai le millet commun, qui sert à faire des bouillies, on le consomme un peu à la manière du riz – évidemment inconnu à cette époque.

C. G. – *Pas de seigle ?*

V. M. – Pas encore. Il n'est pas cultivé, c'est une mauvaise herbe. En revanche, au petit déjeuner, Vercingétorix aurait pu se verser du lait sur des flocons d'avoine, car l'avoine *(Avena sativa)* est attestée depuis au moins cinq siècles.

C. G. – *De la viande, des galettes, des bouillies. Pas vraiment léger !*

V. M. – Parce que vous oubliez les légumineuses. J'énumère : lentilles, féveroles, pois, vesces. Et puis, les salades d'herbes, à base de plantes sauvages, comme les arroches ou les chénopodes crues ou bouillies.

C. G. – *Avec un peu d'huile ?*

V. M. – Non, la cuisine à l'huile, c'est méditerranéen. En Gaule intérieure, on ne rencontre pratiquement pas de plantes à semences oléagineuses.

C. G. – *Du beurre, alors ?*

V. M. – Comment en retrouverions-nous les traces ? Il faudrait lancer des analyses chimiques. En tout cas, aucun texte ne le mentionne.

C. G. – *Nous avons évoqué les salaisons, et nous connaissons bien les fabriques de sel. Mais y a-t-il des épices à cette époque ?*

V. M. – Pas de poivre, évidemment, il n'arrivera qu'avec le commerce romain. Mais Vercingétorix pouvait, s'il le souhaitait, lui substituer des semences à senteur poivrée, comme le poivre d'eau, la ravenelle ou la moutarde noire, voire du céleri sauvage. Les plantes aromatiques orientales et méditerranéennes – aneth, fenouil, origan, sariette, coriandre – ne sont pas encore apparues dans les jardins, mais elles y prendront place quelques décennies plus tard.

C. G. – *Et pour le dessert quelques fruits ?*

V. M. – Je ne sais si la notion de dessert existait à l'époque ! En tout cas, si vous voulez des fruits cultivés, le choix se limite aux prunes. Mais la nature nous fournit en abondance prunelles, merises, mûres, framboises, fraises sauvages, pommes, noisettes, baies de sureau. Un assortiment varié !

C. G. – *Merci à tous les deux pour ce tour d'horizon… gastronomique.*

Que buvait Vercingétorix ?

CHRISTIAN GOUDINEAU. – *Fanette Laubenheimer, vous êtes directeur de recherche au* CNRS, *vous vous consacrez depuis longtemps à l'étude des amphores. Ma question va vous paraître évidente : que buvait Vercingétorix ? Vous allez me répondre : du vin !*

FANELLE LAUBENHEIMER. – Pas du tout. Je vais vous répondre : de l'eau. Et puis du lait. De la cervoise – l'ancêtre de notre bière –, bien entendu.

C. G. – *C'est mal parti, puisque je voulais vous faire parler du vin !*

F. L. – Bien sûr, il en buvait, il en a bu. Mais je ne saurais dire si, à l'âge adulte, il le faisait régulièrement ou exceptionnellement.

C. G. – *On va présenter les choses autrement. Beaucoup de gens pensent que, avant la conquête césarienne, la Gaule était isolée, quasiment retranchée, sans rapport avec le monde méditerranéen. C'est faux ?*

F. L. – Complètement. Vercingétorix est né vers 80 av. J.-C ?

C. G. – *A peu près, à ce que l'on croit savoir.*

F. L. – C'est probablement le moment où le commerce entre l'Italie et la Gaule – j'entends : la Gaule indépendante – a été le plus intense, le plus florissant.

C. G. – *Vous le savez comment ?*

F. L. – A la fois par le nombre d'épaves qui ont subi des naufrages le long des côtes de la Méditerranée, et par le nombre d'amphores retrouvées sur les sites terrestres.

C. G. – *Vous expliquez ?*

F. L. – Admettez que, sur les côtes, on ait, en tout, des origines à aujourd'hui – disons 300 épaves. Sur ce nombre, vous en avez un quart, ou à peu près, qui ont transporté les amphores qui nous intéressent...

C. G. – *Les fameuses Dressel 1 ?*

F. L. – Oui, celles qui contenaient le vin italien, celles que l'on retrouve sur les sites gaulois entre la fin du IIe siècle et l'époque césarienne. Cette proportion énorme laisse supposer un trafic également énorme, non ?

C. G. – *Qui est confirmé par les trouvailles terrestres ?*

F. L. – Absolument. On en trouve à peu près partout et, sur certains sites, en quantités énormes.

C. G. – *Si vous voulez bien, reprenons les choses. D'abord, Dressel, ça veut dire... ?*

F. L. – C'est le nom d'un savant allemand du siècle dernier, de la fin du XIXe siècle, Heinrich Dressel, qui, le premier, a proposé une classification, une typologie des amphores romaines. Les Dressel 1 sont fabriquées en Italie – en Campanie, dans le Latium, en Etrurie – pour contenir le vin de ces régions.

C. G. – *Combien ça pèse, une amphore ?*

F. L. – Celle-ci, à peu près 25 kg. Et elle contient à peu près 25 litres de vin.

C. G. – *Cinquante kilos, ce n'est pas léger. On les transporte sur des chariots, en bateaux ?*

F. L. – Vu leur poids, le mieux, évidemment, c'est la voie d'eau. Pour le commerce international, on les confiait à des navires de mer, dont nous avons retrouvé – je le disais tout à l'heure – de nombreuses épaves.

C. G. – *Qui en transportaient combien ?*

F. L. – Cela dépend des bateaux. On en connaît dont la cargaison pouvait atteindre une dizaine de milliers.

C. G. – *Je compte : 2 500 hectolitres ?*

F. L. – Exactement. Donc, des milliers d'hectolitres étaient exportés chaque année vers la Gaule, si l'on considère que les naufrages ne représentent qu'une part minime des mouvements normaux.

C. G. – *Cent bateaux par an, cela ferait un million d'amphores, 250 000 hectolitres ?*

F. L. – N'allons pas si vite. Les navires n'avaient pas tous cette capacité, ils pouvaient être plus petits et plus nombreux. On ne saura jamais la quantité exacte, évidemment. Mais elle est considérable. D'ailleurs, les fouilles vont dans le même sens.

C. G. – *Lesquelles ?*

F. L. – Je laisse de côté celles du Midi. Mais si l'on observe ce qui a été retrouvé sur l'axe Rhône-Seine, ou le long de la Loire, et – plus récemment – en bien d'autres endroits, on reste sidéré par l'ampleur de la diffusion de ces Dressel 1.

C. G. – *Quelques exemples ?*

F. L. – Une relation qui m'a impressionnée. En 1842 et 1843, à Chalon-sur-Saône, un dénommé Landa observa un dragage de la rivière. Il eut la bonne idée de noter ce qu'il voyait : des pointes d'amphores – nos Dressel 1 – en nombre ahurissant, au moins 24 000, représentant à peine le dixième ou le vingtième de ce qui devait être extrait… Depuis lors, la Saône en fournit régulièrement. Et puis, il y a Bibracte.

C. G. – *Qui en livre beaucoup ?*

F. L. – Des tonnes, des dizaines de tonnes. Les voies sont faites avec des fragments d'amphores. Bulliot, le fouilleur du siècle dernier, gémissait sous le poids de ces trouvailles dont il ne savait que faire. Et les études récentes montrent peut-être un commerce "privilégié" entre Bibracte et telle région d'Italie. Plus nous allons, plus la diffusion des Dressel 1 s'étend et s'intensifie.

C. G. – *Enfin, les Dressel 1, disons plutôt le vin italien.*

F. L. – Naturellement.

C. G. – *On a du mal à quantifier et à répartir. Mais il semble improbable que de telles quantités aient été destinées à la satisfaction exclusive des aristocrates ?*

F. L. – Les théories ne manquent pas. La redistribution, les grandes fêtes, les immenses banquets dont certains textes nous offrent la description, que corroborent des trouvailles récentes, ces fossés remplis d'amphores "sabrées" entourant une aire où l'on a dû banqueter, puisqu'on retrouve aussi des ossements d'animaux.

C. G. – *Donc, Vercingétorix buvait du vin ?*

F. L. – Il en buvait sûrement, mais surtout il l'offrait – enfin, lui ou ses égaux – à ses clients, voire au peuple, qui reconnaissaient ainsi sa puissance, sa richesse, ses relations. Affaire de prestige.

C. G. – *Et il le payait comment ? Avec ses statères d'or ?*

F. L. – Cela m'étonnerait : l'or suffirait-il ? Non, l'essentiel devait consister en d'autres marchandises, échangées contre le vin.

C. G. – *Mais encore ?*

F. L. – Certains disent : métaux, cuirs, étoffes, mais aussi viandes ou salaisons. D'autres insistent sur... la marchandise humaine, les esclaves gaulois, dont les textes attestent la présence en Italie à cette époque.

C. G. – *Si nous revenons au début de notre entretien – la Gaule isolée, retranchée, etc. –, vous considérez que c'est une absurdité ?*

F. L. – Totale. Imaginez ce que représentent de tels mouvements. Il faut s'entendre, organiser les transports, compter de la même façon. A l'évidence, des commerçants romains (enfin, italiens) fréquentaient la Gaule. Ils y avaient même ouvert des établissements, comme César l'indique clairement, dans des endroits importants, Orléans, Chalon, Mâcon, sans doute Bibracte et d'autres.

C. G. – *Pour résumer : la Gaule (intérieure), depuis 120 ou 100 av. J.-C., était intégrée au monde économique méditerranéen, en ce qui concerne le commerce ?*

F. L. – Sans aucun doute.

C. G. – *Vercingétorix, outre qu'il buvait et offrait du vin italien, rencontrait de grands commerçants venus d'Italie, parlait avec eux, signait des contrats, discutait des conditions, etc. ?*

F. L. – Je le croirais volontiers. Mais peut-être qu'il leur faisait aussi déguster une cervoise.

C. G. – *S'il était fâché ?*

F. L. – Non, pour se les rendre favorables !

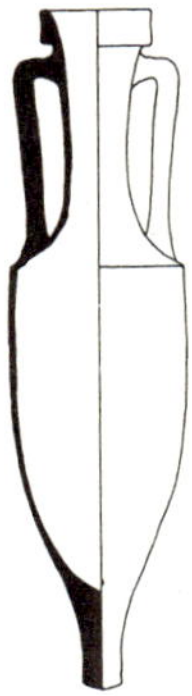

La religion

CHRISTIAN GOUDINEAU. – *Jean-Louis Brunaux, vous êtes chercheur au CNRS, vous avez fouillé plusieurs sites dont ceux de sanctuaires – Gournay-sur-Aronde, Ribemont-sur-Ancre –, vous avez publié récemment un ouvrage intitulé* Les religions gauloises. *Donc, vous allez pouvoir aisément répondre à ma question : quelle était la religion de Vercingétorix ?*

JEAN-LOUIS BRUNAUX. – Je m'attendais à une plaisanterie de ce genre. De même que vous vous attendez à ma réponse : Vercingétorix n'ayant pas laissé de journal intime, nous n'en saurons jamais rien. En revanche, on peut évoquer ce que nous savons de la religion gauloise à son époque.

C. G. – La *religion ou* les *religions ? Le titre de votre livre…*

J.-L. B. – *Les*, évidemment, cela va de soi. Dans l'Antiquité, aucune cité n'a les mêmes cultes que la cité voisine. S'agissant des "cités" ou des "nations" gauloises – comme dit César –, dont l'histoire est différente, les antagonismes souvent aigus, l'identité forte, les différences devaient être nombreuses, même si toutes se rejoignaient dans le polythéisme, disposaient peut-être d'un vieux fonds mythologique commun et d'un type d'organisation religieuse assez semblable.

C. G. – *Commençons par les dieux. Qu'en savons-nous ?*

J.-L. B. – Comme toujours, nos connaissances proviennent d'un "étranger". En l'occurrence César – qui a bien connu Vercingétorix ! Dans le livre VI de la *Guerre des Gaules*, évoquant le panthéon gaulois, il cite quelques dieux en les désignant par leur équivalent romain : Mercure, Apollon, Mars, Jupiter et Minerve. *"De ces dieux,* écrit-il, *les Gaulois se font à peu près la même idée que les autres peuples"*.

C. G. – *Mais n'est-ce pas… comment dire ?… de la pédagogie sommaire à l'usage du lecteur romain ?*

J.-L. B. – Evidemment, mais nous pouvons en retenir que les Gaulois avaient un panthéon regroupant – aux yeux de César – les principales figures vénérées chez la plupart des peuples de l'Antiquité. L'incarnation de la souveraineté, de la force guerrière…

C. G. – *Mais nous ignorons les noms celtiques ?*

J.-L. B. – Nous en connaissons trois, non par César mais par un poète du Ier siècle apr. J.-C. qui écrivit *La Pharsale*, le récit – sous forme d'épopée – de la guerre civile postérieure à la guerre des Gaules. Il cite trois noms, Teutatès, Esus, Taranis.

C. G. – *Il indique leur fonction ?*

J.-L. B. – Malheureusement pas. Deux de ces noms sont des qualificatifs qui peuvent convenir à des dieux aux fonctions très diverses. "Teutatès" : le nom signifie "Le

Tribal", autrement dit le dieu protecteur de la cité ; "Esus" : c'est "Le Bon", vraisemblablement un euphémisme évoquant – avec le plus d'égards possible – une divinité infernale. "Taranis", c'est plus simple : les sonorités… grondantes évoquent probablement un dieu du tonnerre, l'équivalent de Zeus ou de Jupiter. Mais comment savoir si – par exemple – les Arvernes honoraient ces trois dieux sous ces trois noms ?

C. G. – *Votre idée à vous ?*

J.-L. B. – A mon sens, chaque peuple devait avoir son panthéon, une dizaine de dieux portant des noms qu'on ne retrouvait peut-être pas chez le voisin, ou en tout cas chez les peuples plus lointains. Mais, dans l'ensemble, devait régner une certaine homogénéité, ce qui permet à César – ou à la source qu'il utilise – de ne rien signaler de vraiment extraordinaire par rapport "aux autres peuples", notamment Romains et Grecs.

C. G. – *Sur les rites, on en sait davantage grâce aux découvertes archéologiques récentes, notamment les vôtres ?*

J.-L. B. – Soyons prudents. Disons que *certains* sites ont laissé des traces, notamment celles de lieux aménagés. Ce sont des enceintes de plan quadrangulaire, qui délimitent une superficie de quelques dizaines d'ares.

C. G. – *Des enceintes ? Il y a un rempart ?*

J.-L. B. – Non. La limite, c'est un fossé – symbolique, pas du tout défensif, doublé par un mur de bois – une palissade. Le fossé sépare l'espace intérieur, propriété de la divinité, du monde des humains. La palissade masque l'intérieur, assure le secret des rites qui s'y déroulent.

C. G. – *Un peu comme en Grèce ou à Rome, en moins monumental ?*

J.-L. B. – Tout à fait, à ceci près que ces sanctuaires s'ouvrent toujours en direction du soleil levant.

C. G. – *Mais on a une idée de leur organisation ?*

J.-L. B. – Prenons l'exemple de Gournay. Admettons que vous ayez le droit d'en approcher et d'y entrer – parce que vous êtes un haut personnage. Donc, vous arrivez, vous avez devant vous le porche d'entrée, avec ses portes. Au-dessus de celles-ci, sur le linteau, vous apercevez des crânes humains…

C. G. – *Ceux d'ennemis ?*

J.-L. B. – Certainement. Et, encore au dessus, un étage où se trouvent entreposées des milliers d'armes – elles aussi provenant d'une bataille.

C. G. – *J'entre. Je vois des bâtiments de quelle sorte ?*

J.-L. B. – Aucun. L'intérieur de l'enceinte est quasiment vide de constructions. Quelques arbres, peut-être deux ou trois bosquets, qui suffisent à constituer le "bois sacré" où réside la divinité.

C. G. – *Avec sa statue ?*

J.-L. B. – Non. Chez les Gaulois, les dieux n'étaient pas représentés sous forme humaine, ou plutôt ils ne le furent que fort tard, sous l'influence du monde méditerranéen. Donc, ils n'avaient pas besoin de "maison".

C. G. – *En réalité, je n'aperçois à peu près rien !*

J.-L. B. – Si, quand même. Au centre de l'enclos, un autel. Mais, ce qu'on appelle un autel "creux", une simple fosse pour déposer les victimes des sacrifices. Lui, devait être surmonté d'une toiture, pour être utilisé quel que soit le temps. On a retrouvé les trous dans lesquels étaient encastrés les poteaux qui portaient cette couverture.

C. G. – *Mais vous avez idée des rites qui s'y déroulaient ?*

J.-L. B. – Il y en a de deux sortes. Le premier, c'est le sacrifice de bovidés. On les tue d'un coup de hache ou de merlin, on les jette dans l'autel creux, où ils pourrissent plusieurs mois. Ils sont offerts à la divinité, probablement une divinité de nature infernale. On connaît l'équivalent en Grèce.

C. G. – *Et la seconde sorte ?*

J.-L. B. – C'est ce qu'on appelle le sacrifice "de commensalité". Cette fois, la divinité partage avec les hommes les animaux sacrifiés. Généralement, des moutons et des porcs assez jeunes, sur lesquels les sacrificateurs prélevaient les meilleurs morceaux.

C. G. – *Le fameux banquet gaulois ?*

J.-L. B. – Attention, c'est un banquet *sacré*, qui ne devait réunir qu'un nombre limité de personnes, les prêtres et une partie de l'aristocratie.

C. G. – *Les prêtres, c'étaient les druides ?*

J.-L. B. – Comme dans bien d'autres cités antiques, les prêtres officiels, ce sont des nobles. On exerce indifféremment les charges politiques et les charges religieuses. Rappelez-vous que César, proconsul, général en chef, est en même temps – durant la guerre des Gaules – le *pontifex maximus* de Rome. Vercingétorix a pu – ou aurait pu ultérieurement – être prêtre d'un sanctuaire analogue à celui que nous venons de parcourir, consacré aux dieux…

C. G. – *J'insiste, au nom des lecteurs : et les druides ?*

J.-L. B. – C'est un sujet sur lequel a régné et règne encore une grande confusion, laquelle est née du passage que leur consacre César dans le livre VI de la *Guerre des Gaules*. Or, ce passage n'est pas de sa plume : là encore, il a reproduit les propos d'un auteur sensiblement plus ancien, plus ou moins bien informé, amplifiant et généralisant des récits ou des observations un peu… fantaisistes.

C. G. – *Ainsi, vous voulez dire que les druides, c'est… un mythe ?*

J.-L. B. – Non, car nous avons la chance d'en connaître un, contemporain de Vercingétorix. Il s'appelle Diviciac, c'est le principal magistrat de la cité des Eduens, un allié de César. Or, celui-ci ne le présente jamais en tant que druide. C'est par Cicéron que nous lui connaissons cette qualité : il vint à Rome, Cicéron s'entretint avec lui pour préparer son ouvrage sur la divination, domaine en lequel Diviciac était expert.

C. G. – *Donc, être druide, ce n'est pas… une profession, une fonction à plein temps ?*

J.-L. B. – Sûrement pas. Le druide, c'est un aristocrate de la cité à qui sa filiation, son éducation, ses mérites ont permis de détenir une charge religieuse, dont la nature peut varier. Diviciac était spécialisé dans la divination…

C. G. – … *l'équivalent d'un augure romain ?*

J.-L. B. – Sans doute. D'autres étaient peut-être préposés à l'organisation des grandes cérémonies religieuses, d'autres s'occupaient des problèmes juridiques, d'autres des archives. Etc. Mais ils occupaient une place centrale dans le gouvernement de la cité.

C. G. – *Mais le texte repris par César ?*

J.-L. B. – Selon moi, il représente une synthèse maladroite, en ceci qu'il laisse entendre qu'un druide pouvait, à lui seul, assumer des tâches – à la fois des responsabilités et des honneurs – qui se répartissaient en réalité entre diverses personnalités de la vie publique.

C. G. – *J'insiste. Selon vous, chez les Gaulois comme en Grèce ou à Rome, pas de séparation entre charges politiques et religieuses. Ce sont les mêmes – les nobles – qui les exercent à tour de rôle et selon les moments de leur vie ? Pas de caste sacerdotale ?*

J.-L. B. – Vous avez résumé le fond de ma pensée.

C. G. – *Merci.*

ÉLÉMENTS D'UNE BIOGRAPHIE LACUNAIRE

Nous avons désormais entre les mains toutes les données : les textes, les monnaies, les enseignements les plus récents de l'archéologie. Nous pouvons les assembler, les confronter, les critiquer, afin de chercher à établir quelques certitudes mais aussi à repousser, à refuser les théories abracadabrantes. Désormais, nous prendrons en compte la *Guerre des Gaules* de César, en la lisant à la lumière des textes “concurrents” (pour certains) inspirés d'autres sources et offrant parfois un éclairage un peu différent. Ne nous leurrons cependant pas : l'essentiel provient de César.

Vercingétorix avant l'année 52

Vercingétorix, c'est d'abord un nom. A part Plutarque (qui l'estropie) et certains manuscrits de Strabon (qui offrent une variante en -rigos), toutes les sources concordent, et le témoignage des monnaies est catégorique. En dépit de minimes variations orthographiques qui tiennent à la difficulté de transcrire en alphabet grec ou latin un nom celtique, il se prononçait (à peu près) Ouerkin'guétoriks (ou -torixs : une sifflante forte).

Que signifie ce nom ? Au XIXe siècle, le lecteur se le rappelle, avaient été proposées des étymologies diverses, comme “roi des cent vallées”, “roi des cent têtes”, etc. En fait, depuis longtemps, les linguistes le décomposent ainsi :

– “ouer” : un préfixe d’origine indo-européenne qui signifie “sur” ou “super” ;

– “kinguès” ou “kinguet(o)” : le guerrier, le héros ;

– “riks” : le roi.

Donc, “Roi-Suprême-des-Guerriers”. Amédée Thierry et Michelet s’étaient posé la question : s’agit-il d’un nom ou d’un titre ? Ils avaient opté pour la seconde solution, et Michelet écrivait : “le vercingétorix” fit ceci ou cela. Les monnaies ont réglé le problème : il s’agit bien d’un nom propre. Par César, nous connaissons deux Cingétorix (“Roi-des-Guerriers”) : le premier est un roi breton (Angleterre), le second un haut personnage du peuple des Trévires. On sait ce qu’est devenu Vercingétorix. Donc, à cette époque, de tels noms ne sont pas encore banalisés (comme aujourd’hui les Leroi ou Chevalier), on les donne, au sein de très grandes familles, à des nouveau-nés qu’on estime promis à de superbes destinées, même si le terme “riks” (roi) n’évoque plus forcément la forme monarchique du pouvoir. Il est d’ailleurs probable que ces noms devaient se transmettre, peut-être en sautant une génération, du grand-père au petit-fils, ou d’un grand-oncle à un neveu.

L’ascendance aristocratique de Vercingétorix est établie par tous nos textes. Une très grande famille arverne. Le père, Celtill, avait, selon César, exercé un “principat” sur la Gaule et avait été tué par ses compatriotes (*ab civitate*) parce qu’il aspirait à la royauté. Plutarque, lui, écrit que *“le père, soupçonné d’avoir aspiré à la tyrannie, avait été mis à mort par les Gaulois”*. Tyrannie, royauté : les termes sont équivalents pour des sensibilités grecques ou romaines. Le “principat de la Gaule” : cette fois, le terme est flou, il ne se réfère pas à un cadre juridique ou politique précis, plutôt à une sorte d'influence, de magistère (la présidence d'une assemblée réunissant certains peuples ?). Toujours est-il que Celtill tenta sûrement de rétablir, chez les Arvernes, l'institution monarchique abandonnée depuis les années 120 à la suite des défaites subies face aux légions. Une sorte de coup d'Etat, qui tourna mal pour lui : ses compatriotes le mirent à mort (probablement, au terme d'un procès pour trahison). Les aristocrates qui se partageaient le pouvoir au sein des grands peuples du Centre (Arvernes, Eduens, Bituriges, Carnutes, etc.) n'avaient désormais nulle envie d'une “restauration”. Non seulement, il s'agissait de sauvegarder leur propre rang, mais le retour à la monarchie signifiait aussi la rupture du traité avec Rome, une politique plus autonome (et risquée), le relâchement des relations commerciales – dont ils retiraient tant de profits. Pour simplifier, le parti “pro-romain” l'emporta, Celtill fut exécuté. Mais son fils (de quel âge ?) ne fut pas pour autant dépouillé des biens ni de la clientèle de son père, on devait le voir par la suite.

Autres questions qui viennent à l'esprit. Où Vercingétorix est-il né ? Seul, Strabon semble indiquer Gergovie, mais la formule est moins catégorique qu'il ne paraît : *“les combats eurent lieu devant Gergovie, cité arverne, située sur un mont élevé, d'où provenait Vercingétorix.”* Sa ville natale ? La ville dont il était citoyen ? Plus important serait de connaître sa date de naissance, car le mythe en a souvent fait un jeune homme de 17-18 ans. Nous ne disposons, hélas, que d'un seul mot, sous la plume de César : en 52 av. J.-C., Vercingétorix est *adulescens*.

Adulescens : beaucoup ont compris “adolescent”. Il n'en est rien : pour les Romains, l'*adulescentia*, c'est l'âge antérieur à l'exercice des magistratures, lequel est fixé à trente ans. Dans la *Guerre des Gaules*, César utilise le terme pour Publius Crassus (le fils du richissime Crassus), auquel il avait confié en 56 le commandement d'une expédition en Aquitaine. De même pour Décimus Brutus, qui commanda la flotte romaine contre les Vénètes, également en 56, et qui détruisit l'armada ennemie. Ces *adulescentes* ne sont pas des adolescents au sens où nous l'entendons. Ils n'ont pas encore commencé le *cursus honorum* à Rome parce qu'ils n'ont pas l'âge requis (trente ans). Mais il est clair que ce ne sont pas de petits jeunes gens sans expérience : le premier a sous ses ordres *"douze cohortes légionnaires et une cavalerie nombreuse"*, le second reçoit *"le commandement de la flotte et des vaisseaux gaulois qu'il avait (lui, César) fait fournir par les Pictons et les Santons"*.

Donc, par ce mot *adulescens*, César laisse comprendre : 1) que Vercingétorix n'a pas exercé de charges politiques ; 2) qu'il a moins d'une trentaine d'années. De combien ? Evidemment, nous ne le saurons jamais. Mais nous pouvons éliminer l'idée du tout jeune homme habité par le désir de *"bouter les Romains hors de Gaule"* : c'est une légende forgée à l'aune de celle de Jeanne d'Arc.

La jeunesse, l'adolescence (dans notre sens à nous) : nous en ignorons tout. Laissons à l'imagination fertile des romanciers ou des historiens du dimanche le loisir de l'inventer à coup d'anachronismes ou d'approximations. Il nous faut aborder un sujet autrement plus sérieux : le rôle de Vercingétorix durant les premières années de la guerre des Gaules.

Quelles relations Vercingétorix entretint-il avec César avant l'année 52 ? Ici, se rejoignent deux témoignages, celui de Dion Cassius et d'Orose (dont nous avons vu qu'ils s'inspiraient d'autres sources que la *Guerre des Gaules* de César). Pour eux, Vercingétorix est un traître. Ils emploient des mots très forts, les plus durs que l'on puisse trouver. Vercingétorix était dans la φί de César (l'amitié, au sens privé et institutionnel), il a fait une ἀίξί (une sorte de rébellion, mais c'est plus fort que cela : votre ami vous plante un poignard dans le dos). Il a fait preuve d'ἀί : c'est le reniement de la parole, le déni de justice, la rupture de l'équilibre du monde voulu et garanti par les dieux. Orose place dans la bouche de Vercingétorix des paroles épouvantables : il a pris en personne la responsabilité de rompre le traité (celui qui unissait Rome aux Arvernes) et il se reconnaît responsable d'un immense forfait, d'un crime considérable : *auctorem magni sceleris*. Au IIIe et au Ve siècle apr. J.-C., si longtemps après les événements, Vercingétorix personnifie la traîtrise, y compris pour des auteurs comme Orose qui fustigent les temps païens et n'ont aucune tendresse pour la Rome de cette époque. Cette traîtrise, ils ne l'ont pas inventée : Vercingétorix, de toute évidence, avait été aux côtés de César, plus encore ils étaient "en amitié".

Pourquoi Vercingétorix a-t-il causé tant de difficultés à César en 52 ? Parce qu'il a appliqué les principes qu'il avait appris auprès de lui. Autrement, d'où les aurait-il tirés ? D'une voix céleste ou plutôt (comme le veulent tant de romanciers) de l'enseignement de druides chenus miraculeusement experts dans l'art militaire ? Impossible, évidemment. Le déroulement des campagnes de 52 démontre l'application des règles romaines. César : *"les Gaulois se mirent, pour la première fois, à fortifier leurs camps"* (VII, 50), mais il est bien d'autres indices, à commencer par le principe n° 1 : assurer le ravitaillement de l'armée – et l'on vit Vercingétorix se préoccuper de couper les vivres à César par la politique de la terre brûlée.

Donc, Vercingétorix fut aux côtés de César pendant une bonne partie de la guerre des Gaules, peut-être dès le début. A quel titre ? Sans doute en tant que chef du contingent arverne, un corps de cavaliers, que le proconsul avait dû réquisitionner aux termes du traité de 122 ou 121.On peut même supposer qu'il fit partie des *contubernales*, les “compagnons de tente”, issus de la noblesse romaine ou gauloise, qui entourent César, discutent avec lui, l'écoutent avec respect.

La question évidente : pourquoi César n'en a-t-il pas dit un mot ? Parce que, s'il l'avait fait, il lui aurait fallu expliquer au Sénat de Rome que ses collaborateurs gaulois les plus proches le trahissaient, l'abandonnaient. Quelles raisons invoquer ? N'oublions pas que la *Guerre des Gaules* s'adresse à la classe politique. Ne perdons pas de vue, non plus, que le manuscrit de César est parti pour Rome en un nombre très limité d'exemplaires. Le premier, pour le Sénat. Un milieu essentiellement conservateur, composé des descendants des grandes familles, redoutant les aventures personnelles de gens comme… César, qui pourrait imiter Sylla, voire l'horrible Catilina. Or, voici le texte qui est lu devant cette auguste assemblée pour lui expliquer comment s'est déclenchée une insurrection générale dans une Gaule qu'on lui promettait soumise depuis longtemps. La lecture commence :

> Vercingétorix, fils de Celtillos, Arverne, jeune homme qui était parmi les plus puissants du pays, dont le père avait obtenu le principat de la Gaule entière et avait été tué par ses compatriotes parce qu'il aspirait à la royauté, convoqua ses clients et n'eut pas de peine à les enflammer.

L'exorde ne manque pas de souffle, semant des germes d'inquiétude : un *adulescens* disposant d'une puissance immense (*summae potentiae*). Son père avait aspiré à la royauté : l'horreur absolue pour le Sénat romain. Les alliés arvernes ont tué le père (heureusement), mais "tel père tel fils". Et voici ce dernier qui "enflamme" (*incendit*) ses clients : les sénateurs n'ignorent pas la force de la clientèle, eux qui ne cessent de chercher à renforcer la leur – à titre personnel, évidemment.

> Quand on connaît son dessein, on court aux armes. Gobannitio, son oncle, et les autres chefs, qui n'étaient pas d'avis de tenter le risque de cette entreprise, l'empêchent d'agir ; on le chasse de Gergovie. Pourtant, il ne renonce point, et il enrôle dans la campagne des miséreux et des gens sans aveu. Après avoir réuni cette troupe, il convertit à sa cause tous ceux de ses compatriotes qu'il rencontre ; il les exhorte à prendre les armes pour la liberté commmune.

Habileté suprême de César : c'est le Sénat de Gergovie qu'il met en scène, avec Gobannitio et les autres *principes* (les aristocrates, les chefs des grandes familles), mais le Sénat romain réagirait de la même manière : pas question de tenter ce genre d'aventure !

La suite évoque des souvenirs récents : la conjuration de Catilina, lui aussi recrutant "des misérables, des gens perdus", faisant de grandes proclamations. "La liberté commune" : se soulever contre Rome ? Les Arvernes rompant le traité ?

> Il rassemble de grandes forces, et chasse ses adversaires qui, peu de jours avant, l'avaient chassé lui-même. Ses partisans le proclament roi. Il envoie des ambassades à tous les peuples.

Le coup d'Etat, la royauté rétablie. Ce scénario est le pire que l'on puisse dérouler devant les nobles sénateurs de Rome, qui s'attendent désormais à des catastrophes. Vercingétorix est déconsidéré à leurs yeux. En admettant même que des bruits aient couru selon lesquels le "roi arverne" avait précédemment servi aux côtés de César, le portrait que l'on vient de lire absout le proconsul de toute responsabilité : cette trahison était à la fois impossible à prévoir et sans doute inéluctable. Vercingétorix était le fils de Celtill, on ne peut rien contre l'hérédité.

Eclate donc l'insurrection, fédérée par Vercingétorix. De ces troupes, il est le *dux*, ou l'"hègémôn", le commandant en chef, Plutarque précisant : *"ils avaient choisi Vercingétorix pour diriger la guerre avec l'autorité suprême"*. Pourtant, plus tard dans leur récit de l'année 52, Florus, Polyen, Plutarque et Orose disent "le roi", voire "le roi des Gaulois". Formule de style, rapidité ? C'est probable. Si Vercingétorix avait été reconnu comme roi "des Gaulois" (à Bibracte, ce fut la seule occasion), César ne se fût privé ni de le faire savoir ni de gloser. Or, il se contente de dire que *"Vercingétorix fut confirmé dans le commandement suprême"*.

Nous allons désormais nous tourner vers le chef de guerre. Auparavant, évoquons – pour la régler en peu de mots – une question qui rôde dans nos têtes : celle du portrait physique de Vercingétorix. Les monnaies, on l'a vu, représentent Apollon. Les textes insistant sur sa taille, sa prestance, sa force dérivent d'un vieux cliché concernant les Gaulois. L'archéologie (sculptures, numismatique) nous conduit à l'imaginer glabre et avec une chevelure savamment organisée. Rien de plus. Décevant, je suis bien d'accord : tout juste aurons-nous réussi à lui raser la moustache !

Vercingétorix chef de guerre

Voici donc que s'enclenchent les événements qui vont scander l'année 52 et qui se termineront à Alésia. Ils ont été mille fois étudiés, et fort bien, à commencer par Napoléon III et par Camille Jullian. Je vais me contenter de les survoler, ajoutant telle donnée récemment acquise par la recherche ou tel commentaire inspiré de la lecture (que nous avons faite ensemble) des textes autres que celui de César. Pour les premières années de la guerre des Gaules, je renvoie aux Repères chronologiques p. 12-15, auquel j'ajoute seulement quelques mots de présentation pour renouer le fil.

Six ans déjà. C'est en 58 que César, gouverneur de la Gaule cisalpine (l'Italie du nord) et de la Gaule transalpine (le Midi jusqu'à Toulouse), a lancé ses premières expéditions en Gaule intérieure. Il s'agissait de contrer une vaste migration entreprise par les Helvètes (du plateau suisse) qui devait les mener en Saintonge, puis de mettre fin aux visées hégémoniques du chef germain Arioviste, qui s'était emparé de l'Alsace et d'une grande partie de la Franche-Comté. César était intervenu à la demande des fidèles alliés de Rome, les Eduens, et d'autres peuples redoutant – dit-il – le péril germain. Helvètes et Germains ont été écrasés, mais César ne quitte pas la Gaule. Et les campagnes se succèdent, avec de plus en plus de légionnaires sous ses ordres et l'appui d'auxiliaires gaulois – qui fournissent notamment la cavalerie – originaires des grands peuples limitrophes de la province romaine, ceux avec lesquels Rome commerçait depuis longtemps. La guerre des Gaule, comme beaucoup d'entreprises de cette époque, poursuit des visées économiques : faire du butin, prendre des prisonniers qu'on vendra comme esclaves, mais aussi ouvrir de nouveaux marchés aux négociants italiens. César s'enrichira, ses alliés gaulois contrôleront de nouveaux territoires jusqu'alors indépendants : le nord, l'ouest, le sud-ouest. Et puis, aux marges de la Gaule, s'ouvrent des espaces inouïs, défendus par des obstacles naturels que nul n'a franchis : la Germanie, au-delà du Rhin, la Bretagne (l'Angleterre), au-delà de l'Océan (la Manche). Dépasser ces frontières de légende, c'est – comme Alexandre le Grand – conquérir de nouvelles terres et entrer dans le monde du mythe.

César a franchi le Rhin – deux fois – et a mené l'aigle romaine en Bretagne – deux fois aussi. Exploits hallucinants, salués comme tels à Rome. Il a remporté d'écrasantes victoires sur les peuples gaulois de l'est, du nord, et de l'ouest. Et pourtant… Pourtant, une forme de "résistance" a commencé de se lever. Elle est double. D'abord, de type militaire : certains peuples de Belgique (au nord-est), théoriquement vaincus, mènent des actions de "guérilla" et arrivent même à détruire une légion et demie durant l'hiver 54-53. Elle est aussi d'ordre politique : les alliés de César ; jusqu'alors gouvernés par des sénats et des magistrats pro-Romains, voient ces instances hésiter. Sous peu, elles basculeront, les "anti-Romains" l'emportant. Pourquoi ? On ne peut que deviner. Il s'agit sans doute moins d'une évaluation lucide du rapport des forces que d'une simple constatation : on a dépassé la limite du tolérable. César, venu en Gaule comme un allié, se conduit en dictateur, intervenant dans la politique intérieure des peuples, nommant ou destituant, condamnant, mettant à mort, bafouant les conduites ancestrales, ignorant les valeurs de ses "alliés". Un chef éduen (Dumnorix), un chef sénon (Acco), bien d'autres ont été tués, voire suppliciés, qui plus est à la mode romaine. Le passé récent peut nous aider à imaginer ce type de situation : apparemment, tout est calme, mais la violence va se déchaîner, prenant des formes inattendues et éclatant en des lieux où on l'aurait crue impossible.

César n'avait rien vu venir. A l'automne 53, il avait quitté la Gaule pour regagner sa province de Cisalpine (l'Italie du nord). Cette année 53 avait été relativement calme. César avait facilement maté les velléités d'indépendance manifestées par les Sénons et les Carnutes. Son lieutenant Labiénus avait mis à raison les Trévires. Les armées romaines avaient de nouveau passé le Rhin, pour une promenade de santé en terres "germaines". Même si une chaude alerte avait menacé le camp où Quintus Cicéron (le frère de l'orateur) commandait à une légion chargée de garder les bagages de toute l'armée, César était revenu à temps, et l'on pouvait penser que les Germains, vaincus une fois de plus, se lasseraient de leurs insuccès et abandonneraient la partie. Bref, la Gaule était calme. Il suffisait de placer les légions à proximité des régions d'où pouvait renaître l'agitation (celles du nord-est) :

> César répartit ses légions en quartiers d'hiver, deux sur la frontière des Trévires, deux chez les Lingons, les six autres dans le pays sénon à Agedincum, et, après les avoir approvisionnées de blé, il partit pour l'Italie, comme il faisait d'habitude, pour y tenir ses assises.

Erreur de diagnostic : ce n'est pas du nord-est qu'allait surgir le péril, mais du centre de la Gaule, là où César pensait détenir d'indéfectibles alliances.

Depuis les débuts de la guerre, Rome s'était appuyée sur les Eduens de Bourgogne et du Morvan, et sur la vaste confédération dont ils avaient pris la tête : Ségusiaves, Ambarres, Bituriges Cubes, Sénons, Parisii, Bellovaques. Mais tous les peuples limitrophes de la province romaine avaient, de gré ou de force, fourni aux légions appui, auxiliaires, ravitaillement. Les Arvernes, on l'a vu, avaient dû se plier aux conditions du vainqueur. D'autres "grands" peuples avaient été contraints de s'aligner : Séquanes de Franche-Comté, Carnutes de la Beauce, Lémovices du Limousin, Santons de Saintonge, Pictons du Poitou, etc. César pouvait considérer que, tenant à la fois par le jeu des alliances et par la présence de ses légions tout le centre de la Gaule, il pourrait facilement parer aux rébellions épisodiques des "petits" peuples du nord-est, que mettaient en branle les Trévires (eux, des grands), ou encore ceux de l'ouest, d'Armorique, en réalité bien plus calmes.

Or, ce qui va prendre forme au début de l'année 52 et s'amplifier au fil des mois, c'est un scénario tout à fait différent : les uns après les autres, les alliés font défection à de rares exceptions près, et, pour la première fois depuis le début des opérations, César se retrouve à la tête de ses seules légions, sans auxiliaires gaulois, sans cavalerie, sans ravitaillement organisé, dans un pays devenu hostile.

Tentons de retracer les événements selon l'ordre du calendrier (le nôtre, car, en 52 av. J.-C., n'avait pas encore été élaborée la réforme que César institua en 46 et qui donna naissance au "calendrier julien" sur lequel nous vivons encore, le pape Grégoire XIII ne lui ayant apporté que quelques ajustements). Pour suivre le déroulement des opérations de manière cohérente, nous allons faire comme si la réforme avait déjà eu lieu, avec les mois qui nous sont habituels.

Fin 53 - début 52

César est en Italie du nord, dans la province de Cisalpine dont il est gouverneur, et dont il n'a pas le droit de franchir les limites méridionales pour se rendre, par exemple,

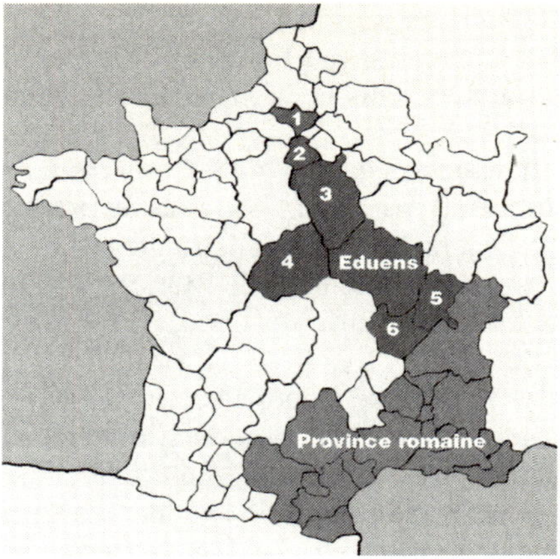

Les peuples de la confédération éduenne :
1, Bellovaques ; 2, Parisii ; 3, Sénons ; 4, Bituriges ;
5, Ambarres ; 6, Ségusiaves

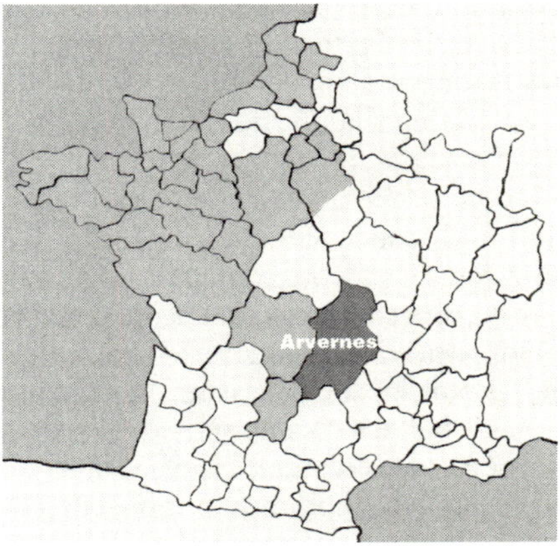

Les premiers alliés de Vercingétorix.

à Rome. Ce qui ne saurait l'empêcher de prendre des contacts, de faire venir des hommes influents, de dépêcher des courriers dans la capitale. Car la situation est grave.

En 60 (huit années auparavant), César avait conclu un accord (informel) avec deux hommes de premier rang : Pompée, le général au sommet de sa gloire, le vainqueur de Mithridate, le pacificateur de l'Orient, et Crassus, le richissime brasseur d'affaires que sa fortune avait conduit aux plus hautes fonctions de l'Etat. Pour les trois hommes, il s'agissait de mettre en commun leurs moyens et surtout leurs réseaux d'influence pour favoriser au mieux leurs intérêts, quitte à enfreindre quelque peu les procédures habituelles, voire la légalité. Ce "triumvirat" avait fonctionné à merveille. La fille de César, Julia, avait épousé Pompée, scellant l'alliance entre les deux hommes. Crassus, grâce à l'appui de César et de Pompée, avait obtenu le consulat, puis le gouvernement de la Syrie qui allait lui permettre de réaliser un vieux rêve : en découdre avec les Parthes, et se tailler une gloire comparable à celle de ses deux complices. Tout s'écroule en deux ans : en 54, Julia, la fille de César, l'épouse de Pompée, meurt en couches, et l'enfant ne survit pas. Le beau-père et le gendre se déchirent sur les conditions et le lieu de la sépulture. L'année suivante, en 53, les légions de Crassus sont écrasées par les Parthes : vingt mille morts, les aigles romaines capturées, la tête de Crassus triomphalement rapportée à Séleucie.

A Rome, ébranlée par ce désastre, on n'est pas loin de l'anarchie. Des bandes rivales sèment la panique dans les rues, des émeutes éclatent, les élections ne peuvent être organisées. Deux hommes s'opposent – Milon et Clodius. Le second est tué par les hommes du premier le 20 janvier "officiel" (fin décembre en chronologie “corrigée”). Le Sénat accorde à Pompée les pleins pouvoirs, le chargeant “*de veiller au salut de la république*”, c’est-à-dire de rétablir l’ordre par tous les moyens (l’article 13 de notre constitution).

César, lui, vient d’apprendre qu’un soulèvement général menace en Gaule. Au début du livre VII de la *Guerre des Gaules*, il établit un rapport direct entre les événements qui se sont déroulés à Rome et l’insurrection :

> La nouvelle de ces événements parvient vite en Transalpine. Les Gaulois y ajoutent de leur propre chef, inventent et répandent une nouvelle qui leur paraissait être le complément naturel de la première : César était retenu par les troubles de Rome, et il ne lui était pas possible de se rendre à l’armée quand la lutte des partis était si vive. L’occasion excite ces hommes qui déjà ne supportaient qu’avec impatience d’être soumis au peuple romain : ils commencent à faire des projets de guerre avec plus de liberté et de hardiesse. Les chefs gaulois s’entendent pour tenir des conciliabules dans des lieux écartés, au milieu des bois : là, ils se plaignent de la mort d’Acco ; ils déplorent le malheur commun des Gaulois ; en promettant toutes sortes de récompenses, ils demandent instamment qu’on entre en guerre et qu’on joue sa vie pour rendre à la Gaule sa liberté. “La première chose, disent-ils, à laquelle on doit aviser, c’est de couper César de son armée avant que leurs projets clandestins ne soient divulgués. C’est chose facile, car les légions n’osent pas, en l’absence du chef, sortir de leurs quartiers d’hiver et, de son côté, le chef, sans escorte, ne peut rejoindre ses légions ; et puis mieux vaut mourir en combattant que de ne pas recouvrer l’antique honneur militaire et la liberté que les aïeux ont légués.” (César, *BG*, VII, 1)

Après mainte discussion sur ces projets, les Carnutes déclarent que pour le salut de la patrie il n'est pas de danger qu'ils n'acceptent, et ils promettent d'être au premier rang des révoltés. "*Puisque pour le moment on ne peut se garantir mutuellement par un échange d'otages, car cela risquerait d'ébruiter leur projet, que du moins, disent-ils, on s'engage par des serments solennels, autour des étendards réunis en faisceau – cérémonie qui noue, chez eux, le plus sacré des liens – à ne pas les abandonner une fois les hostilités commencées. On félicite à l'envi les Carnutes ; le serment est prêté par toute l'assistance, et on se sépare après avoir fixé la date du soulèvement.*"

Ces lignes doivent être lues avec beaucoup de circonspection. On peut d'abord douter de l'influence du meurtre de Clodius sur la détermination des chefs gaulois à entrer en dissidence. Surtout, la description organise une mise en scène "classique" réunissant tous les éléments d'une conjuration : "*conciliabules dans des lieux écartés, au milieu des bois*" (pourquoi ?) jusqu'au serment final "*autour des étendards réunis en faisceau*". C'est ainsi que Salluste avait narré les débuts de la conjuration de Catilina, dont l'acte initial devait consister "*à massacrer dans le Capitole les nouveaux consuls*".

Quoi qu'il en soit, les Carnutes massacrent à Orléans "*les citoyens romains qui y étaient établis pour y faire du commerce*". A quelle date ? On ne sait. Si l'on devait porter foi à la chronologie suggérée par César, Clodius ayant été tué fin décembre, le massacre n'aurait pu intervenir que bien des jours plus tard, courant janvier. Mais César n'allègue-t-il pas les événements de Rome pour se dédouaner lui-même, esquivant ses propres responsabilités dans l'éclatement de l'insurrection ? Il est plus probable que celle-ci ait été décidée à la fin de l'automne ou au début de l'hiver 53. Il en va de même pour le coup d'Etat de Vercingétorix, que nous avons déjà décrit.

Or donc, Vercingétorix réussit dans son entreprise :

> Ses partisans le proclament roi. Il envoie des ambassades à tous les peuples : il les supplie de rester fidèles à la parole jurée. Il ne lui faut pas longtemps pour avoir à ses côtés les Sénons, les Parisii, les Pictons, les Cadurques, les Turons, les Aulerques, les Lémovices, les Andes et tous les autres peuples qui touchent à l'Océan. A l'unanimité, on lui confère le commandement suprême. (*BG*, VII, 4)

Vercingétorix s'organise.

> Il exige de tous ces peuples des otages, il ordonne qu'un nombre déterminé de soldats lui soit amené sans délai, il fixe quelle quantité d'armes chaque cité doit fabriquer, et avant quelle date ; il donne un soin particulier à la cavalerie. A la plus grande activité il joint une sévérité extrême dans l'exercice du commandement ; la rigueur des châtiments rallie ceux qui hésitent. (*BG*, VII, 4)

Arrêtons-nous quelques instants, avant que les opérations ne s'engagent. Vercingétorix tente d'organiser une armée. Les légions, elles, sont dans leurs quartiers d'hiver. Peut-on en estimer le poids respectif ?

Les forces en présence

Commençons par l'armée romaine. En ce début 52, elle comprenait douze légions (c'est-à-dire, en théorie, 48 000 fantassins), auxquels s'ajoutaient des auxiliaires d'origines diverses (archers crétois, frondeurs des Baléares, fantassins légers numides ou germains) et des cavaliers. Ceux-ci avaient été fournis, les années précédentes, par les peuples gaulois, de gré ou de force, et leur effectif se montait à environ 4 000 hommes. La défection progressive de ses alliés conduisit César, en juillet 52, à recourir à des mercenaires germains (cavaliers et fantassins légers) qui devaient jouer un rôle décisif. Donc, au total, un effectif théorique de 52 000 combattants. Mais, si l'on veut évaluer les effectifs réels du "corps expéditionnaire", il faut à peu près doubler ce chiffre, pour tenir compte des accompagnateurs de toutes sortes : esclaves, "valets" s'occupant des bagages, des bêtes de somme transportant ceux-ci ou tirant les machines de guerre, bref tout un personnel subalterne qui, quoique ne combattant pas, remplit des tâches indispensables et… doit être nourri, ce qui accroît d'autant la quantité de vivres nécessaires (un minimum de 100 tonnes par jour) et, donc, les bagages, le parc des bêtes de somme – qui, elles-mêmes, exigent du fourrage, etc. Le déroulement de l'année 52 ne se comprend qui si l'on tient compte de cette masse d'hommes, de bêtes et de chariots : l'armée romaine peut être vulnérable si le ravitaillement lui devient difficile, elle peut l'être aussi lors de ses déplacements. Vercingétorix le savait bien qui instaura la tactique de la terre brûlée et du harcèlement.

Les légionnaires constituent l'infanterie lourde. Ils portent un casque très simple, une cotte de mailles et un bouclier ovale. Leurs armes offensives sont le javelot (le fameux *pilum*), une épée genre rapière ou un poignard pour le corps à corps. La légion dispose de sa propre artillerie, diverses machines lançant soit des boulets selon une trajectoire courbe soit des traits (des flèches énormes "javelots de siège") selon une trajectoire tendue. De même, elle comporte en son sein des spécialistes du "génie", et le légionnaire peut se transformer en bâtisseur, en charpentier, en bûcheron, voire en fabricant d'armes ! Lorsque l'armée est en campagne, il faut chaque soir établir et fortifier le camp. A d'autres moments, le légionnaire peut être envoyé couper le blé dans les champs ou faire du fourrage.

La légion est divisée en dix cohortes, chacune comprenant six centuries. A la tête de chacune de ces dernières, se trouve le sous-officier "de base" : le centurion, qui, sorti du rang, pouvait progresser jusqu'au commandement de la cohorte, et, pour les meilleurs d'entre eux (les "primipiles"), participer aux réunions d'état-major. Parmi les officiers, on distingue les tribuns – issus de la classe équestre –, normalement affectés à l'encadrement de la légion, les préfets exerçant des tâches administratives et – très exceptionnellement – le commandement de la flotte ou de la cavalerie. Enfin, les légats – issus de la classe sénatoriale – sont les collaborateurs directs du proconsul qui leur confit toute tâche d'ordre administratif (maintenir l'ordre dans une région) ou militaire (Labiénus mène la campagne de Lutèce avec quatre légions). Donc, une armée structurée, entraînée, expérimentée. Des quasi-professionnels.

Et en face ? En face, il n'y aura jamais une armée, mais la réunion de contingents envoyés par différents peuples et commandés par leurs propres chefs. Plutôt que réunion, mieux vaudrait dire juxtaposition puisque ces corps sont rangés "par cités" aussi bien dans les campements que lors des combats. Quoique reconnu comme général en chef, Vercingétorix devra convaincre du bien-fondé de ses propositions les "chefs" des contingents, lesquels n'hésiteront pas à l'accuser, à le contester ou à le presser de changer de tactique.

Au sein de ces contingents, la fine fleur était constituée par la cavalerie : les nobles gaulois sont appelés par César les *equites* (chevaliers-cavaliers), eux-mêmes combattant à cheval et s'entourant de "clients-cavaliers". César nous apprend que, pour pallier la petite stature des chevaux indigènes, ces nobles achetaient "à n'importe quel prix" des montures étrangères. Comme nous l'avons vu en décrivant l'armement de Vercingétorix, ils portaient casques à couvre-joues (paragnathides), cottes de maille, boucliers. Leurs armes offensives étaient la lance et la longue épée. Cette cavalerie, de par son caractère aristocratique, jouissait d'un haut niveau et d'un excellent entraînement. Beaucoup avaient accompagné César, les années précédentes, à titre d'auxiliaires.

Il en allait tout autrement des fantassins, recrutés parmi les travailleurs ruraux le temps d'une campagne ou d'une expédition, et renvoyés ensuite dans leurs champs. Pas d'entraînement régulier, une expérience souvent limitée. Les chefs devaient leur fournir l'équipement et leur octroyer une solde. De même que les légionnaires, ils étaient armés d'un javelot et d'une épée, mais on connaît moins bien leur équipement défensif – à part le grand bouclier oblong avoisinant la hauteur d'un homme.

Quelles que fussent leur vaillance et leurs qualités physiques, ces fantassins ne pouvaient rivaliser avec une armée régulière. Vercingétorix le savait, dont le premier soin fut d'instaurer une discipline de fer, d'entraîner ses troupes et d'éviter tout affrontement direct avec les légions. De même, il leur imposa la fortification des camps, alors qu'on se bornait auparavant à réunir en cercle les chariots à bagages et à installer les troupes au centre de celui-ci. Au cours de l'année 52, à en croire les auteurs, les effectifs de l'armée gauloise dépassaient de beaucoup ceux de l'armée romaine. Mais les handicaps étaient nombreux en termes de commandement, d'expérience, d'artillerie. Il est vrai que les Gaulois combattaient chez eux et que cet avantage pouvait être incommensurable.

De janvier à mars
Vercingétorix mène de front des opérations diplomatiques, le recrutement et la formation de troupes nombreuses. Profitant de l'absence de César et se lançant dans la guerre alors que la "saison" habituelle n'en est pas venue (normalement, on attend le printemps), il engage deux opérations : "*il envoie chez les Rutènes* (au contact de la province romaine) *le Cadurque Luctérios* [...]. *Lui-même part chez les Bituriges*". Il s'agit donc à la fois de menacer la *provincia* et de faire tomber dans l'orbite arverne les Bituriges, membres on ne peut plus hésitants de la confédération éduenne. Mission doublement réussie. Luctérios gagne les Rutènes, puis les Nitiobroges et les Gabales à sa cause. La route de Narbonne est ouverte.

On ne sait à quelle date César partit pour Narbonne. Probablement dès janvier,

> il arrive, il rassure les courages ébranlés, place des détachements chez les Rutènes de la Province, chez les Volques Arécomiques, chez les Tolosates et autour de Narbonne, toutes régions qui confinaient au territoire ennemi ; il ordonne qu'une partie des troupes de la Province et les renforts qu'il a amenés d'Italie se concentrent chez les Helviens, qui touchent aux Arvernes. (*BG*, VII, 7)

Puis, il se lance dans un mouvement inattendu, inouï : franchir les Cévennes par les cols du Vivarais enneigés, et déboucher en pays arverne où il sème la panique. Averti, Vercingétorix quitte le territoire biturige pour regagner ses bases. Laissant le commandement des troupes à un de ses lieutenants, César fonce à bride abattue rejoindre ses légions qu'il concentre près d'*Agedincum*, dans la région de Sens. On est courant février.

Vercingétorix, voyant que César a remonté vers le nord, reprend l'offensive. Il décide de s'en prendre à un symbole. En 58, après sa victoire sur les Helvètes, César avait autorisé une peuplade originaire de Bohème (les Boiens), qui s'était jointe à la migration, à s'établir sur un territoire aux marges du domaine des Eduens, bien sûr avec l'accord de ceux-ci. Les Boiens avaient commencé d'exploiter un terroir, ils avaient fondé une petite ville (*Gorgobina* ou *Gortona*, près de Sancerre). Les en déloger, c'était démontrer l'inanité de la politique de César, c'était aussi infliger aux Eduens une blessure d'amour-propre. Vercingétorix met le siège devant cet *oppidum*. César, après quelques hésitations, réagit :

> Il invite les Eduens à lui fournir des vivres, se fait précéder chez les Boiens d'une ambassade qui annoncera sa venue et les exhortera à rester fidèles [...]. Il se met en route vers le pays des Boiens. (VII, 7)

Nous rencontrons ici le premier problème relatif aux déplacements de l'armée romaine cette année-là. Il s'agit d'aller de la région de Sens jusqu'à Sancerre, pays des Boiens. Or, César va passer par *Vellaunodunum* et *Cenabum*, à la suite de quoi il oubliera totalement les Boiens, car Vercingétorix a levé le siège de *Gorgobina* (ou *Gortona*). Se posent deux questions. Pour rejoindre Sancerre, sur la rive gauche de la Loire, où pouvait-on traverser le fleuve ? Un pont existait à Orléans. Mais n'y en avait-il pas un autre à Gien (beaucoup plus proche) ? En outre, s'il ne fait aucun doute qu'Orléans s'appelait *Cenabum* dans l'antiquité, Gien n'aurait-il pas porté le nom de *Genabum* – ce qui serait source de confusions possibles ? On a beaucoup glosé sur ces arguments, Jérôme Carcopino défendant avec vigueur la thèse en faveur de Gien. L'un des motifs avancés pour se défier d'Orléans tenait au fait que César, lorsqu'il détruit *Cenabum* (ou *Genabum*), ne fait pas allusion à la vengeance qu'il prenait ainsi du massacre des négociants romains que nous avons ci-dessus relaté.

Agedincum-Vellaunodunum-Cenabum. Il faut rester au plus près des sources et des réalités. Seule, Orléans présente des mentions antiques sûres du nom *Cenabum.* De plus, une voie romaine, reconnue sur une grande partie de son parcours, relie Sens à Orléans, en passant par Château-Landon, site reconnu comme celui d'un établissement de l'Âge du Fer. En outre, l'itinéraire qui mènera César à Bourges se conçoit mieux depuis Orléans.

Récapitulons. César quitte *Agedincum.* Il assiège *Vellaunodunum* (Château-Landon) :

> Voulant ne pas laisser d'ennemi derrière lui pour n'être pas gêné dans son ravitaillement, il entreprit d'en faire le siège, et en deux jours, il l'eut entourée d'un retranchement ; le troisième jour, la place envoya des parlementaires pour traiter de la reddition : il ordonne qu'on livre les armes, qu'on amène les chevaux, qu'on fournisse six cents otages. Il laisse Caïus Trébonius, son légat, pour terminer le règlement de cette affaire, et part – car il désirait achever sa route au plus vite – se dirigeant vers Cénabum, ville des Carnutes. (VII. 11)

Le voici devant Orléans :

> Il campe devant la ville, et, l'heure avancée lui interdisant de commencer l'attaque, il la remet au lendemain ; il ordonne à ses troupes de faire les préparatifs ordinaires en pareil cas, et, comme il y avait sous les murs de la place un pont qui franchissait la Loire, craignant que les habitants ne prissent la fuite à la faveur de la

La voie romaine entre Sens et Orléans, à la hauteur de Batilly-en Gâtinais.

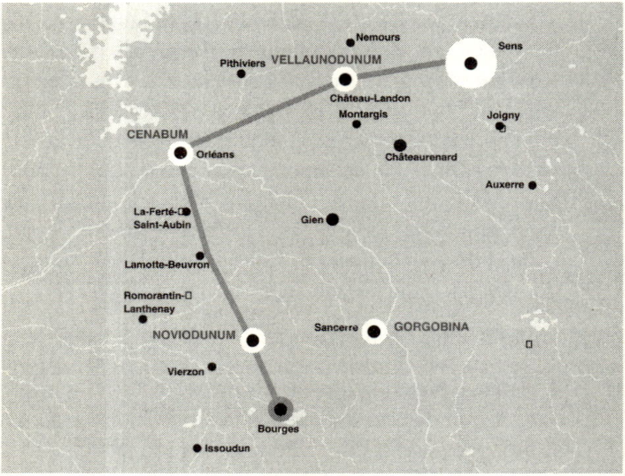

Itinéraire de César d'Agedincum (Sens) à *Avaricum* (Bourges) en passant par *Cenabum* (Orléans).

> nuit, il fait veiller deux légions sous les armes. Les gens de Cénabum, peu avant minuit, sortirent en silence de la ville et commencèrent de passer le fleuve. César, averti par ses éclaireurs, introduit, après avoir fait incendier les portes, les deux légions qu'il tenait prêtes, et se rend maître de la place : il s'en fallut d'un bien petit nombre que tous les ennemis ne fussent faits prisonniers, car l'étroitesse du pont et des chemins qui y conduisaient avait bloqué cette multitude en fuite. César pille et brûle la ville. (VII, 11)

César passe dans le pays des Bituriges. "*Dès que Vercingétorix est informé de l'approche de César, il lève le siège de Gorgobina* (ou *Gortona*) *et se porte à sa rencontre*".

César se décide à assiéger *Avaricum* (Bourges), "*la ville la plus grande et la plus forte du pays des Bituriges, et située dans une région très fertile : il sentait que la prise de cette place lui soumettrait toute la nation des Bituriges*". L'enjeu est double : politique – on ne peut supporter qu'un membre de la confédération éduenne ait fait défection – et économique – les greniers de Bourges regorgent de vivres.

César quitte donc Orléans, prend une place appelée *Noviodunum* (probablement Neuvy-sur-Barangeon) et arrive à Bourges. On est vers la fin mars.

Avril

Le siège d'*Avaricum* fut épouvantable. Il faisait froid, de violentes averses s'abattaient sur les légions. La ville était défendue par des cours d'eau et des marais sur l'essentiel de sa périphérie, et le seul accès terrestre, fort étroit, se trouvait barré par un rempart impressionnant. En outre, l'armée romaine commençait à manquer de vivres et de fourrage, du fait de la nouvelle tactique adoptée par Vercingétorix :

> Par tous les moyens on devra viser à ce but : interdire aux Romains le fourrage et les approvisionnements. C'est chose facile, car la cavalerie des Gaulois est très nombreuse, et la saison est leur auxiliaire. Il n'y a pas d'herbe à couper : les ennemis devront donc se disperser pour chercher du foin dans les granges ; chaque jour, les cavaliers peuvent anéantir tous ces fourrageurs. Il y a plus : quand on joue son existence, les biens de fortune deviennent chose négligeable ; il faut incendier les villages et les fermes dans toute la zone que les Romains, autour de la route qu'ils suivent, paraissent pouvoir parcourir pour fourrager. Pour eux, ils ont tout en abondance, car les peuples sur le territoire desquels se fait la guerre les ravitaillent ; les Romains, au contraire, ou bien devront céder à la disette, ou bien s'exposeront à des graves dangers en s'avançant à une certaine distance de leur camp ; que d'ailleurs on les tue ou qu'on leur enlève leurs bagages, cela reviendra au même, car sans ses bagages une armée ne peut faire campagne. Ce n'est pas tout : il faut encore incendier les villes que leurs murailles et leur position ne mettent pas à l'abri de tout danger, afin qu'elles ne servent pas d'asile aux déserteurs et qu'elles n'offrent pas aux Romains l'occasion de se procurer des quantités de vivres et de faire du butin. Trouvent-ils ces mesures dures, cruelles ? Ils doivent trouver bien plus dur encore que leurs enfants et leurs femmes soient emmenés en esclavage ; et qu'eux-mêmes soient égorgés : car c'est là le sort qui fatalement attend les vaincus.
>
> D'un accord unanime, on approuve cet avis : en un seul jour, plus de vingt villes des Bituriges sont incendiées.

On fait de même chez les autres peuples d'alentour ; de tous côtés, on aperçoit des incendies. (VII, 14-15)

La stratégie inaugurée par Vercingétorix et le siège d'*Avaricum* par les légions ont laissé un souvenir vivace, puisque – nous l'avons vu – plusieurs auteurs y font allusion, fût-ce en confondant les dates, les lieux, voire les cironstances ! Relisez le texte de Dion Cassius, voyez les mentions de Florus et d'Orose (qui situe l'affaire à Orléans, *Cenabum*).

De fait, le siège pouvait avoir frappé l'imagination, car les légionnaires eurent à construire des ouvrages gigantesques, dont une terrasse artificielle large de 110 m et haute de 30, tout en luttant contre la faim et le froid. Ils durent surmonter la déception d'un assaut manqué contre le camp que Vercingétorix avait établi à quelques kilomètres. Mais, en dépit d'une résistance acharnée, *Avaricum* tomba. Les guerriers gaulois, qui avaient prévu des chemins de fuite, furent trahis par les cris poussés par les mères de famille voyant que leurs compagnons les abandonnaient. Entrés dans la ville, les légionnaires déclenchèrent un épouvantable massacre : "*d'un ensemble d'environ 40 000 hommes, à peine huit cents purent s'enfuir*". L'armée romaine fit du butin, trouva des provisions en abondance, et se reposa quelques jours.

Le siège de Bourges est un chef d'œuvre en matière de "poliorcétique". Mais l'admiration que l'on ressent ne doit pas occulter la question essentielle : alors que Vercingétorix avait convaincu ses alliés de mettre en œuvre la tactique de la "terre brûlée", alors que "plus de vingt villes des Bituriges" avaient été incendiées en un seul jour, pourquoi *Avaricum* ne connut-elle pas ce sort ? César donne l'explication suivante :

On délibère en conseil de guerre sur Avaricum : veut-on brûler la ville ou la défendre ? Les Bituriges se jettent

> aux pieds des chefs des diverses nations, suppliant qu'on ne les force point de mettre le feu de leurs mains à une ville qui est, ou peu s'en faut, la plus belle de toute la Gaule, qui est la force et l'ornement de leur pays ; il leur sera facile, vu sa position, de la défendre, car presque de tous côtés elle est entourée par l'eau courante et le marais, et n'offre qu'un accès, qui est d'une extrême étroitesse. On cède à leurs prières : Vercingétorix s'y était d'abord opposé, puis s'était laissé fléchir, ému par les supplications des chefs bituriges, et par la commisération générale.

La scène n'est guère plus plausible que les motifs "esthétiques" allégués : on n'allait pas détruire la ville "*la plus belle, ou peu s'en faut, de toute la Gaule*". Ce type d'argument pouvait s'appliquer à Athènes, Syracuse ou Rome, on s'attendrait éventuellement à le trouver dans la bouche d'une délégation grecque ou romaine, mais il laisse sceptique dans ce cas précis.

En réalité, il faut se demander si le siège de Bourges n'a pas occupé la place centrale au sein de la stratégie de Vercingétorix. On "offrait" à César, privé de vivres, une ville qui en regorgeait. On l'incitait à entamer un long siège qui bloquerait les légions, exposées à des harcèlements de tous côtés, subissant des privations, de plus en plus frustrées en voyant les Gaulois refuser le combat en terrain ouvert. Il n'était pas sûr que la ville dût tomber, en tout cas elle ne le ferait pas sans une résistance acharnée, et, si tel était le cas, des chemins de fuite avaient été prévus pour les défenseurs. Si elle tenait longtemps, les légions affaiblies et démoralisées ne seraient plus en état de soutenir un assaut sur leurs arrières.

Les plans de Vercingétorix échouèrent pour plusieurs raisons. L'armée romaine fit montre d'une meilleure organisation et de plus d'abnégation que prévu. Les ouvrages réalisés pour s'approcher du rempart étaient les premiers du genre jamais construits par César en Gaule. La fuite des défenseurs fut empêchée par la faute… des femmes. Autant de grains de sable dans une stratégie bien construite. Mais Vercingétorix et ses alliés pouvaient s'avouer satisfaits : jamais les légions n'avaient connu de telles difficultés. Il fallait poursuivre dans cette voie. Vercingétorix "*demande aux différents peuples de lui fournir un certain nombre de soldats […]. De semblables mesures lui permettent de combler rapidement les pertes d'Avaricum. Sur ces entrefaites, Teutomatos, fils d'Ollovico et roi des Nitiobriges* (autour d'Agen), *dont le père avait reçu du Sénat le titre d'ami, vint le rejoindre avec une forte troupe de cavaliers de sa nation et des mercenaires qu'il avait recrutés en Aquitaine*". (VII, 31) Donc, un allié officiel de Rome, revenant sur sa parole, rejoint l'insurrection. César peut d'autant plus s'inquiéter qu'il apprend que, chez les Eduens, le peuple sur lequel il s'est appuyé depuis le début de la guerre, le pouvoir est en train de basculer. Donc, tandis qu'il se trouve encore à *Avaricum*,

> une députation de nobles héduens vient le trouver pour implorer son aide dans des circonstances particulièrement critiques : "la situation est des plus graves : alors que l'antique usage veut qu'on ne nomme qu'un magistrat suprême, qui détient pendant un an le pouvoir royal, deux hommes exercent cette magistrature et chacun d'eux se prétend légalement nommé. L'un est Convictolitavis, jeune homme riche et de naissance illustre ; l'autre est Cotos, issu d'une très vieille famille, jouissant d'ailleurs d'une grande influence personnelle et ayant de nombreux parents ; son frère Valétiacos a rempli

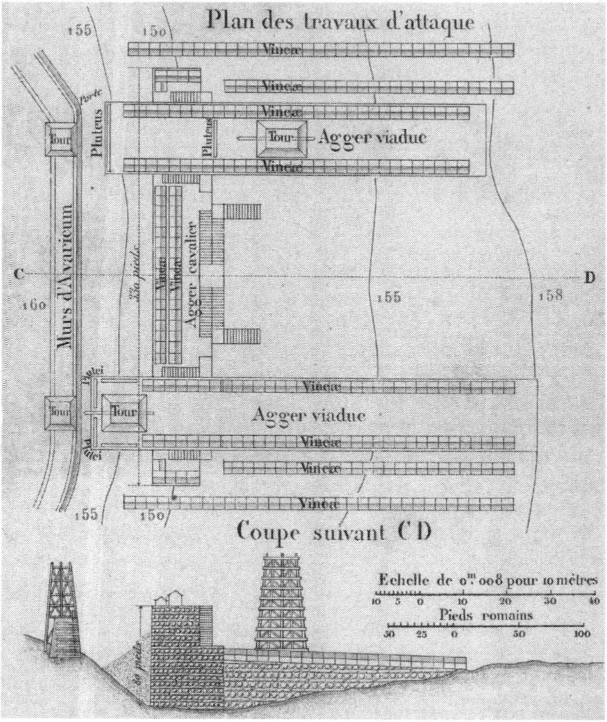

Les travaux romains devant Bourges : la terrasse artificielle édifiée pour approcher et surplomber le rempart gaulois. Planche extraite de l'*Histoire de Jules César* de Napoléon III.

> l'année précédente la même charge. Tout le pays est en armes ; le sénat est divisé, le peuple est divisé, les clients des deux rivaux forment deux partis ennemis. Si le conflit dure, on verra les deux moitiés de la nation en venir aux mains." (VII, 32)

Que s'est-il produit ? Un incident très grave dans le fonctionnement des institutions : la nomination du magistrat suprême n'a pu s'opérer régulièrement. Signe de déchirements internes. Les deux "partis" opposés ont désigné chacun un vergobret, ils sont prêts à en venir aux mains. Si l'on en juge par les termes employés par César, ce sont les "traditionalistes", les partisans de l'alliance romaine, qui ont fait un coup de force, anticonstitutionnel, en portant au pouvoir Cotos, "*issu d'une très vieille famille*", et dont le frère avait occupé la même fonction l'année précédente. Son adversaire, Convictolitavis, "*homme riche et illustre*", à l'instar du Dumnorix que César avait fait mettre à mort trois ans plus tôt, devait s'opposer à la politique "pro-romaine".

Que faire ? Cautionner un coup d'Etat ? Risquer un coup de poker en appuyant l'adversaire, dans l'espoir que celui-ci s'en montrerait reconnaissant ?

Durant la même période, César apprend que la Gaule du nord se soulève à son tour. La confédération éduenne vole en éclats : les Sénons et les Parisii prennent les armes, et bien d'autres les suivent sous le commandement de l'Aulerque Camulogénos. Pour parer au danger, César détache quatre légions qui vont rejoindre les deux qu'il avait laissées à *Agedincum* (près de Sens) et qu'il place sous les ordres de Labiénus. Lui-même ne dispose plus que de six légions (au maximum 24 000 hommes).

Mai
Il faut régler d'urgence l'affaire éduenne. César se rend à Decize (*Decetia*), y convoque le sénat de la cité, "*oblige Cotos* (son partisan) *à déposer le pouvoir, et invite Convictolitavis* [...] *à le prendre*". Décision que le proconsul va regretter sous peu : le nouveau magistrat, loin de lui savoir gré de son intervention, incitera son peuple à rejoindre les rangs de l'insurrection. Non pas immédiatement (les Eduens sont encore partagés), mais en l'espace de quelques semaines – qui faillirent être décisives.

Vercingétorix continue d'appliquer sa stratégie. Refuser le combat en terrain découvert, harceler les légions, les attirer en un lieu de son choix pour créer un "abcès de fixation". D'autant que lesdites légions sont désormais réduites à six. Après *Avaricum*, la proie qu'il veut offrir à César pour refermer son piège, c'est... Gergovie, sa propre capitale.

Vercingétorix remonte la rive droite de l'Allier, César le poursuit par la rive gauche. Impossible de traverser : le chef arverne a fait couper les ponts. Ici, intervient le "stratagème" fameux dont Polyen, on l'a vu, avait conservé la mémoire (cf. p. 218), qui permet à César de franchir l'Allier. Mais Vercingétorix s'est déjà enfermé dans Gergovie. César met le siège.

CHRISTIAN GOUDINEAU : *Vincent Guichard, nous avons déjà évoqué ensemble le territoire arverne. A présent, je vais vous interroger sur un sujet qui a fait couler beaucoup d'encre, qui suscite encore des passions : la localisation de Gergovie.*

VINCENT GUICHARD : Bien, je mets ma cotte de mailles.

C. G. – *A ce point ?*

V. G. – Non, je plaisante.

C. G. – *On connaît les querelles d'Alésia, moins bien celles de Gergovie. Vous faites le point ?*

V. G. – L'identification "traditionnelle" situe l'oppidum arverne sur le plateau de Merdogne, au sud de Clermont. Elle remonte à la Renaissance. Elle s'appuie en particulier sur la toponymie : sur la pente orientale du plateau, depuis le Xe siècle, est mentionné un lieu dénommé Gergoia. Puis, il y eut les fouilles de Napoléon III, qui parurent si concluantes que le plateau reçut officiellement le nom de Gergovie.

C. G. – *Et la concurrence ?*

V. G. – C'est un autre plateau, celui des Côtes de Clermont, au nord de la ville moderne. L'hypothèse avait été présentée dans les années 1930, elle a "pris du corps" dans les années 1960, avec les fouilles ou les sondages menés par Paul Eychart.

C. G. – *Qui ont retrouvé quels genres de vestiges ?*

V. G. – Ils ont prouvé que les Côtes avaient été le lieu d'une occupation aux époques protohistorique et romaine. Paul Eychart, de plus, a interprété des murs, de fait assez puissants, comme remontant à l'époque gauloise.

C. G. – *Ce qui ne vous convainc pas ?*

V. G. – Non. Je les crois liés à un système de terrasses de culture d'époque moderne.

C. G. – *En revanche, la Gergovie "officielle" (même si je n'aime guère le terme) a livré des vestiges du milieu du Ier siècle av. J.-C., de l'époque de Vercingétorix ?*

V. G. – Sans aucun doute, incontestables, attestant une occupation dense à partir des années 70 av. J.-C. Malheureusement, les objets – fort nombreux – n'ont pas vraiment été étudiés et encore moins présentés. Le public en ignore l'existence. Nous allons, j'espère, les faire connaître rapidement.

C. G. – *Une chose m'étonne. Admettons des querelles sur un site dénommé Noviodunum ou je ne sais quoi. Mais, à Gergovie, il y eut un siège. César a installé des camps, créé des lignes (les fameux fossés). Napoléon III prétend les avoir retrouvés. Si c'est le cas, où est le problème ?*

V. G. – Mais, pour moi, il n'y en a pas. Si vous permettez, je crois qu'il faut rappeler les conditions du siège et de la bataille. Si l'on en croit César, sa tactique avait consisté à prendre la place par surprise après avoir solidement assis ses positions. Vercingétorix faisait camper ses troupes sous les remparts, dans la pente. César, qui était arrivé avec six légions, installa son camp et le fortifia. Il remarqua alors qu'il y avait :

> En face de la ville, au pied même de la montagne, une colline très bien fortifiée par la nature et isolée de toutes parts : si nous l'occupions, nous priverions l'ennemi d'une grande partie de son eau et il ne fourragerait plus librement. Mais cette position était tenue par une garnison qui n'était pas méprisable. Pourtant César, étant sorti de son camp au milieu du silence de la nuit, bouscula les défenseurs avant que l'on eût pu les secourir de la place et, maître de la position, y installa deux légions ; il relia ce petit camp au grand camp par un double fossé de douze pieds (3,60 m) de large, afin que même des hommes isolés pussent aller de l'un à l'autre à l'abri des surprises de l'ennemi. (*BG*, VII, 36)

César intercale à cet endroit de son récit divers épisodes liés à la défection des auxiliaires éduens : il quitte son camp, lequel est attaqué dans l'intervalle, revient et décide d'abandonner : l'affaire éduenne était – dit-il – autrement grave. Cependant, une occasion lui paraît propice : une colline (1) était libre de troupes ennemies. Des déserteurs lui apprennent que Vercingétorix veut en fortifier le revers afin d'empêcher les troupes romaines de s'en emparer : si les légions contrôlent à la fois cette hauteur et celle où a été installé le "petit camp" (2), les sorties deviendraient difficiles, particulièrement pour les fourrageurs.

La tactique de César peut se résumer ainsi : faire croire à l'ennemi qu'il va investir la colline (1), l'amener à y porter ses forces et attaquer ailleurs. Pour ce faire, il ordonne *au milieu de la nuit, à de nombreux escadrons, de se répandre de tous côtés, en faisant beaucoup de bruit* aux alentours de (1), leur adjoignant des muletiers déguisés en cavaliers. Les troupes gauloises se concentrent vers ce point (a) pour travailler aux retranchements au revers de la colline (1). César fait alors passer des troupes du grand camp au petit et donne le signal de l'assaut (b), cependant que, par la droite, il envoie les auxiliaires éduens (c). Ses soldats se heurtent aux défenses artificielles établies à mi-pente, les franchissent, tombent sur les campements ennemis.

César ayant – dit-il – atteint son but, fit sonner la retraite, mais beaucoup n'entendirent pas le signal en raison du relief et poursuivirent jusqu'aux remparts de la cité. Les Gaulois revinrent au pied du rempart (mouvement (a) inversé), bousculant les assaillants. Les Romains virent alors arriver, sur la droite, les Eduens (c) et les prirent pour des ennemis. Ce fut la débandade. Mais César avait auparavant pu arrêter et mettre en position la

10e légion et des cohortes de la 13e (d) qui résistèrent au choc et amortirent le recul. Il abandonna les lieux : ses pertes avaient été inférieures, selon lui, à 700 hommes.

C. G. – *D'accord, c'est le récit césarien. En a-t-on retrouvé les traces matérielles, au sol ?*

V. G. – Comme vous savez, Napoléon III dépêcha le commandant Stoffel pour régler la question. Celui-ci conduisit des fouilles au cours de l'été 1862, qui retrouvèrent – selon lui – les deux camps de César ainsi que le fossé double. L'Empereur en publia les plans dans son Histoire de Jules César. Malheureusement, aucune documentation ne nous est parvenue.

C. G. – *Donc, il y a doute ?*

V. G. – Absolument pas, car Stoffel, outre le plan, avait laissé sur le terrain des bornes en pierre à l'emplacement des vestiges qu'il avait identifiés. De nouvelles fouilles eurent lieu entre 1936 et 1939, confirmant ses interprétations. Moi-même, j'ai été chargé en 1995 d'entreprendre une campagne de sondages. Et puis, nous avons pu faire des observations lors de différents travaux.

C. G. – *Conclusion ?*

V. G. – A quelques nuances près, Stoffel a raison. Non seulement, les fossés sont bien là où il le dit, mais ils contiennent du matériel romain : traits de catapultes, boulets, mais aussi amphores et céramiques. Nous avons également pu vérifier l'emplacement des deux camps en retrouvant leurs limites. Que souhaiter de mieux ?

C. G. – *De fait. Merci.*

Schéma des travaux et de la bataille d'après le texte de César.

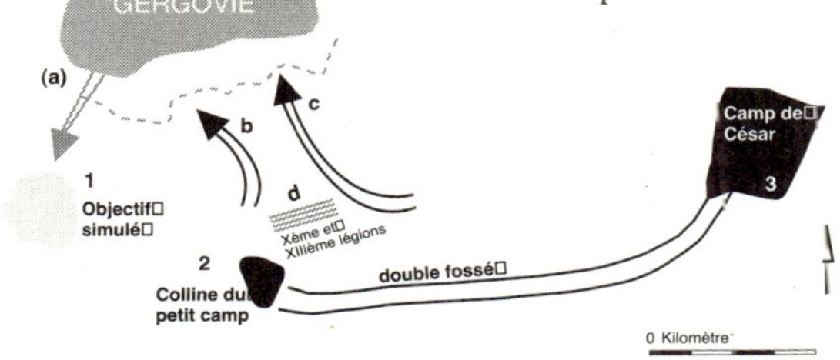

Les fouilles du fossé du petit camp, contenant des fragments d'amphores.

Traits de catapulte en fer trouvés dans le fossé du petit camp. Fouilles Vincent Guichard, 1996.

Reste à apprécier les événements qui se sont déroulés devant Gergovie, le siège, la bataille, la retraite de César. Si l'on se fie au récit du proconsul, on ne comprend pas : il y eut un assaut, compromis par l'audace excessive des légionnaires, mais "César avait atteint le but qu'il s'était proposé", il avait subi des pertes minimes (700 hommes). La suite est remarquable : le lendemain, il *"fit sortir ses légions du camp et les rangea en bataille sur un terrain favorable. Comme Vercingétorix n'en restait pas moins derrière ses retranchements et ne descendait pas dans la plaine, après un petit engagement de cavalerie, il ramena ses troupes dans son camp. Il recommença le lendemain, et jugeant dès lors qu'il en avait assez fait pour rabattre la jactance gauloise et pour relever le courage des siens, il se mit en route"* (VII, 53).

Plutarque, Dion Cassius, Orose, auxquels il faut ajouter Suétone, contredisent César sur un point essentiel : l'échec de Gergovie fut plus lourd qu'il ne l'avoue, avec des pertes considérables. Mais, plus important pour nous, Plutarque et Dion offrent la clé, celle qui permet de comprendre le plan médité par Vercingtorix et la raison qui conduisit César à lever le siège. Cette clé, c'est la défection des Eduens. Plutarque : (Tout allait bien) *"jusqu'au moment où le peuple des Eduens entra à son tour dans la guerre [...]. En se joignant aux rebelles, ils provoquèrent un profond découragement dans l'armée de César. C'est pourquoi celui-ci leva le camp de l'endroit où il se trouvait"*. Dion, on l'a vu, attribue aussi à l'"*agitation des Eduens*" la levée du siège.

Autrement dit, la stratégie de Vercingétorix consistait, une nouvelle fois, à "fixer" César – devant Gergovie – et à le faire prendre entre deux feux, les Eduens l'attaquant par l'arrière. Le proconsul déjoua le piège, de justesse. La source de Plutarque et de Dion avait clairement exposé la manoeuvre. César n'en dit rien, tout embarrassé qu'il se trouve à relater la trahison éduenne – son pire échec !

Aux yeux de Vercingétorix, Gergovie constitue-t-elle une victoire ? La manoeuvre n'a pas réussi, César a compris et évité le traquenard. Mais nombre de légionnaires et de centurions ont laissé leur vie, le grand César se retire. Psychologiquement, pour les troupes "confédérées", ce dut être un grand moment, qui établit définitivement le prestige du commandant en chef.

Pendant ces mêmes semaines, Labiénus était allé affronter les troupes dirigées par l'Aulerque Camulogénos. Depuis Décize, en passant par Melun, il avait fallu gagner Lutèce, où eut lieu la bataille décisive, remportée par les légions. Vercingétorix n'y ayant joué aucun rôle direct, nous passons.

Juin-juillet

De Gergovie, César revient vers le pays des Sénons. Depuis Lutèce, Labiénus le rejoint. Ils se retrouvent probablement aux environs d'Avrolles.

Pendant ce temps, l'insurrection se généralise.

> Quand on connaît la trahison des Eduens, la guerre prend une extension nouvelle. Ils envoient partout des ambassades ; par tout ce qu'ils ont d'influence, d'autorité, d'argent, ils s'efforcent de gagner les cités ; comme ils détiennent les otages que César avait laissés chez eux, leur supplice sert à terrifier ceux qui hésitent. Ils demandent à Vercingétorix de venir les trouver et de se concerter avec eux sur la conduite de la guerre. Celui-ci ayant consenti, ils prétendent se faire remettre le commandement suprême, et comme l'affaire dégénère en conflit, une assemblée générale de la Gaule est convoquée à Bibracte. On s'y rend en foule de toutes parts. La décision

> est laissée au suffrage populaire (c'est-à-dire des hommes en armes) ; celui-ci, à l'unanimité, confirme Vercingétorix dans le commandement suprême. (VII, 63)

Vercingétorix confirme sa tactique : pas de bataille rangée, un harcèlement systématique, et – surtout – attaquer la province romaine pour obliger César, lui-même déstabilisé, à la défendre :

> Il ne veut pas tenter la fortune ni livrer de bataille rangée ; mais, puisqu'il dispose d'une cavalerie très nombreuse, rien n'est plus facile que d'empêcher les Romains de se procurer du blé et de faire du fourrage ; seulement, ils ne devront pas hésiter à rendre de leurs propres mains leurs blés inutilisables et à incendier leurs granges, tactique de destruction de leurs biens qui, ils le savent, leur assure pour toujours la souveraineté et la liberté. Ces mesures prises, il ordonne aux Eduens et aux Ségusiaves, qui sont à la frontière de la Province, de mettre sur pied dix mille fantassins ; il y joint huit cents cavaliers. Il confie cette troupe au frère d'Eporédorix et lui commande d'attaquer les Allobroges. De l'autre côté, il lance les Gabales et les tribus arvernes de la frontière contre les Helviens, et envoie les Rutènes et les Cadurques ravager le pays des Volques Arécomiques. (VII, 64)

Mais la province romaine, en dépit des espoirs et des promesses, résiste avec fermeté. Non sans difficultés : les Helviens sont contraints de se retrancher dans leurs *oppida*.

César a regroupé ses douze légions, mais il n'a plus d'auxiliaires gaulois ni de cavalerie. Les routes du sud sont entièrement coupées, aucun renfort ne peut lui parvenir. Il fait alors appel – contre pièces sonnantes et trébuchantes – aux Germains d'outre-Rhin. Arrivent cavaliers et fantassins légers qui vont appuyer les légions.

Août

César n'a plus le choix : il lui faut regagner soit la Gaule méridionale (la province) soit l'Italie du nord, avant la fin de l'été – que peut-il faire d'autre ? Les légions s'ébranlent vers la mi-août. Vercingétorix le sait parfaitement, qui déclare à ses cavaliers :

> Les Romains sont en fuite vers la Province, ils quittent la Gaule ; cela suffit à assurer la liberté dans le temps présent ; mais c'est trop peu pour la sécurité du lendemain ; car ils reviendront avec des forces plus considérables, ils ne cesseront pas les hostilités. Il faut donc les attaquer tandis qu'ils sont en ordre de marche et embarrassés de leurs bagages. Si les fantassins essaient de secourir ceux qu'on attaque, et s'y attardent, ils ne peuvent plus avancer ; si, ce qu'il croit plus probable, ils abandonnent les bagages pour ne plus penser qu'à leur vie, ils perdront en même temps leurs moyens d'existence et l'honneur. Quant aux cavaliers ennemis, il ne faut pas douter qu'il ne s'en trouve pas un parmi eux pour oser seulement quitter la colonne. Afin qu'ils aient plus de cœur à cette attaque, il tiendra toutes ses forces en avant du camp et intimidera l'ennemi. Les cavaliers l'acclament, crient qu'il leur faut se lier par le plus sacré des serments : pas d'asile sous un toit, pas d'accès auprès de ses enfants, de ses parents, de sa femme, pour celui qui n'aura pas deux fois traversé à cheval les rangs ennemis. (VII, 66)

Les légions romaines ont quitté leurs camps. Elles "*font route vers le pays des Séquanes en traversant l'extrémité du territoire des Lingons*" . Vercingétorix avait établi trois camps à proximité d'une rivière. Sa cavalerie avait été également répartie en trois corps, qui attaquent les légions en marche. César riposte en divisant sa propre cavalerie en trois. "*Enfin, les Germains, sur la droite, avisent une hauteur qui dominait le pays, bousculent les ennemis, les poursuivent jusqu'à la rivière où Vercingétorix avait pris position avec son infanterie, et en font un grand carnage. Voyant cela, les autres craignent d'être enveloppés et se mettent à fuir.*"

Le site de cette bataille de cavalerie n'a jamais été identifié, sinon de manière très vague. Or, si l'on prend la région d'Avrolles comme site des camps d'été de César, si l'on considère que celui-ci, pour se rendre vers le sud, suivait l'Armançon, on peut restituer les mouvements aussi bien des légions que des cavaliers de César et de Vercingétorix. Une hauteur (dite la Montagne Reux, près de Fain-les-Moutiers) représente le site idéal pour une bataille de cavalerie. En arrière, coule l'Armançon. Alise n'est qu'à quelques kilomètres.

César remporte donc la "bataille de cavalerie", mais, cette fois encore l'alerte avait été chaude. César ne le dissimule pas, les autres auteurs le confirment, et c'est à cette occasion que Plutarque rapporte l'épisode durant lequel César se serait fait prendre son glaive par un ennemi (cf. p. 211). Vercingétorix s'établit dans l'*oppidum* des Mandubiens, Alésia.

Fin août-septembre-début octobre

Alésia. Chacun connaît les épisodes du siège, tels que les a décrits César. Vercingétorix envoie ses cavaliers soulever la Gaule (ne l'avait-il pas fait plus tôt ?). Il peut tenir un mois avec ses 80 000 hommes. César entoure la place d'énormes fortifications tournées à la fois vers elle et vers l'extérieur : contrevallation et circonvallation.

CHRISTIAN GOUDINEAU : Michel Reddé, vous êtes directeur d'études à l'EPHE. Ces dernières années, vous avez dirigé des campagnes de fouilles au pied d'Alise-Sainte-Reine, en collaboration avec des collègues allemands de la Römisch-Germanische Kommission de Francfort. Pourquoi ? Parce que vous aviez des doutes sur la localisation d'Alésia ?

MICHEL REDDÉ : Des doutes ? Non, pas du tout, nos recherches se fondaient au contraire sur la certitude (une évidence aux yeux de tous nos collègues européens) qu'Alésia se situe à Alise. Ce que nous souhaitions, c'était reprendre le dossier du siège, plus précisément celui des travaux césariens, dossier abandonné depuis longtemps.

C. G. – *Depuis Napoléon III et Stoffel ?*

M. R. – Presque. Juste quelques sondages très ponctuels dans les années 1950-1970.

C. G. – *Mais pourquoi reprendre le dossier ? On avait les plans, les documents du XIXe. Et la technique de fouilles n'avait pas été mauvaise, non ?*

M. R. – Loin de là. A l'époque, on procédait par tranchées, perpendiculaires aux lignes. Lorsque l'on retrouvait un fossé, on s'arrêtait, on se déplaçait latéralement de quelques dizaines de mètres pour recouper plus loin la même ligne.

C. G. – *Et si on la perdait ? Il devait bien y avoir des tournants, des bifurcations ?*

M. R. – Dans ce cas, les fouilleurs multipliaient les tranchées jusqu'au moment où ils retrouvaient la ligne.

C. G. – *Le résultat ?*

M. R. – En cinq années, ils ont fait le tour du Mont Auxois sur lequel est juchée Alise. Ce sont eux qui ont nommé “contrevallation” la ligne d’investissement de l’oppidum, celle qui était destinée à bloquer toute sortie des assiégés. La seconde, la “circonvallation”, était destinée à prémunir les légions contre l’armée dite “de secours”.

C. G. – *Napoléon III évoque aussi les camps de César ?*

M. R. – En effet, on en avait identifié plusieurs, sur les hauteurs, notamment au nord sur la montagne de Bussy et au sud sur celle de Flavigny.

C. G. – *Donc, pourquoi reprendre les fouilles ? Pour trouver du matériel, des armes ?*

M. R. – Non. Les collections déposées au Musée des Antiquités nationales de Saint-Germain-en-Laye sont impressionnantes. Il est vrai, au siècle dernier, on n’avait pas recueilli de “petit équipement” militaire – que nous avons retrouvé. Mais nous voulions faire toute autre chose. Appliquer les méthodes les plus récentes, celles dont ne disposaient pas nos… collègues du milieu du XIXe siècle. Vérifier, Préciser, éventuellement aller plus loin.

C. G. – *Donc, vous avez engagé de nouvelles opérations de terrain ?*

M. R. – Oui, mais elles avaient été précédées de campagnes de photographie aérienne, l’oeuvre de René Goguey, qui est passé, repassé je ne sais combien de centaines de fois, à bord de son avion, sur les sites qui nous intéressaient : ses photos ont révélé, avec une précision absolue, l’emplacement de tel camp, le tracé de telles lignes…

C. G. – *Que Stoffel connaissait déjà ?*

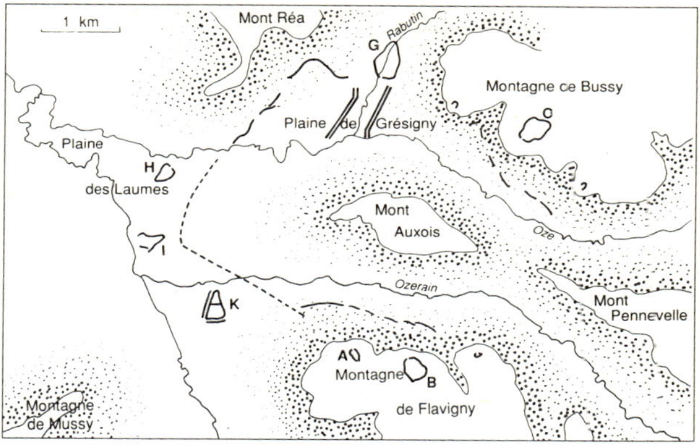

Le début des travaux d'investissement d'Alésia avant le départ de la cavalerie de Vercingétorix.
Les lettres désignent l'emplacement des camps romains.

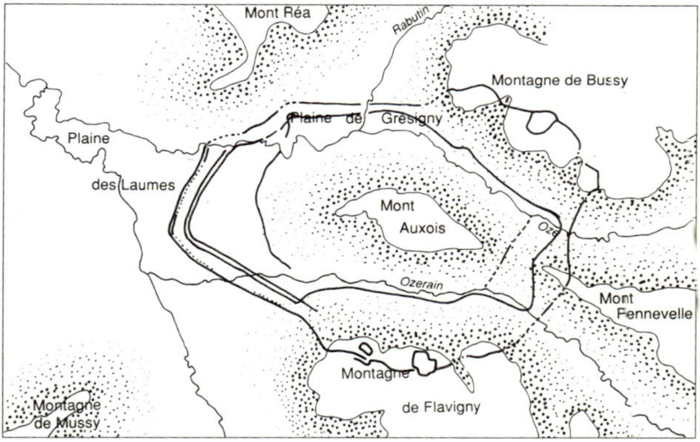

Les lignes définitives.
D'après J. Bénard.

M. R. – Par segments, pas en continu, de manière – disons – en partie hypothétique.

C. G. – *Vous jouiez sur le velours !*

M. R. – J'aurais mauvaise grâce à ne pas saluer l'aide que nous avons reçue ! Cela dit, la fouille, à son tour, apporta mille éléments que la photographie aérienne ne pouvait déceler.

C. G. – *Je dois vous demander de résumer. Sur quoi insisteriez-vous ?*

M. R. – Je vais me limiter à deux ou trois exemples. Le premier : les fameuses lignes de défense, contrevallation et circonvallation. César en donne une description "générique", qui synthétise l'ensemble, mais on n'en avait jamais fouillé le moindre segment, on n'avait jamais observé, en vrai, ce que représentaient ces ouvrages. Nos collègues allemands l'ont fait.

C. G. – *Et alors ?*

M. R. – Alors, prenez la contrevallation (dirigée vers l'oppidum). Première fouille : sur 200 m de long. Vous trouvez un rempart en mottes de gazon (un talus), bordé par un fossé et surmonté de tours carrées, une douzaine, espacées d'environ 17-18 m. En avant (vers Alésia), un vaste glacis, parsemé de pièges dont on a retrouvé l'âme de bois, celle dans laquelle on enfonçait une pointe métallique qui perçait le sabot des chevaux ou les pieds des fantassins. Encore plus vers l'avant, vous aviez deux fossés, dont le plus éloigné était en eau. La circonvallation, elle, comporte un rempart à peu près identique, un fossé semblable, mais les systèmes de pièges sont plus nombreux et différents. Dans d'autres fouilles, on a trouvé d'autres dispositifs.

Restitution de la contrevallation dans la plaine des Launes.
Dessin J.-P. et C. Adam.

Balles de fronde trouvées dans le camp C avec l'inscription TLA et T. LABI (Titus Labienus).

C. G. – *Vous voulez dire que, selon les endroits, les défenses étaient aménagées différemment, qu'il n'y avait pas un seul système ?*

M. R. – Exactement. Les fouilleurs de Napoléon III ne pouvient s'en apercevoir, en raison des méthodes qu'ils utilisaient.

C. G. – *Vous avez aussi fouillé des camps ? Je veux dire : des camps romains, ceux de César ?*

M. R. – En effet, mais je ne vais pas entrer dans le détail : c'est de la technique militaire, qui touche aux remparts, aux portes, aux dispositifs de protection, etc.

C. G. – *Je n'ignore pas que ces recherches ont passionné les spécialistes. Mais avez-vous fait des... trouvailles susceptibles d'intéresser un lecteur non-spécialiste ?*

M. R. – Bien entendu. Je passe sur les armes, les boulets, les traits de catapulte, les pointes de flèche, etc. Ah si, quand même, je signalerai ces épouvantables tribuli, des espèces d'épines métalliques à plusieurs branches qu'on jette sur le sol et qui, quelle que soit leur position, s'enfoncent dans vos pieds (les lointains ancêtres des mines anti-personnelles !).

C. G. – *Du matériel, des monnaies ?*

M. R. – Evidemment. Des amphores vinaires, des monnaies romaines et gauloises. Mais je voudrais revenir sur le matériel militaire pour vous présenter des documents exceptionnels. Des balles de fronde en plomb qui portent – comme c'est souvent le cas – une inscription. En l'occurrence, on lit T. LABI.

C. G. – *Titus Labiénus, le lieutenant numéro un de César ?*

M. R. – Qui imaginer d'autre ? Titus Labiénus se trouvait à Alésia, César le cite deux fois lors de la bataille décisive.

C. G. – *Si je récapitule : les fouilles de Napoléon III confirmées, et surtout précisées. Des avancées sur la technique militaire de l'époque. Du matériel, des armes, des monnaies. Au fait, pour les monnaies, on en est à combien ?*

M. R. – Près d'un millier, celtiques et romaines. Aucune n'est postérieure à 52. Parmi elles, des pièces arvernes à la légende de Vercingétorix.

C. G. – *Merci.*

La constitution de l'armée de secours prit du temps. A en croire César, les chefs gaulois décidèrent de demander à chaque cité d'envoyer un contingent dont la composition globale est présentée sur la page ci-contre.

Le total est impressionnant. César dit 240 000 fantassins et 8 000 cavaliers. Plutarque : 300 000. Florus : 250 000. Ces forces convergent vers le territoire des Eduens. Là, on procède à leur recensement et à leur dénombrement. Nul doute que l'on mit soigneusement par écrit les résultats du décompte : voyez le récit que fit César, en 58, lorsque, après avoir vaincu les Helvètes, il avait pénétré dans leur camp :

> On trouva dans le camp des Helvètes des tablettes écrites en caractères grecs, que l'on apporta à César. Elles contenaient la liste *nominative* des émigrants en état de porter les armes, et aussi une liste particulière des enfants, des vieillards et des femmes.

Les Gaulois, à cette époque, étaient des maniaques des archives, signe d'une société sophistiquée. Combien

L'ARMÉE DE SECOURS

Peuples	Régions ou capitales	Contingent
Eduens et leurs vassaux	Morvan et ses abords, de la Saône aux plaines du Bourbonnais	
Ségusiaves	Rive droite du Rhône (des Dombes à Roanne)	35 000 hommes
Ambivarètes	Bourbonnais, vallée de la Besbre	
Aulerques Brannovices	Brionnais ?	
Blannovii	?	
Arvernes et leurs vassaux	Auvergne (Gergovie)	
Eleutètes	?	
Cadurques	Quercy	35 000
Gabales	Gévaudan	
Vellavii	Velay	
Séquanes	Plaines de la Saône et Jura	12 000
Sénons	Région de Sens et de Melun	12 000
Bituriges	Berry	12 000
Santons	Aunis et Saintonge	12 000
Rutènes	Rouergue	12 000
Carnutes	Beauce, de la Sologne à la Seine en aval de Mantes	12 000
Bellovaques	Beauvaisis	10 000
Lémovices	Limousin	10 000
Pictons	Poitou	8 000
Turons	Touraine	8 000
Parisii	Région de Paris	8 000
Helvètes	Suisse	8 000
Suessions	Soissonnais	5 000
Ambiens	Région d'Amiens	5 000
Médiomatrices	Lorraine	5 000
Pétrocores	Région de Périgueux	5 000
Nerviens	Hainault et Brabant	5 000
Morins	Boulonnais et Calaisis	5 000
Nitiobroges	Agenais	5 000
Aulerques Cénomans	Région du Mans	5 000
Atrébates	Région d'Arras	4 000
Véliocasses	Vexin	3 000
Aulerques Eburovices	Evreux	3 000
Rauraques	Haute Alsace	2 000
Boïens	vers Sancerre	2 000
Armoricains	Armorique	
Coriosolites	Côtes du Nord - Côtes d'Armor	
Rédons	Bretagne orientale	
Ambibarii	Cotentin	
Calètes	Pays de Caux	Ensemble
Osismes	Finistère	10 000
Vénètes	Morbihan	
Lexoviens	Lisieux	
Unelles	Cotentin	

de jours pour ces opérations, alors que la famine commençait de faire des ravages à Alésia, au point que Vercingétorix prit la décision d'expulser les "civils" mandubiens – décision terrible qui marqua les esprits : Dion Cassius s'en indignait encore au IIIe siècle ! Des décomptes, mais aussi des négociations entre chefs pour savoir à qui l'on confierait le commandement de la "grande armée". Les chefs seraient au nombre de quatre, *mais* ils auraient à leurs côtés un "conseil" composé de délégués des cités. Dispositif éminemment efficace, on le devine. Lorsqu'il écrivit les lignes (très sobres) qui décrivent ces avatars, César (qui avait vaincu) relate certainement les propos que des témoins lui ont tenus. Il ajoute aussitôt, et l'ironie n'en est que plus mordante car il connaît la fin : *"Tous partent vers Alésia, pleins d'enthousiasme et de confiance"* (VII, 76), Alésia, où les assiégés commencent à mourir de faim.

La suite ? Je ne saurais la raconter aussi bien que le fit l'un de mes anciens professeurs, Joël Le Gall, qui fouilla longtemps à Alésia (sur le plateau) et qui fut l'un des très rares universitaires (il avait fait l'Ecole de Rome) à enseigner et pratiquer l'archéologie sur le sol français. Voici son superbe récit :

> Une fois organisée, l'armée de secours se mit en route vers Alésia. Tous étaient pleins d'ardeur et de confiance. Comment l'ennemi pourrait-il soutenir le seul aspect d'une telle multitude ? Comment pourrait-il ne pas être pris de panique lorsqu'il verrait les assiégés sortir de l'oppidum pour l'attaquer d'un côté, tandis que de l'autre des forces considérables de cavalerie et d'infanterie apparaîtraient devant ses positions ?
>
> Lorsque l'armée arriva, elle s'installa sur une hauteur à mille pas (1 520 mètres) à peine des lignes romaines.

On n'a jamais retrouvé aucun vestige de son camp, qui n'a pas dû comporter de travaux très importants, mais cette hauteur ne peut être que la Montagne de Mussy-la-Fosse. Entre elle et la circonvallation, la Brenne ne constituait pas un obstacle sérieux et la plaine de trois mille pas s'ouvrait largement.

Le lendemain les généraux gaulois firent sortir leurs huit mille cavaliers dans la plaine de trois mille pas qu'ils parurent remplir tout entière ; pendant ce temps, l'infanterie se déployait légèrement en retrait sur les pentes de la colline.

Les assiégés accoururent sur le rempart de l'oppidum. Le spectacle était si grandiose, si impressionnant qu'il leur rendit l'espérance. Pleins d'allégresse, ils se congratulèrent les uns les autres, puis Vercingétorix les déploya en avant de la place. Des hommes s'avancèrent plus loin encore, portant des claies qui avaient été préparées durant la longue attente ; ils les jetèrent sur le fossé de vingt pieds, et, comme il n'y en avait pas assez sans doute, ils commencèrent à le combler avec de la terre. Leur tâche achevée, les troupes pourraient s'élancer contre la contrevallation.

César, de son côté, fit occuper ses deux lignes de retranchements par son infanterie et ordonna à sa cavalerie de sortir dans la plaine et d'engager le combat.

Pour les Romains, ce fut très dur. Beaucoup d'entre eux furent blessés par les archers et les voltigeurs qui démasquaient brusquement les cavaliers gaulois lorsqu'une charge de leurs adversaires les contraignait à se replier, et beaucoup de Romains, blessés, durant se retirer du combat. Oui, l'avantage était aux Gaulois. Du Mont-Auxois et de la colline de Mussy-la-Fosse, leurs camarades hurlaient pour les encourager. L'infernal carrousel dura de midi aux approches du coucher du soleil

– pendant six ou sept heures sans doute – sans que cet avantage se transformât en victoire. Les Germains, que César avait peut-être gardés en réserve, groupèrent tous leurs escadrons pour une dernière charge sur un seul point ; devant eux, une fois de plus, les Gaulois furent pris de panique et s'enfuirent ; les cavaliers romains se mirent de la partie et menèrent la poursuite jusqu'aux abords du camp ennemi. Les assiégés rentrèrent dans la place.

L'assaut dans la nuit

Ce n'était cependant qu'une première bataille et les Gaulois savaient maintenant en quoi consistaient les défenses de la circonvallation dans la plaine des Laumes. Ils passèrent la journée du lendemain à préparer le matériel dont ils allaient avoir besoin pour les attaquer : des claies et des échelles pour passer par-dessus les obstacles, des crocs de siège pour arracher certains pièges et le parapet du rempart.

Vers le milieu de la nuit, ils sortirent de leur camp en silence et se portèrent vers les retranchements ; le mouvement fut exécuté avec tant de précaution que les sentinelles romaines ne le décelèrent pas. Quand les contingents eurent pris position sur la base de départ, tous poussèrent soudain une immense clameur pour avertir les assiégés et se ruèrent à l'assaut : les uns jetaient les claies pour couvrir les pièges, les autres bombardaient le rempart à coups de flèches et de pierres de fronde afin d'en écarter les défenseurs. Là-haut, sur le Mont-Auxois, Vercingétorix entendant la clameur avait compris que l'heure était venue ; il avait fait sonner le rassemblement et s'était mis à la tête de ses troupes pour les mener à l'attaque de la contrevallation. Quant aux soldats romains, ils gagnaient les postes qui leur avaient été assignés les jours précédents, ils y trouvaient les armes et les munitions déjà préparées : frondes, casse-têtes et épieux. Ce n'était pas les armes normales des légionnaires, mais leur emploi s'imposait dans cette guerre de siège et ils savaient fort bien s'en servir ; ils se mirent à répondre au tir des Gaulois.

Dans l'obscurité, on tirait au jugé ; les combattants étaient si nombreux que, des deux côtés, ils subissaient de lourdes pertes. Les machines romaines faisaient pleuvoir les traits sur les assaillants. Parfois les Romains faiblissaient, mais le secteur était confié à deux légats de haute valeur : Marc Antoine, le futur triumvir, et Caius Trébonius ; sans perdre leur sang-froid, ils faisaient venir des renforts et les dirigeaient sur les points menacés. Tant qu'ils furent en dehors des zones piégées, la densité de leur tir donna l'avantage aux Gaulois, mais les choses changèrent quand ils y pénétrèrent : certains s'accrochèrent aux aiguillons, d'autres tombèrent dans les pièges à loup ; bref leur progression se trouva ralentie ; or ils étaient maintenant à portée des lourds javelots de siège que les défenseurs lançaient du haut du rempart et des tours et qui les transperçaient mortellement. Leurs pertes devinrent plus lourdes encore sans qu'ils puissent percer nulle part. Leur flanc droit risquait d'être tourné si César lançait une contre-attaque depuis le camp qui était installé sur la croupe occidentale de la Montagne de Flavigny : le terrain imposait cette manœuvre d'une façon telle que les chefs s'en rendirent compte à l'approche du jour et, cette fois, ils eurent la sagesse de renoncer à temps à l'attaque dont l'échec devenait évident ; ils ordonnèrent la retraite et se replièrent sur leur camp. Du côté des assiégés, les opérations s'étaient déroulées d'une façon moins dramatique mais elles n'avaient pas été plus heureuses en fin de compte. Ils avaient perdu leur temps à faire avancer le matériel préparé en vue de la sortie et à continuer le comblement du fossé de vingt pieds. Quand ils s'aperçurent qu'on avait cessé de se battre dans la plaine, ils n'étaient pas encore parvenus au voisinage de la contrevallation. Pour la seconde fois leur attaque avait échoué avant d'avoir démarré.

Une opération de grand style

Le conseil de l'armée de secours comprit qu'il était nécessaire de monter une opération plus savante. On interrogea les gens qui connaissaient les lieux – certainement des habitants, des Mandubiens – et qui avaient observé les travaux des légionnaires. Ils décrivirent les parties des lignes qu'on ne voyait pas ou qu'on voyait mal depuis le camp de l'armée de secours. On s'aperçut alors qu'elles comportaient un point faible : au nord elles n'englobaient pas le Réa, car, pour l'occuper, il eût fallu élargir considérablement leur périmètre ; elles passaient à mi-pente et au pied : il y avait là un camp dans une position presque défavorable, légèrement en pente, dominé par le sommet de la colline. César avait très bien compris quels risques courraient ses lignes si l'ennemi attaquait à cet endroit et il avait pris les mesures nécessaires pour qu'elles puissent tenir. Deux légions occupaient ce camp ; l'une était commandée par le légat Caius Antistius Réginus, que nous ne connaissons guère, mais cette légion devait être la 11e, un corps de vétérans qui avait fait toute la guerre, solide et sûr ; l'autre avait à sa tête le légat Caius Caninius Rébilus, un des plus brillants officiers de l'armée et c'était probablement la 10e, élite dont César parle souvent en des termes qui évoquent ceux que Napoléon emploiera pour sa Vieille Garde.

Les chefs gaulois ne se contentèrent pas des indications qui leur avaient été données ; ils envoyèrent également des éclaireurs reconnaître les lieux. Après quoi, ils mirent leur plan au point minutieusement et dans le plus grand secret. Parmi les contingents des cités qui avaient la plus grande réputation de courage, ils choisirent soixante mille hommes. Ce corps serait chargé de la mission principale : l'attaque du secteur sous le Réa, et Vercassivellaunos l'Arverne le commanderait – choix normal puisque, pour lui, la délivrance des assiégés et de son cousin était en somme une affaire personnelle. Il partit avec ses hommes lorsque la nuit fut tombée, en exécutant un long détour, moins pour éviter les patrouilles romaines – il n'y en avait probablement pas ou fort peu – que pour ne pas être entendu par les sentinelles qui veillaient sur la circonvallation. Ils passèrent la Brenne à gué puis remontèrent par la combe où se blottit aujourd'hui le petit village de Menetreux-le-Pitois. Quand le jour revint – vers 4 h 30 du matin ? – ils étaient en train d'achever leur mouvement et le Réa les dissimulait aux observateurs romains. L'attaque avait été fixée à midi – c'est-à-dire vers 13 heures de notre comput officiel. Cela faisait près de neuf heures à attendre ; en bon chef, attentif à ménager les forces de ses hommes, Vercassivellaunos les fit se reposer. Quand le soleil approcha du zénith, Vercassivellaunos partit vers son objectif ; en même temps, la cavalerie gauloise descendit dans la plaine et s'approcha à nouveau de la circonvallation, tandis que l'infanterie prenait position en avant du camp comme lors du premier combat. Vercingétorix aperçut ses compatriotes depuis la citadelle et fit sortir ses troupes pour la troisième fois avec tout leur matériel de franchissement et d'assaut : claies, perches, mantelets, crocs de siège, et d'autres engins encore que

César ne nomme pas. Cette fois les travaux exécutés au cours des deux sorties précédentes portèrent leur fruit car le fossé de vingt pieds ne les arrêta pas et ils purent aborder enfin la contrevallation.

Jamais les cœurs n'avaient battu si fort…

On se battait partout à la fois. Tous les ouvrages étaient attaqués en même temps, du moins dans la plaine ; si la résistance faiblissait sur un point, on y courait en masse. Les troupes romaines, étirées par la longueur des lignes à tenir, avaient du mal à faire front à ces attaques simultanées et les légionnaires s'effrayaient des cris qui retentissaient dans leur dos sans qu'ils pussent se rendre compte de l'évolution du combat que livraient leurs camarades. César avait choisi un bon observatoire d'où il pouvait voir l'ensemble du champ de bataille, probablement sur le mamelon occidental de la Montagne de Flavigny, au-dessus de la corniche calcaire, et il envoyait des renforts là où ses hommes étaient en difficulté. Des deux côtés on se rendait compte que le moment suprême était arrivé. Les Gaulois se sentaient perdus s'ils n'enfonçaient pas les lignes. Quant aux Romains, ils espéraient que leur victoire marquerait la fin de leurs épreuves.

C'était surtout devant Vercassivellaunos que la situation devenait grave pour les Romains. La déclivité du terrain favorisait les assaillants et ses guerriers d'élite manœuvraient admirablement ; certains criblaient de traits les défenseurs, d'autres formaient la tortue avec leurs grands boucliers oblongs comme de vrais légionnaires pour s'approcher des défenses ; tous apportaient de la terre – probablement dans leur manteau – pour la jeter sur les ouvrages romains, si bien que les pièges, ensevelis, devenaient inefficaces. Vercassivellaunos n'avait pas commis la faute d'engager tous ses hommes en même temps et sans cesse des troupes fraîches relevaient celles dont les forces s'épuisaient. Les Romains ne pouvaient en faire autant ; ils commençaient à manquer d'armes et ils étaient au bord de la défaillance physique. Quand César apprit cela, il envoya sur place le meilleur de ses généraux, Titus Labiénus, le vainqueur de la bataille de Lutèce, pour rétablir le combat en lui donnant six cohortes de renfort. Au besoin Labiénus renoncerait à tenir les fortifications ; il replierait les cohortes et contre-attaquerait, mais cela à la dernière extrémité.

Dans la plaine les choses n'allaient pas bien non plus, probablement sur la contrevallation aux abords de l'Ozerain. César s'y rendit mais il lui suffit de remonter le moral des hommes : qu'ils ne se laissent pas dominer par la fatigue, le fruit de tous leurs combats antérieurs dépend de ce jour, de cette heure ! En tout cas la contrevallation ne fut pas emportée à cet endroit.

Il fallait pourtant la forcer. Vercingétorix arrêta le combat dans la plaine, où les défenses étaient réellement trop formidables, fit remonter ses troupes avec tout leur matériel dans la vallée de l'Ozerain, où les fortifications étaient beaucoup moins fortes, et les lança à l'assaut. Sans doute la rudesse des pentes était-elle défavorable aux assaillants, mais il est de bonne tactique d'attaquer l'ennemi là où il vous attend pas.

Sous la grêle de traits, les défenseurs des tours durent s'enfuir. Les assaillants atteignirent les travaux, se firent des passages à grand renfort de terre et de fascines, arrivèrent à la palissade et se mirent à l'arracher avec leurs crocs emmanchés au bout de longs bâtons. Malheureusement pour les Gaulois, le proconsul avait vu leur mouvement. Il envoya d'abord quelques cohortes sous les ordres du jeune Brutus. Ces cohortes ne suffirent pas : César en envoya d'autres avec le légat Caius Fabius

Maximus. Cela ne suffit pas encore : le combat devenait de plus en plus dur. Alors le proconsul se décida à amener lui-même des troupes fraîches. Cette fois il put rétablir le combat, mais il ne s'attarda pas, car Labiénus lui faisait savoir qu'au pied du Réa les choses allaient de plus en plus mal.

Le compte rendu des estafettes était effrayant : l'arrivée de Labiénus et de ses six cohortes n'avait rien changé. Fossés, remparts, l'ennemi emportait tout. Labiénus avait appelé des renforts de toutes les garnisons qui avaient pu lui en fournir. Avec les vingt cohortes des deux légions du secteur, les six qu'il avait amenées, il avait pu en rassembler trente-neuf – presque quatre légions, pas loin de la moitié de l'armée. Sans doute les camps de la Montagne de Bussy et la contrevallation de la vallée de l'Oze se trouvèrent-ils alors fort dégarnis, mais c'est une éventualité que les Gaulois n'avaient pas prévue. Avec ces troupes, dont certaines avaient été durement éprouvées, le légat allait tenter le combat en rase campagne, comme César l'avait autorisé à le faire.

Drapé dans son manteau de pourpre, César arrive à la rescousse

César ne trouva plus à emmener avec lui que quatre cohortes qu'il préleva sur la garnison du fortin le plus voisin. C'était peu, mais il restait la cavalerie qui n'avait pas encore donné : il envoya l'ordre à certains escadrons de le suivre (probablement ceux qui étaient cantonnés dans le secteur de la plaine) et à d'autres (sans doute cantonnés sur la Montagne de Bussy) de contourner la circonvallation et d'attaquer l'ennemi par derrière.

Par les pentes de la Montagne de Flavigny, par les ondulations de la plaine, il allait en tête de la colonne, drapé dans le *paludamentum*, le manteau de pourpre des généraux romains qu'il avait l'habitude de porter dans les batailles. Des pentes du Réa les Gaulois furent les premiers à l'apercevoir. Alors, comprenant que l'instant décisif était venu, ils se ruèrent sur les cohortes de Labiénus en hurlant et leurs adversaires leur répondirent, tandis qu'au loin, sur tout le rempart et dans tous les retranchements, s'élevait une énorme clameur ; les légionnaires de Labiénus, ayant abandonné leurs javelots, s'ils en avaient encore, se défendaient à l'épée.

Soudain, la cavalerie, qui avait dû escalader l'éperon qui domine Grésigny, surgit dans le dos des assaillants. Ils n'eurent pas le temps de la voir arriver, et les autres renforts approchaient. Alors la panique s'empara de ces braves ; ils tournèrent le dos et s'enfuirent. C'était déjà trop tard : les cavaliers, leur coupant la retraite, en firent un grand carnage. Sédullos, chef militaire et politique des Lémovices, se trouva parmi les morts. Vercassivellaunos fut rattrapé et fait prisonnier, bien peu regagnèrent leur camp sans blessure. On apporta à César soixante-quatorze enseignes.

Du rempart de l'oppidum on avait suivi avec anxiété les progrès de l'attaque de Vercassivellaunos à laquelle la distance et la présence de l'Oze empêchaient les assiégés de participer directement. Quand on vit le désastre qui mettait fin à tant d'efforts et de sacrifices, on comprit qu'il n'y avait plus d'espoir, et on rappela les contingents qui se battaient toujours devant la contrevallation de l'Ozerain. Lorsqu'ils apprirent que les assiégés avaient, eux aussi, renoncé à la lutte, les Gaulois de l'armée de secours abandonnèrent leur camp et s'enfuirent.

Vercingétorix a définitivement perdu. Le lendemain, il va se rendre.

Au terme de cette narration de l'année 52, nous ne pouvons éviter d'aborder la question qui a fait couler tant d'encre : Vercingétorix fut-il un commandant en chef catastrophique (quoique valeureux à titre personnel) ? Dieu sait que les reproches ont plu sur sa tête, principalement en raison d'Alésia : pourquoi donc était-il allé s'enfermer dans ce piège à rats ? Montaigne, Napoléon Ier, tant d'autres ne pouvaient l'excuser. Pour le dédouaner, Jérôme Carcopino monta en épingle une ruse sublime de César ; Jacques Harmand, à l'inverse, suggéra un complot, Vercingétorix étant le complice conscient de Jules César.

Ayant fréquenté, pour retracer la guerre des Gaules et ses itinéraires, des militaires de carrière – notamment le Chef de Bataillon Henry Soulhol et son ami Pierre Sardin –, j'ai appris d'eux beaucoup de choses. Bien sûr, que Vercingétorix avait tout intérêt à pratiquer, à l'encontre de César, la tactique de la "guérilla" (le harcèlement) et de la "terre brûlée" (s'en prendre au ravitaillement de l'ennemi). Mais, ils m'ont dit plus important encore :

CHRISTIAN GOUDINEAU – *Henry Soulhol, vous avez été un spécialiste de la logistique. Vous vous êtes récemment intéressé à la guerre des Gaules, en particulier à l'année 52. Partagez-vous l'opinion largement répandue selon laquelle Vercingétorix a fait un peu… n'importe quoi ?*

HENRI SOULHOL – Sûrement pas. Je pense absolument le contraire. Vercingétorix a été un général valeureux et d'une grande compétence.

C. G. – *Je ne veux pas vous interroger sur la technique de la guérilla, mais plutôt sur les trois moments forts de l'année 52. Bourges, Gergovie, Alésia. Deux échecs retentissants, et (admettons) une petite victoire. Pas brillant, non ?*

H. S. – Vercingétorix a mis en oeuvre une stratégie qu'en termes modernes on appelle l'"abcès de fixation". Elle consiste à rassembler autour d'une position amie le maximum des forces adverses pour les anéantir par une action venue de l'extérieur.

C. G. – *Prenons les choses dans l'ordre. Bourges,* Avaricum *?*

H. S. – A mon sens, il s'agissait d'épuiser l'armée romaine. D'abord, en lui coupant le ravitaillement (d'où l'incendie des fermes et des villages). Ensuite, en lui imposant un siège long et difficile. Lorsqu'elle serait dans des conditions physiques et morales désastreuses, les troupes de Vercingétorix lui tomberaient dessus, par l'arrière.

C. G. – *Mais cela n'a pas marché !*

H. S. – Non, le moral des légionnaires ne flancha pas. César engagea des travaux de siège jusqu'alors inconnus. La ville tomba. Le plan avait raté.

C. G. – Idem *à Gergovie ?*

H. S. – Stratégie semblable. Vercingétorix est enfermé dans une position facile à défendre. César l'assiège. Il est incapable (on l'a vu) de faire la décision : l'assaut avorta, il y laissa des plumes. L'élément déterminant sur lequel comptait Vercingétorix, c'était l'arrivée en force des Eduens. Mais leur défection (vis-à-vis de César) prit plus de temps que prévu, César éventa le piège et partit avant qu'il ne se refermât.

C. G. – *Alésia serait la troisième application ?*

H. S. – Evidemment. La pièce maîtresse du dispositif (qui avait dû être prévue à l'avance, mais qui fut retardée pour des raisons que César évoque vaguement), c'était l'armée qu'on appelle "de secours". C'est elle qui devait exterminer les légions prises entre deux feux (si j'ose dire), bloquées au milieu de leurs propres lignes.

C. G. – *Vous croyez donc que Vercingétorix a appliqué, suivi une stratégie délibérée ?*

H. S. – Cela me paraît l'évidence.

C. G. – *Même pour la bataille de cavalerie, juste avant Alésia, que vous avez vous-même localisée au bord de l'Armançon ?*

H. S. – La tentative n'était pas stupide. Les légions en route, embarrassées de tous leurs bagages. Si ça marchait, tant mieux. Sinon, on se repliait à Alésia pour la suite du plan. Sans les cavaliers germains, l'affaire était pliée.

C. G. – *Je reviens à votre notion de l' "abcès de fixation". C'est quelque chose de… comment dire ?… de classique ?*

H. S. – Tout à fait. Dans les guerres modernes, on en a de nombreux exemples – les uns réussissant, les autres échouant – comme Diên Biên Phû, où les appuis prévus ne sont pas arrivés – en l'occurrence les bombardiers qui devaient détruire les forces viêt-minh. De même que les Eduens ne sont pas venus à temps à Gergovie.

C. G. – *Vous n'êtes donc pas de ceux qui fustigent Vercingétorix ?*

H. S. – Bien sûr que non. Stratégie intelligente, bonne tactique. Il n'a pas eu de chance. Et puis, en face de lui, il n'avait pas n'importe qui. J'ajouterai qu'il n'a pas vraiment été aidé par ses "amis", par ses alliés.

C. G. – *Merci.*

Ma conclusion ?
On n'imagine pas l'un de nos chefs militaires déclarer qu'il a eu de la chance en remportant une victoire – il est vrai que, dans un passé récent, peu se sont trouvés dans une telle situation. César, lui, n'a jamais dissimulé les risques encourus ni l'aide que lui a apportée la déesse Fortune (à Rome, on préférait que les hommes politiques fussent bénis des dieux, Napoléon ne pensait pas autre chose).

Lorsqu'on récapitule les événements de l'année 52, l'impression dominante est celle d'un incroyable renversement du sort. *A priori*, César et les légions étaient condamnés, surtout après le retournement des Eduens. Un pays immense, les alliés faisant défection, la guérilla éclatant partout, les routes du Midi entièrement coupées. Et, contrairement à ce qui a été longtemps écrit, s'opposait à César une stratégie intelligente, d'ailleurs inspirée de l'expérience romaine : couper les vivres, isoler, fixer puis anéantir.

Selon que notre sensibilité nous porte à éprouver de la sympathie pour Vercingétorix ou pour César, nous tirerons des leçons différentes des événements que nous venons de revivre, regrettant la fin ou l'approuvant. Mais on peut être d'accord sur un point : les deux adversaires qui se sont affrontés étaient dignes l'un de l'autre. La conclusion a tenu à peu de chose, César lui-même le reconnaît. Il n'est que justice de réhabiliter Vercingétorix, en lui reconnaissant les qualités d'un grand chef de guerre, capable de discipliner des troupes, d'imposer à des interlocuteurs rebelles les rudiments de la guerre (fortifier les camps, imaginer des stratégies à long terme, et s'y tenir). Il a failli réussir.

Mais, en face de lui, il y avait César. César qui prit Bourges. César qui se retira de Gergovie avant que le piège se refermât. César qui réussit le quitte ou double à Alésia. Qu'on le regrette ou non, César était meilleur ou plus chanceux, et les légions plus fortes.

Vercingétorix : la fin

Tout est perdu. Vercingétorix décide de se rendre. La scène de la reddition a été relatée par trois auteurs que nous avons déjà étudiés. Je récapitule les trois textes :

Plutarque (qui écrit 150 ans après les faits) :

> Quant à ceux qui tenaient Alésia, après avoir donné beaucoup de mal à César et avoir eux-mêmes beaucoup souffert, ils finirent par se rendre. Le chef suprême de la guerre, Vercingétorix, prit ses plus belles armes, para son cheval et franchit ainsi la porte de la ville. Il vint caracoler en cercle autour de César qui était assis, puis, sautant à bas de sa monture, il jeta toutes ses armes et s'assit lui-même aux pieds de César, où il ne bougea plus, jusqu'au moment où César le remit à ses gardes en vue de son triomphe.

Florus (un peu plus tard que Plutarque) :

> Le roi lui-même, le plus beau fleuron de notre victoire, vint en suppliant dans notre camp et mit aux pieds de César son cheval, ses phalères et ses armes : "Prends-les, dit-il, tu as vaincu, toi, le plus valeureux des hommes, un homme valeureux !"

Dion Cassius (deux siècles et demi, au moins, après les événements) :

> Vercingétorix aurait pu s'échapper, car il n'avait pas été capturé et restait sans blessure, mais espérant (car il

avait autrefois été en amitié avec César) pouvoir obtenir son pardon, il alla le trouver sans s'être fait annoncer : il apparut brusquement devant César qui siégeait sur une tribune, jetant le trouble chez certains (des assistants). En effet, il était, entre autre, très haut de taille et avait l'air terrible sous les armes. Lorsque le calme fut revenu, il ne dit pas un mot, mais tomba à genoux et, les mains jointes, il supplia. Voilà qui frappa de pitié tous les assistants, qui se souvenaient de sa fortune ancienne et le voyaient aujourd'hui en une condition aussi émouvante. Mais César (fit le contraire) : il lui reprocha précisément ce sur quoi il comptait le plus pour son salut, et, en oppposant sa rébellion à son amitié, il fit paraître sa trahison plus insupportable encore.

Depuis des décennies, on s'acharne sur ces textes, pour tenter de leur trouver une logique commune qui, à les lire, n'existe pas. Comme d'habitude lorsque les choses paraissent confuses, on leur attribue une signification religieuse, et, les rituels étant par définition mystérieux, on conclut que les divergences entre les trois auteurs s'expliquent par le fait que, les témoins ne comprenant pas ce qui se déroulait sous leurs yeux, ils en ont donné des récits différents. Vercingétorix aurait accompli une *devotio*, se sacrifiant pour sauver ce qui pouvait l'être (la vie de ses soldats), et sa gestuelle représenterait les différents moments du rite. Evidemment, nous n'avons aucun autre exemple d'une scène analogue : sont donc inventées à la fois l'explication et sa source supposée.

Si nous reprenons le dossier sans idée préconçue, une évidence s'impose : cette scène, ces scènes sont rigoureusement impossibles, elle ne peuvent avoir la moindre réalité. Jamais, au cours de l'histoire, on ne vit de reddition semblable. Replaçons-nous dans le contexte. La bataille a été gagnée par les Romains, la veille. Il doit régner une agitation incroyable. On soigne les blessés, on enterre les morts, il y a tous ces prisonniers, par milliers, la cavalerie est encore en train de pourchasser les débris de l'armée de secours. L'affaire est loin d'être réglée : Vercingétorix et ses guerriers, même s'ils ont subi des pertes importantes, sont toujours enfermés dans l'*oppidum*. On répare les défenses pour s'opposer à une éventuelle sortie – celle du désespoir –, des légionnaires guettent le moindre mouvement pour crier "Aux armes !"

Alors, voici qu'un guerrier superbement paré sort, à cheval, par la porte d'Alésia, approche des lignes romaines, les traverse sans que nul ne tente de l'arrêter, pénètre dans le camp de César. Miracle : celui-ci siège sur son tribunal. Vercingétorix caracole autour de lui puis jette ses armes ou tend les mains en suppliant.

Comment croire à un tel scénario ? Vercingétorix eût été massacré avant d'avoir franchi cinquante ou cent mètres. En outre, dans l'Antiquité comme à toute époque, une reddition est négociée, soigneusement préparée. Toujours, la condition n° 1 : celui qui se rend se présente *désarmé*. Voyez, par exemple, relatée par Salluste, la reddition de Jugurtha : il vient *inermis*, sans armes. Donc, je partage l'avis de ceux qui, comme Reinach (dès 1905 !), comme Constans – le traducteur de la *Guerre des Gaules* – ou encore comme Jacques Harmand, ont refusé d'accorder le moindre crédit aux récits de Plutarque, Florus et Dion Cassius. Oui, c'est impossible, c'est forcément "du roman".

Cela dit, il est quand même curieux que trois auteurs aient relaté une scène aussi invraisemblable : l'arrivée par surprise, le jet des armes aux pieds de César – je passe sur les divergences. Il doit bien exister une explication ! Explication d'autant plus importante à trouver que, en son absence, la "légende", le "roman" de la reddition ont toutes chances de survivre, y compris dans les ouvrages sérieux : Camille Jullian n'avait rien d'un fantaisiste !

Relisons ensemble le texte de César, dans la traduction de Constans (vous verrez pourquoi). Or donc, la bataille a été perdue par les Gaulois, l'armée de secours est en déroute.

> Le lendemain, Vercingétorix convoque l'assemblée : il déclare que cette guerre n'a pas été entreprise par lui à des fins personnelles, mais pour conquérir la liberté de tous ; puisqu'il faut céder à la fortune, il s'offre à eux, ils peuvent, à leur choix, apaiser les Romains par sa mort ou le livrer vivant. On envoie à ce sujet une députation à César. Il ordonne qu'on lui remette les armes, qu'on lui amène les chefs des cités. Il installa son siège au retranchement, devant son camp : c'est là qu'on lui amène les chefs ; on lui livre Vercingétorix, on jette les armes à ses pieds. (VII, 89)

On le voit, la reddition est organisée : des légats (*legati*) sont envoyés à César. Celui-ci pose les conditions habituelles : – livraison des armes (parfois, on réclame aussi les chevaux, mais il n'y en a plus à Alésia), – livraison des chefs : la remise classique des "otages". Et c'est effectivement ce qui se passe.

Dans cette relation très sobre, deux éléments surprennent. Le premier : César va siéger *in munitione pro castris*, "*sur les lignes, en avant de son camp*". Pourquoi donc ? Second étonnement : *arma proiciuntur*, littéralement : "*les armes sont projetées*" (notre mot "projectile" vient de ce verbe latin). Comme les autres traducteurs, Constans précise : "*On jette les armes à ses pieds*" – aux pieds de César. Mais quelles armes, les armes de qui ?

Celles des Gaulois d'Alésia ? Des dizaines de milliers de boucliers, d'épées, de lances, etc., jetées aux pieds de César ? Le malheureux eût été enseveli en quelques minutes !

Il y a donc, dans ce récit, quelque chose qui nous échappe. Pour comprendre, référons-nous à un autre passage de la *Guerre des Gaules*. C'est un siège (comme Alésia), celui de l'*oppidum* d'un peuple "belge" (les Atuatuques), peut-être Namur, en tout cas dans les parages. Nous sommes en 57, la deuxième année de la guerre. Et, pour une fois, César donne quelques détails de la reddition, car les Atuatuques vont tenter de le tromper :

> Dans les premiers temps qui suivirent notre arrivée, ils faisaient de fréquentes sorties et engageaient avec nous de petits combats ; puis, quand nous les eûmes cernés d'un retranchement qui avait quinze mille pieds de tour et que complétaient de nombreuses redoutes, ils restèrent dans la place. Lorsqu'ils virent qu'après avoir poussé les mantelets et élevé un terrassement nous construisions au loin une tour, ils commencèrent par railler du haut de leur rempart et par nous couvrir de sarcasmes : "Un si grand appareil à une telle distance ! Quels bras, quels muscles avaient-ils donc, surtout avec leur taille infime (car aux yeux de tous les Gaulois, en général, notre petite taille à côté de leur haute stature est un objet de mépris) pour prétendre placer sur le mur une tour de ce poids ?"

Mais quand ils virent qu'elle se mouvait et approchait des murs, vivement frappés de ce spectacle nouveau et étrange pour eux, ils envoyèrent à César des députés, qui lui tinrent à peu près ce langage :

> Ils ne pouvaient pas croire que les Romains ne fussent pas aidés par les dieux dans la conduite de la guerre,

puisqu'ils étaient capables de faire avancer si vite des machines d'une telle hauteur ; et ils déclarèrent qu'ils leur livraient leurs personnes et leurs biens. "Ils ne formulaient qu'une demande, une prière : si César, dont ils entendaient vanter la clémence et la bonté, décidait de ne pas anéantir les Atuatuques, qu'ils ne les privât pas de leurs armes. Presque tous leurs voisins les détestaient, étaient jaloux de leur valeur ; s'ils livraient leurs armes, ils seraient sans défense devant eux. Mieux valait, s'ils en étaient réduits là, voir les Romains leur infliger n'importe quel sort, que périr dans les tourments de la main de ces hommes, parmi lesquels ils avaient toujours régné en maîtres."

César répondit que :

> Ses habitudes de clémence, plutôt que leur conduite, l'engageaient à conserver leur nation, s'ils se rendaient avant que le bélier eût touché leur mur, mais il n'y avait de capitulation possible que si les armes étaient livrées. Il agirait comme il avait fait pour les Nerviens, il interdirait à leurs voisins de faire le moindre tort à un peuple soumis à Rome. Les députés rapportèrent à leur peuple ces conditions, et vinrent dire qu'ils s'y soumettaient. Une grande quantité d'armes fut jetée du haut du mur dans le fossé qui était devant la ville : elles s'élevaient en monceaux presque jusqu'au sommet du rempart et de notre terrassement. (II, 30-32)

Donc les armes sont jetées (*jacta*), projetées. Si César décrit la scène, c'est parce que les Atuatuques avaient dissimulé une partie de leur arsenal : ils tentèrent une sortie, la nuit suivante, furent battus. Tous les survivants (53 000) furent vendus aux marchands d'esclaves.

Cette scène permet de comprendre ce qui s'est passé à Alésia. Les armes devaient être jetées du haut des remparts. César sort de son camp, s'installe sur les lignes en face de l'*oppidum* pour vérifier si la condition est bien remplie. Par ailleurs, on lui livre les chefs – dont Vercingétorix –, évidemment désarmés, et que les légionnaires ont sans doute enchaînés dès leur sortie de l'*oppidum.*

Et alors ? La *brevitas* césarienne (sa sobriété d'expression) était considérée comme insurpassable. La *Guerre des Gaules* et les ouvrages qui s'inspirent d'elle firent aussi, nous l'avons vu, l'objet de résumés, d'Abrégés. Admettons que le paragraphe qui relate la fin d'Alésia ait été résumé ainsi : *"Les Gaulois décident de se rendre,* Vercingetorix deditur". Chacun comprend : "Vercingétorix est livré" et puis... *arma proiciuntur "les armes sont projetées"*. Les armes de qui ? De Vercingétorix, évidemment, qui les jette aux pieds de César. On retraduit : "Vercingétorix se livre, il jette ses armes aux pieds de César". Interprétation d'un lecteur pressé, Abrégé approximatif ? Quoi qu'il en soit, à partir de ces quelques mots, l'imagination se donne libre cours. En effet, voilà une situation extraordinaire : un chef vaincu qui se rend *en armes*, contrairement à toutes les règles ! Comment est-ce possible ? On brode : c'est lui-même qui a pris l'initiative, il est arrivé par surprise, il jette ses armes aux pieds de César. Chacun ajoute sa touche personnelle (voyez Florus).

Vous comme moi aimerions connaître le nom de celui qui "abrégea" le passage déjà bref de César. Je n'ose croire à la responsabilité de Plutarque, tout en n'ignorant pas la fertilité de son imagination à la Dumas. Il nous manque tant de jalons, tant de textes, tant d'Abrégés...

Cependant, on peut comprendre le sens d'une telle "invention". Rappelons-nous Jullian construisant son

Vercingétorix sous une forme dramatique : l'opposition de deux mondes, de deux religions, de deux hommes, thèmes repris par des dizaines de drames et de romans. La source, en tout cas pour Jullian, se nommait Jules César. Le livre VII de la *Guerre des Gaules* a été écrit comme une sorte d'épopée racontant l'affrontement de deux héros, avec des scènes hautes en couleur, du "suspense", des trahisons, des retournements de situation, etc. Or, la fin est nulle, plate, juste quelques mots : "on lui livre les chefs, on lui remet Vercingétorix..." Vous imaginez un western se terminant ainsi, en quelques secondes ? Plutarque, qui adore les beaux récits, Florus, qui aime les effets, et même Dion Cassius, qui se plaît aux grandes leçons, devaient se sentir frustrés. La contraction du texte (et le contresens qu'elle induisait) leur offraient l'occasion de fournir à l'épopée une fin digne d'elle.

Nous avons donc (hélas) retiré à Vercingétorix sa belle armure, son équipement splendide, son cheval caracolant. C'est un captif. Jouit-il d'un traitement spécial ? César le traite-t-il avec certains égards ? S'entretient-il avec lui pour savoir certains détails sur l'année qui vient de s'écouler ? Mystère. Son nom ne reparaît (chez Plutarque et Dion Cassius) qu'à l'occasion du triomphe que l'ancien proconsul, devenu dictateur de Rome, célébra sur la Gaule six ans plus tard, en septembre 46. Le chef arverne y figura. Après quoi, il fut exécuté. Comment ? Nous l'ignorons et, à vrai dire, cela importe-t-il ?

CONCLUSION

Le personnage et la vie de Vercingétorix présentent plus de zones d'ombre que de lumière. Comme l'a écrit Jullian : *"Vercingétorix, pour l'histoire, a vécu moins d'une année. Il apparaît à la fin de l'hiver, il disparaît aux approches de l'automne"*. En outre, nous ne le connaissons (un peu) que par des relations écrites par des "étrangers", Grecs et Romains. Lesquels n'avaient aucune raison d'éprouver la moindre tendresse à l'égard d'un chef barbare ayant retardé l'œuvre "civilisatrice" de Rome. Surtout, ces auteurs ne pouvaient franchir la barrière séparant leurs propres mentalités, leurs types de comportement socio-politique, leurs références culturelles, de celles dont un Arverne devait être habité à la même époque.

La deuxième difficulté tient à la nature de l'ouvrage de César, la *Guerre des Gaules*, notre source principale. Sous couvert d'un récit objectif, sont distillés des messages de propagande. Les faits sont exacts ou à peu près, leur interprétation sujette à caution. Dans le livre VII, pour couvrir ses propres difficultés, cherchant à expliquer au Sénat pourquoi les plus fidèles alliés abandonnent la cause romaine, le proconsul allègue une sorte de "soulèvement nationaliste" qui n'étonna personne, car chaque petit Romain avait appris comment les Gaulois s'étaient, jadis, emparés de leur Ville, et à quel point on devait les craindre.

Enfin, l'étude historiographique nous a montré que Vercingétorix était né (en tant que "personnage" voué à la célébrité) lorsque, aux débuts du XIXe, le plus ancien passé de notre pays fut attribué à ceux que les Romains appelaient "les Gaulois". Ignorant tout de la préhistoire, démunis des instruments de datation, les historiens de l'époque firent remonter aux "temps gaulois" tous les vestiges antérieurs à la conquête romaine. C'étaient les plus anciens habitants de "notre terre". Chance suprême : ils avaient eu un héros !

Ces lacunes, le "message" césarien et le contexte historiographique ouvraient un champ immense à l'imagination, à la re-création. Dès l'Antiquité, la figure de Vercingétorix avait pris d'étonnantes dimensions (au sens propre : sa taille gigantesque, le poids de ses armes), une extravagante "scène de reddition" avait été inventée pour que finisse "en beauté" son affrontement avec César. A l'époque moderne, historiens, romanciers, hommes politiques, artistes se sont "engouffrés" dans les brèches pour les combler à leur gré. "On ne sait rien de sa jeunesse (ou de n'importe quoi d'autre : sa vie sexuelle ou familiale), donc nous avons pensé que… – prouvez-nous que nous avons tort" ! A ce degré zéro, s'en sont superposés d'autres, qui comptent davantage : Vercingétorix le symbole, l'incarnation de telle ou telle cause, parfois appelé, au même moment, à en défendre d'absolument opposées. Le patriote, le visionnaire d'une future unité "nationale", le républicain avant la lettre, l'anti-clérical ou le tenant d'un premier monothéisme : on a tout vu. Vercingétorix homme de droite, homme de gauche, appelant à la revanche (avant 14) ou cautionnant le régime de Vichy. Derrière lui ou à ses côtés, une Gaule imaginaire, des Gaulois restitués selon les anciens clichés grecs et romains. La Gaule de César avec ses frontières "naturelles" qui doivent être celles de la France ; les Gaulois, ces barbares sympathiques, pétris de qualités mais incapables d'en tirer profit : la conquête romaine, en les disciplinant, en fit des civilisés (message répandu aux quatre coins de l'empire colonial).

Aujourd'hui, la plupart des enjeux (la Revanche, la défense de la République, la justification du colonialisme) ont disparu, Dieu merci. Le temps semble venu d'évoquer Vercingétorix et les Gaulois avec sérénité. Nous libérer de la légende. Prendre en compte les données récentes. En finir avec les "gauloiseries", avec les scènes de bagarres genre "pub irlandais" après un match de rugby, avec les banquets type "orgie romaine", avec les druides mystérieux faisant couler le sang ou entassant leurs victimes dans des mannequins d'osier qui s'embrasent. Ne plus montrer Vercingétorix comme un chef indien de mauvais western appelant l'homme rouge (en l'occurrence : blond) à s'insurger, ou encore comme une sous-Jeanne d'Arc magnétisant les foules : *"Suivez-moi, mes frères, combattons pour la liberté ! Nous pouvons vaincre si nous le voulons !"*

Camille Jullian, il y a un siècle, avait lutté – avec les armes de son époque – contre les mascarades et les clichés. Il n'a que partiellement réussi, car lui-même avait mobilisé son héros au service d'une cause. Cependant, il avait mis en lumière des peuples gaulois organisés, structurés, disons même "policés". Tous les travaux menés depuis un siècle ont renchéri. La "nation" arverne (ou éduenne, ou carnute, ou biturige) connaissait un degré d'organisation qui ne le cédait guère à celui d'une "nation" d'Italie, de Grèce, voire à Rome elle-même.

Economie puissante, échanges interrégionaux et “internationaux ”. Diplomatie. Administration (contrôlée par les druides). Une aristocratie qui connaissait le monde. Seule faiblesse : ces peuples, luttant entre eux, n’avaient qu’une vague idée des techniques militaires mises au point par Rome. S’ils utilisaient les mêmes armes individuelles (dont ils avaient eux-mêmes créé les prototypes), ils ignoraient les engins de l’artillerie, les machines de siège, et le quasi-professionnalisme des légionnaires. Mais à quoi bon ? Nul n’avait imaginé que Rome viendrait s’immiscer dans les affaires du monde celtique.

La puissance de l’écrit est terrifiante. Le mot “barbare” conserve sa force, en dépit de toutes les analyses ethnographiques qui en ont démontré la vacuité. Vercingétorix devait perdre face à César, les Gaulois face à Rome : les barbares face au monde civilisé. Du coup, les seules vertus qu’on puisse reconnaître à ces malheureux, c’est le courage, l’héroïsme (éventuellement) et quelques qualités de seconde zone. Le contraire de ce que nous savons aujourd’hui.

Camille Jullian, le dossier que j’ai présenté vous semblera bien loin de votre *Vercingétorix* ! Pourtant, vous comme moi (ou moi comme vous), nous avons tenté de donner du “chef gaulois” une image authentique, c’est-à-dire la plus proche de ce que nous savons (“nous” : le pronom inclut nos collègues). En 2001, elle est autre qu’en 1901. Mais n’avez-vous pas évoqué vous-même la difficulté d’écrire une autre histoire que celle de votre (de notre) propre temps ? Ce portrait, nous l’offrons à nos concitoyens. Vous vouliez qu’ils pensent à la patrie. Moi, je souhaiterais qu’ils réfléchissent à la manière dont l’histoire crée ses héros.

BIBLIOGRAPHIE

I. L'essentiel

Pour l'historiographie, le meilleur livre, je l'ai dit précédemment, est celui d'André Simon, *Vercingétorix et l'idéologie française*, Imago, 1989. Non seulement, il est parfaitement informé, mais il se lit avec plaisir. Une réussite.

On le complétera avec les Actes du colloque intitulé *Nos ancêtres les Gaulois* (tenu en juin 1980) publiés par l'Association des Publications de la Faculté des Lettres et Sciences Humaines de Clermont-Ferrand, en 1982. Je renvoie notamment aux communications d'Anne Pingeot ("Les Gaulois sculptés", p. 252-282), d'Antoinette Erhard ("Vercingétorix contre Gergovie ?", p. 307-320), de Pierre Vaisse ("Les Gaulois dans la peinture", p. 321-326), de Christian Amalvi ("Vercingétorix dans l'enseignement primaire", p. 349-356) et de Charles-O. Carbonell ("Après 1870 : régénérescence de la France et renaissance de la Gaule", p. 391-394).

En 1994, pour accompagner une exposition consacrée à *Vercingétorix et Alésia*, la Réunion des Musées Nationaux a publié un catalogue qui fait toujours autorité, auquel ont contribué nombre de collègues et qui dresse un panorama historique et archéologique.

Un “coup de coeur”, un livre que j’ai aimé, celui de Suzanne Citron, *Le mythe national : l’histoire de France en questions*, les Editions ouvrières, Etudes et documentation internationales, Paris, 1989. Un excellent complément des précédents, posant les bonnes questions (celles qui dérangent !).

Les *Lieux de Mémoire* (P. Nora dir.) contiennent plusieurs contributions intéressant notre sujet, que je cite dans l’ordre d’apparition : “Lavisse, instituteur national”, par P. Nora ; “L’*Histoire de France* de Lavisse”, par le même ; “Le *Tableau de la géographie de la France* de Vidal de la Blache”, par J.-Y. Guiomar ; “Arcisse de Caumont et les sociétés savantes”, par Fr. Bercé ; “Francs et Gaulois”, par K. Pomian ; “Le *Barzaz-Breiz*”, par J.-Y. Guiomar ; “Alésia”, par O. Buchsenschutz et A. Schnapp ; “Le coq gaulois”, par M. Pastoureau.

Les textes antiques que j’ai étudiés ont été traduits aux Editions Les Belles Lettres (sauf Polyen), dans les collections Guillaume Budé ou la Roue à Livres. On trouve également des traductions de César et de Plutarque en livre de poche, Ed. Garnier.

Concernant l’archéologie, quelques titres récents :
Brunaux (J.-L.), *Les religions gauloises*, Errance, 1996, rééd. 2000.

Fichtl (St.), *La ville celtique, les* oppida *de 150 av. J.-C. à 15 ap. J.-C.*, Errance, 2000.
Reddé (M.), dir., *L’armée romaine en Gaule*, Errance, 1996.

Sur l'année 52, un numéro hors-série de *l'Archéologue, Archéologie nouvelle*, été 1998, que l'on peut compléter, pour une vue plus générale, par :
Goudineau (Chr.), *César et la Gaule*, Errance, Points Seuil, 2000.
Le Bohec (Y.), *César*, Que sais-je ?, 1994.
Le Gall (J.), *Alésia, archéologie et histoire*, rééd. Errance, 1990.

II. Pour en savoir beaucoup plus

Les sources primaires ont été citées dans le corps du volume. Ne sont donc mentionnées ci-dessous que les études.

Agulhon (M.), "De Gaulle et l'histoire de France", *Vingtième siècle*, 53, janvier-mars 1997, p. 3-12.
Agulhon (M.), "Le mythe gaulois", *Ethnologie française*, 28, 1998, 3, p. 296-302.

Agulhon (M.), *L'Histoire vagabonde*, Paris, Gallimard, 1988.

Amalvi (Chr.), *De l'Art et la manière d'accommoder les héros de l'histoire de France*, Paris, Albin Michel, 1988.

Amalvi (Chr.), "De Vercingétorix à Astérix, de la Gaule à de Gaulle ou les métamorphoses idéologiques et culturelles de nos origines nationales", *Dialogues d'histoire ancienne*, 10, 1984, p. 285-318.

Archéologie de la France : trente ans de découvertes, catalogue d'exposition, Paris, RMN, 1989.

Audouze (Fr.), Buchsenschutz (O.), *Villes, villages et campagnes de l'Europe celtique*, Paris, Hachette, 1990.

Bayet (A.), *Histoire de France*, Paris, Ed. du Sagittaire, 1938.

Bayet (A.), *La morale des Gaulois*, Paris, Félix Alcan, 1930.

Becker (J.-J.), Audoin-Rouzeau (S.), *La France, la Nation, la Guerre : 1850-1920*, Paris, SEDES, 1995.

Belmont (N.), éd., *Aux sources de l'ethnologie française, L'académie celtique*, Paris, Ed. du CTHS, 1995.

Belmont (N.), *Paroles païennes, mythe et folklore*, Paris, Imago, 1986.

Bloch (M.), *Apologie pour l'Histoire ou Métier d'historien*, Paris, Armand Colin, 1993.

Bourdé (G.), Martin (H.), *Les Ecoles historiques*, Paris, Seuil, 1983 (réédité en poche en 1990).

Brun (P.) et Olivier (L.), Dossier "Henri Hubert" (1872-1927), *Les Nouvelles de l'Archéologie*, 79, 1er trimestre 2000, p. 5-32.

Camille Jullian, l'histoire de la Gaule et le nationalisme français, Actes du colloque organisé à Lyon le 6 décembre 1988, Presses Universitaires de Lyon, 1991.

Carcopino (J.), *Alésia et les ruses de César*, Paris, Flammarion, 1958.

Celtes (Les), catalogue de l'exposition de Venise, traduit de l'italien *(I Celti)*. Palazzo Grassi, Ed. Bompiani, 1991. Une somme sur les différents peuples et leurs migrations.

Colbert de Beaulieu (J.-B.), "La localisation d'Alésia et la numismatique gauloise", *Ogam*, VIII, 2, 1956.

Colbert de Beaulieu (J.-B.), Lefèvre (G.), "Les monnaies de Vercingétorix", *Gallia*, 21, 1963, p. 12-75.

Colbert de Beaulieu (J.-B.) et Fischer (Br.), *Recueil des Inscriptions gauloises, IV. Les légendes monétaires*, XLVe suppl. à *Gallia*, Paris, CNRS Editions, 1998.

Collis (J.), Duval (A.), Périchon (R.), dir., *Le Deuxième Age du Fer en Auvergne et en Forez*, colloque de l'Association Française pour l'Etude de l'Age du Fer (Clermont-Ferrand, 1980), Sheffield / Saint-Etienne, 1983.

Contamine (P.), Bercé (Y.-M.), éd., *Histoires de France, Historiens de la France*, Actes du colloque international, Reims, 14 et 15 mai 1993, Paris, Champion, 1994.

Cunliffe (B.), *La Gaule et ses voisins, le grand commerce dans l'Antiquité*, Paris, Picard, 1993.

Digeon (Cl.), *La crise allemande de la pensée française, 1870-1914*, Paris, Presses Universitaires de France, 1959.

Dossier : Alésia au Mont-Auxois, Revue Historique des Armées, 167, Juin 1987, p. 1-76.

Duval (P.-M.), *Monnaies gauloises et mythes celtiques*, Paris, Hermann, 1987.

Duval (P.-M.), *Travaux sur la Gaule (1946-1986)*, 2 vol., Ecole Française de Rome, 1989.

Fischer (M.), "Les Gaulois : histoire d'un mythe de l'Antiquité à nos jours", *Aquitania*, suppl. 1, 1986, p. 343-350.

Foucher (M.), *Fronts et frontières*, Paris, Fayard, rééd. 1991.

Girardet (R.), *Nationalismes et Nations*, Editions Complexe, 1996.

Goudineau (Chr.), Peyre (Chr.), *Bibracte et les Eduens*, Paris, Errance, 1993.

Gran-Aymerich (E.), *Naissance de l'archéologie moderne, 1798-1945*, Paris, CNRS Editions, 1998.

Grenier (A.), *Les Gaulois*, Paris, Payot, 1945.

Grimal (P.), "Que représentait Vercingétorix ?", *Mélanges Varagnac*, 1971, p. 361-366.

Guichard (V.), Sievers (S.), Urban (O. H.), dir., *Les processus d'urbanisation à l'âge du Fer*, colloque des 8-11 juin 1998, Collection Bibracte, 4, 2000.

Harmand (J.), *Une campagne césarienne, Alésia*, Paris, Picard, 1967.

Harmand (J.), *Vercingétorix*, Paris, Fayard, 1984.

Hatt (J.-J.), *Histoire de la Gaule romaine*, Paris, Payot, 1959.

Laming-Emperaire (A.), *Origines de l'archéologie préhistorique en France*, Paris, Picard, 1964.

Laubenheimer (F.), *Le temps des amphores*, Paris, Errance, 1990.

Le Bohec (Y.), "Vercingétorix", *Rivista storica dell'Antichità*, 28, 1998, p. 85-120.

Le Gall (J.), *Les fouilles d'Alise-Sainte-Reine 1861-1865*, Paris, Institut de France, 1989.

Lewuillon (S.), *Vercingétorix ou le mirage d'Alésia*, Editions Complexe, 1999.

Lot (F.), *La Gaule, les fondements ethniques, sociaux et politiques de la nation française*, Paris, Fayard, 1967.

Mac Dougall (I.), "Dio and his sources for Caesar's campaigns in Gaul", *Latomus,* 5O,3,1991, p. 616-638.

Markale (J.), *Vercingétorix*, Paris, Hachette, 1982.

Motte (O.), *Camille Jullian, les années de formation*, Ecole Française de Rome, 1990.

Napoléon III et l'archéologie, Fouilles en forêt de Compiègne sous le Second Empire, catalogue d'exposition, Ville de Compiègne, 2000.

Nicolet (Cl.), *L'Idée républicaine en France (1789-1924)*, Paris, Gallimard, 1982.

Olivier (L.), "L'archéologie française et le régime de Vichy", *Les Nouvelles de l'Archéologie*, 67, printemps 1997, p. 17-22.

Ozouf (J. et M.), "Le thème du patriotisme dans les manuels primaires", *Le Mouvement Social*, n° 49, octobre-décembre 1964, p. 5-31.

Pinon (P.), *La Gaule retrouvée*, Paris, Découvertes-Gallimard, 1991.

Prost (A.), *Histoire de l'enseignement en France, 1800-1867*, Paris, Armand Colin, 1968.

Rambaud (M.), *L'art de la déformation historique dans les* Commentaires *de César*, Paris, Les Belles-Lettres, rééd. 1966.

Schnapp (A.), "Archéologie et tradition académique en Europe aux XIXe et XXe siècles", *Annales ESC*, 5-6, 1982, p. 760-777.

Schulze (H.), *Etat et Nation dans l'histoire de l'Europe*, Paris, Le Seuil, 1996.

Simon (A.), *Vercingétorix, héros républicain*, Paris, Ramsay, 1996.

Soulhol (H.), avec la coll. de Sardin (P.), *Vers Alésia, sur les traces de César et de Vercingétorix : Interprétation stratégique et tactique de la guerre des Gaules*, Paris, Editions des Ecrivains, 2000.

Tchernia (A.), *Le vin de l'Italie romaine*, Ecole Française de Rome, 1986.

Thiesse (A.-M.), *Ils apprenaient la France, L'exaltation des régions dans le discours patriotique*, Paris, Maison des Sciences de l'Homme, 1997.

Werner (K. F.), *Histoire de France. Les origines*, Paris, Fayard, 1984.

Zecchini (G.), Cassio Dione e la Guerra Gallica di Cesare, Milan, 1978.

Afin de procurer au lecteur accablé une pause rafraîchissante, je lui suggère de se plonger dans une bande dessinée que j'aime beaucoup, à la fois informée et divertissante : *L'Extraordinaire Aventure d'Alcibiade Didascaux,* aux Editions Athéna. Les tomes II et III narrent les migrations celtiques, la guerre des Gaules et la romanisation. Le scénariste et le dessinateur (Cornélius Crane et Clapat) sont cultivés et talentueux. Un régal !

REMERCIEMENTS

En rédigeant ce livre, j'ai contracté nombre de dettes de reconnaissance. D'abord, à l'égard des collègues qui se sont prêtés au jeu de l'interview : Brigitte Fischer, Vincent Guichard, André Rapin, Patrice Méniel, Véronique Matterne, Fanette Laubenheimer, Jean-Louis Brunaux, Michel Reddé, Henry Soulhol, et celui qui a accepté d'être mon complice : Vincent Charpentier. Ensuite, envers ceux dont je cite abondamment les travaux : Antoinette Erhard, Françoise Maison, Anne Pingeot, Maurice Agulhon, Olivier Buchsenschutz, Alain Schnapp, et quelques autres auxquels le texte rend hommage. A tous, un grand merci. Je n'oublie pas l'aide que m'a apportée Bruno Blasselle à la Bibliothèque Nationale.

Enfin, merci à celles et à ceux qui ont contribué à la réalisation de cet ouvrage : Danièle Quénéhen, Sylvie Pelegry, Danièle Maurice, et surtout Aude Gros de Beler. Vive les équipes d'Actes Sud et d'Errance qui ont mis en pratique la réunion de la Gaule transalpine et de la Gaule intérieure !

TABLE

BABEL

Extrait du catalogue

948. MADISON SMARTT BELL
Dix Indiens

949. MAHMOUD DARWICH
Anthologie poétique

950. MADELEINE BOURDOUXHE
Les Jours de la femme Louise

951. KATARINA MAZETTI
Le Mec de la tombe d'à côté

952. ANTON SHAMMAS
Arabesques

953. JØRGEN-FRANTZ JACOBSEN
Barbara

954. HANAN EL-CHEIKH
Poste restante Beyrouth

955. YU HUA
Un amour classique

956. WACINY LAREDJ
Le Livre de l'Emir

957. INTERNATIONALE DE L'IMAGINAIRE N° 24
L'Immatériel à la lumière de l'Extrême-Orient

958. ETGAR KERET
Un homme sans tête

959. CLAUDE PUJADE-RENAUD
Le Désert de la grâce

960. ANNA ENQUIST
Le Retour

961. LIEVE JORIS
L'Heure des rebelles

962. JOHN STEINBECK
Dans la mer de Cortez

963. CARLA GUELFENBEIN
Ma femme de ta vie

964. FRANS G. BENGTSSON
Orm le Rouge t. II

965. ALEXANDRE POUCHKINE
La Dame de pique

966. MURIEL CERF
La Petite Culotte

967. METIN ARDITI
La Fille des Louganis

968. MINH TRAN HUY
La Princesse et le Pêcheur

969. LYONEL TROUILLOT
L'amour avant que j'oublie

970. CÉCILE LADJALI
Les Souffleurs

971. AKI SHIMAZAKI
Hotaru

972. HENRY BAUCHAU
Le Boulevard périphérique

973. IMRE KERTÉSZ
Etre sans destin

974. ELIAS KHOURY
La Petite Montagne

974. NANCY HUSTON
Ames et corps

976. ALBERTO MANGUEL
Le Livre d'images

977. NINA BERBEROVA
L'Affaire Kravtchenko

978. JEAN-MICHEL RIBES
Batailles

979. LEÏLA SEBBAR
La Seine était rouge

980. RUSSELL BANKS
La Réserve

981. WILLIAM T. VOLLMANN
Central Europe

982. YOKO OGAWA
Les Paupières

983. TIM PARKS
Rapides

984. ARNON GRUNBERG
L'Oiseau est malade

COÉDITION ACTES SUD – LEMÉAC